Der geschlossene Immobilien-Leasing-Fonds

Europäische Hochschulschriften
Publications Universitaires Européennes
European University Studies

Reihe V
Volks- und Betriebswirtschaft

Série V Series V
Sciences économiques, gestion d'entreprise
Economics and Management

Bd./Vol. 2873

PETER LANG
Frankfurt am Main · Berlin · Bern · Bruxelles · New York · Oxford · Wien

Cord Lauenstein

Der geschlossene Immobilien-Leasing-Fonds

Systematische Darstellung und Analyse einer Anlage- und Finanzierungsalternative unter besonderer Berücksichtigung steuerlicher Aspekte

PETER LANG
Europäischer Verlag der Wissenschaften

Die Deutsche Bibliothek - CIP-Einheitsaufnahme

Lauenstein, Cord:

Der geschlossene Immobilien-Leasing-Fonds : systematische Darstellung und Analyse einer Anlage- und Finanzierungsalternative unter besonderer Berücksichtigung steuerlicher Aspekte / Cord Lauenstein. - Frankfurt am Main ; Berlin ; Bern ; Bruxelles ; New York ; Oxford ; Wien : Lang, 2001
(Europäische Hochschulschriften : Reihe 5, Volks- und Betriebswirtschaft ; Bd. 2873)
Zugl.: Hamburg, Univ., Diss., 2001
ISBN 3-631-39286-9

D 18
ISSN 0531-7339
ISBN 3-631-39286-9

www.peterlang.de

Vorwort

Die vorliegende Arbeit wurde im April 1999 vom Fachbereich Wirtschaftswissenschaften der Universität Hamburg als Dissertationsschrift angenommen. Mein besonderer Dank gilt meinem hochverehrten und leider viel zu früh verstorbenen akademischen Lehrer, Herrn Prof. Dr. Lothar Haberstock. Er förderte mich als seinen wissenschaftlichen Mitarbeiter am Institut für Wirtschaftsprüfung und Steuerwesen, Arbeitsbereich Betriebswirtschaftliche Steuerlehre, und gab mir im Rahmen dieser Tätigkeit die entscheidenden Anregungen zur Auseinandersetzung mit der hier dargestellten Thematik. Ihm möchte ich daher diese Arbeit widmen.

Nach dem plötzlichen Tod von Herrn Prof. Dr. Haberstock übernahm Herr Prof. Dr. Albert J. Rädler vom Institut für Ausländisches und Internationales Finanz- und Steuerwesen die weitere Betreuung der Dissertation. Auch ihm möchte ich für seine stete Diskussions- und Hilfsbereitschaft herzlich danken. Daneben gebührt mein Dank Herrn Prof. Dr. Lothar Streitferdt für die Erstellung des Zweitgutachtens und Herrn Prof. Dr. Siegfried Grotherr für die Übernahme des Vorsitzes im Promotionsausschuß.

Darüber hinaus möchte ich mich bei meinen ehemaligen Kollegen vom Lehrstuhl für die konstruktive Zusammenarbeit bedanken, namentlich bei Herrn Dipl.-Kfm. André Menze für unzählige fruchtbare Diskussionen. Ferner möchte ich Frau Steuerberaterin Dipl.-Kffr. Anja Zscharnack und Herrn Prof. Dr. Dr. Friedrich Schneppe für die kritische Durchsicht des Manuskripts meinen Dank aussprechen.

Schließlich bin ich meinen Eltern zu besonderem Dank verpflichtet, da sie mir die Erstellung dieser Arbeit erst durch ihre umfassende Unterstützung ermöglicht haben.

Cord Lauenstein

Inhaltsverzeichnis

Abkürzungsverzeichnis

a.a.O.	am angegebenen Ort
Abs.	Absatz
Abschn.	Abschnitt
AG	Aktiengesellschaft
Anm.	Anmerkung
AO	Abgabenordnung
Aufl.	Auflage
BB	Betriebs-Berater (Zeitschrift)
BBK	Buchführung, Bilanz, Kostenrechnung
BewG	Bewertungsgesetz
BFH	Bundesfinanzhof
BGB	Bürgerliches Gesetzbuch
BGH	Bundesgerichtshof
BMF	Bundesminister(ium) der Finanzen
BMWF	Bundesminister(ium) für Wirtschaft und Finanzen
bspw.	beispielsweise
BStBl	Bundessteuerblatt
BVerfG	Bundesverfassungsgericht
bzgl.	bezüglich
bzw.	beziehungsweise
ca.	circa
DB	Der Betrieb (Zeitschrift)
ders.	derselbe
d.h.	das heißt
dies.	dieselben
Diss.	Dissertation
DM	Deutsche Mark
DStR	Deutsches Steuerrecht (Zeitschrift)
ErbStG	Erbschaftsteuer- und Schenkungsteuergesetz
EStDV	Einkommensteuer-Durchführungsverordnung

EStG	Einkommensteuergesetz
EStR	Einkommensteuer-Richtlinien
etc.	et cetera
evtl.	eventuell
f.	folgende
ff.	fortfolgende
FördG	Fördergebietsgesetz
FR	Finanz-Rundschau (Zeitschrift)
GbR	Gesellschaft bürgerlichen Rechts
GE	Geldeinheit(en)
gem.	gemäß
GewStG	Gewerbesteuergesetz
GewStR	Gewerbesteuer-Richtlinien
ggf.	gegebenenfalls
GmbH	Gesellschaft mit beschränkter Haftung
GmbHG	Gesetz betreffend die Gesellschaften mit beschränkter Haftung
GrEStG	Grunderwerbsteuergesetz
H	Hinweis
HGB	Handelsgesetzbuch
h.M.	herrschende Meinung
Hrsg.	Herausgeber
Hs.	Halbsatz
i.d.R.	in der Regel
i.e.S.	im engeren Sinne
i.H.v.	in Höhe von
incl.	inklusiv(e)
insb.	insbesondere
i.S.d.	im Sinne des/der
i.V.m.	in Verbindung mit
JbFfSt	Jahrbuch der Fachanwälte für Steuerrecht
Jg.	Jahrgang

KAGG	Gesetz über Kapitalanlagegesellschaften
KG	Kommanditgesellschaft
KRP	Kostenrechnungs-Praxis (Zeitschrift)
KStG	Körperschaftsteuergesetz
Mio.	Million(en)
Mrd.	Milliarde(n)
n.F.	neue(r) Fassung
Nr.	Nummer
NWB	Neue Wirtschafts-Briefe
OFD	Oberfinanzdirektion
o.g.	oben genannt(e)
OHG	Offene Handelsgesellschaft
o.Jg.	ohne Jahrgang
p.a.	pro anno
R	Richtlinie
rd.	rund
Rn.	Randnummer
Rz.	Randziffer
S.	Seite, Satz
sog.	sogenannt(e)
StbJb	Steuerberater-Jahrbuch
StBp	Die steuerliche Betriebsprüfung (Zeitschrift)
StuW	Steuer und Wirtschaft (Zeitschrift)
Sum.	Summe
Tab.	Tabelle
Tz.	Textziffer
u.	und
u.a.	unter anderem
u.ä.	und ähnliches
UStDV	Umsatzsteuer-Durchführungsverordnung
UStG	Umsatzsteuergesetz

UStR	Umsatzsteuer-Richtlinien
u.U.	unter Umständen
VEW	Vermögensendwert
vgl.	vergleiche
WM	Wertpapier-Mitteilungen (Zeitschrift)
z.B.	zum Beispiel
ZBB	Zeitschrift für Bankrecht und Bankwirtschaft
ZfB	Zeitschrift für Betriebswirtschaft
ZögU	Zeitschrift für öffentliche und gemeinwirtschaftliche Unternehmen
z.T.	zum Teil
z.v.E.	zu versteuerndes Einkommen

Tabellenverzeichnis

1 Einleitung

1.1 Problemstellung und Zielsetzung der Arbeit

Die ersten steuerbegünstigten Kapitalanlagen im Immobilienbereich wurden bereits in den sechziger Jahren konzipiert.[1] Durch die Beteiligung an einer dieser sog. Modellimmobilien, wie bspw. dem Bauherrenmodell, Bauträgermodell oder Erwerbermodell,[2] verschaffte sich der Kapitalanleger zum einen das wertbeständige Eigentum an einer Immobilie, zum anderen wurden ihm zu Beginn der Investition Verluste zugewiesen, die zu einer Senkung seiner individuellen Steuerlast führten. Diese Verluste resultierten in erster Linie aus Aufwandsvorverlagerungen wie bspw. aus der Inanspruchnahme von Abschreibungsvergünstigungen oder der Geltendmachung von sofort abzugsfähigen Werbungskosten.[3] Das gemeinsame, charakteristische Merkmal von steuerbegünstigten Kapitalanlagen ist also, daß der Anleger seinen Eigenkapitalanteil ganz oder teilweise aus Steuerminderzahlungen finanzieren kann.[4]

Die Nachfrage nach den einzelnen Modellvarianten unterlag im Zeitablauf infolge der Veränderung der wirtschaftlichen Rahmenbedingungen und der Änderung von Steuergesetzgebung und Rechtsprechung einem stetigen Wandel. Während in den siebziger und zu Beginn der achtziger Jahre das Bauherren-

---

1 Synonym zum Begriff der steuerbegünstigten Kapitalanlage wird in der Literatur häufig auch der Begriff der steuergünstigen, steuerorientierten oder steuersparenden Kapitalanlage verwendet.

2 Vgl. zu Einzelheiten bzgl. der Ausgestaltung dieser Modellvarianten z.B. FLEISCHMANN, H. G.: Bauherren-, Bauträger-, Erwerber- und Sanierungsmodelle, in: Fleischmann, H. G., Röschinger, H. W., Meyerhoff, H.-D.: Steuern, die Vermögen werden?, 8. Aufl., Landsberg am Lech 1984, S. 287-340; KURTH, H., KRÜKEL, B.: Bauherren-, Bauträger- und Erwerbermodell, 2. Aufl., Oberursel/Ts. 1984, S. 45-64.

3 Vgl. RÄDLER, A. J.: Steuerbegünstigte Kapitalanlagen (Abschreibungsobjekte) im In- und Ausland, in: Rädler, A. J., Raupach, A.: Handbuch der steuerbegünstigten Kapitalanlagen, Köln 1973, S. 1-40, hier S. 3 f.; SCHNEIDER, D.: Sind Steuervergünstigungen günstig?, in: StbJb 1974/75, Köln 1975, S. 395-415, hier S. 397 ff.

4 Vgl. FLEISCHMANN, H. G.: Steuerbegünstigte Kapitalanlagen: Ihre Einteilung und Auswirkung auf die persönliche Besteuerung des Kapitalanlegers, in: Fleischmann, H. G., Röschinger, H. W., Meyerhoff, H.-D.: Steuern, die Vermögen werden?, 8. Aufl., Landsberg am Lech 1984, S. 29-45, hier S. 29; HUMMELTENBERG, R.: Die optimale Wahl steuerbegünstigter Kapitalanlagen unter Berücksichtigung der Einkommensteuerprogression, Diss., Universität Köln 1983, Berlin 1984, S. 8; QUAST, D.: Steuerbegünstigte Kapitalanlagen in betriebswirtschaftlicher, steuerlicher und zivilrechtlicher Sicht, Köln 1973, S. 10.

modell den Markt dominierte, wird heute die Mehrzahl der steuerbegünstigten Immobilienkapitalanlagen als geschlossene Immobilienfonds konzipiert.[1]

Als eine Sonderform des geschlossenen Immobilienfonds stellt sich der geschlossene Immobilien-Leasing-Fonds dar. Diese Fondsvariante kombiniert die Wesensmerkmale des klassischen geschlossenen Immobilienfonds mit denen des Immobilien-Leasings. Der eigens für das entsprechende Objekt gegründete Immobilien-Leasing-Fonds tritt hierbei als Leasinggeber auf.[2] Die Refinanzierung der verleasten Immobilie erfolgt zum einen durch Fremdmittel von Kreditinstituten, zum anderen durch das Anlagekapital von Privatpersonen.[3] Als Leasingobjekte kommen vor allem gewerblich genutzte Bauten, wie z.B. Büro- und Verwaltungsgebäude, Kaufhäuser, Einkaufszentren oder Hotels, in Frage.[4]

Die wesentlichen Vorteile, die aus einer Beteiligung an einem geschlossenen Immobilien-Leasing-Fonds resultieren, sind aus Sicht des Anlegers die Steuerersparnisse zu Investitionsbeginn und die laufenden Ausschüttungen während der Mietphase. Aufgrund dieser Effekte sind die Anleger bereit, ihr Eigenkapital zu einem Zinssatz zur Verfügung zu stellen, der unter dem einer entsprechenden Fremdfinanzierung liegt. Hierdurch reduzieren sich die Finanzierungskosten des Objektes, die die Grundlage für die Berechnung der Leasingraten darstellen. Folglich kommt der Leasingnehmer durch die Konstruktion eines geschlossenen Immobilien-Leasing-Fonds in den Genuß niedrigerer Leasingraten; wird ihm zum Vertragsende ein Ankaufsrecht am Leasingobjekt eingeräumt, kommen ihm darüber hinaus auch die zwischenzeitlich eingetretenen Wertsteigerungen der Immobilie zugute. Letztlich erwachsen auch dem Fondsinitiator durch die Auflegung eines geschlossenen Immobilien-Leasing-Fonds

---

[1] Beim Bauherrenmodell strebt der Kapitalanleger zumeist das unmittelbare Eigentum an einer Wohnimmobilie an; beim geschlossenen Immobilienfonds hingegen beteiligt er sich an einer Gesamthandsgemeinschaft, die i.d.R. eine Gewerbeimmobilie herstellt bzw. erwirbt.

[2] Vgl. TACKE, H. R.: Wesen und Einsatzmöglichkeiten eines Leasing-Fonds, in: BBK, 42. Aufl., Herne/Berlin, Loseblattsammlung 1953 ff., Stand: 01.04.1996, Fach 29, S. 827-828; WAGNER, K.-R.: Schwierigkeiten bei der Konzeption von Leasing-Fonds, in: DStR, 33. Jg. (1995), S. 1153-1158, hier S. 1155.

[3] Die Mindestbeteiligung beträgt i.d.R. 50.000,- oder 100.000,- DM. Als Eigenkapitalgeber können neben Privatpersonen auch institutionelle Anleger, wie bspw. Industrieunternehmen oder Versicherungen, auftreten; vgl. hierzu FOHLMEISTER, K. J.: Leasingfonds - eine Alternative mit Zukunft, in: DB, Beilage Nr. 6/94 zu Heft 19, 47. Jg. (1994), S. 8-9.

[4] Vgl. FOHLMEISTER, K. J.: Immobilien-Leasing, in: Hagenmüller, K. F., Eckstein, W. (Hrsg.): Leasing-Handbuch für die betriebliche Praxis, 6. Aufl., Frankfurt am Main 1992, S. 177-211, hier S. 178; STÄDTLER, A.: Bonitätsrisiken dämpfen Leasingwachstum, in: DB, Beilage Nr. 6/94 zu Heft 19, 47. Jg. (1994), S. 4-6, hier S. 4.

erhebliche Vorteile;[1] so kann er eine Reihe von Gebühren vereinnahmen, wie bspw. für die Fondskonzeption, für die Vermittlung des Eigen- und Fremdkapitals oder für die laufende Verwaltung des Fonds. Es scheint hier also ein Modell gefunden worden zu sein, bei dem alle Vertragsparteien gleichermaßen mit pekuinären Vorteilen begünstigt werden.

Da sich die Literatur bisher nur spärlich und häufig oberflächlich mit dem Konstrukt des geschlossenen Immobilien-Leasing-Fonds auseinandergesetzt hat, ist es das Ziel der vorliegenden Untersuchung, einen solchen Fonds als Anlagealternative aus Sicht des Kapitalanlegers und zugleich als Finanzierungsalternative aus Sicht des Leasingnehmers systematisch darzustellen und auf seine Vorteilhaftigkeit hin zu überprüfen. Dabei wird insbesondere den betriebswirtschaftlichen und steuerlichen Aspekten ein breiter Platz eingeräumt; daneben sollen etwaige Gestaltungsmöglichkeiten bei der Konstruktion aufgezeigt werden. Das Erfordernis, eine solche Untersuchung durchzuführen, begründet sich schließlich auch aus dem immensen Anlagevolumen, das in den letzten Jahren in geschlossene Immobilien-Leasing-Fonds investiert wurde.

---

1 Geschlossene Immobilien-Leasing-Fonds, deren Investitionsvolumen teilweise im dreistelligen Millionenbereich liegen, werden vornehmlich von den großen Immobilien-Leasinggesellschaften geplant und realisiert; diese sind wiederum i.d.R. Tochtergesellschaften von Großbanken. Vgl. hierzu FEINEN, K.: Immobilien-Leasing-Fonds, in: BB, Beilage 6 zu Heft 12/1994, 49. Jg. (1994), S. 1-6, hier S. 1 f.

1.2 Abgrenzung des Untersuchungsgegenstandes

1.2.1 Abgrenzung zum offenen Immobilienfonds

Zunächst soll der geschlossene Immobilien-Leasing-Fonds vom offenen Immobilienfonds abgegrenzt werden.[1] Beiden Kapitalanlageformen ist gemeinsam, daß sie das Geld von Anlegern zur Finanzierung von Immobilien-Investitionen einsetzen. Während die Gestaltung des offenen Immobilienfonds durch das Gesetz über Kapitalanlagegesellschaften (KAGG) dezidiert vorgegeben ist, fehlt es an einer solchen speziellen Rechtsvorschrift für den geschlossenen Immobilien-Leasing-Fonds.

Offene Immobilienfonds dürfen nur von Kapitalanlagegesellschaften aufgelegt werden. Diese erwerben mit den Anlagegeldern nach dem Grundsatz der Risikomischung bestimmte Grundstücke,[2] die vom übrigen Vermögen der Kapitalanlagegesellschaft getrennt gehalten werden müssen.[3] Das so entstandene Grundstücks-Sondervermögen bildet den offenen Immobilienfonds. Dem Grundsatz der Risikomischung wird bspw. dadurch Rechnung getragen, daß das Sondervermögen aus mindestens zehn Grundstücken bestehen muß; dabei darf der Wert eines einzelnen Grundstücks im Zeitpunkt des Erwerbes höchstens 15 % des Fondsvermögens ausmachen.[4]

---

1 Aus den zahlreich erschienenen Literaturbeiträgen, die sich mit dem offenen Immobilienfonds auseinandersetzen, vgl. z.B. BÖLTER, H. H.: Der geschlossene Immobilienfonds: Kapitalanlage, Finanzierungsinstrument und Banktyp, Diss., Universität Erlangen-Nürnberg 1985, Frankfurt am Main/Bern/New York 1986, S. 4-6; GÖRLICH, W.: Grundlagen des offenen und des geschlossenen Immobilienfonds, in: NWB, 51. Aufl., Herne/Berlin, Loseblattsammlung 1947 ff., Stand: 01.01.1996, Fach 18, S. 3275-3290, hier S. 3275-3278; HOLZHEIMER, D.: Offene Immobilienfonds, in: Fleischmann, H. G., Röschinger, H. W., Meyerhoff, H.-D.: Steuern, die Vermögen werden?, 8. Aufl., Landsberg am Lech 1984, S. 442-444; JAGDFELD, A. A., SCHÜNEMANN, H. J.: Immobilien-Investment-Banking in Deutschland, in: Sparkasse, 108. Jg. (1991), S. 274-280; KURTH, H., GRASS, H.-G.: Der geschlossene Immobilienfonds, 2. Aufl., Freiburg i. Br. 1990, S. 23-25; LODZWIK, G.: Offene Immobilienfonds - Sicherheit, Ertrag und Verfügbarkeit, in: DB, 39. Jg. (1986), S. 788-789; LOIPFINGER, S., NICKL JR., L., RICHTER, U.: Geschlossene Immobilienfonds: Grundlagen, Analyse, Bewertung, 2. Aufl., Stuttgart 1995, S. 19-25; OPITZ, G.: Geschlossene Immobilienfonds, Freiburg i. Br. 1995, S. 141-145; SCHELNBERGER, F.-J.: Pro und Contra - offene und geschlossene Immobilienfonds, in: BB, Beilage 19 zu Heft 30/1987, 42. Jg. (1987), S. 19-25.

2 Vgl. § 1 Abs. 1 u. § 27 Abs. 1 u. 2 KAGG.

3 Vgl. § 6 Abs. 1 S. 3 KAGG.

4 Vgl. § 28 Abs. 1 u. 2 KAGG.

Im Gegensatz zu geschlossenen Immobilien-Leasing-Fonds, die in der Rechtsform der KG oder GmbH & Co. KG konzipiert werden, dürfen Kapitalanlagegesellschaften nur als Aktiengesellschaft oder als Gesellschaft mit beschränkter Haftung geführt werden.[1] Weiterhin unterliegen nur letztere als Kreditinstitute dem Kreditwesengesetz.[2] Die Ausgabe von Anteilsscheinen erfolgt beim offenen Immobilienfonds laufend, es besteht eine gesetzliche Rücknahmeverpflichtung.[3] In den geschlossenen Immobilien-Leasing-Fonds werden hingegen keine weiteren Anleger mehr aufgenommen, sobald das Eigenkapital des Fonds plaziert ist; eine gesetzliche Rücknahmeverpflichtung der Gesellschaftsanteile existiert nicht.

Der gravierendste Unterschied zwischen den beiden hier dargestellten Anlageformen ist jedoch der, daß aufgrund der gewählten bzw. gesetzlich vorgegebenen Rechtsform steuerliche Verlustzuweisungen für den Anleger nur beim geschlossenen Immobilien-Leasing-Fonds verwirklicht werden können. Der offene Immobilienfonds gilt als Zweckvermögen und ist von der Körperschaft- und Gewerbesteuer befreit.[4] Die Besteuerung erfolgt somit auf Anteilseignerebene; der Privatanleger erzielt aus der Beteiligung Einkünfte aus Kapitalvermögen[5] und nicht wie beim geschlossenen Immobilien-Leasing-Fonds Einkünfte aus Vermietung und Verpachtung oder Gewerbebetrieb.

1.2.2 Abgrenzung zum klassischen geschlossenen Immobilienfonds

Der zwischen der Fondsgesellschaft und dem Leasingnehmer abgeschlossene Leasingvertrag stellt das Kernelement eines geschlossenen Immobilien-Leasing-Fonds dar. Während der im Leasingvertrag festgelegten Grundmietzeit (ca. 15 - 22 Jahre) haben die Vertragsparteien kein ordentliches Kündigungsrecht.[6] Die Höhe und Fälligkeit der vom Leasingnehmer zu erbringen-

---

[1] Vgl. § 1 Abs. 3 KAGG.

[2] Vgl. § 2 Abs. 1 KAGG.

[3] Vgl. § 26 i.V.m. § 11 Abs. 2 KAGG.

[4] Vgl. § 44 i.V.m. § 38 Abs. 1 KAGG.

[5] Vgl. § 45 Abs. 1 KAGG.

[6] Vgl. GABELE, E., DANNENBERG, J., KROLL, M.: Immobilien-Leasing, 2. Aufl., Wiesbaden 1995, S. 2 u. 6.

den Leistungen steht für die gesamte Vertragsdauer im vorhinein fest. Weiterhin sieht der Leasingvertrag eine Regelung über die Weiterverwendung der Immobilie nach Ablauf der Grundmietzeit vor. In den meisten Fällen wird eine Kaufoption des Leasingnehmers zum steuerlichen Restbuchwert vereinbart. Übt der Leasingnehmer diese Option aus, wird der Fonds zu diesem Zeitpunkt aufgelöst.

Mietverträge, die einem klassischen geschlossenen Immobilienfonds zugrunde liegen, haben i.d.R. eine erheblich kürzere Laufzeit als die oben beschriebenen Leasingverträge. Oft steht der künftige Mieter der Immobilie im Zeitpunkt der Anteilszeichung noch nicht fest.[1] Das Risiko, das die prognostizierte Miete nicht realisiert werden kann, ist bei dieser Fondsvariante erheblich höher einzustufen als beim Leasing-Fonds. Wird das Fondsobjekt z.B. durch eine Einzelhandelskette angemietet, und kann diese an dem betreffenden Standort keine Gewinne erzielen, so wird sie den Mietvertrag am Ende der Laufzeit kündigen. Um einen neuen Mieter zu finden, muß der Fonds ggf. die Mietraten reduzieren; es kann zeitweise sogar zu einem Leerstand der Immobilie kommen.[2] Ob sich die im Verkaufsprospekt angegebene Miete auch in Zukunft tatsächlich erzielen läßt, hängt bei einem klassischen geschlossenen Immobilienfonds also nicht nur von der Bonität des Mieters, sondern in entscheidendem Maße auch vom Standort und von der Lage der Immobilie ab. Die zukünftige Entwicklung des Standorts ist wiederum von einer Reihe unsicherer Faktoren abhängig, wie bspw. vom volkswirtschaftlichen Wachstum, von der demographischen Entwicklung der Bevölkerung oder vom Konsumentenverhalten.[3]

Daneben kann man bei einem klassischen geschlossenen Immobilienfonds zu Vertragsbeginn noch keine exakten Aussagen über einen weit in der Zukunft liegenden Veräußerungserlös machen. Dieser Erlös entscheidet jedoch in erheblichem Umfang über die Vorteilhaftigkeit der Investition.[4] Der zukünftige Verkehrswert einer Immobilie wird im Regelfall nach der Ertragswertmethode ermittelt, d.h. der nachhaltig erzielbare Nettomietertrag wird mit einem Mietver-

---

[1] Vgl. BRANDHUBER, J., SCHENK, J.: Geschlossene Immobilienfonds - ein Muß für die steuerorientierte Anlageberatung, in: Sparkasse, 110 Jg. (1993), S. 424-431, hier S. 429.

[2] Vgl. KURTH, H., GRASS, H.-G.: a.a.O., S. 209-211.

[3] Vgl. WAPPENHANS, G.: Rentabilität von geschlossenen Immobilienfonds, Diss., Universität Göttingen 1986, Köln 1987, S. 35 f.

[4] Vgl. SCHNEIDER, D.: Investition, Finanzierung und Besteuerung, 7. Aufl., Wiesbaden 1992, S. 326.

vielfältiger multipliziert.[1] Über den zum Verkaufszeitpunkt erzielbaren Nettomietertrag kann man jedoch - wie oben dargestellt - nur risikobehaftete Annahmen treffen. Da die Miete von Gewerbeimmobilien für gewöhnlich an den Lebenshaltungskostenindex gekoppelt wird, hängt die im Zeitpunkt der Veräußerung zu erzielende Jahresnettomiete u. a. auch von der zugrundegelegten Preissteigerungsrate ab. Wird in den Prognoserechnungen von einer zu hohen Preissteigerungsrate ausgegangen, läßt sich der spätere Veräußerungserlös und damit die prognostizierte Rendite nicht erreichen.[2] Der Kapitalanleger muß deshalb auch hier die im Prospekt getroffenen Annahmen auf ihre Plausibilität hin überprüfen.

Bei einem geschlossenen Immobilien-Leasing-Fonds kann man hingegen davon ausgehen, daß der Leasingnehmer am Vertragsende eine ihm eingeräumte Kaufoption ausüben wird, da der Kaufpreis zu diesem Zeitpunkt i.d.R. unterhalb des Verkehrswertes liegt. Daraus folgt einerseits, daß das Verwertungsrisiko wesentlich geringer ist als bei einem klassischen geschlossenen Immobilienfonds, andererseits nimmt der Anleger in einem solchen Fall nicht an einer zwischenzeitlich eingetretenen Wertsteigerung der Immobilie teil. Die zukünftige Wertentwicklung des Fondsobjektes spielt für den Anleger folglich nur eine untergeordnete Rolle.

Des weiteren müssen bei der Beurteilung der Vorteilhaftigkeit eines klassischen geschlossenen Immobilienfonds Annahmen über die zukünftige Entwicklung der Instandhaltungskosten und der Fremdkapitalzinsen getroffen werden. Hierüber muß sich der Anleger bei einer Beteiligung an einem geschlossenen Immobilien-Leasing-Fonds keine Gedanken machen. So wird im Leasingvertrag gewöhnlich vereinbart, daß die objektbezogenen Nebenkosten und die Kosten der Instandhaltung vom Leasingnehmer zu tragen sind; darüber hinaus wird ein Zinsänderungsrisiko dadurch ausgeschlossen, daß sich die Leasingraten im Zinskonversionszeitpunkt den dann geltenden Kapitalmarktbedingungen anpassen.[3]

Letztlich soll hier noch als besonderer Vorzug des geschlossenen Immobilien-Leasing-Fonds erwähnt werden, daß den Vertragsparteien durch eine entspre-

---

[1] Die Höhe des Mietvervielfältigers hängt vom Standort und vom Zustand der Immobilie ab. Er beträgt bspw. bei Geschäftshäusern in erstklassigen Lagen ca. das 16 - 20 fache des Nettomietertrages; vgl. OPITZ, G.: Geschlossene Immobilienfonds, a.a.O., S. 27-30.

[2] Vgl. BRANDHUBER, J., SCHENK, J.: a.a.O., S. 429 f.; KURTH, H., GRASS, H.-G.: a.a.O., S. 207.

[3] Vgl. FOHLMEISTER, K. J.: Immobilien-Leasing, a.a.O., S. 203 f.

chende Gestaltung der Leasingratenstruktur Vorteile entstehen können. Differieren die Grenzsteuerbelastungen vom Leasinggeber und Leasingnehmer, kann es für die Beteiligten z.B. sinnvoll sein, die laufenden Leasingraten zu senken und dafür den Kaufoptionspreis der Immobilie zu erhöhen. Weiterhin besteht nur beim geschlossenen Immobilien-Leasing-Fonds eine gesicherte Zahlungskongruenz zwischen vereinnahmten Leasingraten und verausgabten Kapitaldienstzahlungen. Die prognostizierten Ausschüttungen an die Anteilseigner können über die gesamte Laufzeit des Fonds als sicher angesehen werden.

Zusammenfassend kann man also festhalten, daß aus Sicht des Anlegers eine Beteiligung an einem geschlossenen Immobilien-Leasing-Fonds wesentlich weniger Risiken in sich birgt als eine Beteiligung an einem klassischen geschlossenen Immobilienfonds. Der Leasing-Fonds kann somit als die sicherere Fondsstruktur bezeichnet werden. Aufgrund der durch den Leasingvertrag vorgegebenen Kalkulationsgrundlagen kann man bereits im Zeitpunkt der Anteilszeichnung eine verläßliche Rendite ermitteln, ohne daß - wie beim klassischen geschlossenen Immobilienfonds üblich - diverse Annahmen über die zukünftige wirtschaftliche Entwicklung getroffen werden müssen.

1.2.3 Abgrenzung zum Kommunal-Leasing

Bei einem geschlossenen Immobilien-Leasing-Fonds kann als Leasingnehmer zum einen ein privatwirtschaftliches Unternehmen, zum anderen aber auch die öffentliche Hand (z.B. Bund, Länder, Kreise, Gemeinden) im Rahmen des sog. Kommunal-Leasings auftreten.[1] In der vorliegenden Untersuchung wird als Leasingnehmer ausschließlich ein inländisches gewerbliches Unternehmen betrachtet. Einige Besonderheiten und Problemkreise des Kommunal-Leasings sollen im folgenden trotzdem kurz unter Verweis auf die einschlägige Literatur angerissen werden. Eine tiefergreifendere und erschöpfendere Behandlung verbietet sich jedoch an dieser Stelle, da sie den Rahmen der vorliegenden Arbeit sprengen würde.

---

[1] Vgl. FEINEN, K.: Kommunales Leasing, Frankfurt am Main 1995, S. 15; KROLL, M.: Vertragsgestaltung im Kommunal-Leasing, in: Kroll, M. (Hrsg.): Handbuch des Kommunal-Leasing, Lichtenfels 1995, S. 44-112, hier S. 45 f.

Als erstes soll auf Besonderheiten im Haushaltsrecht der Kommunen eingegangen werden. Da die Bundesländer für die Verbindlichkeiten ihrer Gemeinden einzustehen haben, schreiben die meisten Gemeindeordnungen vor, daß der Abschluß von Immobilien-Leasingverträgen einer Genehmigung der jeweiligen Rechtsaufsichtsbehörde bedarf.[1] Bei dieser Genehmigung spielt das Kriterium der wirtschaftlichen Vorteilhaftigkeit des Leasings eine wichtige Rolle. Verglichen wird das Leasing i.d.R. mit dem Fall, daß die Herstellung der Immobilie durch die Kommune selbst oder durch einen von ihr beauftragten Generalunternehmer erfolgt und die Investition über einen Kommunalkredit finanziert wird.[2] Dabei ist zu berücksichtigen, daß Kreditvergaben an Kommunen gewöhnlich zu günstigeren Konditionen erfolgen als solche an privatwirtschaftliche Unternehmen.[3] Vorteile für die Kommunen können sich also nur daraus ergeben, daß durch die Konstruktion eines geschlossenen Immobilien-Leasing-Fonds einerseits „zinsgünstiges" Privatkapital mit in die Finanzierung einbezogen wird, und andererseits eine Leasinggesellschaft die Immobilie zu günstigeren Konditionen als die Kommune selbst herstellen kann.[4] Die von der Kommune zu zahlenden Leasingraten werden in ihrem Verwaltungshaushalt ausgewiesen.[5]

Das öffentliche Auftragsrecht stellt eine weitere Besonderheit des Kommunal-Leasings dar. Plant die öffentliche Hand die Errichtung eines Immobilienobjektes,[6] so muß sie zuvor eine Ausschreibung durchführen; dabei sind insb. die

---

[1] Vgl. FEINEN, K.: Kommunales Leasing, a.a.O., S. 15 f.; KIRCHHOFF, U.: Innovative öffentliche Organisations- und Finanzierungsmodelle, in: Kroll, M. (Hrsg.): Handbuch des Kommunal-Leasing, Lichtenfels 1995, S. 4-43, hier S. 28; REHM, H.: Neue Wege zur Finanzierung öffentlicher Investitionen, in: ZögU, Beiheft 18, Baden-Baden 1994, S. 39 f.

[2] Vgl. FEINEN, K.: Kommunen sollten das privatwirtschaftliche Investitions- und Finanzierungsmodell Immobilien-Leasing nutzen, in: DB, Beilage Nr. 7/93 zu Heft 19, 46. Jg. (1993), S. 8-10; REHM, H.: a.a.O., S. 32 f.

[3] Vgl. KRÄHMER, R.: Privates Kapital im Dienste kommunaler Aufgabenerfüllung - Möglichkeiten und Grenzen (Teil I u. II), in: Finanzwirtschaft, 47. Jg. (1993), S. 164-167 u. 211-213, hier S. 165.

[4] Vgl. REHM, H.: a.a.O., S. 32 f.

[5] Kapitaldienstleistungen für einen Kommunalkredit werden dagegen in einen Zins- und einen Tilgungsanteil aufgespaltet; während der Zinsanteil in den Verwaltungshaushalt einfließt, wird der Tilgungsanteil dem Vermögenshaushalt zugeordnet. Eine Erweiterung des Kreditspielraums der Kommune wird durch Leasing jedoch nicht erreicht; vgl. hierzu KROLL, M.: Vor- und Nachteile des Kommunal-Leasing, in: Kroll, M. (Hrsg.): Handbuch des Kommunal-Leasing, Lichtenfels 1995, S. 114-136, hier S. 133 f.

[6] Als Objekte kommen im Kommunal-Leasing vor allem Rathäuser, Stadthallen, Kraftwerke, Schulen, Krankenhäuser oder Autobahnen in Frage; vgl. hierzu FEINEN, K.: Die Leasingfinanzierung für öffentliche Investitionen, in: BB, Beilage 11 zu Heft 14/1991, 46. Jg. (1991),

Verdingungsordnungen für Bauleistungen und die Verdingungsordnung für Leistungen - ausgenommen Bauleistungen - zu beachten.[1] Der geschlossene Immobilien-Leasing-Fonds als späterer Leasinggeber ist bei der Vergabe seiner Bauleistungen jedoch im Regelfall nicht an das öffentliche Auftragsrecht gebunden.[2]

Letztlich sei hier noch auf Besonderheiten im Steuerrecht hingewiesen. Bei der o.g. Genehmigung des Leasingvertrages wird auch die steuerliche Zurechnungsfrage überprüft; dabei spielt insb. das Spezialleasing eine wichtige Rolle.[3] Des weiteren ist die öffentliche Hand im Gegensatz zu gewerblichen Unternehmen nicht ertragsteuerpflichtig. Durch die Konstruktion eines geschlossenen Immobilien-Leasing-Fonds lassen sich bei ihr insoweit keine steuerlichen Vorteile erreichen.[4] Anders verhält es sich bei einem gewerblichen Leasingnehmer; im Vergleich zum Kreditkauf können bei ihm bspw. gewerbesteuerliche Vorteile realisiert werden. Gleichwohl dürfen aber auch beim Kommunal-Leasing steuerliche Aspekte bei einem Vergleich zwischen Kreditkauf und Leasing nicht vollkommen außer acht gelassen werden. Der geschlossene Immobilien-Leasing-Fonds wird etwaige steuerliche Vorteile, die den Anlegern z.B. durch die Inanspruchnahme von Sonderabschreibungen erwachsen, mit in die Kalkulation der Leasingraten einfließen lassen und somit zumindest teilweise an die Kommune weitergeben.[5]

S. 1-6; ders.: Kommunal-Leasing, in: DB, Beilage Nr. 6/95 zu Heft 19, 48. Jg. (1995), S. 14-16.

1 Vgl. zu weiteren Einzelheiten CHRISTEN, J.: Kommunal-Leasing: Effizienzsteigerung durch Wettbewerb, in: DB, Beilage Nr. 8/96 zu Heft 19, 49. Jg. (1996), S. 8-11; ESCHENBRUCH, K., NIEBUHR, F.: Immobilienleasing und öffentliche Vergabe, in: BB, 51. Jg. (1996), S. 2417-2426.

2 Vgl. ESCHENBRUCH, K., NIEBUHR, F.: a.a.O., S. 2422-2425.

3 Vgl. FEINEN, K.: Kommunales Leasing, a.a.O., S. 16.

4 Vgl. REHM, H.: a.a.O., S. 26.

5 Vgl. MELLWIG, W.: Investition und Besteuerung, Wiesbaden 1985, S. 263 f.

1.3 Gang der Untersuchung

Nach der Einleitung werden im zweiten Kapitel die gesellschaftsrechtlichen Grundlagen des geschlossenen Immobilien-Leasing-Fonds von der Gründung über das Innen- und Außenverhältnis bis zur Auflösung aufgezeigt und analysiert. Im Anschluß erfolgt eine Darstellung des Immobilien-Leasings; es wird insbesondere auf die wirtschaftliche Bedeutung, die Refinanzierung des Leasingobjektes sowie auf die verschiedenen Leasingvertragsformen und deren Ausgestaltungen eingegangen.

Basierend auf den zuvor gewonnenen Erkenntnissen, werden im dritten Kapitel die steuerrechtlichen Aspekte, die bei der Konstruktion eines geschlossenen Immobilien-Leasing-Fonds zu berücksichtigen sind, mit in die Untersuchung einbezogen. Dabei ist sowohl die unterschiedliche Qualifizierung der Einkünfte, entweder als Einkünfte aus Vermietung und Verpachtung oder aus Gewerbebetrieb, als auch die Ermittlung derselben von zentraler Bedeutung. Bei der Ermittlung der Einkünfte wird u.a. geklärt, wem der Leasinggegenstand zuzurechnen ist; daran anschließend werden die wichtigsten Betriebseinnahmen/Einnahmen und Betriebsausgaben/Werbungskosten dargestellt und auf ihre steuerliche Einordnung hin untersucht. In diesem Zusammenhang wird eine eingehende Analyse der Verlustverteilung in der Plazierungsphase und des § 15a EStG vorgenommen. Neben dem Einfluß der Einkommensteuer auf die Ausgestaltung des Fonds werden auch die Auswirkungen sämtlich anderer relevanter Steuerarten mitberücksichtigt.

Im folgenden vierten Kapitel wird der geschlossene Immobilien-Leasing-Fonds sowohl aus Sicht des Kapitalanlegers als auch aus Sicht des Leasingnehmers auf seine Vorteilhaftigkeit hin überprüft. Die Quantifizierung der verschiedenen Handlungsalternativen erfolgt mit Hilfe eines rechnergestützten Planungs- und Veranlagungsmodells, wobei als Kriterium zur Bestimmung der Vorteilhaftigkeit der Vermögensendwert gewählt wird. Aus Sicht des Anlegers wird die Fondsbeteiligung mit einer Anlage am Kapitalmarkt verglichen; dem Leasingnehmer stehen als Alternativen der Kreditkauf und die Finanzierung über eine klassische Immobilien-Leasinggesellschaft offen. Anhand von Sensitivitätsanalysen werden die Auswirkungen von Variationen verschiedener Parameter aufgezeigt.

Die Untersuchung endet mit einer Schlußbetrachtung, in der die erarbeiteten Ergebnisse noch einmal kurz und prägnant zusammengefaßt und kommentiert werden.

2 Gesellschaftsrechtliche und finanzwirtschaftliche Grundlagen des geschlossenen Immobilien-Leasing-Fonds

2.1 Die Kommanditgesellschaft (KG)

2.1.1 Wahl der Rechtsform

Im Gegensatz zu einem offenen Immobilienfonds ist die gesellschaftsrechtliche Gestaltung von einem geschlossenen Immobilien-Leasing-Fonds durch gesetzliche Vorschriften nicht vorgegeben. Grundsätzlich kommen daher für die Organisation eines solchen Fonds alle Gesellschaftsformen in Frage. Ein wesentliches Ziel, das mit der Konzeption eines geschlossenen Immobilien-Leasing-Fonds verfolgt wird, ist zum einen die Bündelung des Kapitals vieler Einzelanleger, wobei deren Haftung auf die Einlage begrenzt sein soll; zum anderen muß gewährleistet sein, daß die zu Investitionsbeginn entstehenden Verluste den Investoren zugerechnet werden, damit diese ihre individuelle Steuerlast mindern können.[1] Bei der Suche nach der passenden Rechtsform hat man sich an diesen Zielsetzungen zu orientieren.

Das Ziel der Kapitalbündelung bei gleichzeitiger Haftungsbeschränkung der Anleger wird am besten durch die vom Gesetzgeber für Massengesellschaften vorgesehene Organisationsform, der Aktiengesellschaft, verwirklicht.[2] Eine Partizipation der Anleger an den steuerlichen Verlusten ist bei dieser Gesellschaftsform jedoch nicht möglich. Aus diesem Grund kommt als geeignete Rechtsform eines geschlossenen Immobilien-Leasing-Fonds nur eine Personengesellschaft in Frage.[3] Dabei ist das Erfordernis der Haftungsbeschränkung gesondert zu berücksichtigen; so scheidet die OHG bei der Wahl der Rechtsform von vornherein aus, da die Haftung gegenüber den Gesellschaftsgläubigern bei keinem der Gesellschafter beschränkt werden kann.[4] Auch das gesetzliche Leitbild einer GbR geht von einer unbeschränkten Haftung der Gesellschafter aus. Zwar können die Anleger im Gesellschaftsvertrag eine teil-

---

[1] Vgl. SAUER, O. M.: Die Publikums-Kommanditgesellschaft, 2. Aufl., Bielefeld 1989, S. 17 ff.

[2] Vgl. BÖGER, M., RAUPACH, A.: Gesellschaftsformen und gesellschaftsrechtliche Probleme bei Abschreibungsgesellschaften, in: Rädler, A. J., Raupach, A.: Handbuch der steuerbegünstigten Kapitalanlagen, Köln 1973, S. 43-100, hier S. 45.

[3] Vgl. KURTH, H., GRASS, H.-G.: a.a.O., S. 27.

[4] Vgl. § 105 Abs. 1 HGB.

schuldnerische Haftung[1] für vertragliche Verbindlichkeiten vereinbaren, die Wirksamkeit einer Haftungsbeschränkung für gesetzliche Schuldverhältnisse ist hingegen in der Literatur umstritten.[2] So geht der BFH bspw. bei Steuerschulden von einer persönlichen, nicht einschränkbaren Haftung der Gesellschafter aus.[3] Aus den vorgenannten Gründen werden geschlossene Immobilien-Leasing-Fonds vornehmlich in der Rechtsform der KG organisiert,[4] da man hier neben der Kapitalbündelung und der steuerlichen Verlustzuweisung auch eine wirksame Begrenzung der Haftung verwirklichen kann.

2.1.2 Begriff und Wesen der KG

Gemäß der Legaldefinition des § 161 Abs. 1 HGB ist der Zweck einer KG auf den Betrieb eines Handelsgewerbes unter gemeinschaftlicher Firma gerichtet, wobei bei einem Teil der Gesellschafter die Haftung gegenüber den Gesellschaftsgläubigern auf den Betrag einer bestimmten Vermögenseinlage beschränkt ist (Kommanditisten), während bei einem anderen Teil der Gesellschafter eine Haftungsbeschränkung nicht stattfindet (Komplementäre, persönlich haftende Gesellschafter). Bei einem geschlossenen Immobilien-Leasing-Fonds beteiligen sich die Anleger als Kommanditisten an der KG;[5] die Kommanditeinlagen stellen das für die Finanzierung erforderliche Eigenkapital dar. Die Stellung des Komplementärs nimmt entweder eine natürliche Person oder eine juristische Person in der Form der GmbH ein. In dem zuletzt genannten

---

1 Die teilschuldnerische Haftung ist dadurch gekennzeichnet, daß der einzelne Gesellschafter nur für den Teil der Gesellschaftsschulden haftet, der seiner Quote am Gesellschaftsvermögen entspricht; vgl. hierzu KURTH, H., GRASS, H.-G.: a.a.O., S. 51 f.

2 Vgl. GÖRLICH, W.: Grundlagen des offenen und des geschlossenen Immobilienfonds, a.a.O., S. 3282.

3 Vgl. OPITZ, G.: Geschlossene Immobilienfonds, a.a.O., S. 52.

4 Klassische geschlossene Immobilienfonds werden zuweilen auch in der Rechtsform der GbR konzipiert (z.B. im öffentlich geförderten Wohnungsbau in Berlin und in den neuen Bundesländern), wobei gesellschaftsvertraglich regelmäßig eine teilschuldnerische Haftung vereinbart wird.

5 Neben natürlichen Personen können sich theoretisch auch juristische Personen, andere Kommanditgesellschaften oder offene Handelsgesellschaften als Kommanditisten an der Gesellschaft beteiligen; vgl. hierzu KLAUSS, H., MITTELBACH, R.: Die Kommanditgesellschaft, 4. Aufl., Ludwigshafen 1984, S. 41 f.; WESTERMANN, H. P., KLINGBERG, D.: Die Kommanditgesellschaft, in: Westermann, H. P.: Handbuch der Personengesellschaften, 4. Aufl., Köln, Loseblattsammlung 1967 ff., Stand: 01.01.1997, Rz. 787-938, hier Rz. 800.

Fall liegt eine Sonderform der KG, die sog. GmbH & Co. KG, vor, auf die an späterer Stelle noch näher einzugehen sein wird. Der Komplementär beteiligt sich i.d.R. nur mit einer geringen oder mit gar keiner Einlage an der KG;[1] er entstammt dem Kreis der Initiatoren und leitet die Geschäfte der Gesellschaft.[2]

Vergleicht man die Legaldefinitionen von KG und OHG, stellt man als einzigen Unterschied zwischen den beiden Gesellschaftsformen fest, daß bei der KG ein Teil der Gesellschafter lediglich einer beschränkten Haftung unterliegt, während bei der OHG alle Gesellschafter unbeschränkt haften. Die KG wird daher in der Literatur als Modifizierung[3], Sonderform[4] und Abwandlung[5] der OHG bezeichnet. Ebenso wie die OHG, ist auch die KG eine Handelsgesellschaft.[6]

Das Recht der KG ist in den §§ 161-177a HGB kodifiziert. Diese Paragraphen enthalten in erster Linie Vorschriften über die Rechtsstellung der Kommanditisten. Während die Vorschriften, die das Innenverhältnis[7] regeln, vornehmlich dispositiv (nachgiebig) sind, sind die das Außenverhältnis betreffenden Paragraphen zwingend und können durch den Gesellschaftsvertrag nicht abbedungen werden.[8] Soweit nicht in den §§ 161 ff. HGB etwas anderes vorgeschrieben ist, gelten für die KG gem. § 161 Abs. 2 HGB auch die Vorschriften für die OHG, d.h. die §§ 105-160 HGB. So bestimmt sich bspw. die Stellung der KG im Rechtsverkehr und das Recht der Komplementäre nach diesen Vorschriften.[9] Ergänzend hierzu finden auf die KG gem. § 161 Abs. 2 i.V.m. § 105 Abs. 2 HGB auch die Vorschriften für die GbR (§§ 705-740 BGB) Anwendung. So

---

1 Vgl. TEWES, D. (Hrsg.): Praxishandbuch Immobilienkapitalanlagen, Kissing, Loseblattsammlung 1994 ff., Stand: 01.10.1996, Teil 4/2, S. 10.

2 Vgl. DIETRICH, J.: Die Publikums-Kommanditgesellschaft und die gesellschaftsrechtlich geschützten Interessen, Diss., Freie Universität Berlin 1988, Köln 1988, S. 1 ff.

3 Vgl. CREZELIUS, G.: Kommanditgesellschaft (KG), in: Peter, K., Crezelius, G.: Gesellschaftsverträge und Unternehmensformen, 6. Aufl., Herne/Berlin 1995, S. 117-148, hier S. 117; GECK, R.: Die Kommanditgesellschaft, in: NWB, 51. Aufl., Herne/Berlin, Loseblattsammlung 1947 ff., Stand: 01.01.1996, Fach 18, S. 3115-3126, hier S. 3116.

4 Vgl. GRUNEWALD, B.: Gesellschaftsrecht, Tübingen 1994, S. 119; KLUNZINGER, E.: Grundzüge des Gesellschaftsrechts, 9. Aufl., München 1996, S. 98.

5 Vgl. HUECK, G.: Gesellschaftsrecht, 19. Aufl., München 1991, S. 146.

6 Vgl. KÜBLER, F.: Gesellschaftsrecht, 4. Aufl., Heidelberg 1994, S. 90 f.

7 Als Innenverhältnis bezeichnet man die Rechtsbeziehungen der Gesellschafter untereinander; im Gegensatz hierzu spiegelt das Außenverhältnis die Beziehung der KG zu Dritten wider. Vgl. KLAUSS, H., MITTELBACH, R.: a.a.O., S. 66.

8 Vgl. GECK, R.: a.a.O., S. 3116.

9 Vgl. WESTERMANN, H. P., KLINGBERG, D.: a.a.O., Rz. 813.

kann ein Gesellschafter z.B. gem. §§ 161 Abs. 2 i.V.m. 105 Abs. 2 HGB i.V.m. § 719 Abs. 1 BGB nur über seinen Gesellschaftsanteil, nicht aber über seinen Anteil am Gesellschaftsvermögen und an den einzelnen dazu gehörenden Gegenständen verfügen.[1] Hinsichtlich dieses Tatbestandes spricht man bei einer KG auch von einer Gesamthandsgemeinschaft.[2]

Dem gesetzlichen Leitbild der KG gem. §§ 161 ff. HGB liegt eine Gesellschaft mit personalistischer Struktur zugrunde, d.h. eine Gesellschaft, die sich nur aus wenigen Personen zusammensetzt und deren Gesellschafter sich untereinander gut kennen.[3] Dieses personelle Element tritt beim geschlossenen Immobilien-Leasing-Fonds in den Hintergrund, da dieser auf den Beitritt zahlreicher Kommanditisten angelegt ist, die durch Prospekte geworben werden, sich untereinander kaum kennen und zum Komplementär keine persönlichen Beziehungen haben.[4] Die KG in der hier vorliegenden Form nähert sich somit gewissermaßen der körperschaftlichen Struktur einer Kapitalgesellschaft an.[5] Man spricht daher in diesem Zusammenhang auch von einer Publikumsgesellschaft[6], Massengesellschaft[7] oder von einer körperschaftlich strukturierten[8] respektive kapitalistisch verfaßten[9] KG. Die Annäherung an das Erscheinungsbild einer Kapitalgesellschaft erfolgt in erster Linie durch die dispositiven Vorschriften, die das Innenverhältnis regeln.[10] Im Außenverhältnis hingegen gelten auch hier die zwingenden Rechtsvorschriften des Handelsgesetzbuches.[11]

---

[1] Vgl. BOPP, G., STROHM, H. G.: Organisationsformen der privaten Vermögensverwaltung, in: Fleischmann, H. G., Röschinger, H. W., Meyerhoff, H.-D.: Steuern, die Vermögen werden?, 8. Aufl., Landsberg am Lech 1984, S. 268-286, hier S. 280; WESTERMANN, H. P., KLINGBERG, D.: a.a.O., Rz. 813.

[2] Vgl. EISENHARDT, U.: Gesellschaftsrecht, 6. Aufl., München 1994, S. 185; KÜBLER, F.: a.a.O., S. 91.

[3] Vgl. HUECK, G.: a.a.O., S. 157; KLUNZINGER, E.: a.a.O., S. 103.

[4] Vgl. HESSELMANN, M., TILLMANN, B.: Handbuch der GmbH & Co., 17. Aufl., Köln 1991, S. 313.

[5] Vgl. SAUER, O. M.: a.a.O., S. 23.

[6] Vgl. FÄRBER, G.: Die Publikumsgesellschaft, Göttingen 1990, S. 1 ff.; SCHIEFER, C.: Rechtsformen der Publikumsgesellschaften und Sonderrecht der Publikums-KG (Teil I u. II), in: DStR, 35. Jg. (1997), S. 119-124 u. 164-169, hier S. 119.

[7] Vgl. BRÖNNER, H., RUX, H.-J., WAGNER, H.: Die GmbH & Co. KG in Recht und Praxis, 5. Aufl., Freiburg im Breisgau 1990, S. 39; HUECK, G.: a.a.O., S. 159.

[8] Vgl. BÖGER, M., RAUPACH, A.: a.a.O., S. 47.

[9] Vgl. SAUER, O. M.: a.a.O., S. 22 ff.

[10] Vgl. CREZELIUS, G.: a.a.O., S. 118.

[11] Vgl. HUECK, G.: a.a.O., S. 161.

2.1.3 Gründung und Beitritt zur KG

2.1.3.1 Gründung

Die Planung und Realisation eines geschlossenen Immobilien-Leasing-Fonds erfolgt in aller Regel durch eine Immobilien-Leasinggesellschaft.[1] Diese gründet als Initiator eigens für das entsprechende Objekt eine (Fonds-) Objektgesellschaft, sprich den geschlossenen Immobilien-Leasing-Fonds, in der Rechtsform der KG.[2] Die KG entsteht im Innenverhältnis durch Abschluß des Gesellschaftsvertrages, sofern dieser hierzu keine abweichenden Regelungen enthält.[3] An dem Vertrag müssen mindestens ein Komplementär und ein Kommanditist beteiligt sein;[4] diese entstammen i.d.R. dem Kreis der Initiatoren.[5] Der Gesellschaftszweck der KG besteht in dem Erwerb, der Bebauung, Vermietung und Verwaltung von Grundstücken und Gebäuden.[6] Daher bedarf der Gesellschaftsvertrag gem. § 313 BGB der notariellen Beurkundung.[7]

Da die Tätigkeit des geschlossenen Immobilien-Leasing-Fonds nicht auf ein Grundhandelsgewerbe gem. § 1 Abs. 2 HGB gerichtet ist, entsteht die KG im Außenverhältnis gem. § 2 HGB erst durch Eintragung in das Handelsregister und nicht bereits durch Aufnahme des Geschäftsbetriebes.[8] Bis zur Eintragung liegt eine GbR vor.[9] Die Anmeldung zum Handelsregister muß neben den Namen der Gesellschafter und der Firma der Gesellschaft auch den Betrag der

---

1 Vgl. FEINEN, K.: Immobilien-Leasing-Fonds, a.a.O., S. 1.

2 Vgl. JEHL, H. W.: Immobilien-Leasingfonds, in: Tewes, D. (Hrsg.): Praxishandbuch Immobilienkapitalanlagen, Kissing, Loseblattsammlung 1994 ff., Stand: 01.10.1996, Teil 4/9.2, S. 1; LORITZ, K.-G., WAGNER, K.-R.: Konzeptionshandbuch der steuerorientierten Kapitalanlage, Band 2: Gesellschafterliche Beteiligungen, 1. Aufl., München 1995, S. 320 f.

3 Vgl. KLAUSS, H., MITTELBACH, R.: a.a.O., S. 66.

4 Vgl. WESTERMANN, H. P., KLINGBERG, D.: a.a.O., Rz. 796.

5 Vgl. KURTH, H., GRASS, H.-G.: a.a.O., S. 28.

6 Vgl. ebenda, S. 29.

7 Vgl. SAUER, O. M.: a.a.O., S. 38 f.

8 Vgl. BRÖNNER, H., RUX, H.-J., WAGNER, H.: a.a.O., S. 52 f.

9 Vgl. KLAUSS, H., MITTELBACH, R.: a.a.O., S. 67.

§ 1 Abs. 2 und § 2 HGB sind durch das Handelsrechtsreformgesetz vom 22. Juni 1998 - veröffentlicht im Bundesgesetzblatt 1998 I, S. 1474-1484 - neu gefaßt worden. Ein geschlossener Immobilien-Leasing-Fonds entsteht im Außenverhältnis nunmehr bereits durch Aufnahme des Geschäftsbetriebes, da er die in dem neuen § 1 Abs. 2 HGB genannten Voraussetzungen erfüllt („Handelsgewerbe ist jeder Gewerbebetrieb, es sei denn, daß das Unternehmen nach Art oder Umfang einen in kaufmännischer Weise eingerichteten Geschäftsbetrieb nicht erfordert.").

jeweiligen Kommanditeinlagen beinhalten.[1] Erwirbt der geschlossene Immobilien-Leasing-Fonds nach Eintragung in das Handelsregister ein Grundstück, wird die KG im Grundbuch als Eigentümerin eingetragen.[2]

2.1.3.2 Schein-KG-Problematik

Obwohl die Handelsregistereintragung des geschlossenen Immobilien-Leasing-Fonds gem. § 2 HGB als Sollkaufmann in der Praxis der Registergerichte keine Probleme aufwirft, soll es an dieser Stelle nicht unerwähnt bleiben, daß die Rechtmäßigkeit einer solchen Eintragung in der Literatur teilweise umstritten ist.[3] Die Eintragung der Firma eines Unternehmens in das Handelsregister setzt gem. § 2 HGB zunächst voraus, daß die Gesellschaft nach Art und Umfang einen in kaufmännischer Weise eingerichteten Geschäftsbetrieb unterhält. Dieser Sachverhalt ist anhand des äußeren Erscheinungsbildes der Unterneh-

---

[1] Vgl. §§ 161 Abs. 2 i.V.m. 106 Abs. 2 u. § 162 Abs. 1 HGB.

[2] Vgl. GÖRLICH, W.: Grundlagen des offenen und des geschlossenen Immobilienfonds, a.a.O., S. 3278.

[3] Die Rechtmäßigkeit der Handelsregistereintragung eines geschlossenen Immobilienfonds bejahen z.B. BÖLTER, H. H.: a.a.O., S. 28 f.; BOPP, G., STROHM, H. G.: a.a.O., S. 280 f.; DIETRICH, J.: a.a.O., S. 18 f.; GIERING, H.-P., HILPERT, P.: Geschlossene Immobilienfonds, in: Rädler, A. J., Raupach, A.: Handbuch der steuerbegünstigten Kapitalanlagen, Köln 1973, S. 389-404, hier S. 396; HERRMANN, H. J.: Einkommensteuerrechtliche Fragen der Gestaltung geschlossener Immobilienfonds, in: StuW, 66. (19.) Jg. (1989), S. 97-109, hier S. 100; WAPPENHANS, G.: a.a.O., S. 43. Gegenteiliger Ansicht sind GÖRLICH, W.: Der geschlossene Immobilienfonds, in: Die Freie Wohnungswirtschaft, 1995, S. 17-22, hier S. 22; PABST, G., SCHMIDER, K.-H.: Praxis der Steuerbegünstigten Kapitalanlagen, Band XIX: Aktuelle Steuer- und Zivilrechtsfragen bei geschlossenen Immobilienfonds, Heidelberg 1989, S. 136; UTECH, H. G., WEINAND-HÄRER, K.: Rechtsform und steuerliche Behandlung eines Leasingfonds, in: DB, Beilage Nr. 6/95 zu Heft 19, 48. Jg. (1995), S. 8-11, hier S. 8; WAGNER, K.-R., SOMMER, B.: Kredit- und Sicherheitenverlustrisiko für Kreditinstitute bei Finanzierungen mit geschlossenen Immobilien- und Leasing-Fonds als Schein-KGs?, in: WM, 49. Jg. (1995), S. 561-566, hier S. 562; ZACHER, T.: Alte und „neue" Haftungsrisiken für Publikumskommanditisten und Treugeber, in: DStR, 34. Jg. (1996), S. 1813-1818, hier S. 1818.

Der hier beschriebene Literaturstreit ist durch den Gesetzgeber beendet worden. Durch die Einfügung eines neuen § 105 Abs. 2 HGB im Rahmen des Handelsrechtsreformgesetzes wird festgestellt, daß auch eine Gesellschaft, die nur eigenes Vermögen verwaltet, eine OHG sein kann, wenn die Firma des Unternehmens in das Handelsregister eingetragen ist. Diese Vorschrift ist nach § 161 Abs. 2 HGB analog auf die KG anzuwenden. Die Gesetzesänderung tritt - wie auch die Änderungen der §§ 1 Abs. 2 und 2 HGB - gem. Artikel 29 Abs. 4 des Handelsrechtsreformgesetzes am 01.07.1998 in Kraft.

mung zu beurteilen.[1] Wesentliche Anhaltspunkte sind dabei z.B. die Höhe des Umsatzes, die Zahl der Beschäftigten, die Inanspruchnahme von Krediten und der Umfang der Buchführung.[2] Faktoren, die aus der inneren Struktur der Gesellschaft resultieren, wie z.B. ein aus der Betreuung zahlreicher Kommanditisten herrührender hoher Verwaltungsaufwand, sind hingegen nicht zu berücksichtigen.[3] Im allgemeinen kann man davon ausgehen, daß ein geschlossener Immobilien-Leasing-Fonds die o.g. Voraussetzung eines in kaufmännischer Weise eingerichteten Geschäftsbetriebs erfüllt.[4]

Des weiteren ist die Handelsregistereintragung gem. § 2 HGB von der Qualifizierung des geschlossenen Immobilien-Leasing-Fonds als Gewerbebetrieb abhängig. Pabst/Schmider definieren einen Gewerbebetrieb als einen „berufsmäßigen Geschäftsbetrieb, der von der Absicht dauernder Gewinnerzielung beherrscht wird."[5] In diesem Zusammenhang ist zunächst darauf hinzuweisen, daß der hier verwandte handelsrechtliche Begriff des Gewerbebetriebes nicht mit dem steuerrechtlichen i.S.d. § 15 Abs. 2 EStG identisch ist.[6] Der Gesellschaftszweck des geschlossenen Immobilien-Leasing-Fonds, d.h. der Erwerb, die Bebauung und Vermietung von Grundstücken und Gebäuden, stellt nach Ansicht einiger Autoren jedoch keine berufsmäßige Betätigung, sondern private Vermögensverwaltung dar.[7] Folgt man dieser Auffassung, dürfte der geschlossene Immobilien-Leasing-Fonds nicht in das Handelsregister eingetragen werden. Ist er gleichwohl eingetragen worden, liegt eine sog. Schein-KG vor, die in Wirklichkeit als GbR zu qualifizieren ist.[8]

Die zivilrechtlichen Folgen der Umqualifizierung der KG in eine GbR sind indes gering. Die Firma der Schein-KG kann zwar im Handelsregister gelöscht werden, ihre Gesellschafter werden aber haftungsrechtlich so behandelt, als wenn

---

[1] Vgl. DIETRICH, J.: a.a.O., S. 18.

[2] Vgl. HERRMANN, H. J.: a.a.O., S. 100; PABST, G., SCHMIDER, K.-H.: a.a.O., S. 132 f.; WAGNER, K.-R., SOMMER, B.: a.a.O., S. 562.

[3] Vgl. DIETRICH, J.: a.a.O., S. 18.

[4] Vgl. BÖLTER, H. H.: a.a.O., S. 28 f.; BOPP, G., STROHM, H. G.: a.a.O., S. 280 f.; HERRMANN, H. J.: a.a.O., S. 100.

[5] PABST, G., SCHMIDER, K.-H.: a.a.O., S. 128.

[6] Vgl. HERRMANN, H. J.: a.a.O., S. 100.

[7] Vgl. GÖRLICH, W.: Der geschlossene Immobilienfonds, a.a.O., S. 22; PABST, G., SCHMIDER, K.-H.: a.a.O., S. 129; WAGNER, K.-R., SOMMER, B.: a.a.O., S. 562.

[8] Vgl. UTECH, H. G., WEINAND-HÄRER, K.: a.a.O., S. 8.

eine echte KG vorliegen würde.[1] Die Haftung der Schein-Kommanditisten ist somit im Gegensatz zu den Gesellschaftern einer GbR beschränkt. Auch ergeben sich hinsichtlich der Geschäftsführungs- und Vertretungsverhältnisse keine Unterschiede zur echten KG.[2]

2.1.3.3 Beitritt zur KG

Die Anleger werden durch Abgabe einer Beitrittserklärung in den geschlossenen Immobilien-Leasing-Fonds aufgenommen.[3] Grundsätzlich handelt es sich hierbei um einen Vertrag zwischen den bereits vorhandenen und dem neu eintretenden Gesellschafter.[4] Da die Beteiligung einer Vielzahl von bereits aufgenommenen Gesellschaftern an dem Vertragsabschluß erhebliche praktische Probleme mit sich bringt, enthalten die Gesellschaftsverträge regelmäßig eine Bestimmung, nach der einer der Gründungsgesellschafter, zumeist der Komplementär, bevollmächtigt wird, die Beitrittserklärung im eigenen und im Namen aller übrigen Gesellschafter anzunehmen.[5] Die übrigen Gesellschafter werden somit zum einen durch den Komplementär beim Vertragsabschluß vertreten, zum anderen haben sie keinen Einfluß auf die spätere personelle Zusammensetzung der KG.[6] Durch den in der Beitrittserklärung enthaltenen Passus der inhaltlichen Übernahme des Gesellschaftsvertrages bevollmächtigt der neu eintretende Gesellschafter wiederum den Komplementär, auch in seinem Namen weitere Anleger in die Gesellschaft aufzunehmen und somit das Kommanditkapital zu erhöhen.[7]

Anders als bei einer KG, die dem gesetzlichen Leitbild der §§ 161 ff. HGB zugrunde liegt, wird der Gesellschaftsvertrag eines geschlossenen Immobilien-

---

[1] Vgl. REITHMANN, C., MEICHSSNER, C., HEYMANN, E. VON: Kauf vom Bauträger, 7. Aufl., Köln 1995, S. 254; WEGMANN, B.: Rechtliche Risiken bei der Beteiligung an geschlossenen Immobilienfonds, in: DStR, 32. Jg. (1994), S. 941-946, hier S. 944.

[2] Vgl. SCHMIDT, K.: Gesellschaftsrecht, 2. Aufl., Köln/Berlin/Bonn/München 1991, S. 1270.

[3] Vgl. SAUER, O. M.: a.a.O., S. 46 f.

[4] Vgl. FÄRBER, G.: a.a.O., S. 18; KURTH, H., GRASS, H.-G.: a.a.O., S. 30.

[5] Vgl. HESSELMANN, M., TILLMANN, B.: a.a.O., S. 320; SAUER, O. M.: a.a.O., S. 47.

[6] Vgl. BINZ, M. K.: Die GmbH & Co., 8. Aufl., München 1992, S. 286; HUECK, G.: a.a.O., S. 162.

[7] Vgl. SAUER, O. M.: a.a.O., S. 47.

Leasing-Fonds von den Initiatoren allein abgefaßt und ist damit beim Beitritt der Kommanditisten bereits fest vorgegeben.[1] Diese haben im Gegensatz zu den Gründungsgesellschaftern keinen Einfluß mehr auf die Ausgestaltung und den Inhalt dieses Vertrages. Sie haben lediglich die Wahl, den Vertrag entweder in der vorliegenden Form zu unterzeichnen oder auf eine Beteiligung an der Gesellschaft zu verzichten.[2]

Infolge dieses Sachverhaltes besteht die Gefahr, daß die Interessen der Anlegerkommanditisten in dem Gesellschaftsvertrag nur unzureichend berücksichtigt werden.[3] Die Gründungsgesellschafter könnten nämlich die dispositiven Vorschriften des Gesellschaftsrechts dazu benutzen, um ihre eigene Position zu stärken und die der Anleger zu schwächen.[4] Aufgrund dieser Gefahr eines Gestaltungsmißbrauchs seitens der Initiatoren unterliegen Gesellschaftsverträge von geschlossenen Immobilienfonds laut höchstrichterlicher Rechtsprechung einer Inhaltskontrolle, die sich an dem in § 242 BGB kodifizierten Grundsatz von Treu und Glauben orientiert und auf den Schutz der Anleger zielt.[5] Es werden hiernach solche Bestimmungen für unwirksam erklärt, die die Rechte der Kommanditisten unangemessen einschränken.[6] So ist gem. der BGH-Rechtsprechung bspw. eine Klausel, die es dem Komplementär gestattet, nach freiem Ermessen die Beteiligungen der Kommanditisten zu übernehmen, nicht mit § 242 BGB vereinbar.[7] Auch ist ein Passus, nach dem ein Gesellschafter-Geschäftsführer nur mit Zustimmung aller Gesellschafter abberufen werden kann, unwirksam; es genügt die einfache Stimmenmehrheit.[8]

---

1 Vgl. SCHIEFER, C.: a.a.O., S. 123.

2 Vgl. KURTH, H., GRASS, H.-G.: a.a.O., S. 29 f.

3 Vgl. HUECK, G.: a.a.O., S. 163.

4 Vgl. HESSELMANN, M., TILLMANN, B.: a.a.O., S. 315.

5 Vgl. SAUER, O. M.: a.a.O., S. 39 f.

6 Vgl. HUECK, G.: a.a.O., S. 164.

7 Vgl. zur Rechtsprechung des BGH hinsichtlich der Inhaltskontrolle von Gesellschaftsverträgen mit den entsprechenden Nachweisen BINZ, M. K.: a.a.O., S. 291 f.; HESSELMANN, M., TILLMANN, B.: a.a.O., S. 315 f.

8 Weitere höchstrichterliche Urteile zum Schutze der Anleger sind im Rahmen der sog. Prospekthaftung ergangen. Die Anleger können im Fall einer Beteiligung an einem geschlossenen Immobilienfonds darauf vertrauen, daß die Angaben in den Prospekten, mit denen sie geworben werden, richtig und vollständig sind und daß auf etwaige mit der Investition verbundene Risiken hingewiesen wird. Werden diese Grundsätze verletzt und erleiden die Anleger hierdurch einen Vermögensschaden, so können sie die Initiatoren und Herausgeber des Prospektes sowie die ggf. bei der Prospekterstellung mitwirkenden Rechtsanwälte, Steuerberater und Wirtschaftsprüfer auf Schadensersatz verklagen. Vgl. zu dieser Problematik ausführlich BINZ, M. K.: a.a.O., S. 292-295; SAUER, O. M.: a.a.O., S. 48-54.

2.1.3.4 Zwischenschaltung eines Treuhandkommanditisten

Anstelle der oben beschriebenen direkten, unmittelbaren Beteiligung der Kapitalanleger an der KG als Kommanditisten sehen die Vertragswerke von geschlossenen Immobilien-Leasing-Fonds häufig auch die Einschaltung eines Treuhandkommanditisten zwischen der Gesellschaft und den Anlegern vor.[1] Diesem wird im Gesellschaftsvertrag das Recht eingeräumt, mit den beitrittswilligen Anlegern Treuhandverträge abzuschließen und mit den ihm zufließenden Geldbeträgen seine Kommanditeinlage laufend zu erhöhen.[2] Theoretisch ist es in einem solchen Fall denkbar, daß an dem geschlossenen Immobilien-Leasing-Fonds lediglich zwei Personen beteiligt sind, und zwar zum einen der persönlich haftende Gesellschafter und zum anderen der Treuhandkommanditist.[3] Die Beteiligung über einen Treuhandkommanditisten ist für die Anleger teilweise zwingend, teilweise wird ihnen in manchen Fondskonstruktionen auch ein Wahlrecht zwischen der Treuhandbeteiligung und einer Direktbeteiligung eingeräumt.

Bei Zwischenschaltung eines Treuhandkommanditisten hält und verwaltet dieser den entsprechenden Gesellschaftsanteil treuhänderisch im eigenen Namen, aber für Rechnung der Kapitalanleger, den sog. Treugebern.[4] Rechtlich gesehen ist nur der Treuhandkommanditist Gesellschafter der KG, während die Anleger lediglich mittelbar über diesen mit der Gesellschaft verbunden sind.[5] So werden im Gegensatz zur Direktbeteiligung bspw. nicht alle Kapitalanleger in das Handelsregister eingetragen, sondern nur der Treuhandkommanditist.[6] Auch muß im zuletzt genannten Fall eine Änderung im Bestand der Treugeber, sei es durch Gesellschafterwechsel oder durch Tod eines Anlegers, nicht im

---

[1] Bei der Zwischenschaltung eines Treuhandkommanditisten handelt es sich um eine sog. echte Treuhand. Bei einer unechten Treuhand (Verwaltungstreuhand) hingegen werden die Anleger selbst Gesellschafter der KG und übertragen nur Teile ihrer Gesellschaftsrechte auf einen Treuhänder; vgl. hierzu BÖGER, M., RAUPACH, A.: a.a.O., S. 65 f.; EISENHARDT, U.: a.a.O., S. 225; KURTH, H., GRASS, H.-G.: a.a.O., S. 43.

[2] Vgl. KLAUSS, H., MITTELBACH, R.: a.a.O., S. 54.

[3] Vgl. SAUER, O. M.: a.a.O., S. 45.

[4] Vgl. BOPP, G., STROHM, H. G.: a.a.O., S. 285 f.; TEWES, D. (Hrsg.): a.a.O., Teil 4/2, S. 10.

[5] Vgl. GIESEKE, H.: Besondere Probleme bei der „mittelbaren Beteiligung“ an einer Publikums-KG durch einen Treuhand-Kommanditisten, in: DB, 37. Jg. (1984), S. 970-973, hier S. 970; KELLERMANN, A.: Neue Entwicklungen und Rechtsfortbildung im Kommanditgesellschaftsrecht, die „moderne“ Gestaltung der Kommanditgesellschaft, in: JbFfSt 1980/81, Herne/Berlin 1980, S. 320-334, hier S. 322.

[6] Vgl. LOIPFINGER, S., NICKL JR., L., RICHTER, U.: a.a.O., S. 44.

Handelsregister eingetragen werden.[1] Bedenkt man, daß sich an einem geschlossenen Immobilien-Leasing-Fonds teilweise über 1.000 Anleger beteiligen, läßt sich der Verwaltungsaufwand mit Hilfe der Treuhandkonstruktion erheblich reduzieren.[2]

Soll der geschlossene Immobilien-Leasing-Fonds nach Ablauf des Leasingvertrages und Übertragung der Immobilie auf den Leasingnehmer im Handelsregister gelöscht werden, sind hierzu die Unterschriften aller Gesellschafter in öffentlich beglaubigter Form erforderlich.[3] Bei einer Direktbeteiligung der Anleger an der KG ist es unter Umständen nicht möglich, all diese Unterschriften zu erlangen, da ein Gesellschafter unbekannt verzogen sein könnte oder man im Fall seines Todes die Erbfolge nicht klären kann. Folglich könnte die KG im Handelsregister nicht gelöscht werden.[4] Will man dieser Problematik von vornherein aus dem Wege gehen, so bietet sich auch hier die Treuhandkonstruktion an. Des weiteren bleiben die Anleger in einem solchen Fall anonym, da sie nicht in das Handelsregister eingetragen werden müssen.[5]

Ein weiterer Vorteil der Treuhandkonstruktion besteht darin, daß sich die Interessen der Kapitalanleger gegenüber dem persönlich haftenden Gesellschafter besser durchsetzen lassen, da dem Treuhandkommanditisten infolge der Kapitalbündelung innerhalb der Gesellschaft ein größeres Gewicht zufällt.[6] Auch haben die Anleger zumeist weder die nötige Zeit noch die notwendigen Fachkenntnisse, um die ihnen zustehenden Kontrollrechte richtig ausüben zu können.[7] In diesem Zusammenhang muß jedoch unbedingt darauf geachtet werden, daß es sich bei dem Treuhandkommanditisten um eine von den Initiatoren und dem persönlich haftenden Gesellschafter wirtschaftlich und rechtlich unabhängige Person handelt, da nur diese die Interessen der Treugeber unvoreingenommen und ernsthaft wahrnehmen kann.[8] Als Treuhandkommanditist

---

1 Vgl. WAPPENHANS, G.: a.a.O., S. 48.

2 Vgl. GÖRLICH, W.: Grundlagen des offenen und des geschlossenen Immobilienfonds, a.a.O., S. 3288.

3 Vgl. § 12 Abs. 1 HGB.

4 Vgl. GÖRLICH, W.: Grundlagen des offenen und des geschlossenen Immobilienfonds, a.a.O., S. 3288; TEWES, D. (Hrsg.): a.a.O., Teil 4/2, S. 10.

5 Vgl. BÖGER, M., RAUPACH, A.: a.a.O., S. 61.

6 Vgl. STROHM, H. G.: Zivil- und Haftungsrecht, in: Tewes, D. (Hrsg.): Praxishandbuch Immobilienkapitalanlagen, Kissing, Loseblattsammlung 1994 ff., Stand: 01.10.1996, Teil 5/3.2.2, S. 1.

7 Vgl. EISENHARDT, U.: a.a.O., S. 222.

8 Vgl. HESSELMANN, M., TILLMANN, B.: a.a.O., S. 322.

kommt daher vornehmlich ein Kreditinstitut, ein Standesrechtler (z.B. ein Rechtsanwalt, Wirtschaftsprüfer oder Steuerberater) oder eine von Standesrechtlern geführte Gesellschaft (z.B. eine Wirtschaftsprüfungs- oder Steuerberatungsgesellschaft) in Frage, da diese Personen respektive Gesellschaften der Aufsicht einer übergeordneten Behörde oder einem Standesrecht unterworfen sind.[1]

Die im Treuhandvertrag kodifizierten Rechte und Pflichten zwischen dem Treuhandkommanditisten und den Treugebern können sehr unterschiedlich ausgestaltet sein. Zivilrechtlich handelt es sich bei dem Treuhandvertrag, wenn er entgeltlich ausgeübt wird, was bei einem geschlossenen Immobilien-Leasing-Fonds regelmäßig der Fall ist, um einen Geschäftsbesorgungsvertrag i.S.d. § 675 BGB, auf den z.T. die Vorschriften des Auftragsrechts Anwendung finden.[2] So hat der Treuhandkommanditist bspw. den von der Gesellschaft bezogenen Gewinn gem. § 675 i.V.m. § 667 BGB an die Treugeber herauszugeben.[3] Auch ist er gem. § 675 i.V.m. § 666 BGB verpflichtet, den Treugebern auf Verlangen Auskunft über den Stand der Geschäfte zu erteilen.[4] Auf der anderen Seite müssen die Treugeber den Treuhandkommanditisten von seiner Pflicht zur Erbringung der Kapitaleinlage befreien.[5]

In einigen Treuhandverträgen versucht man, die Treugeber so zu stellen, als ob sie direkt an der KG beteiligt wären, in dem der Treuhandkommanditist ihnen z.B. das ihm aus der Kommanditbeteiligung zustehende Stimm- und Kontrollrecht abtritt.[6] Im wirtschaftlichen Ergebnis haben die Treugeber hier somit die gleichen Rechte und Pflichten wie ein Direktkommanditist, nur mit dem Unterschied, daß sie nicht unmittelbar, sondern lediglich mittelbar an der KG beteiligt sind.[7]

---

[1] Vgl. BOPP, G., STROHM, H. G.: a.a.O., S. 286; KURTH, H., GRASS, H.-G.: a.a.O., S. 43 f.

[2] Vgl. EDEN, S.: Treuhandschaft an Unternehmen und Unternehmensanteilen, 2. Aufl., Bielefeld 1989, S. 39; EISENHARDT, U.: a.a.O., S. 224; PEITEK, W.: Pflichten und Haftung des Treuhänders bei Immobilienkapitalanlagen unter besonderer Berücksichtigung von Bauherren- und Erwerbermodell, Diss., Universität München 1993, München 1993, S. 32; SAUER, O. M.: a.a.O., S. 32; STROHM, H. G.: a.a.O., Teil 5/3.2.2.1, S. 9.

[3] Vgl. EDEN, S.: a.a.O., S. 56.

[4] Vgl. PEITEK, W.: a.a.O., S. 66 f.

[5] Vgl. GIESEKE, H.: a.a.O., S. 971.

[6] Vgl. EISENHARDT, U.: a.a.O., S. 223; KURTH, H., GRASS, H.-G.: a.a.O., S. 41 f.

[7] Vgl. GIESEKE, H.: a.a.O., S. 970; KELLERMANN, A.: a.a.O., S. 322 f.; KURTH, H., GRASS, H.-G.: a.a.O., S. 41.

2.1.4 Verhältnis der Gesellschafter untereinander (Innenverhältnis)

2.1.4.1 Geschäftsführung

Die Geschäftsführung einer KG obliegt gem. § 164 S. 1 1. Hs. und §§ 161 Abs. 2 i.V.m. 114 Abs. 1 HGB dem persönlich haftenden Gesellschafter; die Kommanditisten sind von der Führung der Geschäfte ausgeschlossen. Damit wird dem Umstand Rechnung getragen, daß lediglich der Komplementär einer unbeschränkten Haftung unterliegt.[1] Bei der o.g. gesetzlichen Regelung handelt es sich wie bei der Mehrzahl der Vorschriften, die das Innenverhältnis regeln, um dispositives Recht.[2] Demzufolge kann der Gesellschaftsvertrag hiervon abweichen und bspw. auch einem Kommanditisten die Geschäftsführungsbefugnis einräumen.[3]

Die Befugnis zur Geschäftsführung erstreckt sich auf alle Handlungen, die der gewöhnliche Betrieb der KG mit sich bringt.[4] Bei einem geschlossenen Immobilien-Leasing-Fonds fallen hierunter solche Geschäfte, die zur Durchführung des Investitionsvorhabens notwendig sind, wie z.B. die erforderlichen Vertragsabschlüsse zur Realisierung des Bauvorhabens. Bei Handlungen, die darüber hinausgehen, hat der geschäftsführende Gesellschafter die Zustimmung der Kommanditisten einzuholen.[5] Solange ein entsprechender Gesellschafterbeschluß nicht vorliegt, darf ein solches außergewöhnliches Geschäft, wie z.B. eine nachträgliche Änderung des Leasingvertrages, nicht durchgeführt werden.[6] Wird es gleichwohl ohne Zustimmung der Kommanditisten vorgenommen, überschreitet der geschäftsführende Gesellschafter seine Ge-

---

[1] Vgl. CREZELIUS, G.: a.a.O., S. 123; MAIBERG, H.: Gesellschaftsrecht, 7. Aufl., München/Wien 1990, S. 128.

[2] Vgl. GECK, R.: a.a.O., S. 3120.

[3] Vgl. KLAUSS, H., MITTELBACH, R.: a.a.O., S. 76 f.; KLUNZINGER, E.: a.a.O., S. 105.

[4] Vgl. §§ 161 Abs. 2 i.V.m. 116 Abs. 1 HGB.

[5] Gem. § 164 S. 1 2. Hs. HGB können die Kommanditisten einer Handlung des persönlich haftenden Gesellschafters *widersprechen*, wenn diese über den gewöhnlichen Betrieb der Gesellschaft hinausgeht. Laut h.M. handelt es sich hierbei in Anlehnung an § 116 Abs. 2 HGB um ein Zustimmungserfordernis. Vgl. CREZELIUS, G.: a.a.O., S. 124; GECK, R.: a.a.O., S. 3120; MAIBERG, H.: a.a.O., S. 129; SCHMIDT, K.: a.a.O., S. 1278; WESTERMANN, H. P., KLINGBERG, D.: a.a.O., Rz. 873.

[6] Vgl. GECK, R.: a.a.O., S. 3120.

schäftsführungsbefugnis und macht sich ggf. gegenüber der KG schadensersatzpflichtig.[1] Im Außenverhältnis bleibt das Geschäft jedoch wirksam.[2]

In dem o.g. Fall können die Kommanditisten versuchen, dem Komplementär die Geschäftsführungsbefugnis zu entziehen. Dies setzt jedoch gem. §§ 161 Abs. 2 i.V.m. 117 HGB eine gerichtliche Entscheidung voraus. Da es sich hierbei im Regelfall um ein langwieriges Verfahren handelt, ist es aus Sicht der Kommanditisten empfehlenswert, daß die gesetzliche Regelung abbedungen wird und anstelle dessen im Gesellschaftsvertrag die Bestimmung getroffen wird, daß die Geschäftsführungsbefugnis auch durch einen Gesellschafterbeschluß entzogen werden kann.[3] Sog. Grundlagengeschäfte, wie z.B. Änderungen des Gesellschaftsvertrages, fallen nicht in den Bereich der Geschäftsführung.[4] Es ist daher auch hier vor Durchführung des Geschäftes die Zustimmung der Gesellschafterversammlung erforderlich.[5]

2.1.4.2 Kontroll- und Stimmrechte der Kommanditisten

Die gesetzlichen Kontrollrechte der Kommanditisten sind in § 166 HGB kodifiziert. Gem. Abs. 1 können die Kommanditisten eine Abschrift des Jahresabschlusses verlangen und dessen Richtigkeit unter Einsicht der Bücher und Papiere prüfen. Der Begriff des Jahresabschlusses umfaßt hierbei die Gewinn- und Verlustrechnung und die Handelsbilanz sowie eine ggf. aufgestellte Steuerbilanz.[6] Die Kommanditisten, die einerseits das notwendige Eigenkapital für die Investition aufbringen, andererseits aber von der Geschäftsführung der KG ausgeschlossen sind, sollen durch die Kontrollrechte die Möglichkeit erhalten,

---

[1] Vgl. CREZELIUS, G.: a.a.O., S. 124.

[2] Vgl. ebenda. Da eine Trennung von gewöhnlichen und außergewöhnlichen Geschäften nicht immer eindeutig vorgenommen werden kann, empfiehlt es sich, im Gesellschaftsvertrag die Geschäfte aufzuzählen, die der Zustimmung der Gesellschafterversammlung bedürfen.

[3] Vgl. GÖRLICH, W.: Der geschlossene Immobilienfonds, a.a.O., S. 18; KLAUSS, H., MITTELBACH, R.: a.a.O., S. 96 f.

[4] Vgl. CREZELIUS, G.: a.a.O., S. 124.

[5] Vgl. KLAUSS, H., MITTELBACH, R.: a.a.O., S. 76; WESTERMANN, H. P., KLINGBERG, D.: a.a.O., Rz. 869.

[6] Vgl. BINZ, M. K., FREUDENBERG, G., SORG, M. H.: Informationsrechte in der GmbH & Co., in: BB, 46. Jg. (1991), S. 785-791, hier S. 786; WESTERMANN, H. P., KLINGBERG, D.: a.a.O., Rz. 883.

sich über die wirtschaftliche Lage des Unternehmens informieren zu können.[1] Das Recht auf *ständige* Information über die Geschicke der Gesellschaft läßt sich daraus jedoch gem. § 166 Abs. 2 HGB nicht ableiten.[2] Eine Einsicht in die Bücher und Papiere der KG während eines Geschäftsjahres ist gem. § 166 Abs. 3 HGB nur dann möglich, wenn ein Kommanditist einen entsprechenden Antrag beim Gericht stellt und dafür wichtige Gründe vorliegen, wie z.B. der Verdacht unredlicher Geschäftsführung (Unterschlagung, Steuerhinterziehung, etc.).[3] Man spricht hier von einem außerordentlichen Kontroll- respektive Überwachungsrecht.[4]

Die den Kommanditisten zustehenden Kontrollrechte können durch den Gesellschaftsvertrag erweitert, aber auch eingeschränkt werden,[5] bspw. dadurch, daß sie nicht von jedem einzelnen Kommanditisten ausgeübt werden dürfen, sondern auf einen von der Gesellschafterversammlung zu wählenden Beirat übertragen werden.[6] Das in § 166 Abs. 3 HGB geregelte außerordentliche Kontrollrecht gilt hingegen als absolutes Minderheitsrecht und kann nicht abbedungen werden.[7]

Gem. §§ 161 Abs. 2 i.V.m. 119 Abs. 1 HGB bedürfen Gesellschafterbeschlüsse von Kommanditgesellschaften grundsätzlich der Zustimmung aller Gesellschafter; es gilt das Einstimmigkeitsprinzip.[8] Sieht der Gesellschaftsvertrag Mehrheitsentscheidungen vor, ist die Mehrheit gem. § 119 Abs. 2 HGB im Zweifel nach der Zahl der Gesellschafter zu berechnen. Diese gesetzlichen Regelungen über das Stimmrecht werden in den Gesellschaftsverträgen von geschlossenen Immobilien-Leasing-Fonds durchweg abbedungen. Abstimmungen erfolgen hier wie bei der AG oder GmbH nach dem Mehrheitsprinzip; die Stimmrechte bemessen sich dabei nach der Höhe der jeweiligen Kapitalanteile. Man findet häufig die Bestimmung, daß den Kommanditisten je volle 10.000,- DM Kapitalanteil eine Stimme gewährt wird. Gesellschafterbeschlüsse werden

---

1 Vgl. SAUER, O. M.: a.a.O., S. 64.

2 Vgl. CREZELIUS, G.: a.a.O., S. 125.

3 Vgl. GECK, R.: a.a.O., S. 3121; KLUNZINGER, E.: a.a.O., S. 107.

4 Vgl. BINZ, M. K., FREUDENBERG, G., SORG, M. H.: a.a.O., S. 786; KLUNZINGER, E.: a.a.O., S. 107; MAIBERG, H.: a.a.O., S. 132.

5 Vgl. WESTERMANN, H. P., KLINGBERG, D.: a.a.O., Rz. 890 f.

6 Vgl. KURTH, H., GRASS, H.-G.: a.a.O., S. 34.

7 Vgl. CREZELIUS, G.: a.a.O., S. 125; KÜBLER, F.: a.a.O., S. 94; MAIBERG, H.: a.a.O., S. 132.

8 Vgl. KLAUSS, H., MITTELBACH, R.: a.a.O., S. 108.

i.d.R. mit der einfachen Mehrheit der abgegebenen Stimmen gefaßt; Beschlüsse über Änderungen des Gesellschaftsvertrages und über die Auflösung der KG bedürfen hingegen meist einer Mehrheit von mindestens drei Viertel der abgegebenen Stimmen.

Im Gegensatz zu personalistisch strukturierten Personengesellschaften findet der sog. Bestimmtheitsgrundsatz bei Publikumspersonengesellschaften keine Anwendung.[1] Dieser Grundsatz besagt, daß bei einer Vereinbarung des Mehrheitsprinzips jeder einzelne Beschlußgegenstand, für den dieses Prinzip gelten soll, im Gesellschaftsvertrag genau zu bezeichnen ist.[2] Bei einem geschlossenen Immobilien-Leasing-Fonds sind Mehrheitsentscheidungen somit auch dann zulässig, wenn der Gesellschaftsvertrag lediglich eine allgemeine Regelung hinsichtlich der Anwendung dieses Prinzips enthält; eine Aufzählung der einzelnen Beschlußgegenstände ist nicht erforderlich.

2.1.4.3 Gewinn- und Verlustverteilung

Der jährliche Gewinn bzw. Verlust einer KG wird aufgrund des handelsrechtlichen Jahresabschlusses ermittelt.[3] Gewinne werden gem. §§ 167 Abs. 1 i.V.m. 120 Abs. 2 HGB den Kapitalanteilen der Gesellschafter zugeschrieben, Verluste werden hiervon abgeschrieben. Der einem Kommanditisten zukommende Gewinn wird seinem Kapitalanteil gem. § 167 Abs. 2 HGB jedoch nur so lange zugeschrieben, bis seine bedungene Einlage erreicht ist.

Den o.g. dispositiven Regelungen liegt ein variabler, beweglicher Kapitalanteil zugrunde;[4] in der Vertragspraxis geht man hingegen von einem festen Kapitalanteil aus.[5] Die Gesellschafter sind dann entsprechend dem Verhältnis ihrer Kapitalanteile am Vermögen und am Gewinn und Verlust der KG beteiligt.[6] Die

---

[1] Vgl. BINZ, M. K.: a.a.O., S. 300 f.; RIEGGER, B.: Kommanditgesellschaft, in: Heidenhain, M., Meister, B. W. (Hrsg.): Münchener Vertragshandbuch, Band 1: Gesellschaftsrecht, 3. Aufl., München 1992, S. 189-318, hier S. 196 f.; SCHMIDT, K.: a.a.O., S. 1404.

[2] Vgl. BINZ, M. K.: a.a.O., S. 300.

[3] Vgl. §§ 167 Abs. 1 i.V.m. 120 Abs. 1 u. § 242 HGB.

[4] Vgl. BINZ, M. K.: a.a.O., S. 64; RIEGGER, B.: a.a.O., S. 194.

[5] Vgl. RIEGGER, B.: a.a.O., S. 194; SCHMIDT, K.: a.a.O., S. 1282.

[6] Vgl. WESTERMANN, H. P., KLINGBERG, D.: a.a.O., Rz. 855.

Gesellschaftsverträge von geschlossenen Immobilien-Leasing-Fonds sehen i.d.R. vor, daß die Einlagen der Gesellschafter als feste Kapitalanteile auf einem sog. Kapitalkonto I (Festkonto) ausgewiesen werden. Daneben wird ein variables Kapitalkonto II geführt, auf dem die anteiligen Gewinne, Verluste und Entnahmen verbucht werden. Dieses Konto kann u.U. negativ werden.[1] Einige Gesellschaftsverträge sehen die Führung dreier Kapitalkonten vor. Neben dem festen Kapitalkonto I werden für jeden Gesellschafter zwei variable Konten geführt; auf dem Kapitalkonto II werden hier Entnahmen und Gewinne erfaßt, soweit letztere nicht zur Abdeckung eines Verlustvortrages verwendet werden. Als drittes Konto wird ein Verlustvortragskonto eingerichtet, auf dem etwaige Verluste verbucht werden. In späteren Jahren entstehende Gewinne werden zum Ausgleich des Verlustvortrages zunächst diesem Konto gutgeschrieben. Durch die Einrichtung eines oder mehrerer variabler Konten wird sichergestellt, daß das Kapitalkonto I unverändert bleibt und sich somit die Beteiligungsverhältnisse in der KG nicht ändern.[2]

Bei der Gewinn- und Verlustverteilung erhält der persönlich haftende Gesellschafter im Regelfall eine Vorabvergütung für die Übernahme der persönlichen Haftung und für die Geschäftsführungstätigkeit.[3] Der verbleibende Betrag wird dann - wie bereits oben dargestellt - nach dem Verhältnis der Kapitalkonten I an die Kommanditisten verteilt. Für das Jahr des Beitritts der Kommanditisten sehen die Gesellschaftsverträge von geschlossenen Immobilien-Leasing-Fonds durchweg besondere Klauseln vor. Die Kommanditisten sollen hiernach unabhängig vom Zeitpunkt ihres Beitritts entsprechend ihrem Beteiligungsverhältnis gleichmäßig an den im laufenden Geschäftsjahr entstandenen Verlusten teilhaben. Deshalb werden Verluste, die zu einem späteren Zeitpunkt im Geschäftsjahr entstehen, zuerst den später beigetretenen Kommanditisten zugerechnet, so daß diese hinsichtlich der Verlustverteilung den bereits früher eingetretenen Gesellschaftern gleichgestellt werden.

---

1 Vgl. SCHMIDT, K.: a.a.O., S. 1282 f.

2 Vgl. ebenda.

3 Vgl. GECK, R.: a.a.O., S. 3122.

2.1.5 Verhältnis der Gesellschaft zu Dritten (Außenverhältnis)

2.1.5.1 Vertretung

Die Vertretung einer KG obliegt gem. § 170 und §§ 161 Abs. 2 i.V.m. 125 Abs. 1 HGB dem persönlich haftenden Gesellschafter; die Kommanditisten sind zur Vertretung nicht berechtigt. Hierbei handelt es sich um eine zwingende Vorschrift, die durch den Gesellschaftsvertrag nicht abbedungen werden kann.[1] Gleichwohl könnte einem Kommanditisten, wie auch einem an der Gesellschaft nicht beteiligten Dritten, bspw. Prokura erteilt werden.[2]

Vertretungsmacht und Geschäftsführungsbefugnis liegen bei einem geschlossenen Immobilien-Leasing-Fonds regelmäßig in der Hand des persönlich haftenden Gesellschafters. Während sich die Vertretungsmacht auf das Verhältnis der Gesellschaft zu Dritten, sprich auf das Außenverhältnis, bezieht, betrifft die Geschäftsführungsbefugnis das Innenverhältnis.[3] Bestimmte rechtsgeschäftliche Handlungen können aber auch gleichzeitig dem Bereich der Geschäftsführung und dem Bereich der Vertretung zugerechnet werden.[4]

Der Umfang der Vertretungsmacht kann Dritten gegenüber nicht wirksam beschränkt werden;[5] auch dabei handelt es sich um zwingendes, nicht abdingbares Recht.[6] Die Vertretungsmacht erstreckt sich gem. §§ 161 Abs. 2 i.V.m. 126 Abs. 1 HGB auf alle gerichtlichen und außergerichtlichen Geschäfte und Rechtshandlungen einschließlich der Veräußerung und Belastung von Grundstücken.

---

1 Vgl. KLUNZINGER, E.: a.a.O., S. 110; MAIBERG, H.: a.a.O., S. 132 f.

2 Vgl. WESTERMANN, H. P., KLINGBERG, D.: a.a.O., Rz. 862 f.

3 Vgl. BRÖNNER, H., RUX, H.-J., WAGNER, H.: a.a.O., S. 112; KLAUSS, H., MITTELBACH, R.: a.a.O., S. 75.

4 Vgl. KLAUSS, H., MITTELBACH, R.: a.a.O., S. 76 u. 160.

5 Vgl. §§ 161 Abs. 2 i.V.m. 126 Abs. 2 HGB.

6 Vgl. KLAUSS, H., MITTELBACH, R.: a.a.O., S. 161.

2.1.5.2 Haftung der Kommanditisten

2.1.5.2.1 Haftsumme und Pflichteinlage

Laut der Legaldefinition des § 161 Abs. 1 HGB ist die Haftung der Kommanditisten gegenüber den Gesellschaftsgläubigern auf den Betrag einer bestimmten Vermögenseinlage beschränkt, während bei dem Komplementär eine Beschränkung der Haftung nicht stattfindet. Letzterer haftet gem. §§ 161 Abs. 2 i.V.m. 128 HGB für die Verbindlichkeiten der Gesellschaft unmittelbar und unbeschränkt; zum einen können daher die Gesellschaftsgläubiger den Komplementär direkt in Anspruch nehmen und müssen nicht den Umweg über die KG wählen, und zum anderen erstreckt sich die Haftung des Komplementärs nicht nur auf seine Gesellschaftereinlage, sondern auch auf sein gesamtes Privatvermögen.[1]

Auch die Kommanditisten haften den Gläubigern gegenüber unmittelbar, jedoch ist die Haftung auf die Höhe ihrer Einlagen begrenzt.[2] Haben sie die Einlagen erbracht, ist die Haftung gem. § 171 Abs. 1 2. Hs. HGB ausgeschlossen. Das Handelsgesetzbuch verwendet hier wie auch in den übrigen Vorschriften lediglich den Begriff der Einlage. Es ist dabei jedoch strengstens zwischen der Pflichteinlage und der Haftsumme zu differenzieren. Während die Pflichteinlage die Einlageverpflichtung des Kommanditisten gegenüber seinen Mitgesellschaftern im Innenverhältnis determiniert,[3] spiegelt die Haftsumme den Umfang der Haftung des Kommanditisten gegenüber den Gesellschaftsgläubigern im Außenverhältnis wider.[4] Mit dem in der o.g. Vorschrift verwendeten Begriff der Einlage ist daher die Haftsumme und nicht die Pflichteinlage gemeint.[5] Der Betrag der Haftsumme ist gem. § 162 Abs. 1 HGB in das Handelsregister einzutragen. Pflichteinlage und Haftsumme können durchaus voneinander abweichen;[6] in den Gesellschaftsverträgen von geschlossenen Immobilien-Leasing-Fonds werden sie jedoch meist in identischer Höhe festgelegt.

---

1 Vgl. KLUNZINGER, E.: a.a.O., S. 79 u. 111.

2 Vgl. § 171 Abs. 1 1. Hs. HGB.

3 Vgl. MAIBERG, H.: a.a.O., S. 145; RIEGGER, B.: a.a.O., S. 194; WESTERMANN, H. P., KLINGBERG, D.: a.a.O., Rz. 799.

4 Vgl. CREZELIUS, G.: a.a.O., S. 130; SCHMIDT, K.: a.a.O., S. 1294; WESTERMANN, H. P., KLINGBERG, D.: a.a.O., Rz. 798 f.

5 Vgl. GECK, R.: a.a.O., S. 3123; MAIBERG, H.: a.a.O., S. 145.

6 Vgl. RIEGGER, B.: a.a.O., S. 194.

Wie bereits im Gliederungspunkt 2.1.3.3 dargestellt, werden die Anleger durch Abgabe einer Beitrittserklärung in den geschlossenen Immobilien-Leasing-Fonds aufgenommen, d.h. sie treten in eine bereits bestehende Gesellschaft ein. Für die in der Zeit zwischen ihrem Beitritt und ihrer Eintragung im Handelsregister begründeteten Verbindlichkeiten haften sie jedoch gem. § 176 Abs. 2 HGB unbeschränkt gleich dem persönlich haftenden Gesellschafter. Zur Vermeidung dieser Rechtsfolge empfiehlt es sich, im Gesellschaftsvertrag eine Vereinbarung zu treffen, nach der der Beitritt der Kommanditisten erst zum Zeitpunkt der Handelsregistereintragung wirksam wird.[1] Dabei ist jedoch zu beachten, daß diese erst ab dem Zeitpunkt ihres Beitritts, in diesem Fall also erst ab Handelsregistereintragung, am wirtschaftlichen Ergebnis der Gesellschaft teilhaben können.[2]

2.1.5.2.2 Wiederaufleben der Haftung

Entsprechend den obigen Ausführungen ist die Haftung der Kommanditisten grundsätzlich ausgeschlossen, sofern sie ihre Einlagen erbracht haben. Werden die Einlagen durch zukünftige Verluste der KG herabgemindert, lebt die Haftung hierdurch nicht wieder auf.[3] Soweit sie jedoch teilweise oder ganz an die Kommanditisten zurückgezahlt werden, gelten sie gem. § 172 Abs. 4 S. 1 HGB den Gesellschaftsgläubigern gegenüber als nicht geleistet; in Höhe der zurückgezahlten Beträge lebt folglich die Haftung erneut auf. Übersteigen die zurückgezahlten Geldbeträge dabei die Einlagen, so ist der Umfang der Haftung auf die im Handelsregister eingetragenen Haftsummen begrenzt.[4]

Gem. § 169 Abs. 1 S. 2 2. Hs. HGB können die Kommanditisten eine Auszahlung des Gewinns nicht verlangen, solange ihre Kapitalanteile durch vorangegangene Verluste unter den Betrag der Haftsummen herabgemindert sind. Wird diese dispositive Vorschrift, die das Innenverhältnis betrifft, im Gesellschaftsvertrag abbedungen, und schüttet die Gesellschaft dann Gewinne aus,

---

[1] Vgl. SCHMIDT, K.: a.a.O., S. 1348.

[2] Vgl. KURTH, H., GRASS, H.-G.: a.a.O., S. 31.

[3] Vgl. CREZELIUS, G.: a.a.O., S. 131.

[4] Vgl. BINZ, M. K.: a.a.O., S. 88 f.; ZACHER, T.: a.a.O., S. 1814.

kommt es auch hier im Außenverhältnis zwingend gem. § 172 Abs. 4 S. 2 HGB zu einem Wiederaufleben der Haftung.[1]

Die o.g. Problematik des Wiederauflebens der Haftung tritt regelmäßig bei geschlossenen Immobilien-Leasing-Fonds auf. Im Jahr des Beitritts werden den Anlegern infolge der Geltendmachung von sofort abzugsfähigen Werbungskosten und der Inanspruchnahme von Abschreibungsvergünstigungen Verluste zugewiesen, die zu einer Minderung ihrer Kapitalanteile führen. Auch in den nachfolgenden Jahren erwirtschaften die Fonds zumeist keine Gewinne, da sie noch hohe Gebäudeabschreibungen geltend machen. Diese Abschreibungsbeträge fließen zwar einerseits als Aufwand in die Ergebnisrechnung ein, sind andererseits aber nicht auszahlungswirksam.[2] Trotz eines negativen oder ausgeglichenen Handelsbilanzergebnisses können die Fonds somit in dieser Zeit schon Liquiditätsüberschüsse erzielen, die sie i.d.R. an die Anlegerkommanditisten ausschütten. Diese Ausschüttungen respektive Entnahmen führen dann zu einer Reduzierung des Haftkapitals und somit gem. § 172 Abs. 4 S. 1 HGB zu einem Wiederaufleben der Haftung.[3]

Erzielt der geschlossene Immobilien-Leasing-Fonds in späteren Jahren dann Gewinne und schüttet diese trotz herabgeminderter Einlagen an die Anleger aus, so kommt es auch hier aufgrund des § 172 Abs. 4 S. 2 HGB zu einem Wiederaufleben der Haftung.[4] Will man dieser Problematik von vornherein aus

---

[1] Vgl. CREZELIUS, G.: a.a.O., S. 129; WESTERMANN, H. P., KLINGBERG, D.: a.a.O., Rz. 927.

[2] Im Gegensatz zu den Abschreibungsbeträgen sind die Tilgungsleistungen für aufgenommene Kredite auszahlungswirksam, fließen aber nicht in die Ergebnisrechnung ein. Da es sich bei den aufgenommenen Kreditmitteln für gewöhnlich um Annuitätendarlehen handelt, sind die Tilgungsbeträge in den ersten Perioden noch relativ gering, so daß sie die Liquiditätsüberschüsse der Gesellschaft nur geringfügig belasten.

[3] Vgl. REITHMANN, C., MEICHSSNER, C., HEYMANN, E. VON: a.a.O., S. 263.

[4] Teilweise umstritten ist in der Literatur die Frage, ob Gewinnentnahmen die Haftung der Kommanditisten auch dann wieder aufleben lassen, wenn die Kapitalanteile zuvor durch sog. Buchverluste herabgemindert wurden. Solche Verluste entstehen bspw. durch die Inanspruchnahme von erhöhten Absetzungen oder Sonderabschreibungen; ihnen liegt folglich kein tatsächlicher Werteverzehr zugrunde. Aufgrund des in § 5 Abs. 1 S. 2 EStG verankerten Prinzips der umgekehrten Maßgeblichkeit können diese Wahlrechte jedoch nur einheitlich in der Handels- und Steuerbilanz ausgeübt werden, d.h. ein etwaiger Verlust ist in beiden Bilanzen gleichzeitig auszuweisen.

Ein Teil der Literatur vertritt die Auffassung, daß in dem hier dargestellten Fall der Tatbestand des § 172 Abs. 4 S. 2 EStG nicht erfüllt ist. Den Gesellschaftsgläubigern wird infolge der Buchverluste keine Haftungssubstanz entzogen; folglich sind die Gewinnausschüttungen haftungsunschädlich. Vgl. z.B. BÖGER, M., RAUPACH, A.: a.a.O., S. 85 f.; KLUNZINGER, E.: a.a.O., S. 116; WESTERMANN, H. P., KLINGBERG, D.: a.a.O., Rz. 927.

dem Weg gehen, müßte man die Pflichteinlagen und die Haftsummen in unterschiedlicher Höhe festlegen. Ist die im Handelsregister einzutragende Haftsumme nämlich kleiner als die im Innenverhältnis vereinbarte Pflichteinlage, kann ein Kommanditist in Höhe des Differenzbetrages Entnahmen tätigen, ohne daß dadurch gleichzeitig die Haftung wieder auflebt.[1]

2.1.5.2.3 Haftung bei Gesellschafterwechsel

Die Gesellschaftsverträge von geschlossenen Immobilien-Leasing-Fonds bestimmen zumeist, daß die Kommanditisten das Gesellschaftsverhältnis frühestens zum Ablauf des Leasingvertrages kündigen können. Eine etwaige Veräußerung der Kommanditbeteiligung an einen neuen Gesellschafter ist hingegen jederzeit möglich. Der Erwerber des Gesellschaftsanteils tritt dabei in die Rechtsstellung des Veräußerers ein;[2] eine Veränderung des Gesellschaftsvermögens resultiert hieraus nicht.[3]

Hat der Altkommanditist seine Einlage gem. § 171 Abs. 1 2. Hs. HGB erbracht und wurden ihm weder Teile davon noch Gewinnanteile i.S.d. § 172 Abs. 4 S. 2 HGB ausgezahlt, löst die Übertragung bei ihm keine haftungsrechtlichen Folgen aus.[4] Die Haftungsbefreiung aufgrund des § 171 Abs. 1 HGB gilt ebenfalls

---

Eine gegenteilige Meinung vertritt der BGH. Dieser stellt ausschließlich auf die bilanziellen Verhältnisse der Gesellschaft, d.h. auf den ziffernmäßigen Betrag der Kapitalkonten, ab, so daß Gewinnentnahmen auch in diesem Fall zu einem Wiederaufleben der Haftung führen. Vgl. hierzu BINZ, M. K.: a.a.O., S. 91 f.; SCHMIDT, K.: a.a.O., S. 1316 f.

[1] Vgl. GECK, R.: a.a.O., S. 3124; OPITZ, G.: Geschlossene Immobilienfonds, a.a.O., S. 59.

[2] Vgl. EISENHARDT, U.: a.a.O., S. 199.

[3] Vgl. ADEL, M.: Kommanditistenwechsel und Haftung, in: DStR, 32. Jg. (1994), S. 1580-1584, hier S. 1582.

[4] Eine andere Wertung ergibt sich allerdings dann, wenn der Altgesellschafter von der KG abgefunden wird, während der Neugesellschafter eine Einlage in das Gesellschaftsvermögen leistet. In diesem Fall stellt die Abfindung eine Rückzahlung der Kommanditeinlage dar und führt somit beim Altkommanditisten gem. § 172 Abs. 4 S. 1 HGB zu einem Wiederaufleben der Haftung. Vgl. hierzu EISENHARDT, U.: a.a.O., S. 200; GRUNEWALD, B.: a.a.O., S. 137 f.

für den Neukommanditisten.[1] Die Gesellschafter müssen jedoch sicherstellen, daß im Handelsregister ein Rechtsnachfolgevermerk eingetragen wird.[2]

Hat der Altkommanditist hingegen seine Einlage noch nicht vollständig erbracht oder wurden ihm Gewinnanteile i.S.d. § 172 Abs. 4 S. 2 HGB ausgezahlt, so haftet er auch nach seinem Ausscheiden noch für die Verbindlichkeiten, die bereits zu diesem Zeitpunkt bestanden haben.[3] Die Ansprüche der Gesellschaftsgläubiger verjähren gem. §§ 161 Abs. 2 i.V.m. 160 Abs. 1 S.1 HGB nach fünf Jahren;[4] die Verjährungsfrist beginnt dabei mit Eintragung des Gesellschafterwechsels im Handelsregister.[5]

Die Haftung des neu eintretenden Gesellschafters bestimmt sich in diesem Fall nach § 173 Abs. 1 HGB;[6] er hat nach Maßgabe der §§ 171 und 172 HGB auch für die vor seinem Eintritt begründeten Verbindlichkeiten zu haften. Der Neukommanditist hat somit u.U. nicht nur den Kaufpreis für den Gesellschaftsanteil zu entrichten, sondern er haftet darüber hinaus auch für die Zahlungen i.S.d. § 172 Abs. 4 HGB, die der Altkommanditist von der KG erhalten hat.[7] Für Verbindlichkeiten, die nach der Eintragung des Gesellschafterwechsels im Handelsregister entstehen, haftet neben den bisherigen Gesellschaftern der KG nur der Neukommanditist, hingegen nicht mehr der Altkommanditist.[8]

Werden dem Neukommanditisten nach dem Gesellschafterwechsel Teile der Einlage zurückgewährt oder erhält er Gewinnanteile i.S.d. § 172 Abs. 4 S. 2 HGB, lebt nicht nur seine Haftung wieder auf, sondern auch die des Altkommanditisten, jedoch mit den o.g. Einschränkungen hinsichtlich der Verjährung und hinsichtlich des Zeitpunktes des Entstehens der Verbindlichkeiten.[9]

---

[1] Vgl. ADEL, M.: a.a.O., S. 1584.

[2] Vgl. CREZELIUS, G.: a.a.O., S. 136; EISENHARDT, U.: a.a.O., S. 200.

[3] Vgl. GECK, R.: a.a.O., S. 3125.

[4] Vgl. REITHMANN, C., MEICHSSNER, C., HEYMANN, E. VON: a.a.O., S. 264.

[5] Vgl. §§ 161 Abs. 2 i.V.m. 160 Abs. 1 S. 2 HGB.

[6] Vgl. ADEL, M.: a.a.O., S. 1583 f.

[7] Vgl. GÖRLICH, W.: Vermögensbildung durch Berlin- und Ostbeteiligungen, 2. Aufl., Freiburg i. Br. 1994, S. 17.

[8] Vgl. ADEL, M.: a.a.O., S. 1584.

[9] Vgl. ADEL, M.: a.a.O., S. 1584; WESTERMANN, H. P., KLINGBERG, D.: a.a.O., Rz. 937.

2.1.6 Auflösung der KG und Ausscheiden von Gesellschaftern

Geschlossene Immobilien-Leasing-Fonds werden im allgemeinen auf unbestimmte Zeit errichtet. Die Dauer der Gesellschaft hängt dabei in erster Linie von der Laufzeit des Leasingvertrages ab.[1] Ist dem Leasingnehmer eine Kaufoption eingeräumt worden und übt er diese Option am Ende der Grundmietzeit aus, wird der Fonds zu diesem Zeitpunkt aufgelöst. Mit dem vom Leasingnehmer zu entrichtenden Kaufpreis werden evtl. noch valutierende Verbindlichkeiten getilgt. Der danach verbleibende Betrag wird nach Abzug der Kosten, die in dem betreffenden Jahr entstanden sind, entsprechend dem Beteiligungsverhältnis an die Gesellschafter ausgeschüttet.

Macht der Leasingnehmer von seinem Ankaufsrecht hingegen keinen Gebrauch und ist er an einer weiteren Nutzung der Immobilie nicht interessiert, muß die Gesellschaft entweder einen neuen Mieter oder einen Käufer finden.[2] Ein Verkauf der Immobilie hätte ebenfalls die Auflösung der KG zur Folge. Wird ein neuer Mietvertrag abgeschlossen, besteht die Gesellschaft fort. Der Kommanditist kann jedoch das Gesellschaftsverhältnis ab diesem Zeitpunkt kündigen. Er hat dann im Fall des Ausscheidens Anspruch auf Auszahlung eines Auseinandersetzungsguthabens in Höhe des Verkehrswertes der Beteiligung abzüglich der Kosten, die durch das Ausscheiden bedingt sind. Die Gesellschaftsverträge enthalten regelmäßig dezidierte Bestimmungen über die Berechnung des Auseinandersetzungsguthabens und über die Auszahlungsmodalitäten.

Als weitere Gründe für das Ausscheiden eines Kommanditisten werden neben der Kündigung auch das Nichterbringen der Einlage und die Eröffnung des Konkurs- oder Vergleichsverfahrens über dessen Vermögen genannt. Nach dem Ausscheiden des Kommanditisten wird die KG unter den verbleibenden Gesellschaftern fortgesetzt. Der Tod eines Kommanditisten führt ebenfalls nicht zur Auflösung der KG. Der Gesellschaftsanteil geht in einem solchen Fall auf die Erben über.

---

[1] Vgl. JEHL, H. W.: a.a.O., Teil 4/9.2, S. 2.

[2] Für den wenig wahrscheinlichen Fall, daß der Leasingnehmer am Vertragsende sein Ankaufsrecht nicht ausübt, räumen einige Fondsinitiatoren den Kommanditisten sogar das Recht ein, ihre Gesellschaftsanteile zu diesem Zeitpunkt auf sie oder auf einen von ihnen zu benennenden Dritten zu übertragen. Durch eine solche Vereinbarung wird sichergestellt, daß die Anleger auf jeden Fall mit Ablauf des Leasingvertrages aus der Gesellschaft ausscheiden können, und zwar zu einem bereits im vorhinein festgelegten Preis.

2.1.7 Die GmbH & Co. KG als Sonderform der KG

Wird die Stellung des Komplementärs nicht von einer natürlichen Person, sondern von einer GmbH eingenommen, liegt eine Sonderform der KG, die GmbH & Co. KG, vor.[1] Im Regelfall sind neben der GmbH keine weiteren Komplementäre an der Gesellschaft beteiligt;[2] man spricht in diesem Zusammenhang von einer typischen GmbH & Co. KG.[3] Die GmbH & Co. KG ist keine extra gesetzlich geregelte Rechtsform.[4] Sie verbindet als sog. Grundtypenvermischung Elemente der Personengesellschaft mit denen der Kapitalgesellschaft.[5] Sie ist rechtlich gesehen aber eine Kommanditgesellschaft; folglich sind auch hier die §§ 161 ff. HGB anzuwenden.[6] Die rechtliche Ausgestaltung der Komplementär-GmbH richtet sich demgegenüber nach dem GmbH-Gesetz.[7]

Die Errichtung der GmbH & Co. KG vollzieht sich normalerweise in zwei Etappen. Zunächst wird die Komplementär-GmbH gegründet; im Anschluß daran schließt diese mit mindestens einem Kommanditisten den Gesellschaftsvertrag der KG ab.[8] Die Geschäftsanteile der GmbH werden bei einem geschlossenen Immobilien-Leasing-Fonds von den Initiatoren gehalten. Das Stammkapital beläuft sich dabei i.d.R. auf die gesetzliche Mindesthöhe von 50.000,- DM. Die GmbH beteiligt sich zumeist nur mit einer geringen oder mit gar keiner Einlage an der KG. Sie ist demzufolge nur geringfügig oder gar nicht am Vermögen und am Ergebnis der Gesellschaft beteiligt. Sie erhält lediglich eine Vergütung für die Übernahme der persönlichen Haftung und für die Geschäftsführungstätigkeit.

---

1 Vgl. BINZ, M. K.: a.a.O., S. 7; BRÖNNER, H., RUX, H.-J., WAGNER, H.: a.a.O., S. 31.

2 Vgl. KLUNZINGER, E.: a.a.O., S. 298; MAIBERG, H.: a.a.O., S. 393.

3 Vgl. BRÖNNER, H., RUX, H.-J., WAGNER, H.: a.a.O., S. 31; SCHRADE, U.: Kapitalgesellschaft und Co. KG, insbesondere GmbH & Co. KG, in: Peter, K., Crezelius, G.: Gesellschaftsverträge und Unternehmensformen, 6. Aufl., Herne/Berlin 1995, S. 338-407, hier S. 339.

4 Vgl. JUNKER, C.: Die Anwendung von Kapitalgesellschaftsrecht auf die KG bei der GmbH & Co. KG, in: DStR, 31. Jg. (1993), S. 1786-1790, hier S. 1786; KLUNZINGER, E.: a.a.O., S. 301.

5 Vgl. BÖGER, M., RAUPACH, A.: a.a.O., S. 49; GRUNEWALD, B.: a.a.O., S. 141; SCHMIDT, K.: a.a.O., S. 1353.

6 Vgl. BRÖNNER, H., RUX, H.-J., WAGNER, H.: a.a.O., S. 31; JUNKER, C.: a.a.O., S. 1786.

7 Vgl. KLUNZINGER, E.: a.a.O., S. 301.

8 Vgl. KLUNZINGER, E.: a.a.O., S. 314; MAIBERG, H.: a.a.O., S. 399.

Es stellt sich hier nun die Frage, warum einige geschlossene Immobilien-Leasing-Fonds als Komplementär eine natürliche Person wählen, während andere eine GmbH als Komplementär einsetzen. Um diese Frage beantworten zu können, muß man zunächst näher auf die Haftung der beteiligten Personen eingehen. Da es sich bei der GmbH & Co. KG um eine KG handelt, ist die Haftung der Kommanditisten grundsätzlich ausgeschlossen, sofern sie ihre Einlagen erbracht haben. Es kann in diesem Zusammenhang auf die obigen Ausführungen verwiesen werden. Eine Beschränkung der Haftung beim Komplementär findet dagegen nicht statt.[1] Handelt es sich bei dem Komplementär nun um eine GmbH, haftet diese den Gläubigern gegenüber mit ihrem Gesellschaftsvermögen.[2] Folglich beschränkt sich die Haftung der GmbH-Gesellschafter auf ihre Geschäftsanteile. Durch die Einschaltung der Komplementär-GmbH wird also erreicht, daß keine natürliche Person mehr unbeschränkt für die Verbindlichkeiten der KG zu haften hat.[3]

Die Wahl des Komplementärs hängt jedoch nicht nur vom Haftungsumfang der beteiligten Personen, sondern vor allem auch von steuerlichen Faktoren ab.[4] Wird als Komplementär eine natürliche Person eingesetzt, erzielen die an dem geschlossenen Immobilien-Leasing-Fonds beteiligten Anleger Einkünfte aus Vermietung und Verpachtung. Nimmt diese Stellung hingegen eine GmbH ein, liegt steuerrechtlich gem. § 15 Abs. 3 Nr. 2 EStG eine gewerblich geprägte Personengesellschaft vor; die Anleger erzielen in diesem Fall Einkünfte aus Gewerbebetrieb. Aus der unterschiedlichen Qualifizierung der Einkünfte ergeben sich weitreichende Folgen z.B. im Hinblick auf die Ermittlung der Einkünfte oder im Hinblick auf die Besteuerung etwaiger Veräußerungsgewinne. Diese Rechtsfolgen werden im dritten Kapitel der vorliegenden Arbeit ausführlich dargestellt und analysiert.

Des weiteren besteht nur bei der GmbH & Co. KG die Möglichkeit zur Drittorganschaft.[5] Entsprechend den obigen Ausführungen obliegt die Geschäftsführung und die Vertretung einer KG regelmäßig dem persönlich haftenden Gesellschafter, in diesem Fall also der Komplementär-GmbH. Diese wiederum handelt gem. §§ 6, 35 GmbHG durch ihren Geschäftsführer. Zum Geschäfts-

---

[1] Vgl. § 161 Abs. 1 HGB.

[2] Vgl. § 13 Abs. 2 GmbHG.

[3] Vgl. HESSELMANN, M., TILLMANN, B.: a.a.O., S. 19; JUNKER, C.: a.a.O., S. 1787; SCHRADE, U.: a.a.O., S. 342.

[4] Vgl. FEINEN, K.: Immobilien-Leasing-Fonds, a.a.O., S. 1.

[5] Vgl. HESSELMANN, M., TILLMANN, B.: a.a.O., S. 20; KLUNZINGER, E.: a.a.O., S. 304.

führer kann jedoch nicht nur ein Gesellschafter, sondern auch eine andere Person bestellt werden.[1] Bei Einschaltung einer Komplementär-GmbH können die Geschäfte der KG somit letztlich auch von einem gesellschaftsfremden Dritten geführt werden.[2]

---

[1] Vgl. § 6 Abs. 3 GmbHG.

[2] Vgl. BRÖNNER, H., RUX, H.-J., WAGNER, H.: a.a.O., S. 32; SCHRADE, U.: a.a.O., S. 342.

2.2 Das Immobilien-Leasing

2.2.1 Begriff und zivilrechtliche Einordnung

Unter dem Begriff Leasing werden in der Praxis die verschiedenartigsten Vertragstypen subsumiert, deren Inhalte vom reinen Mietvertrag bis hin zum Kaufvertrag reichen.[1] Aufgrund dieser Vielfalt hat sich in der Literatur bisher noch keine einheitliche und abschließende Definition von Leasing durchsetzen können.[2] Vom sprachlichen Ursprung her kann das aus dem Englischen stammende Wort Leasing (to lease = mieten, pachten) mit der Vermietung oder Verpachtung von beweglichen und unbeweglichen Wirtschaftsgütern umschrieben werden.[3] Die Hauptpflicht des Leasinggebers besteht dabei in der Gebrauchsüberlassung des Leasingobjektes, die des Leasingnehmers in der Zahlung des vereinbarten Entgelts. Gemeinsames Merkmal aller Leasingverhältnisse ist somit eine Trennung von zivilrechtlichem Eigentum und wirtschaftlicher Nutzung.[4]

Nach dem Verpflichtungscharakter des zugrundeliegenden Vertragswerkes kann eine Unterteilung in Operate- und Finance-Leasing (Finanzierungs-Leasing) vorgenommen werden.[5] Beim Operate-Leasing handelt es sich um einen - gemessen an der betriebsgewöhnlichen Nutzungsdauer - kurz- oder mittelfristigen Mietvertrag, der von den Vertragsparteien jederzeit unter Einhaltung von bestimmten Fristen gekündigt werden kann; eine Abschlußzahlung des Leasingnehmers wird durch die Kündigung nicht ausgelöst.[6] Die Instandhaltung und Wartung des Leasingobjektes obliegt dem Leasinggeber; er trägt die objektbezogenen Risiken, wie z.B. die Gefahr des zufälligen Untergangs.[7] Bei dieser Vertragsvariante trägt der Leasinggeber das volle Investitionsrisiko, da er im Falle einer Kündigung seine Anschaffungsaufwendungen für das Lea-

---

[1] Vgl. MAUS, G.: Leasing im Handels- und Steuerrecht, Herne/Berlin 1996, S. 21 u. 30.

[2] Vgl. WÖHE, G., BILSTEIN, J.: Grundzüge der Unternehmensfinanzierung, 7. Aufl., München 1994, S. 197.

[3] Vgl. FEINEN, K.: Das Leasinggeschäft, 3. Aufl., Frankfurt am Main 1990, S. 11.

[4] Vgl. BENDER, H. J.: Das Risikopotential bei den Herstellerleasinggesellschaften und institutionellen Leasinggesellschaften, in: BB, Beilage 8 zu Heft 18/1996, 51. Jg. (1996), S. 15-32, hier S. 21.

[5] Vgl. WÖHE, G., BILSTEIN, J.: a.a.O., S. 198 f.

[6] Vgl. VEIGEL, G., LENTSCHIG, P.: Leasing im Steuerrecht, in: StBp, 34. Jg. (1994), S. 106-117, hier S. 108.

[7] Vgl. MARTINEK, M.: Moderne Vertragstypen, Band I: Leasing und Factoring, München 1991, S. 54.

singobjekt i.d.R. noch nicht amortisiert hat.[1] Eine vollständige Amortisation läßt sich nur durch mehrmaliges Verleasen des Objektes erreichen; folglich kommen als Leasinggegenstände nur sog. Standardwirtschaftsgüter, wie z.B. Kraftfahrzeuge, in Frage.[2] Zivilrechtlich sind Operate-Leasingverträge als reine Mietverträge i.S.d. BGB zu qualifizieren.[3]

Das charakteristische Merkmal von Finanzierungs-Leasingverträgen ist die Vereinbarung einer Grundmietzeit,[4] in der eine ordentliche Kündigung des Leasingvertrages ausgeschlossen ist.[5] Diese Grundmietzeit beträgt zwischen 40 und 90 % der betriebsgewöhnlichen Nutzungsdauer; an ihrem Ende erhält der Leasinggeber das Objekt zurück oder es werden bestimmte zu Vertragsbeginn vereinbarte Optionen ausgeübt.[6] Das Investitionsrisiko wird entweder ausschließlich oder zum überwiegenden Teil vom Leasingnehmer getragen.[7] Diesem obliegt die Instandhaltung und Versicherung des Leasingobjektes. Etwaige Gewährleistungsansprüche werden vom Leasinggeber an den Leasingnehmer abgetreten.[8] Das Finanzierungs-Leasing wird als das eigentliche Leasing[9] bzw. als das Leasing im engeren Sinn[10] bezeichnet. Beim Immobilien-Leasing, d.h. dem Leasing von unbeweglichen Wirtschaftsgütern, kommt nur diese Vertragsvariante zur Anwendung. Wenn im folgenden der Begriff Leasing verwendet wird, so ist damit stets das Finanzierungs-Leasing gemeint.

---

1 Vgl. GABELE, E., DANNENBERG, J., KROLL, M.: a.a.O., S. 3.

2 Vgl. MAUS, G.: a.a.O., S. 32.

3 Vgl. WÖHE, G., BILSTEIN, J.: a.a.O., S. 199.

4 Vgl. TACKE, H. R.: Leasing, 2. Aufl., Stuttgart 1993, S. 2.

5 Eine außerordentliche Vertragsbeendigung ist nur möglich, wenn den Beteiligten eine Fortsetzung des Leasingverhältnisses nicht mehr zugemutet werden kann. Dieser Tatbestand ist bspw. erfüllt, wenn der Leasingnehmer seiner Pflicht zur Zahlung der Leasingraten nicht mehr nachkommt. Vgl. hierzu MARTINEK, M.: a.a.O., S. 203-205.

6 Vgl. GABELE, E., KROLL, M.: Grundlagen des Immobilien-Leasing, in: DB, 44. Jg. (1991), S. 241-248, hier S. 241.

7 Vgl. MAUS, G.: a.a.O., S. 33.

8 Vgl. KALT, D.: Finanzierungsleasing, Miete, kreditfinanzierter Kauf, in: BB, Beilage 11 zu Heft 14/1991, 46. Jg. (1991), S. 18-24, hier S. 23 f.

9 Vgl. SPITTLER, H.-J.: Leasing für die Praxis, 4. Aufl., Köln 1992, S. 6.

10 Vgl. MARTINEK, M.: a.a.O., S. 53.

Die zivilrechtliche Einordnung des Finanzierungs-Leasings ist in der Literatur umstritten.[1] Da der Leasingvertrag aus verschiedenen Elementen besteht, ist eine eindeutige Zuordnung zu einer der im BGB aufgeführten schuldrechtlichen Vertragstypen nicht möglich. Bei der Beurteilung der Rechtsnatur kommt daher der Gewichtung der einzelnen Vertragselemente eine entscheidende Bedeutung zu.[2] Die von den Beteiligten gewählte Vertragsbezeichnung hat hingegen keine Auswirkungen auf die Wertung.[3]

Der Bundesgerichtshof[4] wie auch die herrschende Literaturmeinung[5] qualifizieren den Finanzierungs-Leasingvertrag als einen atypischen Mietvertrag, auf den grundsätzlich die Vorschriften der §§ 535 ff. BGB Anwendung finden. Dies wird damit begründet, daß die Gebrauchsüberlassungsfunktion das dominierende Merkmal eines Leasingvertrages sei.[6] Es wird jedoch nicht verkannt, daß dieser diverse Unterschiede zum reinen Mietvertrag aufweist. So wird bspw. die Instandhaltungspflicht des Vermieters gem. § 536 BGB abbedungen und dem Leasingnehmer auferlegt; diesem obliegt im Gegensatz zum Mieter auch die Versicherungspflicht des Objektes.[7] Des weiteren sind etwaige Ankaufsrechte nicht Gegenstand eines Mietverhältnisses.[8] Die im Immobilien-Leasing vom Leasinggeber für gewöhnlich zu erbringenden umfangreichen Dienstleistungen, wie bspw. die Beratungs- und Baubetreuungsfunktion, ändern an dieser Zuordnung nichts.[9]

---

1 Vgl. zum Stand der Diskussion bspw. MARTINEK, M.: a.a.O., S. 64-90; SCHIRDUAN, H. J.: Finanzierungs-Leasing in der Bilanz des Leasinggebers, Diss., Universität Frankfurt am Main 1993, Wiesbaden 1994, S. 39-67.

2 Vgl. SCHIRDUAN, H. J.: a.a.O., S. 39 ff.

3 Vgl. MAUS, G.: a.a.O., S. 29.

4 Vgl. zur Entwicklung der BGH-Rechtsprechung SPITTLER, H.-J.: a.a.O., S. 49-53. Die wichtigsten bisher zum Leasing ergangenen Urteile des BGH sind in Anlage I dieses Buches auf den Seiten 168-174 unter Angabe von Stichworten chronologisch aufgeführt.

5 Vgl. BORDEWIN, A.: Leasing im Steuerrecht, 3. Aufl., Stuttgart/Wiesbaden 1989, S. 18; FLUME, W.: Die Rechtsfigur des Finanzierungsleasing, in: DB, 44. Jg. (1991), S. 265-271; MAUS, G.: a.a.O., S. 22; SCHIRDUAN, H. J.: a.a.O., S. 57 ff. u. 64 ff.; WESTPHALEN, F. GRAF VON: Der Leasingvertrag, 4. Aufl., Köln 1992, S. 618 ff. Entgegengesetzter Meinung ist bspw. Martinek, der den Leasingvertrag als Vertrag sui generis (Vertrag eigener Art) einordnet, da er die Gebrauchsüberlassungsfunktion und die Finanzierungsfunktion als gleichgewichtig ansieht; vgl. hierzu MARTINEK, M.: a.a.O., S. 86-90.

6 Vgl. BORDEWIN, A.: a.a.O., S. 17.

7 Vgl. FEINEN, K.: Das Leasinggeschäft, a.a.O., S. 11 f. u. 36 f.

8 Vgl. ESCHENBRUCH, K., NIEBUHR, F.: a.a.O., S. 2418.

9 Vgl. WESTPHALEN, F. GRAF VON: a.a.O., S. 619 f.

2.2.2 Wirtschaftliche Bedeutung

Die ersten Leasinggesellschaften wurden in Deutschland 1962 gegründet.[1] Die wirtschaftliche Bedeutung des Leasings ist seit diesen Anfängen insgesamt kontinuierlich gewachsen.[2] So haben die Leasinggesellschaften laut Erhebung des Ifo-Instituts in 1996 insgesamt 66,5 Mrd. DM in die Anlagenvermietung investiert, was einer Leasingquote von 13,6 % entspricht.[3] Die Leasingquote gibt den Anteil der Leasinginvestitionen eines Jahres an den gesamtwirtschaftlichen Investitionen ohne Wohnungsbau wieder.[4] Von den o.g. 66,5 Mrd. DM entfielen 53,41 Mrd. DM auf Investitionen im Mobilien-Leasing und 13,09 Mrd. DM auf solche im Immobilien-Leasing; aus diesen Zahlen läßt sich eine Mobilien-Leasingquote von 18,9 % und eine Immobilien-Leasingquote von 6,4 % errechnen.[5] Diese Quoten sollen sich 1997 gemäß der dem Ifo-Institut vorliegenden Planangaben auf 19,3 bzw. 6,3 % verändern.[6]

Die Investitionen im Immobilien-Leasing haben sich von 1989 (4,4 Mrd. DM) bis 1996 infolge der Wiedervereinigung und der damit ausgelösten regen Bautätigkeit im Beitrittsgebiet fast verdreifacht.[7] Die trotzdem nur bei 6,4 % liegende Immobilien-Leasingquote läßt sich damit begründen, daß sich die vom Ifo-Institut durchgeführte Investitionserhebung nur auf Leasinggesellschaften bezieht.[8] Nicht berücksichtigt werden hingegen die anderen institutionellen Investoren in der gewerblichen Immobilienvermietung, wie bspw. Versicherungen, Bauträgergesellschaften, offene und geschlossene Immobilienfonds; faßt man den Anteil an den gesamtwirtschaftlichen Bauinvestitionen dieser Investoren

---

1 Vgl. zur historischen Entwicklung des Leasings SPITTLER, H.-J.: a.a.O., S. 1 f.

2 Vgl. ECKSTEIN, W.: Langfristige Entwicklung im Leasing, in: BB, Beilage 10 zu Heft 14/1987, 42. Jg. (1987), S. 1-11; SCHLEICHER, A.: Leasing in Deutschland, in: DB, Beilage Nr. 12/87 zu Heft 22, 40. Jg. (1987), S. 8-11; STÄDTLER, A.: Leasing in Deutschland: Beachtliche Marktanteilsgewinne, in: Ifo-Schnelldienst, 50. Jg. (1997), Nr. 36, S. 5-15.

3 Vgl. STÄDTLER, A.: Leasing in Deutschland: Beachtliche Marktanteilsgewinne, a.a.O., S. 7.

4 Vgl. ebenda, S. 6.

5 Die Quote für das Mobilien-Leasing (Immobilien-Leasing) wird an den gesamtwirtschaftlichen Ausrüstungsinvestitionen (Bauinvestitionen ohne Wohnungsbau) gemessen; diese beliefen sich 1996 auf 282,62 (205,04) Mrd. DM. Vgl. STÄDTLER, A.: Leasing in Deutschland: Beachtliche Marktanteilsgewinne, a.a.O., S. 7 u. 13.

6 Vgl. ebenda.

7 Vgl. GABELE, E., DANNENBERG, J., KROLL, M.: a.a.O., S. 9; STÄDTLER, A.: Leasing in Deutschland: Immobilien weiter expansiv - Massengeschäft rückläufig, in: Ifo-Schnelldienst, 48. Jg. (1995), Nr. 1/2, S. 8-15, hier S. 11 u. 14.

8 Vgl. VOR DEM ESCHE, H.-B.: Immobilien-Leasing, in: BB, Beilage 9 zu Heft 13/1992, 47. Jg. (1992), S. 13-18, hier S. 13.

mit denen der Leasinggesellschaften zusammen, so würde sich ein Wert von ca. 25 - 30 % ergeben.[1]

Aus den o.g. Daten des Ifo-Instituts läßt sich jedoch nicht das Anlagevolumen ableiten, das alljährlich in geschlossene Immobilien-Leasing-Fonds investiert wird. Laut Einschätzung von Jehl und Stephan wird ca. 1/4 - 1/3 des gesamten im Immobilien-Leasingbereich plazierten Volumens über geschlossene Immobilien-Leasing-Fonds abgewickelt.[2] Dies würde einem jährlichen Betrag von schätzungsweise 3,3 - 5 Mrd. DM[3] (4,3 - 6,5 Mrd. DM) entsprechen, wenn man dabei die vom Ifo-Institut[4] ausschließlich für Leasinggesellschaften veröffentlichten Zahlen der Jahre 1993-1995 (1996) i.H.v. ca. 10 Mrd. DM (13 Mrd. DM) zugrundelegt.

2.2.3 Refinanzierungsformen

Bei der Refinanzierung eines Immobilien-Leasingobjektes kann es sich grundsätzlich um eine Fremdfinanzierung, eine Eigenfinanzierung oder um eine Mischfinanzierung handeln. Aufgrund ihrer geringen Eigenkapitalausstattung refinanzieren sich Immobilien-Leasinggesellschaften im Regelfall fast ausschließlich über Fremdmittel.[5] Als Instrumente werden dabei vor allem die Darlehensfinanzierung und die Forfaitierung eingesetzt.[6] Da Immobilien-Leasinggesellschaften für gewöhnlich Tochtergesellschaften von Großbanken sind, verschaffen sie sich die benötigten Finanzierungsmittel meist über ihre Mutterbanken.[7] Es werden ihnen dabei im Vergleich zu einem gewerblichen Kreditnehmer häufig günstigere Konditionen aufgrund geringerer Verwaltungskosten eingeräumt.[8]

---

1 Vgl. STÄDTLER, A.: Leasing in Deutschland: Beachtliche Marktanteilsgewinne, a.a.O., S. 14.

2 Vgl. JEHL, H. W.: a.a.O., Teil 4/9.1, S. 1; STEPHAN, A. H.: Immobilien-Leasing in rezessiven Zeiten, in: DStR, 32. Jg. (1994), S. 1205-1208, hier S. 1206.

3 Vgl. ebenda.

4 Vgl. STÄDTLER, A.: Leasing in Deutschland: Beachtliche Marktanteilsgewinne, a.a.O., S. 7.

5 Vgl. FEINEN, K.: Das Leasinggeschäft, a.a.O., S. 98; TACKE, H. R.: Leasing, a.a.O., S. 95.

6 Vgl. GABELE, E., DANNENBERG, J., KROLL, M.: a.a.O., S. 82.

7 Vgl. FEINEN, K.: Immobilien-Leasing-Fonds, a.a.O., S. 2.

8 Vgl. GABELE, E., DANNENBERG, J., KROLL, M.: a.a.O., S. 84.

2.2.3.1 Refinanzierung durch Darlehen

Wegen der langen Laufzeit von Immobilien-Leasingverträgen kommen als Darlehensmittel vornehmlich Hypothekendarlehen und langfristige Kapitalmarktdarlehen zum Einsatz.[1] Der krediteinräumenden Bank wird dabei als Sicherheit eine Grundschuld an dem Immobilien-Leasingobjekt eingeräumt.[2] Die Laufzeit des Darlehensvertrages entspricht i.d.R. der Grundmietzeit, in der der Leasingvertrag nicht ordentlich gekündigt werden kann. Der Zins wird meist für 10 Jahre, manchmal auch für einen kürzeren Zeitraum festgeschrieben; letzteres bietet sich vor allem in Hochzinsphasen an.[3] Da sich die Grundmietzeit meist über einen wesentlich längeren Zeitraum erstreckt, wird nach Ablauf der ersten Zinsfestschreibungsphase eine Zinsanpassung vorgenommen. Um das Risiko einer Zinserhöhung auszuschalten, wird zwischen dem Leasinggeber und dem Leasingnehmer regelmäßig die Vereinbarung getroffen, daß sich die Leasingraten im Zinskonversionszeitpunkt den dann geltenden Kapitalmarktbedingungen anpassen.[4] Für den Leasinggeber läßt sich somit eine Kongruenz zwischen vereinnahmten Leasingraten und verausgabten Kapitaldienstleistungen herstellen.

Variable Zinssätze werden bei der Darlehensfinanzierung nicht vereinbart, da diese eine ständige Anpassung der Leasingraten zur Folge haben würden.[5] Der dem Darlehensvertrag zugrundeliegende Tilgungsverlauf richtet sich nach der gewünschten Struktur der Leasingraten.[6] In den meisten Fällen wird eine Annuitätentilgung vereinbart, d.h. die Tilgungsraten steigen im Zeitablauf und die Zinsen sinken dementsprechend. Folglich wird ein konstanter Kapitaldienst und eine lineare Leasingratenstruktur realisiert. Vereinbaren die Vertragsparteien hingegen eine degressive Leasingratenstruktur, liegt dem Darlehen eine Ratentilgung, d.h. Tilgungsraten in gleichbleibender Höhe, zugrunde. Infolge von geringer werdenden Zinszahlungen ergibt sich hier ein im Zeitablauf abnehmender Kapitaldienst.

---

[1] Vgl. FEINEN, K.: Immobilien-Leasing-Fonds, a.a.O., S. 2.

[2] Vgl. KURTH, H., GRASS, H.-G.: a.a.O., S. 218.

[3] Vgl. FEINEN, K.: Immobilien-Leasing-Fonds, a.a.O., S. 2.

[4] Vgl. FEINEN, K.: Immobilien-Leasing-Fonds, a.a.O., S. 2; GABELE, E., DANNENBERG, J., KROLL, M.: a.a.O., S. 83.

[5] Vgl. GABELE, E., DANNENBERG, J., KROLL, M.: a.a.O., S. 84.

[6] Vgl. ebenda.

2.2.3.2 Refinanzierung durch Forfaitierung

Bei einem Forfaitierungsgeschäft verkauft der Leasinggeber die in Zukunft fällig werdenden Leasingraten an ein Kreditinstitut.[1] Ist ihm ein Andienungsrecht an dem Objekt eingeräumt worden, kann sich die Forfaitierung auch auf den Restwert beziehen.[2] Die Forfaitierung wird vor allem im Mobilien-Leasing, teilweise aber auch im Immobilien-Leasing eingesetzt, insbesondere dann, wenn sich hierdurch eine Gewerbesteuerentlastung realisieren läßt.[3]

Bei der Forfaitierung geht das Ausfallrisiko, das auch Delkredererisiko genannt wird, im Gegensatz zur Darlehensfinanzierung auf das Kreditinstitut über.[4] Die Haftung des Leasinggebers erstreckt sich gem. § 437 Abs. 1 BGB lediglich auf den rechtlichen Bestand der Forderung (Veritätshaftung).[5] Das refinanzierende Kreditinstitut hat somit im Fall der Zahlungsunfähigkeit des Leasingnehmers keinen Regreßanspruch gegen diesen. Das Kreditinstitut könnte einen solchen Anspruch nur in den Fällen geltend machen, in denen der Leasingnehmer seine Zahlungen aufgrund einer vom Leasinggeber zu vertretenen Vertragsverletzung einstellt.[6] Die Kreditwürdigkeitsprüfung erstreckt sich folglich nicht nur auf den Leasinggeber, sondern auch auf den Leasingnehmer.

Bei der Berechnung des Kaufpreises des Forfaitierungsgeschäftes werden die zukünftigen Leasingraten incl. eines etwaigen Restwertes auf den Gegenwartszeitpunkt abgezinst.[7] Der dabei verwendete Zinssatz entspricht i.d.R. dem einer entsprechenden Darlehensfinanzierung. Der so ermittelte Barwert wird nach Abzug der Gebühren für die Übernahme des Delkredererisikos und der Verwaltungskosten an den Leasinggeber ausgezahlt.[8] Mit dem Zufluß der liqui-

---

[1] Vgl. TACKE, H. R.: Leasing, a.a.O., S. 97.

[2] Vgl. MILATZ, J. E.: Forfaitierung von Andienungsrechten bei Teilamortisations-Mobilien-Leasingverträgen, in: DB, 49. Jg. (1996), S. 841-845.

[3] Vgl. GABELE, E., DANNENBERG, J., KROLL, M.: a.a.O., S. 84 f.; TACKE, H. R.: Leasing, a.a.O., S. 104; ders.: Konzeptionelle Gestaltung und Struktur eines Leasing-Fonds, in: DB, Beilage Nr. 6/95 zu Heft 19, 48. Jg. (1995), S. 4-7.

[4] Vgl. GABELE, E., DANNENBERG, J., KROLL, M.: a.a.O., S. 85.

[5] Vgl. ULLRICH, E.: Leasing in der Handelsbilanz und im Steuerrecht, in: Hagenmüller, K. F., Eckstein, W. (Hrsg.): Leasing-Handbuch für die betriebliche Praxis, 6. Aufl., Frankfurt am Main 1992, S. 77-98, hier S. 92.

[6] Vgl. BORDEWIN, A.: a.a.O., S. 88.

[7] Vgl. GABELE, E., DANNENBERG, J., KROLL, M.: a.a.O., S. 85; TACKE, H. R.: Leasing, a.a.O., S. 100.

[8] Vgl. MARTINEK, M.: a.a.O., S. 225 f.

den Mittel kann dann ggf. ein etwaig aufgenommenes Refinanzierungsdarlehen abgelöst werden.

2.2.3.3 Refinanzierung durch teilweisen Eigenkapitaleinsatz

Ein wesentlicher Unterschied zwischen einer klassischen Immobilien-Leasinggesellschaft und einem geschlossenen Immobilien-Leasing-Fonds besteht in der Form der Refinanzierung. Während die Immobilien-Leasinggesellschaft - wie oben beschrieben - fast ausschließlich auf Fremdmittel zurückgreift, werden beim geschlossenen Immobilien-Leasing-Fonds daneben auch in Form von Kommanditeinlagen die Eigenmittel von privaten Investoren eingesetzt. Die Anwerbung der Kommanditisten erfolgt häufig über das Filialnetz von Großbanken, da diese in der Lage sind, große Anlagevolumina in kürzester Zeit zu plazieren.[1]

Durch die anteilsmäßige Zuweisung von Verlusten in der Investitionsphase können die Anleger ihre individuelle Steuerlast mindern; aus diesem Grund sind sie bereit, ihr Kapital zu einem Zinssatz zur Verfügung zu stellen, der unter dem einer entsprechenden Fremdfinanzierung liegt.[2] Daneben läßt sich das restliche Fremdkapital häufig zu günstigeren Konditionen beschaffen, da sich der Verschuldungsgrad der Fondsgesellschaft durch den Einsatz des Eigenkapitals vermindert.[3] Insgesamt gesehen können somit die Finanzierungskosten in erheblichem Maße gesenkt werden, was sich letztlich in einer Minderung der Leasingraten niederschlägt.

Die Verlustbeträge, die den Anlegern in der Investitionsphase zugewiesen werden, hängen zum einen von der absoluten Höhe der in dieser Zeit geltend gemachten Werbungskosten, zum anderen von der Finanzierungsstruktur des Fonds ab. So gibt die steuerliche Verlustzuweisungsquote das Verhältnis zwischen den steuerlichen Verlusten und dem investierten Eigenkapital für einen

---

1 Vgl. FEINEN, K.: Immobilien-Leasing-Fonds, a.a.O., S. 2.

2 Vgl. FOHLMEISTER, K. J.: Immobilien-Leasing, a.a.O., S. 195 f.

3 Der Verschuldungsgrad gibt das Verhältnis zwischen Fremdkapital und Eigenkapital an. Vgl. hierzu WÖHE, G.: Einführung in die Allgemeine Betriebswirtschaftslehre, 19. Aufl., München 1996, S. 889.

bestimmten Zeitraum an.[1] Wird der Fonds ausschließlich mit Eigenkapital finanziert, kann die Verlustzuweisungsquote maximal 100 % betragen. Eine Quote von über 100 % läßt sich nur durch Einsatz von Fremdkapital verwirklichen.[2]

Beträgt das Investitionsvolumen eines geschlossenen Immobilien-Leasing-Fonds bspw. 100 GE und können hiervon 50 GE im Jahr der Anteilszeichnung steuerlich geltend gemacht werden, ergibt sich bei einem Eigenkapitaleinsatz von 100 GE eine Verlustzuweisungsquote von 50%. Den Kommanditisten werden im Jahr der Anteilszeichnung folglich halb soviel Verluste zugewiesen wie sie Eigenkapital eingesetzt haben. Refinanziert sich die Fondsgesellschaft jedoch zur Hälfte über Fremdkapital, erhöht sich die Verlustzuweisungsquote ceteris paribus auf 100 %. Bei einem Fremdkapitaleinsatz von 75 GE werden die steuerlichen Verluste i.H.v. 50 GE in Relation zu dem investierten Eigenkapital von 25 GE gesetzt; es ergibt sich folglich eine Quote von 200 %. Wie man anhand dieses Beispiels sehen kann, steigt die Verlustzuweisungsquote mit vermehrten Fremdkapitaleinsatz progressiv an. Dieser Effekt wird als Hebelwirkung des Fremdkapitals bzw. als Leverage-Effekt bezeichnet.[3]

Die Reduzierung der Steuerbelastung eines Anlegers infolge der Beteiligung an einem geschlossenen Immobilien-Leasing-Fonds hängt nicht nur von der steuerlichen Verlustzuweisung, sondern auch von seiner Grenzsteuerbelastung ab.[4] Je höher diese ist, desto höher ist die Steuerersparnis und damit auch die Liquiditätsentlastung.[5] Beträgt die Verlustzuweisungsquote bspw. 100 % und unterliegt der Anleger auch nach der Verlustzuweisung noch einem Grenzsteuersatz von 53 %, so ergibt sich hieraus für ihn eine Steuerminderzahlung i.H.v. 53 % seines ursprünglich eingesetzten Eigenkapitals, d.h. der effektive Kapitaleinsatz reduziert sich auf 47 %. Bei einer Verlustzuweisungsquote von 188,68 % (= 1/0,53) könnte der Anleger seinen Eigenkapitaleinsatz theoretisch

---

[1] Vgl. HUMMELTENBERG, R.: a.a.O., S. 37; PRINZ, U.: Werbungskosten bei den Einkünften aus Vermietung und Verpachtung - Systematische steuerliche Analyse unter besonderer Berücksichtigung von Bauherren- und Erwerbermodellen, Diss., Universität Köln, Gelsenkirchen 1984, S. 103; RÄDLER, A. J.: a.a.O., S. 12.

[2] Vgl. RÄDLER, A. J.: a.a.O., S. 5.

[3] Vgl. PRINZ, U.: Werbungskosten bei den Einkünften aus Vermietung und Verpachtung, a.a.O., S. 104; RÄDLER, A. J.: a.a.O., S. 5.

[4] Vgl. HUMMELTENBERG, R.: a.a.O., S. 39.

[5] Vgl. PRINZ, U.: Werbungskosten bei den Einkünften aus Vermietung und Verpachtung, a.a.O., S. 105 f.

vollkommen aus Steuerersparnissen finanzieren.[1] In diesem Zusammenhang muß man jedoch erwähnen, daß Verlustzuweisungsquoten von über 100 % in der Praxis aufgrund des § 15a EStG für gewöhnlich nicht angestrebt werden.[2]

Bei der Bestimmung der Fremdkapital-Eigenkapital-Relation eines geschlossenen Immobilien-Leasing-Fonds muß man beachten, daß durch eine Erhöhung des Fremdkapitalanteils nicht nur die steuerliche Verlustzuweisungsquote erhöht wird, sondern daß hierdurch auch in späteren Perioden höhere Belastungen infolge von Kapitaldienstleistungen eintreten. Mögliche Ausschüttungen an die Anleger werden somit gemindert. Fonds, die einen hohen Verschuldungsgrad aufweisen und hohe Steuerersparnisse in der Investitionsphase realisieren wollen, werden als steuerorientiert bezeichnet; werden hingegen hohe Ausschüttungen während der Bewirtschaftungsphase angestrebt, spricht man von einem ausschüttungsorientierten bzw. eigenkapitalorientierten Fonds.[3]

Je nach dem, wie hoch die angestrebten Steuerersparnisse zu Investitionsbeginn und die laufenden Ausschüttungen während der Bewirtschaftungsphase sein sollen, findet man in der Praxis geschlossene Immobilien-Leasing-Fonds, deren Eigenkapitalanteile meist zwischen 25 und 50 % liegen. Die restlichen 75 bis 50 % werden in aller Regel über Darlehen finanziert. Tendenziell weisen geschlossene Immobilien-Leasing-Fonds, die in den neuen Bundesländern aufgelegt werden, einen höheren Eigenkapitalanteil auf als solche in den alten Bundesländern.[4] Die Begründung hierfür liegt in den Abschreibungsmodalitäten. Nur bei Gebäuden in den neuen Bundesländern können im Jahr der Anschaffung oder Herstellung unter bestimmten Voraussetzungen Sonderabschreibungen gem. Fördergebietsgesetz geltend gemacht werden. Aufgrund der höheren steuerlichen Verluste muß man bei diesen Objekten weniger Fremdkapital aufwenden, um eine bestimmte Verlustzuweisungsquote realisieren zu können.

---

[1] Der Solidaritätszuschlag ist in diesem Beispiel aus Vereinfachungsgründen nicht berücksichtigt worden.

[2] Vgl. zu Einzelheiten bzgl. § 15a EStG Gliederungspunkt 3.1.2.7.2.

[3] Vgl. KURTH, H., GRASS, H.-G.: a.a.O., S. 215 f. u. 223 f.; LOIPFINGER, S., NICKL JR., L., RICHTER, U.: a.a.O., S. 27 f.; TEWES, D. (Hrsg.): a.a.O., Teil 4/2, S. 2 ff.

[4] Vgl. TACKE, H. R.: Konzeptionelle Gestaltung und Struktur eines Leasing-Fonds, a.a.O., S. 6.

2.2.4 Vertragstypen

Der zwischen dem Leasinggeber und Leasingnehmer abgeschlossene Vertrag ist entweder ein Vollamortisationsvertrag (Full-pay-out-Vertrag) oder ein Teilamortisationsvertrag (Non-full-pay-out-Vertrag). Abgrenzungskriterium ist dabei die Höhe der Zahlungen, die der Leasingnehmer während der fest vereinbarten Grundmietzeit an den Leasinggeber zu leisten hat.[1] Beim Teilamortisationsvertrag gibt es im Immobilien-Leasing wiederum zwei verschiedene Ausprägungen, zum einen den Teilamortisationsvertrag i.e.S. (Restwertvertrag) und zum anderen den Teilamortisationsvertrag mit Mieterdarlehen (Mietvorauszahlungsvertrag).[2] Die Zuordnung des Leasingvertrages zu einer der o.g. Vertragstypen hat entscheidende Auswirkungen auf die steuerliche Zurechnung des Leasingobjektes und damit auch auf die Bilanz und Gewinn- und Verlustrechnung des Leasinggebers und des Leasingnehmers.[3]

2.2.4.1 Vollamortisationsvertrag

Bei einem Vollamortisationsvertrag werden die Anschaffungs- oder Herstellungskosten des Leasinggegenstandes sowie alle Nebenkosten des Leasinggebers durch die vom Leasingnehmer während der Grundmietzeit zu entrichtenden Leasingraten incl. etwaiger Sonderzahlungen zu Vertragsbeginn abgedeckt, d.h. amortisiert.[4] Zu den Nebenkosten des Leasinggebers werden in diesem Zusammenhang vor allem die von ihm aufgewendeten Finanzierungs- und Verwaltungskosten gezählt.[5] Durch die vollständige Amortisation der Investitionskosten schon während der Grundmietzeit entfällt hier jegliches Objektrisiko für den Leasinggeber. Sein Hauptaugenmerk wird sich daher nicht auf die Weiterverwendungsmöglichkeiten der Immobilie am Ende der Grundmietzeit richten, sondern vielmehr auf die Bonität des Leasingnehmers.

---

1 Vgl. HÄBERSTOCK, L.: Kredit-Kauf oder Leasing? Ein Vorteilhaftigkeitsvergleich unter Berücksichtigung der steuerlichen Auswirkungen, in: StbJb 1982/83, Köln 1983, S. 443-509, hier S. 446 ff.; MAUS, G.: a.a.O., S. 33.

2 Vgl. FOHLMEISTER, K. J.: Immobilien-Leasing, a.a.O., S. 191 ff.; GABELE, E., DANNENBERG, J., KROLL, M.: a.a.O., S. 21.

3 Vgl. hierzu Gliederungspunkt 3.1.2.4.

4 Vgl. JEHL, H. W.: a.a.O., Teil 4/9.3.1, S. 1.

5 Vgl. GABELE, E., DANNENBERG, J., KROLL, M.: a.a.O., S. 25.

Bis zum Inkrafttreten des BMWF-Schreibens vom 21.03.1972,[1] das die ertragsteuerliche Behandlung von unbeweglichen Wirtschaftsgütern bei Vollamortisationsverträgen dezidiert regelt, wurden im Immobilien-Leasing solche Verträge fast ausschließlich in Form des sog. „1-DM-Modells" abgeschlossen. Der Leasingnehmer konnte dabei das Objekt nach Ablauf der Grundmietzeit für einen symbolischen Preis von 1,- DM erwerben oder die Immobilie zu einem weit unter dem Marktwert liegenden Preis anmieten.[2] Je kürzer die Grundmietzeit bemessen war, desto höher waren folglich die vom Leasingnehmer zu entrichtenden Entgelte.

Das o.g. BMWF-Schreiben hatte zur Folge, daß die Immobilie bei einem solchen Modell nicht mehr dem Leasinggeber, sondern dem Leasingnehmer zugerechnet wurde; dieses Ergebnis wurde jedoch von den beiden Vertragsparteien nicht angestrebt. Um auch weiterhin eine Zurechnung der Immobilie zum Leasinggeber zu gewährleisten, war es laut dem BMWF-Schreiben erforderlich, daß der Gesamtkaufpreis im Fall der Vereinbarung einer Kaufoption mindestens dem unter Anwendung der linearen Abschreibung ermittelten Buchwert des Gebäudes zuzüglich des Buchwertes für den Grund und Boden entsprach. Bei einer steuerlichen Grundmietzeit von maximal 90 % der betriebsgewöhnlichen Nutzungsdauer mußte der Leasingnehmer folglich nicht nur die gesamten Investitionskosten des Leasinggebers amortisieren, sondern darüber hinaus mußte er zusätzlich noch mindestens 10 % der Anschaffungs- oder Herstellungskosten des Gebäudes zuzüglich der vollen Anschaffungskosten des Grund und Bodens tragen. Hierzu waren jedoch die wenigsten Leasingnehmer bereit. Aus diesem Grund werden heute Vollamortisationsverträge kaum noch in der Praxis abgeschlossen;[3] an ihre Stelle traten die beiden Teilamortisationsvertragstypen.

---

[1] BMWF-Schreiben vom 21.03.1972 - F/IV B 2 - S 2170 - 11/72, in: BStBl 1972 I, S. 188-189.

[2] Vgl. GABELE, E., DANNENBERG, J., KROLL, M.: a.a.O., S. 25.

[3] Nach Einschätzung von Sobotka werden heutzutage weniger als 1 % der Immobilien-Leasingverträge als Vollamortisationsverträge abgeschlossen; vgl. SOBOTKA, S.: Der neue Teilamortisationserlaß im Immobilien-Leasing, in: BB, 47. Jg. (1992), S. 827-832, hier S. 827.

2.2.4.2 Teilamortisationsvertrag

2.2.4.2.1 Teilamortisationsvertrag i.e.S.

Bei einem Teilamortisationsvertrag i.e.S. werden die Anschaffungs- oder Herstellungskosten des Leasingobjektes sowie die Nebenkosten des Leasinggebers durch die vom Leasingnehmer während der Grundmietzeit zu entrichtenden Leasingraten nur zum Teil abgedeckt. Unter Zugrundelegung von gleich langen Grundmietzeiten weisen die Leasingraten hier eine geringere Höhe auf als beim Vollamortisationsvertrag.

Bei der Mehrzahl der Teilamortisationsverträge wird dem Leasingnehmer das Recht eingeräumt, die Immobilie am Ende der Grundmietzeit zu erwerben.[1] Dieses Ankaufsrecht bedarf gem. § 313 BGB der notariellen Beurkundung und wird durch Eintragung im Grundbuch abgesichert.[2] Die Zurechnung des Leasingobjektes erfolgt in diesem Fall - ähnlich wie beim Vollamortisationsvertrag - nur dann beim Leasinggeber, wenn einerseits die Grundmietzeit nicht mehr als 90 % der betriebsgewöhnlichen Nutzungsdauer beträgt, und andererseits der Gesamtkaufpreis mindestens dem unter Berücksichtigung der linearen Abschreibung ermittelten Restbuchwert des Leasinggegenstandes entspricht.[3] Da sich der Kaufoptionspreis i.d.R. an den Mindestvorschriften des entsprechenden BMF-Schreibens orientiert,[4] sind am Ende der Grundmietzeit der steuerliche Restbuchwert des Gebäudes und die Anschaffungskosten des Grund und Bodens noch nicht amortisiert.

Refinanziert sich der Leasinggeber ausschließlich über Darlehensmittel, so entspricht der Kaufoptionspreis zum einen dem Restbuchwert der Immobilie, zum anderen aber auch der Restschuld des aufgenommenen Refinanzierungsdarlehens.[5] Die Summe der Abschreibungen des Gebäudes und die Summe der Darlehenstilgungen weisen demzufolge die gleiche Höhe auf. In den einzelnen Perioden muß sich jedoch keine Deckungsgleichheit zwischen Abschreibungen und Tilgungen ergeben. Handelt es sich bspw. um ein Annuitätendarlehen und damit um einen konstanten Kapitaldienst, sinken die Zinsen

---

[1] Vgl. FEINEN, K.: Das Leasinggeschäft, a.a.O., S. 85; GABELE, E., KROLL, M.: a.a.O., S. 243; VOR DEM ESCHE, H.-B.: a.a.O., S. 15.

[2] Vgl. WESTPHALEN, F. GRAF VON: a.a.O., S. 615.

[3] Vgl. BMF-Schreiben vom 23.12.1991 - IV B 2 - S 2170 - 115/91, in: BStBl 1992 I, S. 13-15, Tz. 8.

[4] Vgl. GABELE, E., KROLL, M.: a.a.O., S. 243.

[5] Vgl. FOHLMEISTER, K. J.: Immobilien-Leasing, a.a.O., S. 192.

infolge einer immer geringer werdenden Restschuld im Zeitablauf und die Tilgungen erhöhen sich dementsprechend. Da es sich bei der Berechnung des Restbuchwertes um lineare Abschreibungen, also um Abschreibungen in gleichbleibender Höhe, handelt, sind die Tilgungsbeträge des Darlehens am Anfang niedriger und zum Ende der Grundmietzeit höher als die entsprechenden Abschreibungen.[1] In der Summe ergibt sich jedoch - wie oben angeführt - ein gleich hoher Betrag.

Dem Leasingnehmer kann anstelle einer Kaufoption auch eine Mietverlängerungsoption eingeräumt werden. Er hat dabei das Recht, den Leasingvertrag am Ende der Grundmietzeit durch einseitige Willenserklärung auf bestimmte oder unbestimmte Zeit zu verlängern. Im Gegensatz zur Kaufoption verzichtet der Leasingnehmer hier jedoch auf die Möglichkeit, an einer eventuellen Wertsteigerung der Immobilie zu partizipieren. Deshalb wird eine alleinige Mietverlängerungsoption in der Praxis selten vereinbart.[2] Man findet häufiger die Vereinbarung, daß dem Leasingnehmer neben einer Mietverlängerungsoption auch zugleich eine Kaufoption eingeräumt wird. Verträge, bei denen der Leasingnehmer das Objekt am Vertragsende dem Leainggeber zurückgeben muß, d.h. die weder eine Kauf- noch eine Verlängerungsoption enthalten, werden im Immobilien-Leasing für gewöhnlich nicht abgeschlossen.[3]

Das Risiko des Leasinggebers ist beim Teilamortisationsvertrag i.e.S. höher einzustufen als beim Vollamortisationsvertrag. Übt der Leasingnehmer eine ihm eingeräumte Option am Ende der Grundmietzeit nicht aus, kann eine vollständige Amortisation nur dadurch erreicht werden, daß die Immobilie verwertet oder an einen Dritten weitervermietet wird. Dieses sog. Restwertrisiko ist um so höher einzustufen, je kürzer die vereinbarte Grundmietzeit ist. So sind bspw. bei einer Grundmietzeit von 40 % der betriebsgewöhnlichen Nutzungsdauer erst 40 % der Investitionskosten des Gebäudes amortisiert, bei einer Grundmietzeit von 80 % dagegen schon doppelt so viel.

Aus diesem Grund strebt der Leasinggeber für gewöhnlich möglichst lange Grundmietzeiten an. Bei einer betriebsgewöhnlichen Nutzungsdauer von 25 Jahren und einer maximalen Grundmietzeit von 22,5 Jahren muß er zu diesem Zeitpunkt durch einen Verkauf noch mindestens 10 % der Anschaffungs- oder Herstellungskosten des Gebäudes zuzüglich der Anschaffungskosten des

---

[1] Vgl. GABELE, E., DANNENBERG, J., KROLL, M.: a.a.O., S. 40.

[2] Vgl. GABELE, E., KROLL, M.: a.a.O., S. 243.

[3] Vgl. GABELE, E., DANNENBERG, J., KROLL, M.: a.a.O., S. 57.

Grund und Bodens realisieren, um mit dem Verkaufserlös die noch valutierende Restschuld des Refinanzierungsdarlehens tilgen zu können. Ein solcher Preis konnte in der Vergangenheit bei relativ gutem Standort der Immobilie ohne weiteres erzielt werden.[1] Das Augenmerk des Leasinggebers richtet sich daher beim Teilamortisationsvertrag i.e.S. nicht nur auf die Bonität des Leasingnehmers, sondern auch auf die Drittverwendungsfähigkeit der Immobilie.

Eine andere Wertung ergibt sich hinsichtlich des Restwertrisikos bei Teilamortisationsverträgen im Mobilien-Leasing. Hier werden regelmäß die folgenden Vereinbarungen getroffen:[2]

- Bei einem Leasingvertrag mit Andienungsrecht muß der Leasingnehmer auf Verlangen des Leasinggebers das Objekt am Ende der Grundmietzeit zu einem bei Vertragsbeginn festgelegten Preis erwerben; er besitzt aber kein Recht auf Erwerb des Leasingobjektes. Bei dieser Vertragsgestaltung trägt der Leasingnehmer das volle Risiko einer Wertminderung, während der Leasinggeber die Chance einer Wertsteigerung innehat.

- Das Vertragsmodell mit Aufteilung des Mehrerlöses ist dadurch gekennzeichnet, daß der Leasinggegenstand am Ende der Grundmietzeit veräußert wird. Reicht der Veräußerungserlös nicht aus, um die Differenz zwischen Gesamtkosten des Leasinggebers und bisher geleisteten Zahlungen des Leasingnehmers abzudecken, hat der Leasingnehmer eine entsprechende Abschlußzahlung zu leisten. Übersteigt der Veräußerungserlös hingegen die o.g. Differenz, so wird der Mehrerlös in einem bestimmten Verhältnis zwischen Leasinggeber und Leasingnehmer aufgeteilt.

- Bei einem sog. kündbaren Leasingvertrag kann der Leasingnehmer das Vertragsverhältnis frühestens nach 40 % der betriebsgewöhnlichen Nutzungsdauer kündigen. In einem solchen Fall muß er dem Leasinggeber die Differenz zwischen Gesamtkosten und bisher geleisteten Leasingraten erstatten, wobei ihm hierauf ein bestimmter Prozentsatz des Veräußerungserlöses angerechnet wird. Wertsteigerungen des Leasingobjektes kommen hier - wie beim Vertrag mit Andienungsrecht - ausschließlich dem Leasinggeber zugute.

---

[1] Vgl. ebenda, S. 44.

[2] Vgl. zu den folgenden Ausführungen das BMF-Schreiben vom 22.12.1975 - IV B 2 - S 2170 - 161/75, in: BB, 31. Jg. (1976), S. 72-73.

Zusammenfassend kann man also festhalten, daß bei Teilamortisationsverträgen im Mobilien-Leasing durch entsprechende Vereinbarungen eine vollständige Amortisation der Investitionskosten des Leasinggebers gewährleistet wird;[1] im Gegensatz zu Teilamortisationsverträgen im Immobilien-Leasing entfällt hier jegliches Restwertrisiko für den Leasinggeber. Eine Übertragung der o.g. Vereinbarungen auf Immobilien-Leasingverträge konnte bisher jedoch aufgrund der Schlechterstellung des Leasingnehmers in der Praxis nur selten durchgesetzt werden. So wird lediglich in Einzelfällen ein Leasingvertrag mit Andienungsrecht oder ein Vertragsmodell mit Aufteilung des Mehrerlöses vereinbart; kündbare Leasingverträge werden hingegen im Immobilien-Leasing nicht angewendet.[2]

2.2.4.2.2 Teilamortisationsvertrag mit Mieterdarlehen

Der Teilamortisationsvertrag mit Mieterdarlehen stellt eine Kombination des Vollamortisationsvertrages und des Teilamortisationsvertrages i.e.S. dar. Ein vom Leasinggeber aufgenommenes Refinanzierungsdarlehen wird bei diesem Vertragstyp im Gegensatz zum Teilamortisationsvertrag i.e.S. durch die während der Grundmietzeit geleisteten Zahlungen des Leasingnehmers vollkommen zurückgeführt.[3]

Die vom Leasingnehmer zu entrichtenden Entgelte setzen sich aus den Leasingraten und aus Mieterdarlehenszahlungen zusammen. Letztere errechnen sich aus der Differenz zwischen den Tilgungsbeträgen des Refinanzierungsdarlehens und den linearen Abschreibungen des Gebäudes.[4] Die Tilgungsbeträge und somit die Mieterdarlehenszahlungen steigen unter Zugrundelegung eines Annuitätendarlehens im Zeitablauf progressiv an. Die Leasingraten sinken dementsprechend, so daß sich für den Leasingnehmer eine gleichbleibende Gesamtbelastung ergibt, die identisch ist mit der eines Vollamortisations-

---

[1] Der Begriff Teilamortisationsvertrag bezieht sich hier folglich nur auf die während der Grundmietzeit geleisteten Zahlungen; vgl. DÄUMLER, K.-D.: Leasing-Finanzierung, in: BBK, 42. Aufl., Herne/Berlin, Loseblattsammlung 1953 ff., Stand: 01.04.1996, Fach 29, S. 701-724, hier S. 704.

[2] Vgl. GABELE, E., DANNENBERG, J., KROLL, M.: a.a.O., S. 43 f.

[3] Vgl. FOHLMEISTER, K. J.: Immobilien-Leasing, a.a.O., S. 193.

[4] Vgl. GABELE, E., DANNENBERG, J., KROLL, M.: a.a.O., S. 47 f.

vertrages.[1] Steuerlich gesehen handelt es sich bei diesem Vertragstyp jedoch um einen Teilamortisationsvertrag, da die Summe der Leasingraten für sich alleine betrachtet nicht ausreicht, um die Gesamtkosten des Leasinggebers abzudecken.

Die Summe der Mieterdarlehenszahlungen entspricht am Ende der Grundmietzeit exakt dem steuerlichen Restbuchwert des Leasingobjektes,[2] der im allgemeinen auch die Bemessungsgrundlage des Kaufoptionspreises darstellt. Übt der Leasingnehmer die Kaufoption aus, wird der zu zahlende Preis mit dem Mieterdarlehen verrechnet, so daß er im Ergebnis keine Zahlungen mehr zu leisten hat.[3] Die Immobilie wird in diesem Fall trotz eines gleich hohen Zahlungsstromes wie beim Vollamortisationsvertrag dem Leasinggeber zugerechnet, ohne das sich dadurch für den Leasingnehmer eine zusätzliche Belastung nach Abauf der Grundmietzeit ergibt.

Anstelle der Kaufoption können die Vertragsparteien theoretisch auch die anderen bereits beim Teilamortisationsvertrag i.e.S. beschriebenen Optionen vereinbaren.[4] Verzichtet der Leasingnehmer am Ende der Grundmietzeit auf die Ausübung einer ihm eingeräumten Option, so hat er einen Anspruch auf Rückerstattung des Mieterdarlehens. Da der Leasinggeber die Immobilie in einem solchen Fall regelmäßig verwertet, wird für die Rückzahlung eine angemessene Frist vereinbart.[5] Das Restwertrisiko kann folglich - ebenso wie beim Teilamortisationsvertrag i.e.S. - nicht vollkommen eliminiert werden. Das Mieterdarlehen wird vom Leasinggeber i.d.R. nicht verzinst, da er die Zinsen ansonsten wieder mit in die Leasingraten einkalkulieren würde.[6]

Mieterdarlehensverträge wurden in der Praxis vor allem in den siebziger Jahren und in der ersten Hälfte der achtziger Jahre abgeschlossen, da sie eine schnellere Entschuldung der Immobilie als Teilamortisationsverträge i.e.S. gewährleisteten.[7] Durch die Herabsetzung der betriebsgewöhnlichen Nutzungsdauer gem. § 7 Abs. 4 S. 1 Nr. 1 EStG von 50 auf 25 Jahre und der damit einhergehenden Erhöhung der Leasingraten hat dieser Vorteil jedoch an Bedeu-

---

1 Vgl. FEINEN, K.: Das Leasinggeschäft, a.a.O., S. 86 f.

2 Vgl. SPITTLER, H.-J.: a.a.O., S. 30.

3 Vgl. FEINEN, K.: Immobilien-Leasing-Fonds, a.a.O., S. 2.

4 Vgl. GABELE, E., DANNENBERG, J., KROLL, M.: a.a.O., S. 57.

5 Vgl. FOHLMEISTER, K. J.: Immobilien-Leasing, a.a.O., S. 193 f.

6 Vgl. ebenda.

7 Vgl. GABELE, E., DANNENBERG, J., KROLL, M.: a.a.O., S. 34 u. 46.

tung verloren, so daß heute im Immobilien-Leasing und insb. bei geschlossenen Immobilien-Leasing-Fonds vornehmlich Teilamortisationsverträge i.e.S. zur Anwendung kommen.

2.2.5 Gestaltung des Leasingvertrages

2.2.5.1 Vertragsleistungen des Leasinggebers

Die Entscheidung eines Unternehmens, eine Immobilieninvestition zu tätigen, ist der Ausgangspunkt für das Zustandekommen des späteren Leasingvertrages.[1] Will es dabei keine Eigenmittel einsetzen, stehen ihm grundsätzlich zwei Finanzierungsalternativen offen. Das Unternehmen kann die Immobilie zum einen selber erwerben oder herstellen und über ein langfristiges Darlehen finanzieren. Zum anderen kann es sich die Nutzung der Immobilie auch durch Abschluß eines Leasingvertrages sichern. Die Objektfinanzierung erfolgt in diesem Fall durch eine Leasinggesellschaft bzw. durch einen geschlossenen Immobilien-Leasing-Fonds.

Entscheidet sich das Unternehmen für die Leasingalternative, sind zunächst die vom Leasinggeber zu erbringenden Vertragsleistungen festzulegen. Diese Leistungen können sich auf die reine Finanzierung der Immobilie erstrecken, sie können aber auch vielfältige bautechnische Dienstleistungen beinhalten.[2] Aufgrund dieser verschiedenen Möglichkeiten werden im Immobilien-Leasing im Gegensatz zum Mobilien-Leasing keine Standardverträge, sondern Individualverträge abgeschlossen.[3] In der Praxis kommt vor allem die Variante der schlüsselfertigen Übergabe, das sog. Full-Service-Leasing, zur Anwendung;[4] diese Variante soll daher im folgenden kurz beschrieben werden.

Beim Full-Service-Leasing müssen die Vertragsparteien zunächst ein geeignetes Grundstück für das neu zu errichtende Gebäude auswählen. Hat man

---

[1] Vgl. LOIPFINGER, S., NICKL JR., L., RICHTER, U.: a.a.O., S. 33.

[2] Vgl. GABELE, E., DANNENBERG, J., KROLL, M.: a.a.O., S. 65; TACKE, H. R.: Leasing, a.a.O., S. 203.

[3] Vgl. KRUMBHOLZ, S., STREITFERDT, L.: Leasing oder Kreditfinanzierung?, Köln 1975, S. 20; SPITTLER, H.-J.: a.a.O., S. 27 f.

[4] Vgl. FEINEN, K.: Bautechnische Dienstleistungen als Ergänzung des Immobilien-Leasingvertrags, in: DB, Beilage Nr. 8/96 zu Heft 19, 49. Jg. (1996), S. 12-14.

einen entsprechenden Standort gefunden, schließt der Leasinggeber für gewöhnlich mit dem bisherigen Eigentümer einen Kaufvertrag ab. Befindet sich das zu bebauende Grundstück bereits im Eigentum des Leasingnehmers, wird anstelle des Kaufvertrages meist ein Erbbaurechtsvertrag abgeschlossen.[1] Die Höhe des Erbbauzinses spielt bei dem Vertragsabschluß nur eine untergeordnete Rolle. Der Leasinggeber ist zwar einerseits verpflichtet, dem Leasingnehmer einen Erbbauzins zu zahlen, andererseits stellt er diesem den verauslagten Betrag wiederum als laufende Nebenkosten in Rechnung.[2] Es wird daher im allgemeinen ein niedriger Erbbauzins vereinbart, zumal das Erbbaurecht als solches auch der Grunderwerbsteuer unterliegt.[3]

Die Planung und Durchführung des Bauvorhabens wird i.d.R. vom Leasinggeber auf eine Baumanagementgesellschaft übertragen; hierbei handelt es sich im Regelfall um ein Tochterunternehmen der initiierenden Immobilien-Leasinggesellschaft.[4] Die Baumanagementgesellschaft schreibt die Bauleistungen aus und schließt Verträge mit den entsprechenden Baufirmen und Lieferanten ab. Des weiteren kontrolliert sie die erbrachten Leistungen und überwacht diese auf ihre Termineinhaltung hin.[5] Letztlich rechnet sie die Bauleistungen ab und übergibt das fertiggestellte Objekt dem Leasingnehmer.[6] Etwaige Gewährleistungsansprüche gegen die ausführenden Baufirmen werden vom Leasinggeber an den Leasingnehmer abgetreten, da dieser für die laufende Instandhaltung der Immobilie verantwortlich ist.[7] Da der Leasinggeber beim Full-Service-Leasing die Bauherrenfunktion übernimmt, wird der Leasingnehmer von administrativen und organisatorischen Aufgaben freigestellt und kann sich daher ausschließlich seinem gewöhnlichen Geschäft widmen.[8] Besonders Unternehmen, die nur selten eine derartige Investition tätigen, profitieren von der planerischen und bautechnischen Erfahrung einer Baumanagementgesellschaft.[9]

---

[1] Vgl. GABELE, E., DANNENBERG, J., KROLL, M.: a.a.O., S. 78 f.

[2] Vgl. ebenda.

[3] Vgl. § 1 Abs. 1 i.V.m. § 2 Abs. 2 Nr. 1 GrEStG.

[4] Vgl. FEINEN, K.: Das Leasinggeschäft, a.a.O., S. 25.

[5] Vgl. FEINEN, K.: Bautechnische Dienstleistungen als Ergänzung des Immobilien-Leasingvertrags, a.a.O., S. 14.

[6] Vgl. GABELE, E., DANNENBERG, J., KROLL, M.: a.a.O., S. 66.

[7] Vgl. FEINEN, K.: Das Leasinggeschäft, a.a.O., S. 43.

[8] Vgl. MAYER-ROLSHOVEN, P.: Welche Vorteile bietet Immobilien-Leasing?, in: BB, Beilage 10 zu Heft 14/1989, 44. Jg. (1989), S. 12-13.

[9] Vgl. FEINEN, K.: Das Leasinggeschäft, a.a.O., S. 24 f.

Da der Leasingvertrag bereits vor Baubeginn abgeschlossen wird, können die endgültigen Leasingraten oft erst nach Fertigstellung des Gebäudes und nach Abrechnung sämtlicher vom Leasinggeber erbrachten Leistungen festgesetzt werden. Der Baumanagementgesellschaft werden im allgemeinen sehr günstige Vertragskonditionen eingeräumt, weil sie als ständiger Nachfrager von Baudienstleistungen und Baustoffen am Markt auftritt.[1] Dies führt zu einer Reduzierung der Herstellungskosten und somit letztlich auch zu einer Verringerung der vom Leasingnehmer aufzubringenden Entgelte. Eine preisgünstige Herstellung der Immobilie liegt ebenfalls im Interesse des Leasinggebers, da durch die Reduzierung der Herstellungskosten zugleich auch der zukünftige Restbuchwert der Immobilie gemindert wird. Wie bereits oben dargestellt wurde, spiegelt dieser Wert beim Teilamortisationsvertrag den noch nicht amortisierten Teil der Gesamtkosten wieder. Eine preisgünstige Herstellung hat somit eine Verringerung des Restwertrisikos des Leasinggebers zur Folge. Die Vertragsparteien können die Übergabe des Objektes jedoch auch zu einem Festpreis vereinbaren. Etwaige Überschreitungen veranschlagter Kosten gehen in diesem Fall zu Lasten des Leasinggebers.[2]

2.2.5.2 Vertragsleistungen des Leasingnehmers

Die vom Leasingnehmer zu erbringenden Leistungen erstrecken sich im wesentlichen auf die termingerechte Zahlung der im Leasingvertrag vereinbarten Entgelte. Hauptbestandteil dieser Entgelte sind die Leasingraten, die der Leasingnehmer während der Grundmietzeit zu entrichten hat. Als Vertragsbeginn gilt dabei die Übergabe des fertiggestellten Leasingobjektes.[3] Die Zahlungsweise der Leasingraten wird im Leasingvertrag individuell festgelegt. Meist wird den Refinanzierungskosten entsprechend eine monatlich, viertel- oder halbjährlich nachschüssige Zahlung vereinbart. Auf die Kalkulation der Leasingraten wird im nachfolgenden Gliederungspunkt noch näher eingegangen.

---

[1] Vgl. FEINEN, K.: Bautechnische Dienstleistungen als Ergänzung des Immobilien-Leasingvertrags, a.a.O., S. 12.

[2] Vgl. REHM, H.: a.a.O., S. 28.

[3] Vgl. FEINEN, K.: Fonds-Leasing als Instrument für gewerbliche und öffentliche Investitionen, in: Der langfristige Kredit, 43. Jg. (1992), S. 442-445, hier S. 444.

Gelegentlich wird zwischen den Parteien auch die Vereinbarung getroffen, daß der Leasingnehmer bereits bei Vertragsabschluß eine einmalige Abschlußgebühr bzw. Sonderzahlung an den Leasinggeber zu entrichten hat. Mit dieser Gebühr soll der erhöhte Verwaltungs- und Konzeptionsaufwand des Leasinggebers bis zum Abschluß des Leasingvertrages abgegolten werden.[1] Die Höhe der Abschlußgebühr hängt von den Gesamtinvestitionskosten ab. Je höher diese ausfallen, desto geringer wird der festzulegende Prozentsatz sein. Bei Objekten mit Gesamtinvestitionskosten im zweistelligen Millionenbereich beträgt die Gebühr meist ein Prozent dieses Betrages.[2]

Weiterhin kann der Leasingnehmer zur Zahlung von sog. Vormieten verpflichtet werden. Diese werden zur Abdeckung der Finanzierungskosten, die dem Leasinggeber während der Bauzeit entstehen, verwendet; derartige Kosten sind bspw. die Zinsen für die Zwischenfinanzierung oder etwaige Bereitstellungsprovisionen.[3] Die beteiligten Parteien können alternativ zu der Zahlung von Vormieten oder einer einmaligen Abschlußgebühr auch vereinbaren, daß die entsprechenden Aufwendungen den Gesamtinvestitionskosten zugeschlagen werden und somit über die laufenden Leasingraten zu entrichten sind.[4] Diese Variante findet vor allem bei Leasingnehmern mit guter Bonität sowie bei geschlossenen Immobilien-Leasing-Fonds Anwendung.

Der Leasingnehmer hat während der Grundmietzeit neben den Leasingraten auch die aus dem Eigentum und der Nutzung der Immobilie resultierenden Nebenkosten zu tragen. Hierzu gehören die objektbezogenen Abgaben, wie z.B. Grundsteuer, ggf. beim Leasinggeber anfallende Gewerbesteuer, Müllabfuhr-, Straßenreinigungs-, Kanal- und Schornsteinfegergebühren.[5] Daneben hat der Leasingnehmer auch etwaige Erbbauzinsen und Versicherungsprämien zu bezahlen.[6] Der Leasinggeber schließt die Versicherungsverträge als Eigentümer meist selber ab und stellt dem Leasingnehmer die verauslagten Beträge dann in Rechnung. Im Regelfall handelt es sich dabei um Feuer-, Wasser-, Sturm-

---

[1] Vgl. GABELE, E., DANNENBERG, J., KROLL, M.: a.a.O., S. 102; SPITTLER, H.-J.: a.a.O., S. 28.

[2] Vgl. FEINEN, K.: Das Leasinggeschäft, a.a.O., S. 87.

[3] Vgl. FOHLMEISTER, K. J.: Immobilien-Leasing, a.a.O., S. 204.

[4] Vgl. FEINEN, K.: Das Leasinggeschäft, a.a.O., S. 93 f.; GABELE, E., DANNENBERG, J., KROLL, M.: a.a.O., S. 104 f.

[5] Vgl. JEHL, H. W.: a.a.O., Teil 4/9.3.2, S. 3.

[6] Vgl. ebenda.

und Gebäudehaftpflichtversicherungen.[1] Oft schließt der Leasingnehmer auch eine eigene Betriebsunterbrechungsversicherung ab, damit die Bedienung der Leasingraten auch in einem Schadensfall sichergestellt ist.[2] Versicherungsprämien, die der Leasinggeber während der Bauzeit des Gebäudes entrichtet, werden im Gegensatz zu den bisher dargestellten nicht den späteren Nebenkosten, sondern den Gesamtinvestitionskosten zugeschlagen.[3]

Leasinggesellschaften errichten für die entsprechenden Investitionsobjekte aus gewerbesteuerlichen und verwaltungstechnischen Gründen meist eigene Objektgesellschaften.[4] Der Leasingnehmer hat in einem solchen Fall auch die Aufwendungen, die aus der Existenz dieser Objektgesellschaft resultieren, als Nebenkosten zu tragen.[5] Bei einem geschlossenen Immobilien-Leasing-Fonds sind dies z.B. die Aufwendungen, die im Zusammenhang mit der Betreuung der Kommanditisten respektive Treugeber anfallen, und die Vergütungen für den Komplementär. Aufgrund der Komplexität und der Vielzahl der beteiligten Personen weisen diese Aufwendungen hier im allgemeinen einen höheren Betrag auf als bei einer Objektgesellschaft, deren alleiniger Gesellschafter die Leasinggesellschaft ist.[6]

Eine weitere Vertragsleistung des Leasingnehmers besteht in der Instandsetzung und Instandhaltung der Immobilie. Führt der Leasinggeber diese Arbeiten aus, hat der Leasingnehmer die entsprechenden Kosten im Rahmen der Nebenabrechnung zu begleichen. Letztlich kann der Leasingnehmer ggf. auch zu Mieterdarlehenszahlungen verpflichtet werden.[7]

---

[1] Vgl. FOHLMEISTER, K. J.: Immobilien-Leasing, a.a.O., S. 203 f.

[2] Vgl. FEINEN, K.: Das Leasinggeschäft, a.a.O., S. 96 f.

[3] Vgl. ZAHN, H.: Risiko des Leasinggebers und Vertragsgestaltung nach dem Immobilien-Erlaß vom 23.12.1991 (Teil I u. II), in: DB, 45. Jg. (1992), S. 2482-2488 u. 2537-2540, hier S. 2538.

[4] Vgl. GABELE, E., DANNENBERG, J., KROLL, M.: a.a.O., S. 68 ff.

[5] Vgl. ebenda, S. 103.

[6] Vgl. FEINEN, K.: Immobilien-Leasing-Fonds, a.a.O., S. 2.

[7] Vgl. zu Einzelheiten Gliederungspunkt 2.2.4.2.2.

2.2.5.3 Kalkulation der Leasingraten

2.2.5.3.1 Deskriptive Darstellung

Ausgangspunkt für die Berechnung der Leasingraten sind die Gesamtinvestitionskosten des Leasingobjektes. Hierzu zählen bspw.

- Kosten, die im Zusammenhang mit dem Erwerb des Grundstücks (z.B. Kaufpreis, Grunderwerbsteuer, Maklercourtage, Notar- und Grundbuchkosten) und der Errichtung des Gebäudes anfallen;
- Vertragsanlaufkosten;
- bei der Gründung der Objektgesellschaft anfallende Kosten;
- während der Bauzeit entstehende Finanzierungskosten (z.B. Zwischenfinanzierungszinsen, Bereitstellungsprovisionen);
- Nebenkosten, die in Verbindung mit der Endfinanzierung auftreten (z.B. Kosten für die Eintragung eines Grundpfandrechts);
- Beurkundungskosten des Leasingvertrages.

Verzichtet der Leasinggeber auf die Steuerbefreiung gem. § 4 Nr. 12 UStG, gehören die verausgabten Umsatzsteuerbeträge nicht zu den Gesamtinvestitionskosten, da sie als Vorsteuer absetzbar sind.[1]

Ist die Höhe der Gesamtinvestitionskosten bekannt, werden die Leasingraten in Abhängigkeit von den Refinanzierungsbedingungen festgesetzt. Der Leasinggeber wird dabei stets auf eine Kongruenz zwischen verausgabten Kapitaldienstleistungen und vereinnahmten Leasingraten achten.[2] Die Ermittlung der entsprechenden Kosten bereitet im Immobilien-Leasing keine Schwierigkeiten, da die Refinanzierung objektbezogen erfolgt. Die Leasingraten setzen sich aus einem Amortisationsanteil (Tilgungsanteil) und einem Zinsanteil sowie einem Kosten-, Risiko- und Gewinnanteil zusammen.[3]

Wird das Leasingobjekt ausschließlich über Darlehen refinanziert, entspricht der Amortisations- und Zinsanteil der Leasingraten beim Vollamortisationsvertrag und beim Teilamortisationsvertrag i.e.S. genau dem aufzubringenden Ka-

---

[1] Vgl. BAUER, C.: Zur Kalkulation von Leasingraten, in: DB, Beilage Nr. 7/90 zu Heft 19, 43. Jg. (1990), S. 14-19, hier S. 14.

[2] Vgl. FOHLMEISTER, K. J.: Immobilien-Leasing, a.a.O., S. 205.

[3] Vgl. GABELE, E., DANNENBERG, J., KROLL, M.: a.a.O., S. 92.

pitaldienst der Fremdfinanzierung. Die Summe der Amortisationsanteile entspricht zum Ende der Grundmietzeit beim Vollamortisationsvertrag den Gesamtinvestitionskosten und beim Teilamortisationsvertrag i.e.S. der Summe der linearen Abschreibungen des Gebäudes. Beim Teilamortisationsvertrag mit Mieterdarlehen gehen lediglich die Zinsanteile des aufgenommenen Refinanzierungsdarlehens in gleicher Höhe in die Leasingraten ein. Die Amortisationsanteile entsprechen in der Summe auch hier den linearen Abschreibungen des Gebäudes. Da das Darlehen des Leasinggebers aber in Höhe der Gesamtinvestitionskosten zurückgeführt wird, muß der Leasingnehmer die sich ergebende Differenz durch Mieterdarlehenszahlungen abdecken.

Wie bereits im Gliederungspunkt 2.2.3.1 ausgeführt, wird der Zinssatz des Refinanzierungsdarlehens meist für 10 Jahre oder einen kürzeren Zeitraum festgeschrieben. Nach Ablauf dieser ersten Zinsfestschreibungsphase wird der Refinanzierungszins und somit auch der Zinsanteil der Leasingraten den dann geltenden Kapitalmarktbedingungen angepaßt.[1] Das Zinsänderungsrisiko wird dementsprechend vom Leasinggeber auf den Leasingnehmer abgewälzt. Werden bei der Refinanzierung des Leasingobjektes auch Eigenmittel eingesetzt, kann die entsprechende Verzinsung für die gesamte Laufzeit des Leasingvertrages im vorhinein festgesetzt werden. Der Leasingnehmer hat für diesen Teil folglich nicht das Risiko einer Zinsänderung zu tragen.[2] Der kalkulierte Eigenkapitalzinssatz liegt bei einem geschlossenen Immobilien-Leasing-Fonds im allgemeinen weit unter dem einer entsprechenden Fremdfinanzierung.

Rechnet man zum Amortisations- und Zinsanteil den Kosten-, Risiko- und Gewinnanteil hinzu, erhält man als Summe die Leasingrate. Die zuletzt genannten Anteile werden für gewöhnlich in einem Betrag zusammengefaßt und als Prozentsatz zu den Gesamtinvestitionskosten angegeben.[3] Mit dem Kostenanteil sollen die Verwaltungsaufwendungen des Leasinggebers abgegolten werden.[4] Diese Aufwendungen können aber auch alternativ zu der hier dargestellten Variante über die Nebenkosten abgerechnet werden.[5] Die während der Grundmietzeit eventuell auftretenden und nicht versicherbaren Risiken sollen durch den in den Leasingraten enthaltenen Risikoanteil abgedeckt werden. Hierbei spielen insb. die Risiken hinsichtlich der Bonität des Leasingnehmers

---

1 Vgl. FEINEN, K.: Immobilien-Leasing-Fonds, a.a.O., S. 2.

2 Vgl. FEINEN, K.: Die Leasingfinanzierung für öffentliche Investitionen, a.a.O., S. 2.

3 Vgl. GABELE, E., DANNENBERG, J., KROLL, M.: a.a.O., S. 97.

4 Vgl. FEINEN, K.: Immobilien-Leasing-Fonds, a.a.O., S. 2.

5 Vgl. GABELE, E., KROLL, M.: a.a.O., S. 245.

und der Drittverwendungsfähigkeit des Leasingobjektes eine wichtige Rolle.[1] So kann der Leasingnehmer bspw. während der Grundmietzeit in Konkurs gehen oder eine ihm zum Vertragsende eingeräumte Option nicht ausüben. Der Leasinggeber wird daher vor Abschluß des Leasingvertrages - ähnlich wie eine Bank bei einer Kreditvergabe - die zukünftige Zahlungsfähigkeit des Leasingnehmers und die Fungibilität des Objektes überprüfen.[2]

2.2.5.3.2 Quantitative Darstellung

Die Kalkulation der Leasingraten soll nun anhand eines Zahlenbeispiels exemplarisch dargestellt werden.[3] Ausgangspunkt der Berechnungen ist dabei eine klassische Immobilien-Leasinggesellschaft, die das Objekt ausschließlich über ein Annuitätendarlehen refinanziert. Die Zusammensetzung der Leasingraten wird für einen Teilamortisationsvertrag i.e.S. und für einen Teilamortisationsvertrag mit Mieterdarlehen aufgezeigt. Darüber hinaus werden die Leasingraten auch für einen geschlossenen Immobilien-Leasing-Fonds errechnet. Diesem liegt in der hier dargestellten Variante - wie in der Vertragspraxis allgemein üblich - ein Teilamortisationsvertrag i.e.S. zugrunde. Bei den Berechnungen werden die folgenden vereinfachenden Annahmen getroffen:

- die Gesamtinvestitionskosten i.H.v. 100 Mio. DM entfallen zu 80 % auf das Gebäude und zu 20 % auf den Grund und Boden; sofort abzugsfähige Werbungskosten fallen nicht an;
- die Grundmietzeit beträgt 20 Jahre, die betriebsgewöhnliche Nutzungsdauer des Gebäudes 25 Jahre; letzteres entspricht einer linearen Abschreibung von 3,2 Mio. DM/Jahr;
- der Amortisationsanteil der Leasingraten entspricht am Ende der Grundmietzeit in der Summe den vorgenommenen Abschreibungen;

---

1 Vgl. KROLL, M.: DV-gestützte Minimierung leasingspezifischer Risiken, in: DB, Beilage Nr. 7/92 zu Heft 20, 45. Jg. (1992), S. 12-16, hier S. 12.

2 Vgl. FEINEN, K.: Vorteilhafte Betriebsgebäudenutzung über Immobilien-Leasinggesellschaften, in: DB, Beilage Nr. 7/89 zu Heft 18, 42. Jg. (1989), S. 6-7.

3 Vgl. zu den folgenden Ausführungen DÄUMLER, K.-D.: a.a.O., S. 719 ff.; GABELE, E., DANNENBERG, J., KROLL, M.: a.a.O., S. 37 ff. u. 46 ff.; HABERSTOCK, L.: Einführung in die Verfahren der Investitionsrechnung, 6. Aufl., Hamburg 1992, S. 5 ff.

- die jährliche Kosten-, Risiko- und Gewinnmarge beläuft sich auf 0,25 % der Gesamtinvestitionskosten;
- der Zinssatz des Annuitätendarlehens beträgt für die gesamte Grundmietzeit 7 % p.a.;
- beim geschlossenen Immobilien-Leasing-Fonds werden 30 % der Gesamtinvestitionskosten durch die Eigenmittel der Kapitalanleger refinanziert; die kalkulatorische Eigenkapitalverzinsung beträgt dabei 3,5 % p.a.;
- die Zins- und Tilgungszahlungen sowie die Leasingraten sind jährlich nachschüssig zu entrichten.

Bei der Kalkulation der Leasingraten ist zunächst der Kapitaldienst des aufgenommenen Annuitätendarlehens zu ermitteln. Dieser berechnet sich nach folgender Formel:

$$a = \frac{K_0 * q^n - K_n}{REF}, \text{ wobei}$$

a = Annuität;

K_0 = Kreditbetrag;

q^n = Aufzinsungsfaktor $\{q^n = (1 + i)^n$; i = Zinssatz in %; n = Laufzeit in Jahren$\}$;

K_n = Restschuld zum Zeitpunkt n;

REF = Nachschüssiger Rentenendwertfaktor $\{REF = \frac{q^n - 1}{q - 1}\}$.

Bei einem Darlehen von 100 Mio. DM und einer Restschuld nach 20 Jahren von 36 Mio. DM beträgt die Annuität

$$a = \frac{100.000.000 \text{ DM} * 1{,}07^{20} - 36.000.000 \text{ DM}}{(1{,}07^{20} - 1) / (1{,}07 - 1)}$$

$$= 8.561.147{,}25 \text{ DM.}$$

Unter Hinzurechnung der Kosten-, Risiko- und Gewinnmarge ergibt sich bei einer klassischen Immobilien-Leasinggesellschaft eine jährliche Leasingrate von 8.811.147,25 DM, sofern ein Teilamortisationsvertrag i.e.S. zugrundegelegt wurde. Die Zusammensetzung der Leasingraten bei den verschiedenen Varianten kann den nachfolgenden Tabellen entnommen werden.

Tab. 1: Zusammensetzung der Leasingraten bei einer klassischen Immobilien-Leasinggesellschaft unter Zugrundelegung eines Teilamortisationsvertrages i.e.S.

Jahr	Zinsanteil	Amort.anteil	Marge	Leasingrate
1	7.000.000,00	1.561.147,25	250.000,00	8.811.147,25
2	6.890.719,69	1.670.427,55	250.000,00	8.811.147,25
3	6.773.789,76	1.787.357,48	250.000,00	8.811.147,25
4	6.648.674,74	1.912.472,51	250.000,00	8.811.147,25
5	6.514.801,66	2.046.345,58	250.000,00	8.811.147,25
6	6.371.557,47	2.189.589,77	250.000,00	8.811.147,25
7	6.218.286,19	2.342.861,06	250.000,00	8.811.147,25
8	6.054.285,92	2.506.861,33	250.000,00	8.811.147,25
9	5.878.805,62	2.682.341,63	250.000,00	8.811.147,25
10	5.691.041,71	2.870.105,54	250.000,00	8.811.147,25
11	5.490.134,32	3.071.012,93	250.000,00	8.811.147,25
12	5.275.163,42	3.285.983,83	250.000,00	8.811.147,25
13	5.045.144,55	3.516.002,70	250.000,00	8.811.147,25
14	4.799.024,36	3.762.122,89	250.000,00	8.811.147,25
15	4.535.675,76	4.025.471,49	250.000,00	8.811.147,25
16	4.253.892,75	4.307.254,50	250.000,00	8.811.147,25
17	3.952.384,94	4.608.762,31	250.000,00	8.811.147,25
18	3.629.771,58	4.931.375,67	250.000,00	8.811.147,25
19	3.284.575,28	5.276.571,97	250.000,00	8.811.147,25
20	2.915.215,24	5.645.932,01	250.000,00	8.811.147,25
Sum.	107.222.944,95	64.000.000,00	5.000.000,00	176.222.944,95

Tab. 2: Zusammensetzung der Leasingraten und Berechnung der vom Leasingnehmer zu erbringenden Gesamtleistungen bei einer klassischen Immobilien-Leasinggesellschaft unter Zugrundelegung eines Teilamortisationsvertrages mit Mieterdarlehen

Jahr	Zinsanteil	Amort.anteil	Marge	Leasingrate
1	7.000.000,00	2.439.292,57	250.000,00	9.689.292,57
2	6.829.249,52	2.610.043,05	250.000,00	9.689.292,57
3	6.646.546,51	2.792.746,07	250.000,00	9.689.292,57
4	6.451.054,28	2.988.238,29	250.000,00	9.689.292,57
5	6.241.877,60	3.197.414,97	250.000,00	9.689.292,57
6	6.018.058,55	3.421.234,02	250.000,00	9.689.292,57
7	5.778.572,17	3.660.720,40	250.000,00	9.689.292,57
8	5.522.321,74	3.916.970,83	250.000,00	9.689.292,57

Jahr	Zinsanteil	Amort.anteil	Marge	Leasingrate
9	5.248.133,78	3.773.339,78	250.000,00	9.271.473,56
10	4.954.752,67	3.200.000,00	250.000,00	8.404.752,67
11	4.640.834,88	3.200.000,00	250.000,00	8.090.834,88
12	4.304.942,84	3.200.000,00	250.000,00	7.754.942,84
13	3.945.538,36	3.200.000,00	250.000,00	7.395.538,36
14	3.560.975,56	3.200.000,00	250.000,00	7.010.975,56
15	3.149.493,37	3.200.000,00	250.000,00	6.599.493,37
16	2.709.207,42	3.200.000,00	250.000,00	6.159.207,42
17	2.238.101,46	3.200.000,00	250.000,00	5.688.101,46
18	1.734.018,09	3.200.000,00	250.000,00	5.184.018,09
19	1.194.648,87	3.200.000,00	250.000,00	4.644.648,87
20	617.523,81	3.200.000,00	250.000,00	4.067.523,81
Sum.	88.785.851,49	64.000.000,00	5.000.000,00	157.785.851,49

Jahr	Leasingrate	MD-Zahlung	Gesamtleistung
1	9.689.292,57	0,00	9.689.292,57
2	9.689.292,57	0,00	9.689.292,57
3	9.689.292,57	0,00	9.689.292,57
4	9.689.292,57	0,00	9.689.292,57
5	9.689.292,57	0,00	9.689.292,57
6	9.689.292,57	0,00	9.689.292,57
7	9.689.292,57	0,00	9.689.292,57
8	9.689.292,57	0,00	9.689.292,57
9	9.271.473,56	417.819,01	9.689.292,57
10	8.404.752,67	1.284.539,91	9.689.292,57
11	8.090.834,88	1.598.457,70	9.689.292,57
12	7.754.942,84	1.934.349,74	9.689.292,57
13	7.395.538,36	2.293.754,22	9.689.292,57
14	7.010.975,56	2.678.317,01	9.689.292,57
15	6.599.493,37	3.089.799,21	9.689.292,57
16	6.159.207,42	3.530.085,15	9.689.292,57
17	5.688.101,46	4.001.191,11	9.689.292,57
18	5.184.018,09	4.505.274,49	9.689.292,57
19	4.644.648,87	5.044.643,70	9.689.292,57
20	4.067.523,81	5.621.768,76	9.689.292,57
Sum.	157.785.851,49	36.000.000,00	193.785.851,49

Tab. 3: Zusammensetzung der Leasingraten bei einem geschlossenen Immobilien-Leasing-Fonds unter Zugrundelegung eines Teilamortisationsvertrages i.e.S.

Jahr	Zinsanteil	Amort.anteil	Marge	Leasingrate
1	5.950.000,00	1.561.147,25	250.000,00	7.761.147,25
2	5.840.719,69	1.670.427,55	250.000,00	7.761.147,25
3	5.723.789,76	1.787.357,48	250.000,00	7.761.147,25
4	5.598.674,74	1.912.472,51	250.000,00	7.761.147,25
5	5.464.801,66	2.046.345,58	250.000,00	7.761.147,25
6	5.321.557,47	2.189.589,77	250.000,00	7.761.147,25
7	5.168.286,19	2.342.861,06	250.000,00	7.761.147,25
8	5.004.285,92	2.506.861,33	250.000,00	7.761.147,25
9	4.828.805,62	2.682.341,63	250.000,00	7.761.147,25
10	4.641.041,71	2.870.105,54	250.000,00	7.761.147,25
11	4.440.134,32	3.071.012,93	250.000,00	7.761.147,25
12	4.225.163,42	3.285.983,83	250.000,00	7.761.147,25
13	3.995.144,55	3.516.002,70	250.000,00	7.761.147,25
14	3.749.024,36	3.762.122,89	250.000,00	7.761.147,25
15	3.485.675,76	4.025.471,49	250.000,00	7.761.147,25
16	3.203.892,75	4.307.254,50	250.000,00	7.761.147,25
17	2.902.384,94	4.608.762,31	250.000,00	7.761.147,25
18	2.579.771,58	4.931.375,67	250.000,00	7.761.147,25
19	2.234.575,28	5.276.571,97	250.000,00	7.761.147,25
20	1.865.215,24	5.645.932,01	250.000,00	7.761.147,25
Sum.	86.222.944,95	64.000.000,00	5.000.000,00	155.222.944,95

Wie man anhand der obigen Tabellen erkennen kann, weisen die Leasingraten beim geschlossenen Immobilien-Leasing-Fonds in der Summe mit rd. 155,2 Mio. DM den niedrigsten Wert und bei der klassischen Immobilien-Leasinggesellschaft unter Zugrundelegung eines Teilamortisationsvertrages i.e.S. mit rd. 176,2 Mio. DM den höchsten Wert auf. Beim Teilamortisationsvertrag mit Mieterdarlehen muß der Leasingnehmer neben den Leasingraten i.H.v. rd. 157,8 Mio. DM zusätzlich noch 36 Mio. DM in Form von Mieterdarlehenszahlungen an die Leasinggesellschaft entrichten. Wie bereits oben erwähnt, hat der Leasingnehmer zwar einen Anspruch auf Rückzahlung dieses Betrages, jedoch wird dieser i.d.R. vom Leasinggeber nicht verzinst. Bei einem Vergleich der verschiedenen Vertragstypen muß der Leasingnehmer folglich für diesen Betrag eine kalkulatorische Eigenkapitalverzinsung ansetzen. Die Mieterdarlehenszahlungen setzen in dem Zahlenbeispiel erst im neunten Jahr ein, da die

Summe der Darlehenstilgungen in diesem Jahr erstmalig die bis dahin vorgenommenen Abschreibungen übersteigt.[1]

2.2.5.4 Leasingratenverlauf

Die Höhe der Leasingraten in den einzelnen Perioden sowie in der Gesamtsumme hängt von den unterschiedlichsten Faktoren ab, wie z.B. den Gesamtinvestitionskosten, dem zugrundegelegten Vertragstyp, der Länge der Grundmietzeit, den Refinanzierungsbedingungen oder dem vereinbarten Kaufoptionspreis.[2] Der Verlauf der Leasingraten wird von den Vertragsparteien individuell vereinbart; in der Praxis findet man sowohl lineare als auch abnehmende und ansteigende Ratenverläufe vor.[3] Dem Teilamortisationsvertrag i.e.S. liegt meist - wie im obigen Zahlenbeispiel dargestellt - ein linearer Leasingratenverlauf zugrunde. Wird bei der Refinanzierung anstelle eines Annuitätendarlehens ein Tilgungsdarlehen eingesetzt, so resultiert hieraus ein abnehmender Ratenverlauf, da die Höhe des Amortisationsanteils im Zeitablauf konstant bleibt und der Zinsanteil infolge der immer geringer werdenden Restschuld sinkt.[4] Bei einem Teilamortisationsvertrag mit Mieterdarlehen wird eine gleich hohe Gesamtbelastung des Leasingnehmers durch degressiv fallende Leasingraten und progressiv ansteigende Mieterdarlehenszahlungen erreicht.

Leasingverträge, die von geschlossenen Immobilien-Leasing-Fonds abgeschlossen werden, weisen häufig einen ansteigenden Leasingratenverlauf auf. Die bereits zu Vertragsbeginn festgelegte jährliche Steigerungsrate liegt dabei i.d.R. zwischen 2 und 3 %. Die Struktur der Leasingraten wird somit dem Mietverlauf vergleichbarer Gewerbeobjekte angenähert; bei letzteren ist die Entwicklung der Mieten jedoch im Regelfall an den vom Statistischen Bundesamt herausgegebenen Lebenshaltungskostenindex angebunden.[5] Durch die Verlagerung von Leasingzahlungen in zukünftige Perioden vermindern sich die Ergebnisanteile, die den Kommanditisten in der Anfangsphase der Beteiligung zugewiesen werden, während sich in späteren Jahren dementsprechend ihre

---

[1] Vgl. GABELE, E., DANNENBERG, J., KROLL, M.: a.a.O., S. 46 ff.

[2] Vgl. JEHL, H. W.: a.a.O., Teil 4/9.3.2, S. 1 f.

[3] Vgl. TACKE, H. R.: Leasing, a.a.O., S. 47 ff.

[4] Vgl. GABELE, E., DANNENBERG, J., KROLL, M.: a.a.O., S. 97 f.

[5] Vgl. KURTH, H., GRASS, H.-G.: a.a.O., S. 203.

Gewinne erhöhen. Die Steuerzahlungen der Anleger werden folglich in zukünftige Perioden verschoben. Für den Leasingnehmer bedeutet ein ansteigender Leasingratenverlauf, daß er die zwischenzeitlich eingesparten Geldbeträge anderweitig gewinnbringend einsetzen kann. Man muß allerdings beachten, daß sich in diesem Fall das Risiko des Leasinggebers vergrößert, da er Teile der vom Leasingnehmer zu entrichtenden Entgelte erst zu späteren Zeitpunkten erhält. Das Augenmerk des Leasinggebers wird sich folglich in besonderem Maße auf die Bonität des Leasingnehmers richten.[1]

Bei den bisherigen Darstellungen zum Teilamortisationsvertrag wurde immer davon ausgegangen, daß die in den Leasingraten enthaltenen Amortisationsanteile in der Summe den linearen Abschreibungen des Gebäudes entsprechen. Der Kaufoptionspreis und der steuerliche Restbuchwert des Leasingobjektes wiesen demzufolge die gleiche Höhe auf. Rückt man von dieser Annahme ab und geht davon aus, daß die Vertragsparteien als Kaufoptionspreis nicht den steuerlichen Restbuchwert, sondern einen höheren Wert festlegen, hat der Leasingnehmer während der Grundmietzeit nur einen geringeren Teil der Gesamtinvestitionskosten zu amortisieren. Eine Erhöhung des Kaufoptionspreises hat somit eine Reduzierung der laufenden Leasingraten zur Folge.[2] Der Leasinggeber wird sich mit einer solchen Vertragsgestaltung jedoch nur dann einverstanden erklären, wenn er davon ausgehen kann, daß der Verkehrswert der Immobilie am Ende der Grundmietzeit noch mindestens so hoch sein wird wie der vereinbarte Kaufoptionspreis. Übt der Leasingnehmer nämlich seine Kaufoption am Vertragsende nicht aus, müßte der Leasinggeber den bis dahin noch nicht amortisierten Teil der Gesamtinvestitionskosten durch einen Verkauf des Objektes abdecken. Alternativ hierzu könnte die Position des Leasinggebers auch durch die Einräumung eines Andienungsrechtes abgesichert werden.

Durch eine derartige Gestaltung des Leasingvertrages können die laufenden Gewinne der an dem geschlossenen Immobilien-Leasing-Fonds beteiligten Anleger reduziert respektive etwaige Verluste erhöht werden; gleichzeitig ergibt sich am Ende der Grundmietzeit ein höherer Veräußerungsgewinn als Differenz zwischen Veräußerungspreis und steuerlichem Restbuchwert. Während sich die Reduzierung der Leasingraten steuerlich voll auswirkt, wird der Veräußerungsgewinn hingegen je nach Rechtsform der Fondsgesellschaft entweder gar nicht oder ermäßigt besteuert. Die Anleger kommen bei dieser Vertragsgestaltung daher nicht nur in den Genuß einer temporären Steuerstun-

---

[1] Vgl. TACKE, H. R.: Die Bedeutung des Vertragsmodells bei der Leasingentscheidung, in: DB, Beilage Nr. 12/87 zu Heft 22, 40. Jg. (1987), S. 12-14.

[2] Vgl. BENDER, H. J.: a.a.O., S. 23 f.; MAUS, G.: a.a.O., S. 35.

dung mit den sich daraus ergebenden Zins- und Liquiditätsvorteilen, sondern in den einer endgültigen Steuerersparnis.[1] Es sei jedoch an dieser Stelle ausdrücklich darauf hingewiesen, daß sich durch eine solche Maßnahme auch das vom Leasinggeber zu tragende Restwertrisiko in erheblichem Maße vergrößert.[2] Er hat somit bei der Festsetzung der Leasingraten und des Kaufoptionspreises diesen Nachteil gegen die o.g. Vorteile abzuwägen.

---

[1] Vgl. ELSER, T.: Ökonomische Analyse von Steuersparmodellen, dargestellt am Beispiel kommunaler Leasingfonds, in: DB, 49. Jg. (1996), S. 2572-2578, hier S. 2576 f.

[2] Vgl. BÜSCHGEN, H. E.: Flugzeug-Leasingfonds - eine kritische Erörterung, in: ZBB, 7. Jg. (1995), S. 32-45, hier S. 39.

3 Steuerrechtliche Grundlagen des geschlossenen Immobilien-Leasing-Fonds

3.1 Einkommensteuerliche Behandlung des geschlossenen Immobilien-Leasing-Fonds und seiner Gesellschafter

3.1.1 Qualifikation der Einkünfte

3.1.1.1 Allgemeine Grundsätze

Da ein geschlossener Immobilien-Leasing-Fonds entweder in der Rechtsform der KG oder in der Rechtsform der GmbH & Co. KG konzipiert wird, richtet sich die Besteuerung des Fonds und seiner Gesellschafter infolgedessen nach dem für Persongesellschaften geltenden Recht. Die Personengesellschaft selbst ist weder körperschaftsteuer- noch einkommensteuerpflichtig. Subjekt der Einkommensteuer sind gem. § 1 EStG vielmehr die an dem Fonds beteiligten Anlegergesellschafter.[1] Das von der Fondsgesellschaft erwirtschaftete Ergebnis wird den Gesellschaftern anteilig zugerechnet und unterliegt bei diesen der Einkommensbesteuerung. Dabei spielt es keine Rolle, ob Gewinne bzw. Überschüsse ausgeschüttet werden oder in der Gesellschaft verbleiben.[2] Die Besteuerung der erwirtschafteten Ergebnisse knüpft bei Personengesellschaften also an den Zeitpunkt der Entstehung und nicht an den Zeitpunkt des Zuflusses beim Steuerpflichtigen an.[3]

Der Einkommensteuer unterliegen die in § 2 Abs. 1 EStG aufgeführten sieben Einkunftsarten, die der Steuerpflichtige während seiner unbeschränkten Einkommensteuerpflicht oder als inländische Einkünfte während seiner beschränkten Steuerpflicht erzielt. Die Einkunftsart der Gesellschafter einer Personengesellschaft wird grundsätzlich durch die Tätigkeit der Gesellschaft determiniert.[4] Der Personengesellschaft wird bei der Feststellung der Einkunftsart sowie auch bei der Ermittlung der Einkünfte in begrenztem Umfang eine Steu-

---

[1] Steuersubjekt (Steuerpflichtiger) ist gem. § 33 Abs. 1 AO derjenige, der eine ihm durch die Steuergesetze auferlegte Verpflichtung zu erfüllen hat. Vgl. hierzu auch HABERSTOCK, L., BREITHECKER, V.: Einführung in die Betriebswirtschaftliche Steuerlehre, 8. Aufl., Hamburg 1996, S. 18.

[2] Vgl. WÖHE, G.: Betriebswirtschaftliche Steuerlehre, Band II, 1. Halbband: Der Einfluß der Besteuerung auf die Wahl und den Wechsel der Rechtsform des Betriebes, 5. Aufl., München 1990, S. 35.

[3] Vgl. ebenda.

[4] Vgl. BFH-Beschluß vom 25.06.1984 - GrS 4/82, in: BStBl 1984 II, S. 751-770, hier S. 761.

errechtssubjektfähigkeit eingeräumt.[1] Bei der Bestimmung der Einkunftsart ist neben der Ebene der Gesellschaft u.U. auch die Ebene des einzelnen Gesellschafters mit in die Betrachtung einzubeziehen.[2] Unter bestimmten Voraussetzungen, auf die an späterer Stelle noch näher einzugehen sein wird, ist auf der Gesellschafterebene eine Umqualifizierung der Einkünfte vorzunehmen.[3]

Bei den Einkünften eines geschlossenen Immobilien-Leasing-Fonds handelt es sich regelmäßig entweder um solche aus Vermietung und Verpachtung oder um solche aus Gewerbebetrieb. Die Abgrenzung dieser beiden Einkunftsarten wird im folgenden dezidiert aufgezeigt, da sich aus der unterschiedlichen Qualifikation weitreichende Folgen z.B. im Hinblick auf die Ermittlung der Einkünfte oder im Hinblick auf die Besteuerung etwaiger Veräußerungsgewinne ergeben. Des weiteren kann eine zusätzliche Belastung mit Gewerbesteuer nur bei den Einkünften aus Gewerbebetrieb auftreten.

3.1.1.2 Einkünfte aus Vermietung und Verpachtung

Die Gesellschafter eines geschlossenen Immobilien-Leasing-Fonds erzielen Einkünfte aus Vermietung und Verpachtung, sofern die Fondsgesellschaft ausschließlich vermögensverwaltend tätig ist.[4] Eine Vermögensverwaltung liegt gem. R 137 Abs. 1 EStR in den Fällen vor, in denen „sich die Betätigung noch als Nutzung von Vermögen im Sinne einer Fruchtziehung aus zu erhaltenden Substanzwerten darstellt und die Ausnutzung substantieller Vermögenswerte durch Umschichtung nicht entscheidend in den Vordergrund tritt." Bei der Abgrenzung der Vermögensverwaltung vom Gewerbebetrieb ist das Gesamtbild der Verhältnisse zugrundezulegen.[5] Der Umfang des vermieteten Grundbesitzes sowie der mit der Nutzungsüberlassung verbundene Verwaltungsaufwand

---

[1] Vgl. ebenda, S. 762.

[2] Vgl. GÖRLICH, W.: Grundlagen des offenen und des geschlossenen Immobilienfonds, a.a.O., S. 3283 f. u. 3290.

[3] Vgl. hierzu die Gliederungspunkte 3.1.1.3.4 u. 3.1.1.3.5.

[4] Vgl. SCHMIDER, K.-H.: Praxis der Steuerbegünstigten Kapitalanlagen, Band XVIII: Geschlossene Immobilienfonds, Köln 1987, S. 29; WIPFLER, B.: Abgrenzung Gewerbebetrieb/Vermögensverwaltung/Liebhaberei, in: Fleischmann, H. G., Röschinger, H. W., Meyerhoff, H.-D.: Steuern, die Vermögen werden?, 8. Aufl., Landsberg am Lech 1984, S. 227-241, hier S. 227.

[5] Vgl. BFH-Beschluß vom 25.06.1984: a.a.O., S. 763.

mit mehreren Mietparteien spielen bei der Beurteilung keine Rolle.[1] Des weiteren ist es für die Bestimmung der Einkunftsart unerheblich, ob die vermietete Immobilie gewerblichen Zwecken dient oder ob das Objekt unter Einsatz erheblicher Fremdmittel finanziert wurde.[2]

Da sich die Tätigkeit eines geschlossenen Immobilien-Leasing-Fonds im allgemeinen auf den Erwerb, die Bebauung und die langfristige Vermietung und Verwaltung von Grundstücken und Gebäuden erstreckt, liegt steuerrechtlich eine Vermögensverwaltung vor.[3] Die Anlegergesellschafter erzielen dementsprechend gem. § 21 Abs. 1 S. 1 Nr. 1 EStG Einkünfte aus Vermietung und Verpachtung. Daneben können sie aus der Beteiligung auch Einkünfte aus Kapitalvermögen beziehen, wenn die Gesellschaft überschüssige Liquidität bspw. aus eingenommenen Leasingraten anlegt und die Zinseinnahmen zu einem späteren Zeitpunkt an die Gesellschafter ausschüttet.[4] Dienen die Zinseinnahmen hingegen der Tilgung aufgenommener Fremdmittel, so handelt es sich hierbei gem. § 20 Abs. 3 EStG um Einkünfte aus Vermietung und Verpachtung, da die Gelder in direktem Zusammenhang mit den Vermietungseinkünften stehen.[5] Die Frage, ob Zinseinnahmen als Einkünfte aus Vermietung und Verpachtung oder als Einkünfte aus Kapitalvermögen zu qualifizieren sind, hat insofern eine Bedeutung, als daß nur bei der zuletzt genannten Einkunftsart der Sparer-Freibetrag gem. § 20 Abs. 4 EStG (6.000,- DM bei Ledigen; 12.000,- DM bei zusammenveranlagten Ehegatten)[6] und der Werbungskosten-Pauschbetrag gem. § 9a EStG (100,- DM bei Ledigen; 200,- DM bei zusammenveranlagten Ehegatten) gewährt werden.

Die Nutzungsüberlassung von unbeweglichem Vermögen an dritte Personen gegen Entgelt führt bei den Gesellschaftern einer Personengesellschaft jedoch dann nicht zu Einkünften aus Vermietung und Verpachtung, sondern zu Einkünften aus Gewerbebetrieb, wenn zu der reinen Vermietertätigkeit noch weitere Umstände hinzukommen. Diese Thematik wird im folgenden Gliederungspunkt näher dargestellt und analysiert.

---

[1] Vgl. BIERGANS, E.: Einkommensteuer, 6. Aufl., München/Wien 1992, S. 1000.

[2] Vgl. FÜHRER, C.: Die Abgrenzung der privaten Vermögensverwaltung vom Gewerbebetrieb bei natürlichen Personen und Personengesellschaften, Diss., Universität München 1996, Herne/Berlin 1996, S. 63-66.

[3] Vgl. § 14 S. 3 AO u. R 137 Abs. 1 EStR.

[4] Vgl. KURTH, H., GRASS, H.-G.: a.a.O., S. 84.

[5] Vgl. ebenda.

[6] Der Sparer-Freibetrag reduziert sich ab dem Veranlagungszeitraum 2000 auf 3.000,- DM bei Ledigen bzw. 6.000,- DM bei zusammenveranlagten Ehegatten.

3.1.1.3 Einkünfte aus Gewerbebetrieb

3.1.1.3.1 Originäre gewerbliche Tätigkeit

Die Gesellschafter einer Personengesellschaft erzielen Einkünfte aus Gewerbebetrieb, wenn die beiden nachfolgenden Voraussetzungen erfüllt sind: Zum einen muß die Gesellschaft ein gewerbliches Unternehmen betreiben, zum anderen müssen die Gesellschafter die Stellung von Mitunternehmern innehaben.[1] Als Gewerbebetrieb gilt gem. der Legaldefinition des § 15 Abs. 2 EStG „eine selbständige nachhaltige Betätigung, die mit der Absicht, Gewinn zu erzielen, unternommen wird und sich als Beteiligung am allgemeinen wirtschaftlichen Verkehr darstellt, ... , wenn die Betätigung weder als Ausübung von Land- und Forstwirtschaft noch als Ausübung eines freien Berufs noch als eine andere selbständige Arbeit anzusehen ist."[2] Daneben darf es sich bei der Tätigkeit nicht um eine private Vermögensverwaltung handeln.[3] Dieses zusätzliche negative Tatbestandsmerkmal ist von der Rechtsprechung entwickelt worden und nicht im Gesetzestext enthalten. Aus der o.g. Definition läßt sich folgern, daß die Betätigung einer Personengesellschaft im Gegensatz zu der einer Kapitalgesellschaft nicht zwangsläufig als Gewerbebetrieb einzustufen ist.[4]

Die Abgrenzung des Gewerbebetriebes von der privaten Vermögensverwaltung kann Schwierigkeiten bereiten, da letztere häufig auch die Tatbestandsmerkmale der Selbständigkeit, Nachhaltigkeit, Gewinnerzielungsabsicht und Beteiligung am allgemeinen wirtschaftlichen Verkehr erfüllt.[5] Vermietet eine Personengesellschaft bspw. mehrere Hotels, so erzielen die Gesellschafter Einkünfte aus Vermietung und Verpachtung. Wird der Betrieb der Hotels hingegen von der Gesellschaft selber übernommen, so handelt es sich bei den Einkünften um solche aus Gewerbebetrieb.[6] Auch eine Tätigkeit, die auf einen raschen Mieterwechsel ausgerichtet ist, wie z.B. die kurzfristige Vermietung von Sälen, bspw. für Vorträge und Versammlungen, führt zu einem Gewerbebetrieb, da die

---

1 Vgl. BFH-Beschluß vom 25.06.1984: a.a.O., S. 762.

2 Zur Erläuterung der Tatbestandsmerkmale eines Gewerbebetriebes vgl. WÖHE, G.: Betriebswirtschaftliche Steuerlehre, Band I, 1. Halbband: Die Steuern des Unternehmens - Das Besteuerungsverfahren, 6. Aufl., München 1988, S. 112-115.

3 Vgl. BFH-Beschluß vom 25.06.1984: a.a.O., S. 762.

4 Vgl. § 2 Abs. 2 S. 1 GewStG.

5 Vgl. FÜHRER, C.: a.a.O., S. 42.

6 Vgl. SCHMIDER, K.-H.: a.a.O., S. 31.

Tätigkeit einen Organisationsaufbau erfordert, der über das übliche Maß hinausgeht, das einer langfristigen Nutzungsüberlassung zugrunde liegt.[1]

Bei der Tätigkeit eines geschlossenen Immobilien-Leasing-Fonds handelt es sich - wie bereits oben dargestellt - regelmäßig um eine Vermögensverwaltung und nicht um eine originäre gewerbliche Tätigkeit. Sofern die Fondsgesellschaft nur ein Investitionsobjekt und einen Leasingnehmer hat, ist das Tatbestandsmerkmal einer Beteiligung am allgemeinen wirtschaftlichen Verkehr zu negieren, so daß in diesem Fall von vornherein keine originäre gewerbliche Betätigung vorliegt.[2]

3.1.1.3.2 Teilgewerbliche Tätigkeit

Ist eine Personengesellschaft teilweise vermögensverwaltend und teilweise gewerblich tätig, gilt die gesamte mit Einkünfteerzielungsabsicht unternommene Betätigung gem. § 15 Abs. 3 Nr. 1 EStG als Gewerbebetrieb. Nach dem Wortlaut des Gesetzestextes reicht schon eine geringfügige gewerbliche Nebentätigkeit aus, um die gesamten Einkünfte einer vermögensverwaltenden Personengesellschaft in solche aus Gewerbebetrieb umzuwandeln.[3] Man spricht in diesem Zusammenhang von einer sog. Infektions-[4] respektive Abfärbetheorie[5].

---

1 Vgl. FÜHRER, C.: a.a.O., S. 71.

2 Vgl. UTECH, H. G., WEINAND-HÄRER, K.: a.a.O., S. 8.

3 Mit Urteil vom 11.08.1999 kommt der BFH allerdings - entgegen seiner bisherigen Rechtsprechung und entgegen dem Gesetzeswortlaut - zu dem Ergebnis, daß eine Umqualifizierung der ansonsten freiberuflichen Einkünfte bei einem Anteil des gewerblichen Umsatzes (6.481,- DM) am Gesamtumsatz (516.951,- DM) von lediglich 1,25 % wegen des Verhältnismäßigkeitsgrundsatzes nicht vorzunehmen ist; vgl. BFH-Urteil vom 11.08.1999 - XI R 12/98, in: BStBl 2000 II, S. 229-230 und die dazu ergangenen Kommentierungen von NEU, N.: Einkünfteinfektion nach § 15 Abs. 3 Nr. 1 EStG: Und der Obstkarren genügt doch nicht!(?), in: DStR, 37. Jg. (1999), S. 2109-2111 und SCHILD, E.: Die Abfärberegelung des § 15 Abs. 3 Nr. 1 EStG unter dem Blickwinkel des BFH-Urteils vom 11.8.1999, XI R 12/98, in: DStR, 38. Jg. (2000), S. 576-578.

4 Vgl. BINZ, M. K.: a.a.O., S. 344.

5 Vgl. HERZIG, N., KESSLER, W.: Tatbestandsmerkmale und Anwendungsbereich des Gepräge-Gesetzes, in: DStR, 24. Jg. (1986), S. 451-457, hier S. 451.

Vermietet ein geschlossener Immobilien-Leasing-Fonds bspw. ein Hotel, betreibt aber das im Hotel gelegene Restaurant selber, gilt die Tätigkeit insgesamt als Gewerbebetrieb mit der Folge, daß die Gesellschafter aus der Beteiligung ausschließlich Einkünfte aus Gewerbebetrieb beziehen.[1] Die eigentlich aus der Nutzungsüberlassung des Hotels resultierenden Einkünfte aus Vermietung und Verpachtung werden in Einkünfte aus Gewerbebetrieb umqualifiziert.[2] Sollen den Gesellschaftern aus der Beteiligung an einem geschlossenen Immobilien-Leasing-Fonds Einkünfte aus Vermietung und Verpachtung zugewiesen werden, haben die Fondsinitiatoren folglich strengstens darauf zu achten, daß der Fonds keine zusätzliche gewerbliche Tätigkeit ausübt.

3.1.1.3.3 Gewerblich geprägte Personengesellschaft

Die mit Einkünfteerzielungsabsicht unternommene Tätigkeit einer Personengesellschaft gilt gem. § 15 Abs. 3 Nr. 2 EStG in vollem Umfang als Gewerbebetrieb, wenn die Gesellschaft keine gewerbliche Tätigkeit ausübt und wenn bei ihr „ausschließlich eine oder mehrere Kapitalgesellschaften persönlich haftende Gesellschafter sind und nur diese oder Personen, die nicht Gesellschafter sind, zur Geschäftsführung befugt sind." Der praktisch bedeutendste Anwendungsfall einer solchen gewerblich geprägten Personengesellschaft ist die GmbH & Co. KG.

Die o.g. Regelung setzt zunächst voraus, daß die Gesellschaft weder eine originäre gewerbliche Tätigkeit noch eine teilgewerbliche Tätigkeit i.S.d. § 15 Abs. 3 Nr. 1 EStG ausübt.[3] Diese Voraussetzung wird bspw. von einer vermögensverwaltenden Personengesellschaft erfüllt. Daneben darf es sich bei den persönlich haftenden Gesellschaftern nur um Kapitalgesellschaften handeln. Haftet auch nur eine natürliche Person für die Verbindlichkeiten der Gesellschaft unbeschränkt, liegt demzufolge keine gewerblich geprägte Personengesellschaft vor.[4]

---

[1] Vgl. TEWES, D. (Hrsg.): a.a.O., Teil 6/2.2, S. 2.

[2] Vgl. SCHMIDER, K.-H.: a.a.O., S. 32; WÖHE, G.: Betriebswirtschaftliche Steuerlehre, Band I, 1. Halbband, a.a.O., S. 115.

[3] Vgl. BINZ, M. K.: a.a.O., S. 348; HERZIG, N., KESSLER, W.: a.a.O., S. 454.

[4] Vgl. PABST, G., SCHMIDER, K.-H.: a.a.O., S. 110.

Letztlich dürfen nur die Kapitalgesellschaften oder gesellschaftsfremde Personen zur Geschäftsführung befugt sein. Hiermit ist die Geschäftsführungsbefugnis gem. § 164 HGB und nicht die Vertretungsmacht gem. § 170 HGB gemeint.[1] Soll eine GmbH & Co. KG nicht gewerblich geprägt sein, ist lediglich einem Kommanditisten die Geschäftsführungsbefugnis zu übertragen.[2] Dabei ist es noch nicht einmal erforderlich, daß der Kommanditist die Geschäftsführung auch tatsächlich ausübt.[3] Theoretisch denkbar wäre auch der Fall, daß einem Kommanditisten die Befugnis zur Geschäftsführung nicht neben der Komplementär-GmbH eingeräumt wird, sondern daß er zum alleinigen Geschäftsführer der GmbH & Co. KG bestellt wird und daß die Komplementär-GmbH im Innenverhältnis auf ihre Vertretungsmacht verzichtet.[4]

Obwohl geschlossene Immobilien-Leasing-Fonds regelmäßig nur vermögensverwaltend tätig sind, können die Gesellschafter aus der Fondsbeteiligung bei entsprechender Gestaltung aufgrund des § 15 Abs. 3 Nr. 2 EStG Einkünfte aus Gewerbebetrieb beziehen.[5] Der Fonds wird in einem solchen Fall regelmäßig als typische GmbH & Co. KG konzipiert; neben der GmbH, die die Geschäftsführung und Vertretung der Gesellschaft innehat, sind keine weiteren Komplementäre an der Gesellschaft beteiligt.[6]

---

1 Vgl. CHRISTOFFEL, H. G., DANKMEYER, U.: Das Steuerbereinigungsgesetz 1986: Die gesetzliche Verankerung der sog. Geprägegrundsätze, in: DB, 39. Jg. (1986), S. 347-355, hier S. 352.

2 Vgl. LOIPFINGER, S., NICKL JR., L., RICHTER, U.: a.a.O., S. 100.

3 Vgl. HERZIG, N., KESSLER, W.: a.a.O., S. 456; LORITZ, K.-G., WAGNER, K.-R.: a.a.O., S. 111.

4 Vgl. OPITZ, G.: Geschlossene Immobilienfonds, a.a.O., S. 71.

5 Die in dem BFH-Beschluß vom 25.06.1984 enthaltene Aussage, daß die Einkunftsart der Gesellschafter einer Personengesellschaft grundsätzlich durch die Tätigkeit der Gesellschaft determiniert wird, findet bei einer gewerblich geprägten Personengesellschaft keine Anwendung; vgl. hierzu KURTH, H., GRASS, H.-G.: a.a.O., S. 66.

6 Im Gegensatz zu geschlossenen *Immobilien*-Leasing-Fonds, die teilweise als KG und teilweise als GmbH & Co. KG konzipiert werden, werden geschlossene *Mobilien*-Leasing-Fonds fast ausschließlich in der Rechtsform der GmbH & Co. KG geführt. Leasingobjekte solcher Fonds sind vor allem Großmobilien wie Flugzeuge und Hochgeschwindigkeitszüge.

Die Vermietung einzelner beweglicher Gegenstände führt gem. § 22 Nr. 3 S. 1 EStG grundsätzlich zu sonstigen Einkünften, es sei denn, es liegt ein sog. Sachinbegriff i.S.d. § 21 Abs. 1 S. 1 Nr. 2 EStG vor. Eine derartige Qualifikation der Einkünfte hätte zur Folge, daß die Anlegergesellschafter die Verluste, die ihnen zu Investitionsbeginn zugewiesen werden, gem. § 22 Nr. 3 S. 3 EStG weder mit anderen positiven Einkünften verrechnen noch nach § 10d EStG abziehen könnten.

Solche steuerlichen Rechtsfolgen sind bei den Fondsinitiatoren und den Gesellschaftern nicht erwünscht. Geschlossene Mobilien-Leasing-Fonds firmieren daher regelmäßig als

Im Gliederungspunkt 2.1.7 wurde bereits dargestellt, daß bei einer typischen GmbH & Co. KG keine natürliche Person mehr für die Verbindlichkeiten der KG unbeschränkt zu haften hat. Wird ein geschlossener Immobilien-Leasing-Fonds primär aus diesem Grund als GmbH & Co. KG konzipiert, will man aber auf der anderen Seite Einkünfte aus Gewerbebetrieb vermeiden, muß laut den obigen Ausführungen lediglich einem Kommanditisten Geschäftsführungsbefugnis eingeräumt werden. Die in § 15 Abs. 3 Nr. 2 EStG aufgeführten Voraussetzungen für eine gewerblich geprägte Personengesellschaft sind in diesem Fall nicht vollständig erfüllt, so daß die Anleger trotz der Beteiligung an einer GmbH & Co. KG Einkünfte aus Vermietung und Verpachtung erzielen. Lediglich bei den Einkünften der Komplementär-GmbH handelt es sich gem. § 8 Abs. 2 KStG um solche aus Gewerbebetrieb.

3.1.1.3.4 Zugehörigkeit des Fondsanteils zum Betriebsvermögen eines Gesellschafters

Ist ein geschlossener Immobilien-Leasing-Fonds ausschließlich vermögensverwaltend tätig und liegen bei ihm die Voraussetzungen einer gewerblich geprägten Personengesellschaft i.S.d. § 15 Abs. 3 Nr. 2 EStG nicht vor, werden den Anlegergesellschaftern grundsätzlich Einkünfte aus Vermietung und Verpachtung zugerechnet. Hält ein Gesellschafter seinen Anteil jedoch nicht im Privatvermögen, sondern im Betriebsvermögen seines Gewerbebetriebes, erzielt er aus dem Engagement gem. § 21 Abs. 3 EStG Einkünfte aus Gewerbebetrieb.[1] Die auf der Ebene der Fondsgesellschaft ausgewiesenen Einkünfte

---

GmbH & Co. KG; die Anleger erzielen aus der Beteiligung demzufolge Einkünfte aus Gewerbebetrieb. Vgl. hierzu BÜSCHGEN, H. E.: Flugzeug-Leasingfonds - eine kritische Erörterung, a.a.O., S. 32-37; GONDERT, H.-G., SCHIMMELSCHMIDT, U.: Grundlagen der steuerrechtlichen Konzeption von Mobilien-Leasingfonds, in: BB, 51. Jg. (1996), S. 1743-1749; HÖHMANN, A.: Abgrenzungsfragen zur Qualifizierung der Einkünfte gemäß §§ 15, 21 und 22 Nr. 3 EStG am Beispiel einer flugzeugvermietenden GbR, in: DStR, 35. Jg. (1997), S. 601-603.

[1] Die Beteiligung an einem geschlossenen Immobilien-Leasing-Fonds gehört zum Betriebsvermögen des Gewerbebetriebes eines Einzelunternehmers oder einer Personenhandelsgesellschaft, wenn der Betrieb eine gewisse inhaltliche Nähe zum Tätigkeitsfeld des Fonds aufweist. So gehört bspw. eine Beteiligung dann zum notwendigen Betriebsvermögen, wenn es sich hierbei um einen nicht abgesetzten Fondsanteil handelt und der Gesellschafter (z.B. Initiator, Anlageberater) diesen aufgrund einer von ihm abgegebenen Plazierungsgarantie übernommen hat. Vgl. hierzu SCHMIDER, K.-H.: a.a.O., S. 43 f.; TEWES, D. (Hrsg.): a.a.O., Teil 6/2.2, S. 2 f.

aus Vermietung und Verpachtung werden folglich auf Gesellschafterebene in solche aus Gewerbebetrieb umqualifiziert.[1]

Nicht alle Gesellschafter verwirklichen in dem oben dargestellten Fall den gleichen Einkunftstatbestand.[2] Ist eine Kapitalgesellschaft an dem geschlossenen Immobilien-Leasing-Fonds beteiligt, sei es als Komplementär oder als Kommanditist, erzielt auch diese kraft Rechtsform gem. § 8 Abs. 2 KStG Einkünfte aus Gewerbebetrieb.[3] § 15 Abs. 3 Nr. 1 EStG findet in diesem Zusammenhang keine Anwendung, da nur ein einzelner Gesellschafter und nicht die Personengesellschaft als solche gewerbliche Einkünfte erzielt; bei den Einkünften der vermögensverwaltenden Personengesellschaft handelt es sich auch weiterhin um Einkünfte aus Vermietung und Verpachtung.[4]

3.1.1.3.5 Gewerblicher Grundstückshandel

Betreibt ein geschlossener Immobilien-Leasing-Fonds einen sog. gewerblichen Grundstückshandel oder ist ein solcher auf der Ebene eines einzelnen Gesellschafters gegeben, werden in diesem Fall ebenfalls Einkünfte aus Gewerbebetrieb verwirklicht. Da es sich bei dem gewerblichen Grundstückshandel um eine Sonderform des Gewerbebetriebes handelt, müssen auch hier die in § 15 Abs. 2 EStG aufgeführten Tatbestandsmerkmale der Selbständigkeit, Nachhaltigkeit, Gewinnerzielungsabsicht und Beteiligung am allgemeinen wirtschaftlichen Verkehr erfüllt sein; darüber hinaus darf keine private Vermögensverwaltung vorliegen.[5] Rechtsprechung und Finanzverwaltung haben zur Abgrenzung des gewerblichen Grundstückshandels von der privaten Vermögensverwaltung

---

1 Vgl. GÖRLICH, W.: Grundlagen des offenen und des geschlossenen Immobilienfonds, a.a.O., S. 3283 f. u. 3290; LOIPFINGER, S., NICKL JR., L., RICHTER, U.: a.a.O., S. 86.

2 Vgl. SCHMIDT-LIEBIG, A.: Die Qualifikation, Ermittlung und Erklärung von Einkünften grundstücksveräußernder Personengesellschaften und ihrer Gesellschafter, in: StBp, 36. Jg. (1996), S. 81-89, hier S. 81.

3 Vgl. ebenda.

4 Vgl. SCHMIDT, L.: Einkünfte aus Gewerbebetrieb, in: Schmidt, L. (Hrsg.): Einkommensteuergesetz, 16. Aufl., München 1997, Rz. 201 zu § 15 EStG.

5 Vgl. DEUTSCHES STEUERBERATERINSTITUT E. V.: Aktuelle Darstellung zum gewerblichen Grundstückshandel, Verlautbarungen zum Handels- und Steuerrecht Nr. 13, Bonn 1996, S. 6-9; KEMPERMANN, M.: Check-Liste zum gewerblichen Grundstückshandel, in: DStR, 34. Jg. (1996), S. 1156-1160, hier S. 1156.

Kriterien hinsichtlich der Anzahl der veräußerten Objekte, hinsichtlich des zeitlichen Zusammenhangs zwischen Erwerb/Erstellung und Verkauf und hinsichtlich der Objektart aufgestellt. Auf diese Kriterien, die gleichermaßen für Personengesellschaften und für natürliche Personen gelten,[1] wird im folgenden näher eingegangen.

Nach ständiger Rechtsprechung des Bundesfinanzhofs[2] liegt ein gewerblicher Grundstückshandel regelmäßig dann vor, wenn eine natürliche Person oder eine Personengesellschaft mehr als drei Objekte innerhalb eines Fünfjahreszeitraums veräußert (sog. Drei-Objekt-Grenze). Dabei werden jedoch nur solche Objekte mitgezählt, bei denen zwischen Erwerb respektive Erstellung und Verkauf ein enger zeitlicher Zusammenhang, d.h. eine Zeitspanne von weniger als fünf Jahren, besteht. Hat ein Steuerpflichtiger bspw. im Jahr 1990 und in den drei darauffolgenden Jahren jeweils eine Immobilie erworben und hat er diese jeweils nach vier Jahren veräußert, sind die Voraussetzungen eines gewerblichen Grundstückshandels insgesamt erfüllt, da bei jedem Objekt zwischen An- und Verkauf ein enger zeitlicher Zusammenhang besteht und da sich die Veräußerung der vier Immobilien innerhalb eines Fünfjahreszeitraums vollzogen hat. Eine zwischenzeitliche Vermietung der Immobilien würde an der Beurteilung dieses Sachverhalts nichts ändern.[3]

Würde der Steuerpflichtige in dem o.g. Beispiel das zuletzt erworbene Objekt gar nicht oder erst nach Ablauf des Fünfjahreszeitraums veräußern, würde die Drei-Objekt-Grenze nicht überschritten werden; in diesem Fall wäre kein gewerblicher Grundstückshandel, sondern lediglich eine private Vermögensverwaltung gegeben. Etwaige Veräußerungsgewinne würden dementsprechend nicht besteuert. Der Verkauf des zuletzt angeschafften Objektes führt in dem Beispiel dazu, daß nicht nur dieser Veräußerungsvorgang, sondern auch die drei vorhergehenden der Besteuerung unterworfen werden. Die Drei-Objekt-

---

1 Vgl. BIERGANS, E.: a.a.O., S. 1010; BMF-Schreiben vom 20.12.1990 - IV B 2 - S 2240 - 61/90, in: BStBl 1990 I, S. 884-888, Tz. 12.

2 Vgl. z.B. BFH-Urteile vom 09.12.1986 - VIII R 317/82, in: BStBl 1988 II, S. 244-245; vom 03.06.1987 - III R 209/83, in: BStBl 1988 II, S. 277-280; vom 16.04.1991 - VIII R 74/87, in: BStBl 1991 II, S. 844-846; vom 18.09.1991 - XI R 23/90, in: BStBl 1992 II, S. 135-137; vom 28.10.1993 - IV R 66-67/91, in: BStBl 1994 II, S. 463-466; vom 12.09.1995 - IX R 140/92, in: BStBl 1995 II, S. 839-840; vom 13.12.1995 - XI R 43-45/89, in: BStBl 1996 II, S. 232-239; vom 07.03.1996 - IV R 2/92, in: BStBl 1996 II, S. 369-374; BFH-Beschluß vom 03.07.1995 - GrS 1/93, in: BStBl 1995 II, S. 617-622.

3 Vgl. BFH-Urteil vom 18.09.1991: a.a.O., S. 137.

Grenze entfaltet somit gewissermaßen die gleiche Wirkung wie eine Freigrenze.[1]

Teilweise umstritten wird in der Literatur und in der Rechtsprechung die Frage diskutiert, auf welche Art von Immobilien die Drei-Objekt-Grenze anzuwenden sei. Die Finanzverwaltung sieht als Objekte lediglich Ein- und Zweifamilienhäuser, Eigentumswohnungen sowie unbebaute Grundstücke an.[2] Bei anderen Objekten hingegen, wie z.B. Mehrfamilienhäusern, Büro- und Geschäftshäusern, Hotels, Fabrik- und Lagerhallen, kann ein gewerblicher Grundstückshandel auch durch weniger als vier Veräußerungsvorgänge begründet werden; so kann bereits der Verkauf von zwei Eigentumswohnungen und eines Fabrikgrundstücks zu einem gewerblichen Grundstückshandel führen, sofern die übrigen Voraussetzungen eines Gewerbebetriebes vorliegen.[3]

Die von der Finanzverwaltung vertretene Auffassung deckt sich zum Teil mit der vom BFH ergangenen Rechtsprechung. Der Große Senat setzt in seinem Beschluß vom 03.07.1995 Objekte im Sinne der Drei-Objekt-Grenze mit Wohneinheiten (Ein- und Zweifamilienhäuser, Eigentumswohnungen) gleich.[4] In dem BFH-Urteil vom 13.12.1995 werden auch unbebaute Grundstücke unter den Objekt-Begriff subsumiert.[5]

In dem Beschluß vom 02.09.1992 vertritt der XI. Senat des Bundesfinanzhofs jedoch die Auffassung, daß die Drei-Objekt-Grenze auch auf gemischt genutzte Grundstücke anzuwenden sei.[6] Des weiteren wird in diesem Beschluß ausgeführt, daß es auf Wert, Größe und insbesondere auf die Nutzungsart des jeweiligen Grundbesitzes nicht ankommen würde.[7] „Für die Abgrenzung der Tätigkeiten ist es ohne Bedeutung, ob sie auf die Veräußerung eines gemischt genutzten Grundstücks oder etwa eines Zweifamilienhauses gerichtet sind. Art und Nutzung des Grundstücks lassen nämlich keinen Schluß auf die Intensität und den Umfang der Tätigkeiten des Veräußerers zu, die für die Feststellung der Einkunftsart von Bedeutung sind."[8] Entgegen der oben dargestellten Auf-

---

[1] Vgl. FÜHRER, C.: a.a.O., S. 144 f.

[2] Vgl. BMF-Schreiben vom 20.12.1990: a.a.O., Tz. 9.

[3] Vgl. ebenda.

[4] Vgl. BFH-Beschluß vom 03.07.1995: a.a.O., S. 619.

[5] Vgl. BFH-Urteil vom 13.12.1995: a.a.O., S. 237.

[6] Vgl. BFH-Beschluß vom 02.09.1992 - XI R 21/91, in: BStBl 1993 II, S. 668-673, hier S. 669.

[7] Vgl. ebenda.

[8] BFH-Beschluß vom 02.09.1992: a.a.O., S. 669.

fassung ist die Drei-Objekt-Grenze danach auch auf Mehrfamilienhäuser, Büro- und Geschäftshäuser etc. anzuwenden.[1]

Die Kriterien hinsichtlich der Anzahl der veräußerten Objekte sowie des zeitlichen Zusammenhangs zwischen Erwerb/Erstellung und Veräußerung haben nach Ansicht des Bundesfinanzhofs lediglich eine indizielle Bedeutung;[2] die zahlenmäßige Begrenzung auf drei Objekte trage der gebotenen Vereinfachung Rechnung.[3] Erwirbt ein Steuerpflichtiger bspw. in einem Fünfjahreszeitraum vier Einfamilienhäuser, die er selber nutzt, und veräußert er diese wieder, weil er jeweils an einen neuen Beschäftigungsort umzieht, so liegt in diesem Fall eine private Vermögensverwaltung vor, obwohl die o.g. Kriterien hinsichtlich eines gewerblichen Grundstückshandels formal erfüllt sind.[4] Kauft ein Steuerpflichtiger hingegen nur ein Grundstück und parzelliert dieses in mehr als drei Teilstücke, die er anschließend in engem zeitlichen Zusammenhang veräußert, ist ein gewerblicher Grundstückshandel gegeben; maßgebend für die Beurteilung ist hier nicht die Beschaffungsseite, sondern die Absatzseite.[5]

---

[1] Gleicher Ansicht wie der XI. Senat ist DEUTSCHES STEUERBERATERINSTITUT E. V.: a.a.O., S. 9 f. Kritisch zu dem genannten Beschluß äußert sich bspw. SCHMIDT-LIEBIG, A.: „Grundstückshandel" - Drei-Objekt-Grenze und Einheit der Personengesellschaft, in: BB, 51. Jg. (1996), S. 1799-1806, hier S. 1803.

Der I. Senat des Bundesfinanzhofs hat mit Urteil vom 18.05.1999, der X. Senat mit Urteil vom 15.03.2000 die Auffassung des XI. Senats bestätigt; vgl. BFH-Urteile vom 18.05.1999 - I R 118/97, in: BStBl 2000 II, S. 28-31; vom 15.03.2000 - X R 130/97, in: BStBl 2001 II, S. 530-536.

Der BMF hat daraufhin mit Schreiben vom 09.07.2001 verfügt, daß diese Rechtsprechung in allen noch offenen Fällen anzuwenden ist; Tz. 9 des BMF-Schreibens vom 20.12.1990 ist daher wie folgt zu ändern: „Objekte im Sinne der genannten ‚Drei-Objekt-Grenze' sind Grundstücke jeglicher Art. Auf die Größe, den Wert oder die Nutzungsart des einzelnen Objekts kommt es nicht an." Weiterhin wird allerdings ausgeführt, daß im Fall der *Errichtung* durch den Steuerpflichtigen und anschließendem Verkauf von Mehrfamilienhäusern und Gewerbebauten ein gewerblicher Grundstückshandel auch bei Veräußerung von weniger als vier Objekten vorliegen kann. Es wird in diesem Zusammenhang auf das BFH-Urteil vom 24.01.1996 verwiesen; danach ist die Tätigkeit eines Steuerpflichtigen, der zwei unbebaute Grundstücke erwirbt, darauf jeweils einen Supermarkt errichtet und diese Grundstücke anschließend in engem zeitlichen Zusammenhang veräußert, als gewerblicher Grundstückshandel zu qualifizieren. Vgl. BMF-Schreiben vom 09.07.2001 - IV A 6 - S 2240 - 35/01, in: BStBl 2001 I, S. 512-513; BFH-Urteil vom 24.01.1996 - X R 255/93, in: BStBl 1996 II, S. 303-306.

[2] Vgl. BFH-Beschlüsse vom 02.09.1992: a.a.O., S. 671; vom 03.07.1995: a.a.O., S. 619.

[3] Vgl. BFH-Urteil vom 09.12.1986: a.a.O., S. 245.

[4] Vgl. BFH-Beschluß vom 02.09.1992: a.a.O., S. 671.

[5] Vgl. BFH-Urteil vom 16.04.1991: a.a.O., S. 845; BFH-Beschluß vom 02.09.1992: a.a.O., S. 669.

Das von der Rechtsprechung entwickelte und von der Finanzverwaltung übernommene Kriterium des zeitlichen Zusammenhangs zwischen Erwerb bzw. Erstellung und Verkauf ist ein Indiz dafür, daß ein Objekt bereits in Veräußerungsabsicht erworben wurde und somit ein innerer Zusammenhang zwischen Kauf und Verkauf besteht.[1] Je kürzer der Zeitraum zwischen diesen beiden Daten ist, desto mehr spricht für die Annahme eines gewerblichen Grundstückshandels.[2] Bei der oben aufgeführten Zeitspanne von fünf Jahren handelt es sich dementsprechend nicht um eine starre Grenze.[3] So kann eine Immobilie durchaus mit in die Drei-Objekt-Grenze eingerechnet werden, wenn die Zeitpunkte von Erwerb und Veräußerung zwar mehr als fünf Jahre auseinanderliegen, jedoch weitere Umstände den Rückschluß zulassen, daß bereits im Erwerbszeitpunkt eine Veräußerungsabsicht bestanden hat.[4] Veräußerungsvorgänge von Objekten, die länger als zehn Jahre vom Steuerpflichtigen vermietet oder zu eigenen Wohnzwecken genutzt wurden, werden bei der Überprüfung eines gewerblichen Grundstückshandels grundsätzlich nicht mitberücksichtigt.[5]

Bei der Beteiligung eines Steuerpflichtigen an einer Personengesellschaft, ist zunächst auf der Ebene der Gesellschaft zu überprüfen, ob ein gewerblicher Grundstückshandel vorliegt.[6] Da sich die Tätigkeit eines geschlossenen Immobilien-Leasing-Fonds regelmäßig auf den Erwerb, die Bebauung und die langfristige Vermietung und Verwaltung von Immobilien erstreckt und etwaige Veräußerungsvorgänge im allgemeinen jenseits der zeitlichen Obergrenze von zehn Jahren liegen,[7] sind hier die Voraussetzungen eines gewerblichen Grundstückshandels nicht gegeben.

Dieses Ergebnis schließt jedoch nicht aus, daß auf der Ebene eines einzelnen Gesellschafters ein gewerblicher Grundstückshandel begründet werden kann.

---

1 Vgl. BFH-Urteil vom 16.04.1991: a.a.O., S. 846.

2 Vgl. ebenda.

3 Vgl. BFH-Urteil vom 18.09.1991: a.a.O., S. 137.

4 Vgl. BFH-Urteil vom 18.09.1991: a.a.O., S. 137; BMF-Schreiben vom 20.12.1990: a.a.O., Tz. 10.

5 Vgl. BMF-Schreiben vom 20.12.1990: a.a.O., Tz. 2.

6 Vgl. BFH-Beschluß vom 25.06.1984: a.a.O., S. 761 f.; BMF-Schreiben vom 20.12.1990: a.a.O., Tz. 12.

7 Das Kriterium des zeitlichen Zusammenhangs zwischen Erwerb/Erstellung und Verkauf wird bei einem geschlossenen Immobilien-Leasing-Fonds nicht erfüllt. Die Beantwortung der oben gestellten Frage, auf welche Art von Immobilien die Drei-Objekt-Grenze anzuwenden sei, spielt daher in diesem Zusammenhang keine Rolle.

Die Beurteilung richtet sich ebenfalls nach den oben dargestellten Kriterien. Dabei ist jedoch zu beachten, daß Grundstücksverkäufe einer Personengesellschaft, deren Gesellschaftszweck auf den Handel mit Grundstücken gerichtet ist, den Gesellschaftern anteilig zugerechnet werden.[1] Voraussetzung hierfür ist allerdings, daß die Gesellschafter an der betreffenden Gesellschaft zu mindestens 10 % beteiligt sind.[2]

Dem anteiligen Grundstücksverkauf gleichgestellt ist die Veräußerung einer Beteiligung an der Gesellschaft; auch hier muß der betreffende Gesellschafter zu mindestens 10 % an der Gesellschaft beteiligt sein.[3] Maßgebend für die Drei-Objekt-Grenze auf Ebene des Gesellschafters ist dabei die Zahl der im Gesellschaftsvermögen befindlichen Grundstücke.[4] Veräußert bspw. ein Steuerpflichtiger seine 10 %-ige Beteiligung an einem geschlossenen Immobilien-Leasing-Fonds, zu dessen Gesellschaftsvermögen zwei bebaute Grundstücke gehören, und zwei Eigentumswohnungen innerhalb eines Fünfjahreszeitraums und besteht bei den Objekten jeweils ein enger zeitlicher Zusammenhang zwischen An- und Verkauf, liegt bei diesem Gesellschafter ein gewerblicher Grundstückshandel vor. Obwohl der Gesellschafter an einer vermögensverwaltenden Personengesellschaft beteiligt ist, erzielt er in diesem Fall Einkünfte aus Gewerbebetrieb. Auf Gesellschafterebene wird dementsprechend eine Umqualifizierung der Einkünfte vorgenommen. Die gewerbliche Tätigkeit beginnt dabei grundsätzlich im Zeitpunkt des Grundstückserwerbs, im Fall der Erstellung im Zeitpunkt der Fertigstellung des Objekts.[5]

Die Rechtsfolgen des gewerblichen Grundstückshandels sind gravierend. Da bereits im Erwerbszeitpunkt eine Veräußerungsabsicht besteht, gehören die Immobilien zum Umlaufvermögen des Gewerbebetriebes.[6] Abschreibungen gem. § 7 Abs. 4 - 5a EStG und Sonderabschreibungen gem. § 4 FördG sind infolgedessen nicht zulässig;[7] lediglich Teilwertabschreibungen können vorge-

---

[1] Vgl. BFH-Beschluß vom 03.07.1995: a.a.O., S. 622.

[2] Vgl. BMF-Schreiben vom 20.12.1990: a.a.O., Tz. 15.

[3] Vgl. BFH-Urteil vom 07.03.1996: a.a.O., S. 373 f.; BMF-Schreiben vom 20.12.1990: a.a.O., Tz. 16.

[4] Vgl. BMF-Schreiben vom 20.12.1990: a.a.O., Tz. 16.

[5] Vgl. ebenda, Tz. 27.

[6] Vgl. FÜHRER, C.: a.a.O., S. 188 f.; WIPFLER, B.: a.a.O., S. 230.

[7] Vgl. § 6 Abs. 1 Nr. 2 EStG; DEUTSCHES STEUERBERATERINSTITUT E. V.: a.a.O., S. 25; FÜHRER, C.: a.a.O., S. 188 f.

nommen werden.[1] Etwaige Veräußerungsgewinne unterliegen beim Steuerpflichtigen der Einkommen- und Gewerbesteuer.[2] Eine Übertragung der stillen Reserven auf andere Wirtschaftsgüter gem. § 6b EStG kommt auf Grund der Zuordnung zum Umlaufvermögen nicht in Betracht.[3] Letztlich kann die Steuervergünstigung für Veräußerungsgewinne gem. §§ 16 i.V.m. 34 EStG nicht in Anspruch genommen werden, auch wenn es sich um eine Aufgabe des Gewerbebetriebes handelt.[4]

3.1.1.4 Erfordernis der Mitunternehmer-/Vermieterstellung

3.1.1.4.1 Mitunternehmerstellung der Gesellschafter einer GmbH & Co. KG

Die Gesellschafter eines geschlossenen Immobilien-Leasing-Fonds erzielen Einkünfte aus Gewerbebetrieb, wenn der Fonds in der Rechtsform der GmbH & Co. KG konzipiert wird und die oben dargestellten Voraussetzungen einer gewerblich geprägten Personengesellschaft gem. § 15 Abs. 3 Nr. 2 EStG insgesamt erfüllt sind. Darüber hinaus müssen die Gesellschafter steuerrechtlich die Stellung von Mitunternehmern innehaben.[5] Laut dem BFH-Beschluß vom 25.06.1984 kann Mitunternehmer i.S.d. § 15 Abs. 1 S. 1 Nr. 2 EStG nur sein, „wer zivilrechtlich Gesellschafter einer Personengesellschaft ist oder - in Ausnahmefällen - eine diesem wirtschaftlich vergleichbare Stellung innehat."[6] Weiterhin wird in dem Beschluß ausgeführt, daß nicht jeder Gesellschafter automatisch als Mitunternehmer einzustufen ist; andererseits können aber

---

[1] Vgl. § 6 Abs. 1 Nr. 2 S. 2 EStG.

[2] Vgl. FÜHRER, C.: a.a.O., S. 145; KURTH, H., GRASS, H.-G.: a.a.O., S. 188.

[3] Vgl. § 6b Abs. 4 S. 1 Nr. 2 EStG; PRINZ, U.: Gewerblicher Grundstückshandel - Entwicklungstendenzen, Problemzonen und verbleibende Gestaltungsmöglichkeiten, in: DStR, 34. Jg. (1996), S. 1145-1152, hier S. 1149.

[4] Vgl. BIERGANS, E.: a.a.O., S. 1016; DEUTSCHES STEUERBERATERINSTITUT E. V.: a.a.O., S. 27.

[5] Vgl. LORITZ, K.-G., WAGNER, K.-R.: a.a.O., S. 337 f.; WÖHE, G.: Betriebswirtschaftliche Steuerlehre, Band II, 1. Halbband, a.a.O., S. 232; ZIMMERMANN, R., REYHER, U., HOTTMANN, J.: Die Personengesellschaft im Steuerrecht, 5. Aufl., Achim 1995, S. 1093.

[6] BFH-Beschluß vom 25.06.1984: a.a.O., S. 768.

auch Personen, die nicht Gesellschafter sind, gleichwohl Mitunternehmer sein.[1] So kann bspw. beim Vorliegen eines Treuhandverhältnisses der nicht direkt an der Personengesellschaft beteiligte Treugeber die Mitunternehmerstellung innehaben.[2] Auf diese Besonderheit wird im nachfolgenden Gliederungspunkt näher eingegangen.

Der Begriff des Mitunternehmers kann nur durch eine größere und unbestimmte Anzahl von Merkmalen beschrieben werden;[3] man spricht in diesem Zusammenhang von einem offenen Typusbegriff.[4] Charakteristisch für einen Mitunternehmer ist, daß er mit anderen Personen zusammen eine Unternehmerinitiative entfalten kann und ein Unternehmerrisiko trägt.[5] Diese beiden Merkmale müssen gleichzeitig vorliegen, jedoch ist eine gleichstarke Ausprägung nicht zwingend erforderlich.[6]

Mitunternehmerinitiative bedeutet Teilhabe an den unternehmerischen Entscheidungen.[7] Die Rechtsprechung stellt dabei auf die Möglichkeit zur Entfaltung derartiger Initiativen ab; ob der Gesellschafter auch tatsächlich an den unternehmerischen Entscheidungen teilnimmt ist für die Beurteilung ohne Bedeutung.[8] Ein Kommanditist entfaltet Mitunternehmerinitiative, wenn ihm mindestens die dispositiven Rechte nach dem HGB zustehen, d.h. wenn er außergewöhnlichen Maßnahmen der Geschäftsführung widersprechen kann (§ 164 S. 1 2. Hs. HGB), das Stimmrecht in der Gesellschafterversammlung ausüben kann (§§ 161 Abs. 2 i.V.m. 119 HGB) und ihm die Kontrollrechte gem. § 166 HGB zustehen.[9] Werden diese Rechte, die das Innenverhältnis betreffen, durch den Gesellschaftsvertrag stark eingeschränkt, kann eine Mitunternehmerinitiative des Kommanditisten u.U. zu verneinen sein.

---

1 Vgl. ebenda.

2 Vgl. ebenda, S. 768 f.

3 Vgl. ebenda, S. 769.

4 Vgl. HESSELMANN, M., TILLMANN, B.: a.a.O., S. 377.

5 Vgl. BFH-Beschluß vom 25.06.1984: a.a.O., S. 769.

6 Vgl. ebenda.

7 Vgl. ebenda.

8 Vgl. HESSELMANN, M., TILLMANN, B.: a.a.O., S. 379; SAUER, O. M.: a.a.O., S. 91.

9 Vgl. BFH-Beschluß vom 25.06.1984: a.a.O., S. 769; WÖHE, G.: Betriebswirtschaftliche Steuerlehre, Band II, 1. Halbband, a.a.O., S. 56. Zu weiteren Einzelheiten bzgl. der hier aufgeführten Rechte vergleiche die Gliederungspunkte 2.1.4.1 u. 2.1.4.2 der vorliegenden Arbeit.

Mitunternehmerrisiko beinhaltet gemäß der BFH-Rechtsprechung eine „gesellschaftsrechtliche oder eine dieser wirtschaftlich vergleichbare Teilnahme am Erfolg oder Mißerfolg eines gewerblichen Unternehmens. Dieses Risiko wird regelmäßig durch Beteiligung am Gewinn und Verlust sowie an den stillen Reserven des Anlagevermögens einschließlich eines Geschäftswerts vermittelt."[1] Ein Kommanditist trägt demnach Mitunternehmerrisiko, wenn er am laufenden Gewinn und Verlust der KG beteiligt ist, wobei die Verlustbeteiligung gem. § 167 Abs. 3 HGB auf die Höhe seiner Einlage begrenzt ist.[2] Darüber hinaus muß er im Fall seines Ausscheidens oder im Fall der Liquidation der Gesellschaft an den stillen Reserven partizipieren.[3] Ist ein Kommanditist weder am Verlust noch am Vermögen der Gesellschaft einschließlich der stillen Reserven beteiligt, kann er folglich nicht die Stellung eines Mitunternehmers innehaben.[4] Ein Mitunternehmerrisiko ist auch in den Fällen zu negieren, in denen der Kommanditist auf Grund einer zeitlich befristeten Gesellschafterstellung nicht an einer Betriebsvermögensmehrung des gewerblichen Unternehmens teilhaben kann.[5] Eine bloße Verlustbeteiligung ist kein Charakteristikum mitunternehmerischen Verhaltens, da eine auf Betriebsvermögensmehrung angelegte Gewinnchance fehlt.[6]

Die Gesellschaftsverträge von geschlossenen Immobilien-Leasing-Fonds sind regelmäßig so ausgestaltet, daß die Gesellschafter Mitunternehmerinitiative entfalten können und Mitunternehmerrisiko tragen. So werden die dispositiven Vorschriften des HGB hinsichtlich der Kontroll-, Stimm- und Widerspruchsrechte nicht einschneidend zu Lasten der Kommanditisten eingeschränkt. Des weiteren sind diese entsprechend dem Verhältnis ihrer Kapitalanteile am Vermögen und am Gewinn und Verlust der KG beteiligt.[7] Ein Veräußerungsgewinn aus dem Verkauf der Immobilie wird entsprechend dem Beteiligungsverhältnis an die Kommanditisten ausgeschüttet.[8] Letztlich haben diese im Fall des Aus-

---

[1] BFH-Beschluß vom 25.06.1984: a.a.O., S. 769.

[2] Vgl. SCHULZE ZUR WIESCHE, D.: Mitunternehmerschaft und Mitunternehmerstellung, in: DB, 50. Jg. (1997), S. 244-247, hier S. 244.

[3] Vgl. BFH-Beschluß vom 25.06.1984: a.a.O., S. 769 f.

[4] Vgl. HESSELMANN, M., TILLMANN, B.: a.a.O., S. 379; WÖHE, G.: Betriebswirtschaftliche Steuerlehre, Band II, 1. Halbband, a.a.O., S. 51.

[5] Vgl. BFH-Beschluß vom 25.06.1984: a.a.O., S. 770.

[6] Vgl. ebenda.

[7] Vgl. Gliederungspunkt 2.1.4.3.

[8] Vgl. Gliederungspunkt 2.1.6.

scheidens auch Anspruch auf Auszahlung eines Auseinandersetzungsguthabens in Höhe des Verkehrswertes der Beteiligung.[1]

3.1.1.4.2 Mitunternehmer-/Vermieterstellung bei Treuhandverhältnissen

Wie bereits im Gliederungspunkt 2.1.3.4 ausgeführt, sehen die Vertragswerke von geschlossenen Immobilien-Leasing-Fonds häufig die Einschaltung eines Treuhandkommanditisten zwischen der Gesellschaft und den Anlegern vor. Die Treugeber sind in einem solchen Fall nicht unmittelbar, sondern lediglich mittelbar über den Treuhandkommanditisten mit der Gesellschaft verbunden. Wird ein geschlossener Immobilien-Leasing-Fonds in der Rechtsform der GmbH & Co. KG konzipiert und soll den Treugebern Einkünfte aus Gewerbebetrieb zugerechnet werden, müssen diese als Mitunternehmer einzustufen sein, d.h. die Treugeber müssen Mitunternehmerinitiative entfalten können und Mitunternehmerrisiko tragen.[2]

Mitunternehmerinitiative wird vom BFH dann als gegeben angesehen, wenn der Treuhandkommanditist bei der Wahrnehmung seiner Rechte und Pflichten aus dem Treuhand- und Gesellschaftsvertrag an die Weisungen der Treugeber gebunden ist.[3] Sind die Treugeber darüber hinaus am Gewinn- und Verlust sowie im Fall der Auseinandersetzung an den stillen Reserven des Anlagevermögens der Gesellschaft beteiligt, so ist ebenfalls das Merkmal des Mitunternehmerrisikos erfüllt.[4]

Wird eine Treuhandkonstruktion bei einem vermögensverwaltenden geschlossenen Immobilien-Leasing-Fonds mit Einkünften aus Vermietung und Verpachtung gewählt, finden die oben getroffenen Aussagen hier entsprechend Anwendung.[5] Die Treugeber verwirklichen demzufolge nur dann die Einkunftsart Vermietung und Verpachtung, wenn sie wirtschaftlich die Stellung eines

---

1 Vgl. ebenda.

2 Vgl. BFH-Beschluß vom 25.06.1984: a.a.O., S. 769.

3 Vgl. BFH-Beschluß vom 25.06.1984: a.a.O., S. 769; BFH-Urteil vom 10.12.1992 - XI R 45/88, in: BStBl 1993 II, S. 538-543, hier S. 541.

4 Vgl. BFH-Urteil vom 10.12.1992: a.a.O., S. 540.

5 Vgl. HERRMANN, H. J.: a.a.O., S. 104.

Vermieters innehaben, d.h. wenn sie Vermieterinitiative entfalten können und Vermieterrisiko tragen.[1] Eine Zurechnung von Vermietungseinkünften bei den Treugebern kommt laut dem BFH-Urteil vom 27.01.1993 nur in Betracht, wenn der Treuhänder ausschließlich auf deren Rechnung und Gefahr handelt.[2] Die Treugeber müssen das Treuhandverhältnis und die Vermietung beherrschen, sie müssen daher wesentlichen Einfluß auf die vertragliche Ausgestaltung des Treuhandverhältnisses haben und dem Treuhänder Weisungen bzgl. der Ausgestaltung des Mietverhältnisses geben können.[3] Darüber hinaus müssen die Treugeber die Möglichkeit haben, das Treuhandverhältnis jederzeit ohne erhebliche wirtschaftliche Nachteile zu beenden.[4]

In dem BMF-Schreiben vom 01.09.1994 wird das o.g. BFH-Urteil aufgegriffen und die Zurechnung von Einkünften aus Vermietung und Verpachtung bei Treuhandverhältnissen dezidiert geregelt. Bei Einschaltung eines Treuhandkommanditisten entfalten die Treugeber hiernach Vermieterinitiative, wenn ihnen die Mitwirkungs- und Kontrollrechte eines unmittelbar Beteiligten, d.h. die Stimm-, Kontroll- und Widerspruchsrechte eines Kommanditisten laut HGB, zustehen.[5] Übertragen die Treugeber jedoch ihre Rechte unwiderruflich auf den Treuhandkommanditisten oder einen Dritten (z.B. Beirat), ohne daß diese Personen weisungsgebunden sind, ist das Treuhandverhältnis steuerlich nicht anzuerkennen.[6] Das Merkmal des Vermieterrisikos sieht die Finanzverwaltung als gegeben an, wenn die Einnahmen aus der Vermietungstätigkeit im Innenver-

---

[1] Vgl. GÖRLICH, W.: Grundlagen des offenen und des geschlossenen Immobilienfonds, a.a.O., S. 3285 u. 3290; LOIPFINGER, S., NICKL JR., L., RICHTER, U.: a.a.O., S. 93; OPITZ, G.: Geschlossene Immobilienfonds, a.a.O., S. 108.

[2] Vgl. BFH-Urteil vom 27.01.1993 - IX R 269/87, in: BStBl 1994 II, S. 615-619, hier S. 617. Das Urteil betrifft einen geschlossenen Immobilienfonds in der Rechtsform einer Gesellschaft bürgerlichen Rechts, bei dem der Treuhänder nach außen als Vermieter auftritt (sog. vorgeschaltete Treuhand). Die vom BFH an ein Treuhandverhältnis gestellten Anforderungen gelten aber auch für einen geschlossenen Immobilien-Leasing-Fonds mit Treuhandkommanditsten in der Rechtsform der KG. Gegenstand des Treuhandverhältnisses ist im zuletzt genannten Fall nicht ein Grundstück, sondern ein Gesellschaftsanteil. Vgl. hierzu FLEISCHMANN, H. G.: Finanzverwaltung regelt Treuhandverhältnisse neu, in: DStR, 32. Jg. (1994), S. 1303-1305, hier S. 1304; LORITZ, K.-G., WAGNER, K.-R.: a.a.O., S. 111 f.

[3] Vgl. BFH-Urteil vom 27.01.1993: a.a.O., S. 617.

[4] Vgl. ebenda.

[5] Vgl. BMF-Schreiben vom 01.09.1994 - IV B 3 - S 2253 a - 15/94, in: BStBl 1994 I, S. 604-605, Tz. 9; FLEISCHMANN, H. G.: Finanzverwaltung regelt Treuhandverhältnisse neu, a.a.O., S. 1304; TEWES, D. (Hrsg.): a.a.O., Teil 6/2.2, S. 7.

[6] Vgl. BMF-Schreiben vom 01.09.1994: a.a.O., Tz. 4; FLEISCHMANN, H. G.: Finanzverwaltung regelt Treuhandverhältnisse neu, a.a.O., S. 1304.

hältnis den Treugebern allein zustehen und sie sämtliche Aufwendungen, die im Zusammenhang mit dem Vermietungsobjekt stehen, zu tragen haben.[1]

Erfüllt die Treuhandkonstruktion die o.g. Kriterien nicht und nehmen die Treugeber im einkommensteuerrechtlichen Sinne nicht die Stellung von Vermietern, sondern lediglich von Kapitalgebern ein, erzielen sie keine Einkünfte aus Vermietung und Verpachtung, sondern Einkünfte aus Kapitalvermögen.[2] Verluste aus der Inanspruchnahme von Abschreibungen können den Treugebern infolgedessen nicht zugerechnet werden.[3] Abschließend sei jedoch angemerkt, daß sich die Gesellschafts- und Treuhandverträge von geschlossenen Immobilien-Leasing-Fonds regelmäßig an den von der Rechtsprechung und der Finanzverwaltung aufgestellten Kriterien orientieren, so daß die Treugeber das Erfordernis der Mitunternehmerstellung respektive der Vermieterstellung im allgemeinen erfüllen.

3.1.1.5 Erfordernis der Gewinn-/Überschußerzielungsabsicht

3.1.1.5.1 Gewinn-/Überschußerzielungsabsicht als Abgrenzungsmerkmal steuerbarer Einkünfte von nicht steuerbaren Tätigkeiten

Die Einkünfte der in § 2 Abs. 1 EStG aufgezählten sieben Einkunftsarten bilden die Grundlage der Einkommensbesteuerung. Während bei den Einkünften aus Land- und Forstwirtschaft, Gewerbebetrieb und selbständiger Arbeit die Einkünfte als Gewinn erfaßt werden, werden bei den Einkünften aus nichtselbständiger Arbeit, Kapitalvermögen, Vermietung und Verpachtung sowie bei den sonstigen Einkünften i.S.d. § 22 EStG die Einkünfte als Überschuß der Einnahmen über die Werbungskosten ermittelt.[4] Der Einkommensteuer unterliegen

---

1 Vgl. BMF-Schreiben vom 01.09.1994: a.a.O., Tz. 12; LOIPFINGER, S., NICKL JR., L., RICHTER, U.: a.a.O., S. 93.

2 Vgl. LOIPFINGER, S., NICKL JR., L., RICHTER, U.: a.a.O., S. 94; OPITZ, G.: Geschlossene Immobilienfonds, a.a.O., S. 62.

3 Vgl. LOIPFINGER, S., NICKL JR., L., RICHTER, U.: a.a.O., S. 94; OPITZ, G.: Geschlossene Immobilienfonds, a.a.O., S. 64.

4 Vgl. § 2 Abs. 2 EStG.

folglich nur sog. Rein- bzw. Nettoeinkünfte.[1] Zuflüsse, die unter keine der o.g. sieben Einkunftsarten fallen, sind nicht steuerbar.[2]

Eine einkommensteuerrechtlich relevante Betätigung setzt eine Einkünfteerzielungsabsicht voraus, die Tätigkeit oder Vermögensnutzung muß langfristig gesehen der Erzielung positiver Einkünfte dienen.[3] Die Einkünfteerzielungsabsicht läßt sich entsprechend den Einkunftsarten wie folgt untergliedern: bei den Gewinneinkünften i.S.d. § 2 Abs. 2 Nr. 1 EStG ist Gewinnerzielungsabsicht, bei den Überschußeinkünften i.S.d. § 2 Abs. 2 Nr. 2 EStG Überschußerzielungsabsicht erforderlich.[4]

Gewinnerzielungsabsicht als Merkmal eines Gewerbebetriebes i.S.d. § 15 Abs. 2 S. 1 EStG wird vom BFH als das Streben nach einer Betriebsvermögensmehrung in Gestalt eines Totalgewinns definiert.[5] Der Totalgewinn gibt dabei das Gesamtergebnis des Betriebes von der Gründung bis zur Veräußerung oder Aufgabe wieder.[6] Die Gewinnerzielungsabsicht braucht gem. § 15 Abs. 2 S. 3 EStG nur ein Nebenzweck der gewerblichen Betätigung sein. Analog zu diesen Ausführungen setzt eine einkommensteuerrechtlich relevante Betätigung im Bereich der Überschußeinkünfte die Absicht voraus, auf Dauer gesehen nachhaltig Überschüsse zu erwirtschaften.[7] So muß bspw. bei den Einkünften aus Vermietung und Verpachtung der Vermieter langfristig gesehen die Absicht haben, einen Gesamtüberschuß der Einnahmen über die Werbungskosten zu erzielen.[8] Es ist also auch hier auf das Gesamtergebnis der voraussichtlichen Vermögensnutzung abzustellen.[9]

Wird eine Betätigung nicht in der Absicht ausgeübt, Gewinne bzw. Einnahmenüberschüsse zu erwirtschaften, fällt diese Tätigkeit nicht unter die sieben Ein-

---

[1] Vgl. TIPKE, K., LANG, J.: Steuerrecht, 13. Aufl., Köln 1991, S. 203.

[2] Vgl. WÖHE, G.: Betriebswirtschaftliche Steuerlehre, Band I, 1. Halbband, a.a.O., S. 104.

[3] Vgl. BFH-Beschluß vom 25.06.1984: a.a.O., S. 766; BFH-Urteil vom 14.09.1994 - IX R 71/93, in: BStBl 1995 II, S. 116-118, hier S. 117.

[4] Vgl. HERZIG, N., KESSLER, W.: a.a.O., S. 451 f.; SCHUHMANN, H.: Liebhaberei im Einkommensteuerrecht - Neuere Rechtsprechung des BFH, in: StBp, 34. Jg. (1994), S. 245-251, hier S. 246.

[5] Vgl. BFH-Beschluß vom 25.06.1984: a.a.O., S. 766.

[6] Vgl. ebenda.

[7] Vgl. ebenda.

[8] Vgl. BFH-Urteil vom 14.09.1994: a.a.O., S. 117.

[9] Vgl. BFH-Beschluß vom 25.06.1984: a.a.O., S. 766.

kunftsarten des Einkommensteuergesetzes; es liegt sog. Liebhaberei vor.[1] Das Merkmal der Gewinn- respektive Überschußerzielungsabsicht dient also dazu, die Einkünfte i.S.d. § 2 Abs. 1 EStG von nicht einkommensteuerbaren Tätigkeiten abzugrenzen.[2] Verluste können in dem zuletzt genannten Fall steuerlich nicht geltend gemacht werden; auf der anderen Seite unterliegen etwaige Gewinne aber auch nicht der Einkommensbesteuerung.[3]

3.1.1.5.2 Beweisanzeichen für das Vorliegen oder Fehlen einer Gewinn-/Überschußerzielungsabsicht

Die Absicht zur Erzielung von Einkünften ist eine innere Tatsache, die nur anhand äußerlicher Merkmale überprüft werden kann.[4] Anhand objektiver Umstände des Einzelfalles ist auf das Vorliegen oder Fehlen der Gewinn- respektive Überschußerzielungsabsicht zu schließen; einzelne Umstände können dabei einen Anscheinsbeweis liefern.[5] Wird ein Unternehmen neu gegründet, spricht der Beweis des ersten Anscheins grundsätzlich für das Vorliegen der Einkünfteerzielungsabsicht;[6] dies gilt auch für einen geschlossenen Immobilien-Leasing-Fonds.[7] Erwirtschaftet das Unternehmen in den ersten Jahren nach der Gründung nur Verluste, deutet dieser Umstand für sich alleine gesehen noch nicht auf ein Fehlen der Einkünfteerzielungsabsicht hin; eine solche Beurteilung läßt sich nur beim Vorliegen weiterer Beweisanzeichen rechtfertigen.[8]

---

[1] Vgl. SPEICH, G.: Liebhaberei im Steuerrecht, in: NWB, 51. Aufl., Herne/Berlin, Loseblattsammlung 1947 ff., Stand: 01.01.1996, Fach 3, S. 8481-8492; WEBER-GRELLET, H.: Wo beginnt die Grenze zur „Liebhaberei"? (Teil I u. II), in: DStR, 30. Jg. (1992), S. 561-566 u. 602-607.

[2] Vgl. BFH-Beschluß vom 25.06.1984: a.a.O., S. 766.

[3] Vgl. SPEICH, G.: a.a.O., S. 8481; WIPFLER, B.: a.a.O., S. 233.

[4] Vgl. BFH-Beschluß vom 25.06.1984: a.a.O., S. 767; BFH-Urteil vom 06.12.1994 - IX R 11/91, in: BStBl 1995 II, S. 192-194, hier S. 193.

[5] Vgl. BFH-Beschluß vom 25.06.1984: a.a.O., S. 767.

[6] Vgl. BFH-Urteil vom 21.08.1990 - VIII R 25/86, in: BStBl 1991 II, S. 564-566, hier S. 565.

[7] Vgl. BMF-Schreiben vom 23.07.1992 - IV B 3 - S 2253 - 29/92, in: BStBl 1992 I, S. 434.

[8] Vgl. BFH-Beschluß vom 25.06.1984: a.a.O., S. 767.

Strebt eine Personengesellschaft nicht nach einem Totalgewinn bzw. Totalüberschuß, sondern ist ihre Tätigkeit allein darauf angelegt, ihren Gesellschaftern Verluste zuzuweisen, damit diese ihre Steuerlast mindern können, ist in diesem Fall die Einkünfteerzielungsabsicht zu verneinen.[1] Der Bundesfinanzhof hat sich in mehreren Urteilen mit solchen sog. Verlustzuweisungsgesellschaften auseinandergesetzt.[2] Die betreffenden Gesellschaften wurden in der Rechtsform der KG respektive GmbH & Co. KG geführt; den Gesellschaftern wurden jeweils Verlustzuweisungen von über 200 % des eingesetzten Eigenkapitals zugewiesen.[3] Diese konnten daher bei entsprechend hohen Steuersätzen ihre Kapitaleinlage ganz durch Steuerersparnisse finanzieren.

Der Grund für die Beteiligung an einer Verlustzuweisungsgesellschaft liegt laut BFH im Lebensführungsbereich der Gesellschafter, da diese primär ihre Einkommensteuerlast mindern wollen.[4] Ein weiteres signifikantes Merkmal von solchen Gesellschaften ist, daß sie ihre Investitionen in risikoreiche Tätigkeitsfelder, wie bspw. der Erdöl- und Erdgasexploration, vornehmen.[5] Zusammenfassend läßt sich festhalten, daß die zu Verlustzuweisungsgesellschaften ergangene Rechtsprechung auf geschlossene Immobilien-Leasing-Fonds nicht übertragbar ist, da diese die o.g. Kriterien nicht erfüllen. Der Beweis des ersten Anscheins spricht hier demzufolge für das Vorliegen einer Gewinn- respektive Überschußerzielungsabsicht.

---

[1] Vgl. § 15 Abs. 2 S. 2 EStG; BFH-Beschluß vom 25.06.1984: a.a.O., S. 767; BMF-Schreiben vom 23.07.1992: a.a.O., S. 434.

[2] Vgl. BFH-Urteile vom 21.08.1990: a.a.O., S. 564-566; vom 10.09.1991 - VIII R 39/86, in: BStBl 1992 II, S. 328-330; vom 12.12.1995 - VIII R 59/92, in: BStBl 1996 II, S. 219-226. Zur Kritik an diesen Urteilen vgl. bspw. LORITZ, K.-G.: Die angeblich erst später einsetzende Gewinnerzielungsabsicht der Personengesellschaft und die steuerorientierten Kapitalanlagen, in: DB, 45. Jg. (1992), S. 1156-1162; ders.: Verlustzuweisungsgesellschaften und Gewinnerzielungsabsicht, in: BB, 52. Jg. (1997), S. 1281-1285.

[3] Vgl. ebenda. Die im Gliederungspunkt 2.2.3.3 getroffene Aussage, daß Verlustzuweisungsquoten von über 100 % in der Praxis aufgrund des § 15a EStG für gewöhnlich nicht angestrebt werden, findet hier keine Anwendung. Die zitierten BFH-Urteile beziehen sich allesamt auf Veranlagungszeiträume in den siebziger Jahren; § 15a wurde jedoch erst später in das Einkommensteuergesetz eingefügt.

[4] Vgl. BFH-Beschluß vom 25.06.1984: a.a.O., S. 767; BFH-Urteil vom 21.08.1990: a.a.O., S. 565.

[5] Vgl. BFH-Urteil vom 12.12.1995: a.a.O., S. 223; KOHLHAAS, K.-F.: Fehlende Gewinnerzielungsabsicht bei Verlustzuweisungsgesellschaften, in: DStR, 34. Jg. (1996), S. 945-949, hier S. 947 f.

3.1.1.5.3 Totalgewinn-/Totalüberschußprognose

Bei der Beurteilung der Einkünfteerzielungsabsicht einer Personengesellschaft ist nicht auf das Ergebnis einzelner Jahre, sondern auf das Gesamtergebnis des Betriebes von der Gründung bis zur Veräußerung oder Aufgabe abzustellen. Maßgebend ist grundsätzlich die Kumulation der steuerlichen Ergebnisse der einzelnen Jahre.[1] Da die Überprüfung bereits zu Investitionsbeginn erfolgt, ist eine in die Zukunft gerichtete Betrachtung, d.h. eine Ex-ante-Betrachtung, erforderlich.[2]

Bei einer Immobilieninvestition sind die voraussichtliche Nutzungsdauer des betreffenden Objektes und die prognostizierten Mieteinnahmen und Betriebsausgaben/Werbungskosten die wichtigsten Parameter der Totalgewinn- respektive Totalüberschußprognose.[3] Die Finanzverwaltung geht bei Gebäuden grundsätzlich von einer tatsächlichen Nutzungsdauer von 100 Jahren aus;[4] der steuerliche Abschreibungszeitraum spielt in diesem Zusammenhang keine Rolle.[5] Liegen Faktoren vor, die darauf schließen lassen, daß die Personengesellschaft nur für einen begrenzten Zeitraum existiert, muß sich ein Totalgewinn bzw. -überschuß nicht innerhalb von 100 Jahren, sondern innerhalb eines entsprechend kürzeren Zeitraums ergeben.[6] Dieser Umstand trifft regelmäßig auf geschlossene Immobilien-Leasing-Fonds zu.

Wie bereits im zweiten Kapitel der vorliegenden Arbeit dargestellt, wird ein geschlossener Immobilien-Leasing-Fonds zwar im allgemeinen auf unbestimmte Zeit errichtet, jedoch erhält der Leasingnehmer meist das Recht, die Immobilie am Ende der Grundmietzeit zum steuerlichen Restbuchwert zu erwerben. Im Regelfall wird dieser die Kaufoption ausüben, da der Kaufpreis unterhalb des Verkehrswertes liegen wird; der Fonds wird zu diesem Zeitpunkt aufgelöst. Bei der Konzeption eines geschlossenen Immobilien-Leasing-Fonds ist daher unbedingt darauf zu achten, daß bereits mit Ablauf der im Leasingvertrag festge-

---

[1] Vgl. GÖRLICH, W.: Grundlagen des offenen und des geschlossenen Immobilienfonds, a.a.O., S. 3284 u. 3290; UTECH, H. G., WEINAND-HÄRER, K.: a.a.O., S. 10.

[2] Vgl. BITZ, H.: Gewinnerzielungsabsicht/Liebhaberei, in: Littmann, E., Bitz, H., Hellwig, P. (Hrsg.): Das Einkommensteuerrecht, 15. Aufl., Stuttgart, Loseblattsammlung, Stand: 01.04.1997, Rn. 123-126 zu § 15 EStG, hier Rn. 123; GROH, M.: Gewinnerzielungsabsicht und Mitunternehmerschaft, in: DB, 37. Jg. (1984), S. 2424-2428, hier S. 2425.

[3] Vgl. KURTH, H., GRASS, H.-G.: a.a.O., S. 79 f.

[4] Vgl. BMF-Schreiben vom 23.07.1992: a.a.O., S. 434.

[5] Vgl. TEWES, D. (Hrsg.): a.a.O., Teil 6/3.1, S. 4 f.

[6] Vgl. UTECH, H. G., WEINAND-HÄRER, K.: a.a.O., S. 10.

legten Grundmietzeit ein positives steuerliches Gesamtergebnis realisiert wird.[1] Die Einräumung einer Kaufoption zu einem Zeitpunkt, in dem ein Totalgewinn/ -überschuß noch nicht erzielt ist, würde zwangsläufig zur Negierung der Einkünfteerzielungsabsicht führen mit der Folge, daß die Anleger steuerliche Verluste aus dem Engagement nicht geltend machen könnten.

Ist der Zeitraum der Totalgewinn-/Totalüberschußprognose festgelegt, sind in einem nächsten Schritt die voraussichtlichen Mieteinnahmen den Betriebsausgaben/Werbungskosten gegenüberzustellen. Die Ermittlung des Leasingratenverlaufs stellt bei einem geschlossenen Immobilien-Leasing-Fonds keine Schwierigkeit dar, da dieser im Leasingvertrag für die gesamte Grundmietzeit festgeschrieben ist. Im Anschluß hieran sind die Betriebsausgaben/Werbungskosten festzustellen, die während der Investitionsphase und während der Nutzungsphase des Objektes anfallen.[2] Die aus dem Eigentum und der Nutzung der Immobilie resultierenden Nebenkosten sowie die Kosten für die Instandhaltung werden vom Leasingnehmer getragen[3] und sind daher in der Ergebnisvorschau nicht zu berücksichtigen.

Einen entscheidenden Einfluß auf das steuerliche Gesamtergebnis hat die Finanzierungsstruktur des geschlossenen Immobilien-Leasing-Fonds.[4] Je höher der Eigenkapitalanteil bei der Finanzierung ist, desto eher wird ein positiver steuerlicher Gesamtsaldo erzielt. Die Höhe des Fremdkapitalzinses spielt bei der Ergebnisprognose hingegen keine Rolle; ein steigender Fremdkapitalzinssatz hat entsprechend höhere Leasingraten zur Folge.[5]

Da bei der Erfolgsprognose grundsätzlich auf den steuerrechtlichen Einkunftsbegriff abgestellt wird, ist bei den Einkünften aus Gewerbebetrieb ein etwaiger Veräußerungsgewinn mit in die Betrachtung einzubeziehen, während bei den Einkünften aus Vermietung und Verpachtung dieser unberücksichtigt bleibt.[6] Strittig wird in der Literatur allerdings die Frage diskutiert, ob diese Aussage auch bei einer gewerblich geprägten Personengesellschaft Anwendung findet. Diese Frage ist insofern brisant, weil bei einem geschlossenen Immobilien-

1 Vgl. LORITZ, K.-G., WAGNER, K.-R.: a.a.O., S. 341.

2 Vgl. TEWES, D. (Hrsg.): a.a.O., Teil 6/3.1, S. 6.

3 Vgl. hierzu ausführlich Gliederungspunkt 2.2.5.2.

4 Vgl. KURTH, H., GRASS, H.-G.: a.a.O., S. 80 f.

5 Bei einer klassischen Immobilieninvestition trifft diese Aussage nicht zu. Höhere Fremdkapitalzinsen implizieren dort nicht automatisch höhere Mieteinnahmen.

6 Vgl. LITTWIN, F.: Liebhaberei und Gewinnerzielungsabsicht im Ertragsteuerrecht, in: BB, 51. Jg. (1996), S. 243-247, hier S. 244 f.; WIPFLER, B.: a.a.O., S. 233.

Leasing-Fonds in der Rechtsform einer typischen GmbH & Co. KG mit Einkünften aus Gewerbebetrieb die Summe der laufenden Ergebnisse oft negativ ist und erst durch Einbeziehung des Veräußerungsgewinns positiv wird. Diese Konstellation ist vor allem bei Fonds mit kurzen Laufzeiten vorzufinden.

Nach dem Wortlaut des § 15 Abs. 3 EStG muß die Tätigkeit einer gewerblich geprägten Personengesellschaft mit *Einkünfteerzielungsabsicht* unternommen werden. Da der Gesetzgeber nicht ausdrücklich den Begriff der Gewinnerzielungsabsicht oder den der Überschußerzielungsabsicht gewählt hat, läßt sich nicht eindeutig festlegen, zu welchem Zeitpunkt die Überprüfung der Absicht zu erfolgen hat. Nach der h.M. muß die Einkünfteerzielungsabsicht erst nach der Umqualifizierung der Tätigkeit in Einkünfte aus Gewerbebetrieb in Form von Gewinnerzielungsabsicht vorliegen; ein Veräußerungsgewinn ist demzufolge mit in die Totalgewinnprognose einzubeziehen.[1] Eine Mindermeinung vertritt hingegen die Ansicht, daß die Einkünfteerzielungsabsicht bereits vor Umqualifizierung der Tätigkeit in Form von Überschußerzielungsabsicht gegeben sein muß.[2] Dies hätte in dem oben dargestellten Fall des geschlossenen Immobilien-Leasing-Fonds zur Folge, daß ein Veräußerungsgewinn unberücksichtigt bleiben würde und somit das steuerliche Gesamtergebnis negativ wäre; es läge steuerlich unbeachtliche Liebhaberei mit den bereits genannten negativen Rechtsfolgen vor.

Eine weitere Frage, die es hier zu beantworten gilt, ist, ob Sonderabschreibungen, die von einem vermögensverwaltenden Immobilien-Leasing-Fonds mit Einkünften aus Vermietung und Verpachtung gem. § 4 FördG in Anspruch genommen werden, bei der Totalüberschußprognose zu berücksichtigen sind. Diese Fragestellung hat indes keine Bedeutung für einen Fonds mit Einkünften

---

[1] Vgl. R 138 Abs. 6 S. 4 EStR; GONDERT, H.-G., SCHIMMELSCHMIDT, U.: a.a.O., S. 1744 f.; HENKEL, U., JAKOBS, N.: Einkünfteerzielungsabsicht als Tatbestandsmerkmal des § 15 Abs. 3 EStG, in: FR, 77. Jg. (1995), S. 145-150; dies.: Gewinnerzielungsabsicht bei gewerblicher Prägung, in: DStR, 33. Jg. (1995), S. 1573; KREIDL, C., KÄCHELE, O.: Einkünfteerzielungsabsicht gemäß § 15 Abs. 3 Nr. 2 EStG bei (Leasing-) Objektgesellschaften, in: DStR, 33. Jg. (1995), S. 625-629; LÜDICKE, J.: Steuerliche Liebhaberei bei der Beteiligung an einer Leasing-Fonds GmbH & Co. KG, in: FR, 76. Jg. (1994), S. 110-113; SCHMIDT, L.: a.a.O., Rz. 225 zu § 15 EStG.

[2] Vgl. EISGRUBER, T.: Gewerblich prägbare Tätigkeiten einer Personengesellschaft, in: DStR, 33. Jg. (1995), S. 1569-1572; ELSER, T.: a.a.O., S. 2578; HERZIG, N., KESSLER, W.: a.a.O., S. 451 f. u. 454; TEWES, D. (Hrsg.): a.a.O., Teil 6/3.1, S. 3. Eine differenzierendere Auffassung vertritt Lüdemann; nach seiner Ansicht muß die Einkünfteerzielungsabsicht nicht nur vor der Umqualifizierung der Tätigkeit in Form von Überschußerzielungsabsicht, sondern auch danach in Form von Gewinnerzielungsabsicht vorliegen. Vgl. hierzu LÜDEMANN, P.: Zur Kontroverse um die Einkünfteerzielungsabsicht bei gewerblich geprägten Personengesellschaften gem. § 15 Abs. 3 Nr. 2 EStG, in: BB, 51. Jg. (1996), S. 2650-2656.

aus Gewerbebetrieb, da die Sonderabschreibungen zwar auf der einen Seite die entsprechenden Periodengewinne mindern, auf der anderen Seite aber ein steuerpflichtiger Veräußerungsgewinn dementsprechend erhöht wird, so daß der Totalgewinn unverändert bleibt.[1]

Bei einem Fonds mit Einkünften aus Vermietung und Verpachtung kommt es hingegen nicht zu einem solchen Ausgleich, da hier ein Veräußerungsgewinn - wie oben dargestellt - nicht der Besteuerung unterliegt. Die Inanspruchnahme der Sonderabschreibungen hätte somit eine Minderung des Totalüberschusses zur Folge.[2] Dieses Ergebnis würde jedoch die mit der Gewährung der Sonderabschreibungen verfolgten wirtschaftspolitischen Zielsetzungen konterkarieren; aus diesem Grund bleiben diese nach der h.M. in der Totalüberschußprognose unberücksichtigt.[3] In der Prognoserechnung brauchen daher nur die linearen Gebäudeabschreibungen gem. § 7 Abs. 4 S. 1 Nr. 2a EStG i.H.v. jährlich 2 % angesetzt werden.[4]

Ergeben die Berechnungen in der Summe einen Gewinn bzw. Einnahmenüberschuß, ist das Erfordernis der Gewinn-/Überschußerzielungsabsicht erfüllt.[5] Die dynamischen Verfahren der Investitionsrechnung, die die zeitlichen Unterschiede im Anfallen der Zahlungsströme berücksichtigen, werden nicht angewendet, d.h. die Ergebnisse der einzelnen Jahre werden nicht auf einen einheitlichen Bezugszeitpunkt auf- oder abgezinst.[6] Ebensowenig kommt in den Berechnungen eine kalkulatorische Verzinsung des Eigenkapitals zum Ansatz.[7]

---

1 Vgl. PFERDMENGES, G.: Der steuerrechtliche Totalerfolg als Merkmal der Einkünfteerzielungsabsicht, in: FR, 72. Jg. (1990), S. 700-706, hier S. 704 f.

2 Sonderabschreibungen hätten bei einem Fonds mit Einkünften aus Vermietung und Verpachtung nur dann keine Auswirkungen auf den Totalüberschuß, wenn das Leasingobjekt erst nach Ablauf der betriebsgewöhnlichen Nutzungsdauer veräußert werden würde.

3 Vgl. BFH-Urteil vom 30.09.1997 - IX R 80/94, in: BStBl 1998 II, S. 771-774; STUHRMANN, G.: Einbeziehung von Sonderabschreibungen in die steuerrechtliche Totalüberschußermittlung, in: BB, 51. Jg. (1996), S. 1645-1646; VOOS, C.: Aktuelle Tendenzen bei der Ermittlung des Totalüberschusses bei den Einkünften aus Vermietung und Verpachtung, in: DStR, 37. Jg. (1999), S. 877-883. Eine gegenteilige Ansicht wird allerdings im BMF-Schreiben vom 04.11.1998 - IV C 3 - S 2253 - 8/98, in: BStBl 1998 I, S. 1444 vertreten; hiernach sind bei der Ermittlung des Totalüberschusses Sonderabschreibungen und erhöhte Absetzungen nicht aus den Werbungskosten auszusondern.

4 Vgl. KURTH, H., GRASS, H.-G.: a.a.O., S. 80; TEWES, D. (Hrsg.): a.a.O., Teil 6/3.1, S. 8.

5 Vgl. GROH, M.: Gewinnerzielungsabsicht und Mitunternehmerschaft, a.a.O., S. 2425; KURTH, H., GRASS, H.-G.: a.a.O., S. 79; WEBER-GRELLET, H.: a.a.O., S. 563 f.

6 Vgl. GROH, M.: Gewinnerzielungsabsicht und Mitunternehmerschaft, a.a.O., S. 2425.

7 Vgl. BITZ, H.: a.a.O., Rn. 123 zu § 15 EStG; GONDERT, H.-G., SCHIMMELSCHMIDT, U.: a.a.O., S. 1745.

Die Beteiligungsprospekte geschlossener Immobilien-Leasing-Fonds enthalten regelmäßig für die Laufzeit der Leasingverträge Prognoserechnungen, die die Einkünfteerzielungsabsicht der Fonds belegen. Diese Ergebnisprognosen geben im allgemeinen auch Aufschluß darüber, zu welchem Zeitpunkt ein Totalgewinn respektive ein Totalüberschuß erstmalig erzielt wird. Besteht das Vermögen eines Fonds nicht nur aus einer, sondern aus mehreren Immobilien, so bezieht sich die Einkünfteerzielungsabsicht nicht auf die einzelne Immobilie, sondern auf die Personengesellschaft in ihrer Gesamtheit.[1]

3.1.1.5.4 Gewinn-/Überschußerzielungsabsicht auf Gesellschafterebene

Im vorangegangenen Gliederungspunkt wurde die Gewinn-/Überschußerzielungsabsicht auf der Ebene der Gesellschaft dargestellt. Die Überprüfung der Absicht hat jedoch nicht nur auf dieser Ebene, sondern auch auf der Ebene des einzelnen Gesellschafters zu erfolgen.[2] Refinanziert ein Anleger bspw. seinen Eigenkapitalanteil über ein Darlehen, mindern die dafür gezahlten Zinsen als Sonderbetriebsausgaben oder Sonderwerbungskosten den auf ihn entfallenden Totalgewinn/-überschuß.[3] Obwohl die Personengesellschaft ein positives steuerliches Gesamtergebnis erzielt, kann die Einkünfteerzielungsabsicht beim Gesellschafter durch die Einbeziehung der Darlehenszinsen u.U. zu verneinen sein.[4] Auf diese Gefahr wird in den Prospekten geschlossener Immobilien-Leasing-Fonds regelmäßig hingewiesen.

Der Verkauf eines Gesellschaftsanteils zu einem Zeitpunkt, in dem ein Totalgewinn/-überschuß noch nicht vorliegt, gefährdet ebenfalls die Einkünfteerzielungsabsicht. Dies gilt insbesondere dann, wenn der Anteilsverkauf von vornherein geplant ist und der betreffende Gesellschafter nur an der Ausnutzung von Steuervorteilen und nicht an einer langfristigen Einkunftserzielung interes-

---

1 Vgl. KURTH, H., GRASS, H.-G.: a.a.O., S. 79.

2 Vgl. LOIPFINGER, S., NICKL JR., L., RICHTER, U.: a.a.O., S. 87. Bei einem Treuhandverhältnis muß das Merkmal der Einkünfteerzielungsabsicht beim Treugeber vorliegen; vgl. hierzu TEWES, D. (Hrsg.): a.a.O., Teil 6/3.1, S. 1.

3 Vgl. UTECH, H. G., WEINAND-HÄRER, K.: a.a.O., S. 10.

4 Vgl. KURTH, H., GRASS, H.-G.: a.a.O., S. 82 f.

siert ist.[1] Sind hingegen unvorhersehbare Gründe, wie bspw. etwaige finanzielle Schwierigkeiten, für die vorzeitige Anteilsveräußerung ausschlaggebend, spricht dieser Umstand für sich alleine gesehen noch nicht gegen das Vorliegen der Einkünfteerzielungsabsicht.[2] Aus diesen Gründen enthalten die Gesellschaftsverträge von geschlossenen Immobilien-Leasing-Fonds regelmäßig die Bestimmung, daß eine Kündigung des Gesellschaftsverhältnisses frühestens zum Ablauf des Leasingvertrages möglich ist.[3] Durch diesen Passus wird sichergestellt, daß der Beweis des ersten Anscheins auch auf Ebene des Gesellschafters für das Vorliegen der Einkünfteerzielungsabsicht spricht.

Im Gliederungspunkt 2.1.6 wurde bereits darauf hingewiesen, daß in einigen Fondskonzeptionen den Gesellschaftern die Möglichkeit gegeben wird, ihre Beteiligungen zu einem im vorhinein festgelegten Preis auf den Fondsinitiator zu übertragen. Ein solches Andienungsrecht darf ebenfalls erst zu einem Zeitpunkt eingeräumt werden, in dem ein positives steuerliches Gesamtergebnis beim Gesellschafter vorliegt. Die Einräumung zu einem früheren Zeitpunkt gilt als Indiz für eine fehlende Einkünfteerzielungsabsicht, selbst dann, wenn der Anleger von diesem Recht keinen Gebrauch macht.[4]

---

[1] Vgl. BMF-Schreiben vom 23.07.1992: a.a.O., S. 434; LOIPFINGER, S., NICKL JR., L., RICHTER, U.: a.a.O., S. 87.

[2] Vgl. GÖRLICH, W.: Grundlagen des offenen und des geschlossenen Immobilienfonds, a.a.O., S. 3287 u. 3290; WIPFLER, B.: a.a.O., S. 234.

[3] Vgl. Gliederungspunkt 2.1.6.

[4] Hier ist die zu Rückkaufs- und Verkaufsgarantien ergangene Rechtsprechung anwendbar. Vgl. BFH-Urteile vom 14.09.1994: a.a.O., S. 116-118; vom 24.01.1995 - IX R 70/93, in: BStBl 1995 II, S. 460-461; vom 14.02.1995 - IX R 95/93, in: BStBl 1995 II, S. 462-463; SAUREN, M. M.: Rückkaufs- bzw. Verkaufsgarantien beim Erwerb von Immobilien, in: DStR, 34. Jg. (1996), S. 1438-1439; SPINDLER, W.: Zur steuerrechtlichen Bedeutung von Rück- und Verkaufsgarantien bei den Einkünften aus Vermietung und Verpachtung, in: DB, 48. Jg. (1995), S. 894-896.

3.1.2 Ermittlung der Einkünfte

3.1.2.1 Ermittlung der Einkünfte aus Gewerbebetrieb durch Betriebsvermögensvergleich

Die Einkünfte aus Gewerbebetrieb, die die Gesellschafter einer Personengesellschaft erzielen, werden in zwei Stufen ermittelt.[1] In der ersten Stufe wird zunächst der Gewinn respektive Verlust auf der Ebene der Gesellschaft festgestellt.[2] Obwohl die Personengesellschaft nicht selbst, sondern die an ihr beteiligten Gesellschafter der Einkommensbesteuerung unterliegen, wird ihr trotzdem bei der Einkunftsermittlung ebenso wie bei der Feststellung der Einkunftsart in begrenztem Umfang eine Steuerrechtssubjektfähigkeit eingeräumt.[3] Der Gewinn wird gem. § 4 Abs. 1 S. 1 EStG als „Unterschiedsbetrag zwischen dem Betriebsvermögen am Schluß des Wirtschaftsjahrs und dem Betriebsvermögen am Schluß des vorangegangenen Wirtschaftsjahrs, vermehrt um den Wert der Entnahmen und vermindert um den Wert der Einlagen" definiert. Unter dem hier verwendeten Begriff des Betriebsvermögens ist das Betriebs*rein*vermögen, sprich das Eigenkapital, der Gesellschaft zu verstehen;[4] dieses wird durch Erstellung einer Bilanz ermittelt.[5]

Sofern eine Personengesellschaft auf Grund gesetzlicher Vorschriften verpflichtet ist, Bücher zu führen und regelmäßig Abschlüsse zu machen, ist bei ihr gem. § 5 Abs. 1 S. 1 EStG das Betriebsvermögen anzusetzen, das nach den handelsrechtlichen Grundsätzen ordnungsmäßiger Buchführung auszuweisen ist. Diese Regelung wird als Grundsatz der Maßgeblichkeit der Handelsbilanz für die Steuerbilanz bezeichnet.[6] Geschlossene Immobilien Leasing Fonds sind gem. §§ 238 ff. HGB buchführungspflichtig; sie haben diese Verpflichtung gem. § 140 AO auch für die Besteuerung zu erfüllen.[7] Ausgangspunkt der steuerlichen Gewinnermittlung ist folglich die Handelsbilanz, in der das Gesamthandsvermögen, d.h. das gemeinschaftliche Vermögen aller Ge-

---

1 Vgl. HESSELMANN, M., TILLMANN, B.: a.a.O., S. 395-403; KNOBBE-KEUK, B.: Bilanz- und Unternehmenssteuerrecht, 9. Aufl., Köln 1993, S. 364-368.

2 Vgl. ebenda.

3 Vgl. BFH-Beschluß vom 25.06.1984: a.a.O., S. 762.

4 Vgl. BIERGANS, E.: a.a.O., S. 168; ROSE, G.: Betrieb und Steuer, Erstes Buch: Die Ertragsteuern, 13. Aufl., Wiesbaden 1994, S. 56.

5 Vgl. TIPKE, K., LANG, J.: a.a.O., S. 277.

6 Vgl. TIPKE, K., LANG, J.: a.a.O., S. 280; WÖHE, G.: Betriebswirtschaftliche Steuerlehre, Band I, 1. Halbband, a.a.O., S. 142.

7 Vgl. BIERGANS, E.: a.a.O., S. 166 f.

sellschafter, ausgewiesen ist.[1] Aus der Handelsbilanz wird in einem nachfolgenden Schritt unter Beachtung der steuerlichen Bilanzierungs- und Bewertungsvorschriften die Steuerbilanz abgeleitet.[2] Etwaige Bilanzierungs- und Bewertungswahlrechte sind auf der Ebene der Gesellschaft einheitlich auszuüben.[3] So ist es bspw. nicht möglich, daß ein Teil der Gesellschafter bei der Gewinnermittlung eine Sonderabschreibung in Anspruch nimmt, während ein anderer Teil hierauf verzichtet.[4]

Nach Feststellung des steuerrechtlichen Ergebnisses auf Gesellschaftsebene, wird dieses den Gesellschaftern anteilig zugewiesen.[5] Die Zurechnung erfolgt dabei nach dem handelsrechtlichen Gewinnverteilungsschlüssel, wie er sich aus dem Gesellschaftsvertrag respektive in Ermangelung einer diesbezüglichen Vorschrift aus dem Handelsgesetzbuch ergibt.[6] Die Gewinnanteile unterliegen bei den Gesellschaftern gem. § 15 Abs. 1 S. 1 Nr. 2 EStG als Einkünfte aus Gewerbebetrieb der Einkommensteuer. Keinen Einfluß auf das steuerliche Ergebnis haben hingegen etwaige aus Liquiditätsüberschüssen getätigte Ausschüttungen, da diese als Entnahmen zu qualifizieren sind.[7]

Den Gewinnanteilen der Gesellschafter werden in der zweiten Gewinnermittlungsstufe die Ergebnisse aus etwaigen Sonder- und Ergänzungsbilanzen hinzugerechnet.[8] Die steuerliche Gesamtbilanz setzt sich somit aus der Steuerbilanz der Personengesellschaft sowie aus Sonder- und Ergänzungsbilanzen einzelner Gesellschafter zusammen.[9] In Sonderbilanzen wird das Sonderbe-

---

1 Vgl. HESSELMANN, M., TILLMANN, B.: a.a.O., S. 396.

2 Vgl. ZIMMERMANN, R., REYHER, U., HOTTMANN, J.: a.a.O., S. 181.

3 Vgl. WÖHE, G.: Betriebswirtschaftliche Steuerlehre, Band II, 1. Halbband, a.a.O., S. 91.

4 Vgl. HESSELMANN, M., TILLMANN, B.: a.a.O., S. 397.

5 Vgl. KNOBBE-KEUK, B.: a.a.O., S. 366; WÖHE, G.: Betriebswirtschaftliche Steuerlehre, Band II, 1. Halbband, a.a.O., S. 91.

6 Vgl. GONDERT, H.-G., SCHIMMELSCHMIDT, U.: a.a.O., S. 1748 f.; HESSELMANN, M., TILLMANN, B.: a.a.O., S. 422.

7 Vgl. LOIPFINGER, S., NICKL JR., L., RICHTER, U.: a.a.O., S. 110.

8 Vgl. HESSELMANN, M., TILLMANN, B.: a.a.O., S. 396.

9 Vgl. WÖHE, G.: Betriebswirtschaftliche Steuerlehre, Band II, 1. Halbband, a.a.O., S. 93; ZIMMERMANN, R., REYHER, U., HOTTMANN, J.: a.a.O., S. 182.

triebsvermögen aufgeführt.[1] Es ist nicht Bestandteil des Gesamthandsvermögens und wird daher nicht in der Handelsbilanz ausgewiesen.[2]

Das Sonderbetriebsvermögen läßt sich wie folgt unterteilen: Beim Sonderbetriebsvermögen I handelt es sich um Wirtschaftsgüter, wie z.B. Grundstücke oder Gebäude, die zwar zum Eigentum eines einzelnen Gesellschafters gehören, jedoch der Gesellschaft zur Nutzung überlassen sind.[3] Die Vergütungen, die der Gesellschafter hierfür von der Gesellschaft erhält, gehören bei ihm als Sonderbetriebseinnahmen gem. § 15 Abs. 1 S. 1 Nr. 2 EStG zu den Einkünften aus Gewerbebetrieb; etwaige mit den Wirtschaftsgütern in Zusammenhang stehende Aufwendungen, wie bspw. Abschreibungen und Instandhaltungskosten, führen zu einer entsprechenden Minderung seines Sonderbetriebsergebnisses.[4]

Das Sonderbetriebsvermögen II umfaßt die Wirtschaftsgüter, die in Zusammenhang mit der Gesellschaftsbeteiligung stehen.[5] So gehört z.B. ein Darlehen, das ein Gesellschafter zur Finanzierung seines Eigenkapitalanteils aufnimmt, zum Sonderbetriebsvermögen II; die dafür aufgewendeten Zinsen reduzieren als Sonderbetriebsausgaben sein steuerliches Ergebnis.[6] Die Gewinnermittlung beim Sonderbetriebsvermögen I und II erfolgt wie beim Gesamthandsvermögen durch Betriebsvermögensvergleich gem. §§ 4, 5 EStG.[7]

In Ergänzungsbilanzen werden Korrekturen zu den Wertansätzen der in der Steuerbilanz der Personengesellschaft aufgeführten Wirtschaftsgüter vorgenommen.[8] Sie enthalten dementsprechend kein Sonderbetriebsvermögen, son-

---

[1] Vgl. HABERSTOCK, L.: Der Einfluß der Besteuerung auf Rechtsform und Standort, 2. Aufl., Hamburg 1984, S. 55.

[2] Das Gesamthandsvermögen und das Sonderbetriebsvermögen bilden zusammen das steuerliche Betriebsvermögen der Personengesellschaft; vgl. WÖHE, G.: Betriebswirtschaftliche Steuerlehre, Band II, 1. Halbband, a.a.O., S. 85-91.

[3] Vgl. WÖHE, G.: Betriebswirtschaftliche Steuerlehre, Band II, 1. Halbband, a.a.O., S. 88; ZIMMERMANN, R., REYHER, U., HOTTMANN, J.: a.a.O., S. 147 f.

[4] Vgl. WÖHE, G.: Betriebswirtschaftliche Steuerlehre, Band II, 1. Halbband, a.a.O., S. 89.

[5] Vgl. HESSELMANN, M., TILLMANN, B.: a.a.O., S. 400; ZIMMERMANN, R., REYHER, U., HOTTMANN, J.: a.a.O., S. 150.

[6] Vgl. HABERSTOCK, L.: Der Einfluß der Besteuerung auf Rechtsform und Standort, a.a.O., S. 55; WÖHE, G.: Betriebswirtschaftliche Steuerlehre, Band II, 1. Halbband, a.a.O., S. 88 f.

[7] Vgl. HESSELMANN, M., TILLMANN, B.: a.a.O., S. 398; WÖHE, G.: Betriebswirtschaftliche Steuerlehre, Band II, 1. Halbband, a.a.O., S. 86.

[8] Vgl. BINZ, M. K.: a.a.O., S. 403.

dern Gesamthandsvermögen.[1] Eine Ergänzungsbilanz ist bspw. bei einem Gesellschafterwechsel aufzustellen, wenn sich der Kaufpreis der Beteiligung von dem übernommenen Kapitalkonto unterscheidet.[2] Ist der Kaufpreis höher als das in der Steuerbilanz der Gesellschaft ausgewiesene Kapitalkonto, so ist der Mehrbetrag für die anteilig erworbenen stillen Reserven und ggf. eines anteiligen Firmenwerts in der Ergänzungsbilanz des neuen Gesellschafters auszuweisen.[3] In den Folgejahren sind die Mehrwerte der abnutzbaren Wirtschaftsgüter abzuschreiben und mindern somit das steuerliche Ergebnis des betreffenden Gesellschafters.[4]

Die Einkünfte der Gesellschafter eines geschlossenen Immobilien-Leasing-Fonds werden gem. §§ 179 Abs. 2 S. 2 i.V.m. 180 Abs. 1 Nr. 2a AO einheitlich und gesondert festgestellt. Der Feststellungsbescheid beinhaltet dabei sowohl das Steuerbilanzergebnis der Gesellschaft als auch dessen Aufteilung auf die einzelnen Gesellschafter.[5] Des weiteren werden in dem Verfahren die Sonderbetriebseinnahmen und -ausgaben erfaßt; eine spätere Berücksichtigung in den Einkommensteuer-Veranlagungsverfahren der Gesellschafter kommt grundsätzlich nicht in Betracht.[6]

3.1.2.2 Ermittlung der Einkünfte aus Vermietung und Verpachtung durch Überschußrechnung

Die Einkünfte aus Vermietung und Verpachtung zählen im Gegensatz zu den Einkünften aus Gewerbebetrieb nicht zu den Gewinneinkünften, sondern zu den Überschußeinkünften.[7] Sie werden gem. § 2 Abs. 2 Nr. 2 EStG durch Ge-

---

1 Vgl. HABERSTOCK, L.: Der Einfluß der Besteuerung auf Rechtsform und Standort, a.a.O., S. 55.

2 Vgl. ebenda, S. 56.

3 Vgl. zu diesen Ausführungen das Beispiel von WÖHE, G.: Betriebswirtschaftliche Steuerlehre, Band II, 1. Halbband, a.a.O., S. 92.

4 Vgl. HABERSTOCK, L.: Der Einfluß der Besteuerung auf Rechtsform und Standort, a.a.O., S. 59.

5 Vgl. LOIPFINGER, S., NICKL JR., L., RICHTER, U.: a.a.O., S. 110.

6 Vgl. WÖHE, G.: Betriebswirtschaftliche Steuerlehre, Band II, 1. Halbband, a.a.O., S. 81-85.

7 Vgl. TIPKE, K., LANG, J.: a.a.O., S. 233; WÖHE, G.: Betriebswirtschaftliche Steuerlehre, Band I, 1. Halbband, a.a.O., S. 139.

genüberstellung der Einnahmen und der Werbungskosten ermittelt. Sind die Einnahmen eines Kalenderjahres höher als die Werbungskosten, liegt ein Einnahmenüberschuß vor, im umgekehrten Fall ein Werbungskostenüberschuß respektive ein Verlust.[1]

Die Einkünfte aus Vermietung und Verpachtung, die die Gesellschafter eines geschlossenen Immobilien-Leasing-Fonds erzielen, werden ebenso wie die aus Gewerbebetrieb in zwei Stufen ermittelt. Zunächst werden die Einnahmen und Werbungskosten auf der Ebene der Gesellschaft festgestellt; der sich daraus ergebende Saldo wird den Gesellschaftern anteilig zugewiesen. Darüber hinaus sind auch etwaige Sonderwerbungskosten, wie z.B. die mit der Finanzierung einer Kommanditeinlage verbundenen Darlehenszinsen, zu berücksichtigen.[2] Geschlossene Immobilien-Leasing-Fonds mit Einkünften aus Vermietung und Verpachtung erstellen also lediglich eine Überschußrechnung und keine Steuerbilanz; sie haben infolgedessen auch kein Betriebsvermögen.[3] Sie sind jedoch gem. §§ 238 ff. HGB buchführungspflichtig und haben daher eine Handelsbilanz aufzustellen.[4] Obwohl für die Überschußrechnung eine Buchführungspflicht grundsätzlich nicht besteht, haben die betreffenden Fonds die diesbezügliche handelsrechtliche Verpflichtung gem. § 140 AO auch für die Besteuerung zu erfüllen.[5]

Die Mieteinnahmen sind bei einer Überschußrechnung gem. § 11 Abs. 1 S. 1 EStG in dem Kalenderjahr anzusetzen, in dem sie dem Fonds zugeflossen sind. Maßgebend ist dabei der Zeitpunkt, in dem der Fonds die tatsächliche Verfügungsmacht über die Einnahmen erlangt.[6] Werden die Mieteinnahmen überwiesen, ist der Zahlungseingang auf dem Bankkonto ausschlaggebend.[7] Eine Ausnahme von dem Zuflußprinzip beinhaltet § 11 Abs. 1 S. 2 EStG. Hiernach sind regelmäßig wiederkehrende Einnahmen, die einer Personengesellschaft kurze Zeit vor Beginn oder kurze Zeit nach Beendigung des Kalender-

---

1 Vgl. LOIPFINGER, S., NICKL JR., L., RICHTER, U.: a.a.O., S. 110; TIPKE, K., LANG, J.: a.a.O., S. 324.

2 Vgl. LOIPFINGER, S., NICKL JR., L., RICHTER, U.: a.a.O., S. 109 f.; REITHMANN, C., MEICHSSNER, C., HEYMANN, E. VON: a.a.O., S. 266.

3 Vgl. ZIMMERMANN, R., REYHER, U., HOTTMANN, J.: a.a.O., S. 183.

4 Vgl. BIERGANS, E.: a.a.O., S. 982.

5 Vgl. GROH, M.: Die nichtgewerblich tätige Personengesellschaft, in: JbFfSt 1979/80, Herne/Berlin 1979, S. 209-241, hier S. 236.

6 Vgl. ROSE, G.: a.a.O., S. 60.

7 Vgl. REITHMANN, C., MEICHSSNER, C., HEYMANN, E. VON: a.a.O., S. 268.

jahres, zu dem sie wirtschaftlich gehören, zugeflossen sind, in diesem Kalenderjahr anzusetzen. Als kurze Zeit gilt dabei gem. H 116 EStR ein Zeitraum von bis zu zehn Tagen. Wird bspw. eine Leasingrate für das Jahr 02 am 09.01.03 dem Bankkonto eines geschlossenen Immobilien-Leasing-Fonds gutgeschrieben, so ist sie in 02 und nicht in 03 als Einnahme zu erfassen.

Laut der Legaldefinition des § 9 Abs. 1 S. 1 EStG sind Werbungskosten Aufwendungen zur Erwerbung, Sicherung und Erhaltung von Einnahmen. Der hier verwendete Begriff der Aufwendungen ist inhaltsgleich mit dem der Ausgaben[1] und stimmt nicht mit dem betriebswirtschaftlichen Aufwandsbegriff überein.[2] Werbungskosten sind ebenso wie Einnahmen gem. § 11 Abs. 2 S. 1 EStG in dem Kalenderjahr anzusetzen, in dem sie geleistet worden sind. Regelmäßig wiederkehrende Ausgaben sind wie die entsprechenden Einnahmen abzugrenzen.[3] Eine wichtige Ausnahme vom Abflußprinzip enthält § 9 Abs. 1 S. 3 Nr. 7 EStG. Danach dürfen die Anschaffungs- oder Herstellungskosten von abnutzbaren Wirtschaftsgütern, die eine betriebsgewöhnliche Nutzungsdauer von mehr als einem Jahr aufweisen, nicht in voller Höhe im Jahr der Zahlung als Werbungskosten angesetzt werden. Die betreffenden Kosten können nur in Höhe der jährlichen Abschreibungen berücksichtigt werden.[4]

Während bei der Gewinnermittlung durch Betriebsvermögensvergleich die Betriebseinnahmen und Betriebsausgaben erfolgswirksam abzugrenzen sind, sie also nach Maßgabe ihrer wirtschaftlichen Zugehörigkeit in den entsprechenden Perioden zu berücksichtigen sind, werden bei der Überschußrechnung die Einnahmen und Werbungskosten grundsätzlich im Zeitpunkt der Zahlung erfaßt.[5] Somit wird es dem Steuerpflichtigen ermöglicht, Werbungskosten durch gezielte Sachverhaltsgestaltungen früher geltend zu machen, als dies im Fall des

---

[1] Vgl. PRINZ, U.: Werbungskosten bei den Einkünften aus Vermietung und Verpachtung, a.a.O., S. 50.

[2] Vgl. BIERGANS, E.: a.a.O., S. 908. Als Aufwand bezeichnet man in der Betriebswirtschaftslehre den Wert aller verbrauchten Güter und Dienstleistungen pro Periode; vgl. HABERSTOCK, L.: Kostenrechnung I, 8. Aufl., Hamburg 1987, S. 29.

[3] Vgl. § 11 Abs. 2 S. 2 EStG.

[4] Vgl. PRINZ, U.: Werbungskosten bei den Einkünften aus Vermietung und Verpachtung, a.a.O., S. 66; WÖHE, G.: Betriebswirtschaftliche Steuerlehre, Band I, 1. Halbband, a.a.O., S. 146.

[5] Vgl. COEN, M., VOGEL, H.: Die Abhängigkeit der Einnahmen-Werbungskosten-Überschußrechnung von der Steuerbilanz bei geschlossenen Immobilienfonds, in: BB, 37. Jg. (1982), S. 1764-1770, hier S. 1764 f.; PRINZ, U.: Werbungskosten bei den Einkünften aus Vermietung und Verpachtung, a.a.O., S. 63 u. 425.

Betriebsvermögensvergleichs möglich wäre.[1] Nimmt ein geschlossener Immobilien-Leasing-Fonds mit Einkünften aus Gewerbebetrieb bspw. ein Darlehen zur Finanzierung des Leasingobjektes auf und wird mit dem Kreditgeber ein Disagio vereinbart, d.h. der Rückzahlungsbetrag des Darlehens ist höher als der Augabebetrag, so hat der Fonds in Höhe des Differenzbetrages gem. § 5 Abs. 5 S. 1 Nr. 1 EStG einen aktiven Rechnungsabgrenzungsposten zu bilden. Dieser ist verteilt über die Laufzeit des Darlehens erfolgswirksam aufzulösen.[2] Bei einem Fonds mit Einkünften aus Vermietung und Verpachtung hingegen wird das Disagio grundsätzlich im Zeitpunkt der Zahlung, also bei Auszahlung des Darlehensbetrages, als Werbungskosten steuermindernd berücksichtigt; in der Investitionsphase können folglich höhere steuerliche Verluste ausgewiesen werden. Es sei jedoch bereits an dieser Stelle darauf hingewiesen, daß die Höhe der Werbungskosten, die ein geschlossener Immobilien-Leasing-Fonds mit Einkünften aus Vermietung und Verpachtung im Jahr der Zahlung geltend machen kann, in bestimmten Fällen durch die Finanzverwaltung eingeschränkt wird. Hierauf wird im Gliederungspunkt 3.1.2.6 noch näher eingegangen.

3.1.2.3 Ermittlung der Einkünfte bei Zugehörigkeit des Fondsanteils zum Betriebsvermögen eines Gesellschafters

Den Gesellschaftern eines vermögensverwaltenden Immobilien-Leasing-Fonds in der Rechtsform der KG werden Einkünfte aus Vermietung und Verpachtung zugerechnet, sofern sie ihre Anteile im Privatvermögen halten. Gehört ein Fondsanteil jedoch zum Betriebsvermögen eines Gesellschafters, erzielt dieser Einkünfte aus Gewerbebetrieb.[3] Es stellt sich hier nun die Frage, wie diese Einkünfte zu ermitteln sind. Nach dem BFH-Urteil vom 11.07.1996[4] und der herrschenden Literaturmeinung[5] müssen die Einkünfte aus Vermietung und

---

1 Vgl. PRINZ, U.: Werbungskosten bei den Einkünften aus Vermietung und Verpachtung, a.a.O., S. 436 u. 445.

2 Vgl. WÖHE, G.: Einführung in die Allgemeine Betriebswirtschaftslehre, a.a.O., S. 993 u. 1109.

3 Vgl. Gliederungspunkt 3.1.1.3.4.

4 Vgl. BFH-Urteil vom 11.07.1996 - IV R 103/94, in: BStBl 1997 II, S. 39-42.

5 Vgl. BIERGANS, E.: a.a.O., S. 980-982; DEUTSCHES STEUERBERATERINSTITUT E. V.: a.a.O., S. 18; HERRMANN, H. J.: a.a.O., S. 101; SCHMIDER, K.-H.: a.a.O., S. 42 f.;

Verpachtung, die eine vermögensverwaltende Personengesellschaft verwirklicht, für einen betrieblich beteiligten Gesellschafter innerhalb des einheitlich und gesonderten Feststellungsverfahrens der Gesellschaft in solche aus Gewerbebetrieb umqualifiziert werden. Die Personengesellschaft hat infolgedessen neben der Überschußrechnung auch eine Steuerbilanz aufzustellen; den nicht betrieblich beteiligten Gesellschaftern werden aufgrund der Überschußrechnung Einkünfte aus Vermietung und Verpachtung zugewiesen und dem betrieblich beteiligten aufgrund der Steuerbilanz Einkünfte aus Gewerbebetrieb.

Die Finanzverwaltung vertritt in diesem Fall jedoch die Ansicht, daß die Einkünfte aller Beteiligten auf der Ebene der Gesellschaft durch Gegenüberstellung der Einnahmen und der Werbungskosten zu ermitteln sind.[1] Die Personengesellschaft hat demgemäß nur eine Überschußrechnung und keine zusätzliche Steuerbilanz zu erstellen. Hält ein Gesellschafter seinen Anteil im Betriebsvermögen, hat er grundsätzlich alle Wirtschaftsgüter der Personengesellschaft im Rahmen seiner Buchführung anteilig zu erfassen und den auf ihn entfallenden Gewinn gem. §§ 4 Abs. 1, 5 EStG zu berechnen.[2] Die Einkünfte aus Gewerbebetrieb sind folglich auf der Ebene des Gesellschafters und nicht auf der Gesellschaftsebene zu ermitteln.

Bei einem Gesellschaftsanteil von unter 10 % können die Einkünfte des betrieblich beteiligten Gesellschafters aus Vereinfachungsgründen auch nach dem folgenden Verfahren ermittelt werden.[3] Die auf den Gesellschafter anteilig entfallenden Einnahmen- respektive Werbungskostenüberschüsse werden bei diesem als Einkünfte aus Gewerbebetrieb angesetzt und auf einem Beteiligungskonto erfolgswirksam verbucht. Außerdem werden auf diesem Konto auch etwaige Ausschüttungen, z.B. infolge eines Grundstücksverkaufs, erfaßt. Wird die Gesellschaft aufgelöst oder veräußert der Gesellschafter seinen Anteil, ist der Unterschiedsbetrag zwischen dem Veräußerungserlös und dem fortgeführten Buchwert der Beteiligung als laufender Gewinn aus Gewerbebetrieb anzusetzen. Die anteiligen Gewinne aus der früheren Veräußerung von

---

SCHMIDT-LIEBIG, A.: Die Qualifikation, Ermittlung und Erklärung von Einkünften grundstücksveräußernder Personengesellschaften und ihrer Gesellschafter, a.a.O., S. 84 f.

[1] Vgl. BMF-Schreiben vom 29.04.1994 - IV B 2 - S 2241 - 9/94, IV A 4 - S 0361 - 11/94, in: BStBl 1994 I, S. 282-283, Tz. 3.

[2] Vgl. ebenda, Tz. 5.

[3] Vgl. zu den nachfolgenden Ausführungen das BMF-Schreiben vom 29.04.1994: a.a.O., Tz. 7-11.

Wirtschaftsgütern durch die Personengesellschaft werden somit erst in diesem Zeitpunkt versteuert.

Im folgenden sollen die wichtigsten Betriebseinnahmen/Einnahmen und Betriebsausgaben/Werbungskosten eines geschlossenen Immobilien-Leasing-Fonds dargestellt werden. Zuvor ist jedoch auf die Zurechnung des Leasinggegenstandes näher einzugehen, da die bilanziellen und einkommensteuerrechtlichen Folgen hiervon in entscheidendem Maße abhängen.

3.1.2.4 Zurechnung des Leasinggegenstandes

3.1.2.4.1 Wirtschaftliches Eigentum

Wirtschaftsgüter sind steuerrechtlich gem. § 39 Abs. 1 AO grundsätzlich dem Eigentümer zuzurechnen, bei einem Leasingverhältnis also dem Leasinggeber. Eine andere Wertung ergibt sich jedoch nach § 39 Abs. 2 Nr. 1 S. 1 AO, wenn ein anderer als der Eigentümer die tatsächliche Herrschaft über das Wirtschaftsgut in der Weise ausübt, „daß er den Eigentümer im Regelfall für die gewöhnliche Nutzungsdauer von der Einwirkung auf das Wirtschaftsgut wirtschaftlich ausschließen kann". Die Zurechnung des Leasinggegenstandes erfolgt in diesem Fall nicht beim bürgerlich-rechtlichen Eigentümer, sondern beim sog. wirtschaftlichen Eigentümer.[1] Bei der Beurteilung von Leasingverträgen ist demzufolge auf die wirtschaftliche Betrachtungsweise abzustellen.[2] Maßgebend sind dabei die konkreten Umstände des Einzelfalles, insb. die vertraglichen Regelungen und deren tatsächliche Durchführung.[3]

---

[1] Vgl. TACKE, H. R.: Leasing, a.a.O., S. 113.

[2] Vgl. BFH-Urteil vom 26.01.1970 - IV R 144/66, in: BStBl 1970 II, S. 264-273. Ebenso wie das Steuerrecht stellt auch das Handelsrecht bei der Zuordnung von Vermögensgegenständen nicht auf das zivilrechtliche, sondern auf das wirtschaftliche Eigentum ab. Vgl. hierzu BUDDE, W. D., KARIG, K. P.: Maßgeblichkeit des wirtschaftlichen Eigentums, in: Budde, W. D., Clemm, H., Pankow, M., Sarx, M.: Beck'scher Bilanz-Kommentar, 2. Aufl., München 1990, Anm. 4-6 zu § 246 HGB; KÖRNER, W., WEIKEN, H.: Wirtschaftliches Eigentum nach § 5 Abs. 1 Satz 1 EStG, in: BB, 47. Jg. (1992), S. 1033-1042, hier S. 1033.

[3] Vgl. BFH-Urteil vom 26.01.1970: a.a.O., S. 272 f.; LOIPFINGER, S., NICKL JR., L., RICHTER, U.: a.a.O., S. 96.

Wirtschaftliches Eigentum ist entsprechend den obigen Ausführungen zum einen durch die tatsächliche Sachherrschaft, d.h. durch den Besitz,[1] und zum anderen durch das Recht an der Substanz und dem Ertrag des betreffenden Wirtschaftsguts gekennzeichnet.[2] Das Recht, das Wirtschaftsgut zu veräußern oder zu belasten, ist dabei nicht erforderlich.[3] Kann der bürgerlich-rechtliche Eigentümer vom Besitzer die Herausgabe des Wirtschaftsguts nicht verlangen, hat dementsprechend der Herausgabeanspruch gem. § 985 BGB keine wirtschaftliche Bedeutung mehr. Das Wirtschaftsgut ist dem Besitzer zuzurechnen, da er den bürgerlich-rechtlichen Eigentümer für die Nutzungsdauer von der Einwirkung auf das Wirtschaftsgut ausschließen kann.[4] Decken sich bspw. die unkündbare Grundmietzeit eines Leasingvertrages und die betriebsgewöhnliche Nutzungsdauer des Leasingobjektes in etwa, erfolgt die Objektzurechnung beim Leasingnehmer, da der Herausgabeanspruch des Leasinggebers wirtschaftlich wertlos ist.[5]

Dasselbe Ergebnis stellt sich ein, wenn die betriebsgewöhnliche Nutzungsdauer zwar erheblich länger ist als die Grundmietzeit, aber dem Leasingnehmer eine Kaufoption eingeräumt wird, bei dessen Ausübung er nur einen einer Anerkennungsgebühr ähnelnden Kaufpreis zu entrichten hat.[6] In diesem Fall ist davon auszugehen, daß der Leasingnehmer mit an Sicherheit grenzender Wahrscheinlichkeit die Kaufoption ausüben wird. Ihm steht daher nicht nur die Chance der Wertsteigerung zu, sondern er trägt auch allein und auf Dauer das Risiko einer Wertminderung respektive eines Verlustes des Leasinggegenstandes.[7] Der Herausgabeanspruch des Leasinggebers hat hier ebenfalls keine Bedeutung.[8]

---

1 Vgl. MAUS, G.: a.a.O., S. 51; SCHIRDUAN, H. J.: a.a.O., S. 78.

2 Vgl. BFH-Urteile vom 18.11.1970 - I 133/64, in: BStBl 1971 II, S. 133-136, hier S. 135; vom 30.05.1984 - I R 146/81, in: BStBl 1984 II, S. 825-827, hier S. 827.

3 Vgl. ebenda.

4 Vgl. BFH-Urteil vom 18.11.1970: a.a.O., S. 135; MAUS, G.: a.a.O., S. 51.

5 Vgl. BFH-Urteil vom 26.01.1970: a.a.O., S. 272 f.; SÜCHTING, J.: Finanzmanagement, 6. Aufl., Wiesbaden 1995, S. 176.

6 Vgl. BFH-Urteil vom 26.01.1970: a.a.O., S. 264 u. 273.

7 Vgl. BFH-Urteil vom 30.05.1984: a.a.O., S. 827; ZAHN, H.: a.a.O., S. 2484.

8 Vgl. ZAHN, H.: a.a.O., S. 2484.

3.1.2.4.2 Zurechnung beim Vollamortisationsvertrag

Die vom Gesetzgeber und Bundesfinanzhof aufgestellten allgemeinen Zurechnungskriterien zum wirtschaftlichen Eigentum sind von der Finanzverwaltung in verschiedenen Erlassen konkretisiert worden. Diese bilden sowohl für die Finanzverwaltung als auch für die Steuerpflichtigen die Entscheidungsgrundlage für die Zurechnung des Leasingguts im Einzelfall[1] und tragen daher zur Rechtssicherheit zwischen den beteiligten Parteien bei.[2] Dabei spielt es keine Rolle, ob Leasinggeber und Leasingnehmer ihre Einkünfte durch Betriebsvermögensvergleich oder durch Überschußrechnung ermitteln.[3]

Die Zuordnung von unbeweglichen Wirtschaftsgütern bei Vollamortisationsverträgen wird durch das BMWF-Schreiben vom 21.03.1972 detailliert geregelt. Da es sich bei dem Grund und Boden und bei dem Gebäude um eigenständige Wirtschaftsgüter handelt, sind die Zurechnungskriterien für sie getrennt zu prüfen.[4] Der Grund und Boden ist bei einem Leasingvertrag mit Mietverlängerungsoption grundsätzlich dem Leasinggeber zuzurechnen und bei einem Vertrag mit Kaufoption dem Leasingnehmer, wenn diesem auch das Gebäude zuzuordnen ist.[5]

Beträgt die Grundmietzeit weniger als 40 % oder mehr als 90 % der betriebsgewöhnlichen Nutzungsdauer des Gebäudes, ist dieses dem Leasingnehmer zuzurechnen.[6] Im zuerst genannten Fall ist von einem Ratenkauf auszugehen, im zuletzt genannten Fall ist der Leasinggeber annähernd für die gesamte Nutzungsdauer von der Einwirkung auf das Gebäude ausgeschlossen.[7] Bei Gebäuden, die nach § 7 Abs. 4 S. 1 Nr. 1 EStG zu einem Betriebsvermögen gehören und nicht Wohnzwecken dienen (sog. Wirtschaftsgebäude), ist als be-

---

[1] Vgl. ebenda.

[2] Vgl. SCHIRDUAN, H. J.: a.a.O., S. 110; SPITTLER, H.-J.: a.a.O., S. 95. Für die Beantwortung der Zurechnungsfrage ist verfahrensrechtlich das Finanzamt des Leasinggebers zuständig; vgl. hierzu RUX, H.-J.: Leasing, in: Gnam, A., Federmann, R. (Hrsg.): Handbuch der Bilanzierung, Freiburg i. Br., Loseblattsammlung 1960 ff., Stand: 1996, Stichwort 85, Rz. 31.

[3] Vgl. MAUS, G.: a.a.O., S. 54.

[4] Vgl. BMWF-Schreiben vom 21.03.1972: a.a.O., S. 188; BORDEWIN, A.: a.a.O., S. 59 f.

[5] Vgl. BMWF-Schreiben vom 21.03.1972: a.a.O., S. 188.

[6] Vgl. ebenda, S. 188 f.

[7] Vgl. BORDEWIN, A.: a.a.O., S. 60.

triebsgewöhnliche Nutzungsdauer ein Zeitraum von 25 Jahren zugrunde zu legen, bei anderen Gebäuden ein Zeitraum von 50 Jahren.[1]

Liegt die Grundmietzeit zwischen 40 % und 90 % der betriebsgewöhnlichen Nutzungsdauer, ist das Gebäude dem Leasinggeber zuzurechnen, wenn bei einem Leasingvertrag mit Mietverlängerungsoption die Anschlußmiete mehr als 75 % der ortsüblichen Miete beträgt.[2] Dasselbe Ergebnis stellt sich ein, wenn bei einem Vertrag mit Kaufoption der Kaufpreis mindestens dem unter Anwendung der linearen Abschreibung ermittelten Buchwert des Gebäudes zuzüglich des Buchwertes für den Grund und Boden oder dem niedrigeren gemeinen Wert des Grundstücks im Zeitpunkt der Veräußerung entspricht.[3] Etwaige vorgenommene Sonderabschreibungen sind bei der Berechnung des Restbuchwertes des Gebäudes in diesem Zusammenhang außer acht zu lassen.[4]

3.1.2.4.3 Zurechnung beim Teilamortisationsvertrag

Teilamortisationsverträge über unbewegliche Wirtschaftsgüter sind nach dem BMF-Schreiben vom 23.12.1991 zu beurteilen; dies gilt sowohl für Teilamortisationsverträge i.e.S. als auch für Teilamortisationsverträge mit Mieterdarlehen. Die Zuordnung des Grund und Bodens erfolgt grundsätzlich bei demjenigen, dem auch das Gebäude zuzurechnen ist.[5]

Bei einem Vertrag über Spezialleasing ist das Gebäude und somit auch der Grund und Boden dem Leasingnehmer ohne Rücksicht auf das Verhältnis von Grundmietzeit und Nutzungsdauer und auf etwaige Optionsrechte zuzurech-

---

[1] Vgl. BMF-Schreiben vom 09.06.1987 - IV B 2 - S 2170 - 14/87, in: BStBl 1987 I, S. 440; MAUS, G.: a.a.O., S. 86.

Wirtschaftsgebäude, die nach dem 01.01.2001 angeschafft werden bzw. mit deren Herstellung nach dem 01.01.2001 begonnen wird, können anstatt mit 4 % nur noch mit 3 % p.a. abgeschrieben werden, die betriebsgewöhnliche Nutzungsdauer verlängert sich mithin von 25 auf 33 Jahre; vgl. § 7 Abs. 4 S. 1 Nr. 1 i.V.m. § 52 Abs. 21b EStG n.F.

[2] Vgl. BMWF-Schreiben vom 21.03.1972: a.a.O., S. 189; MAUS, G.: a.a.O., S. 92.

[3] Vgl. BMWF-Schreiben vom 21.03.1972: a.a.O., S. 189.

[4] Vgl. BORDEWIN, A.: a.a.O., S. 61; MAUS, G.: a.a.O., S. 90.

[5] Vgl. BMF-Schreiben vom 23.12.1991: a.a.O., Tz. 18.

nen.[1] Spezialleasing liegt vor, wenn das Gebäude speziell auf die Verhältnisse des Leasingnehmers zugeschnitten ist und nach Ablauf der Grundmietzeit nur noch bei diesem wirtschaftlich sinnvoll verwendbar ist.[2] Kann das Gebäude ohne Umbaumaßnahmen auch von einer anderen Person als dem Leasingnehmer genutzt werden, wie dies bspw. bei Verwaltungsgebäuden regelmäßig der Fall ist, so ist Spezialleasing zu verneinen.[3] Die Problematik des Spezialleasings stellt sich weniger bei Leasingverträgen mit gewerblichen Unternehmen als vielmehr im Bereich des Kommunal-Leasings.[4]

Bei einem Leasingvertrag mit Mietverlängerungsoption ist das Gebäude dem Leasinggeber zuzuordnen, wenn einerseits die Grundmietzeit höchstens 90 % der betriebsgewöhnlichen Nutzungsdauer und andererseits die Anschlußmiete mindestens 75 % der ortsüblichen Miete beträgt.[5] Bei einem Vertrag mit Kaufoption muß entsprechend der Gesamtkaufpreis mindestens dem unter Berücksichtigung der linearen Abschreibung ermittelten Restbuchwert des Leasingobjektes entsprechen.[6] Für Wirtschaftsgebäude ist als betriebsgewöhnliche Nutzungsdauer wie bei einem Vollamortisationsvertrag ein Zeitraum von 25 Jahren anzunehmen.[7]

Bei den im Immobilien-Leasing und insbesondere bei geschlossenen Immobilien-Leasing-Fonds zumeist vorzufindenden Teilamortisationsverträgen i.e.S. mit Kaufoption steht dem Leasingnehmer die Chance der Wertsteigerung des Objektes zu. Sollte der Verkehrswert der Immobilie am Ende der Grundmietzeit unterhalb des zu Vertragsbeginn vereinbarten Kaufpreises liegen, wird der Leasingnehmer aller Wahrscheinlichkeit nach eine ihm eingeräumte Kaufoption nicht ausüben.[8] Das Risiko einer Wertminderung des Leasinggegenstandes trägt folglich der Leasinggeber, so daß dieser als wirtschaftlicher Eigentümer

---

[1] Vgl. ebenda, Tz. 7.

[2] Vgl. BMF-Schreiben vom 23.12.1991: a.a.O., Tz. 4 i.V.m. BMF-Schreiben vom 19.04.1971 - IV B/2 - S 2170 - 31/71, in: BStBl 1971 I, S. 264-266, hier S. 264.

[3] Vgl. BORDEWIN, A.: a.a.O., S. 73; MAUS, G.: a.a.O., S. 85 u. 96.

[4] Vgl. REHM, H.: a.a.O., S. 42.

[5] Vgl. BMF-Schreiben vom 23.12.1991: a.a.O., Tz. 10.

[6] Vgl. ebenda, Tz. 8.

[7] Vgl. ebenda, Tz. 9.

[8] Vgl. PINKOS, E.: Rechtssicherheit gefragt - Anmerkungen zum neuen Leasingerlaß der Finanzverwaltung, in: DB, Beilage Nr. 7/92 zu Heft 20, 45. Jg. (1992), S. 20-22, hier S. 20; ZAHN, H.: a.a.O., S. 2485.

anzusehen ist.[1] Würde ein Leasingvertrag jedoch neben der Kaufoption des Leasingnehmers gleichzeitig auch ein Andienungsrecht des Leasinggebers enthalten, man spricht in diesem Fall von einer Doppeloption, ist davon auszugehen, daß letzterer das Andienungsrecht in dem o.g. Fall ausüben würde. Sowohl die Wertsteigerungschance als auch das Wertminderungsrisiko würden beim Leasingnehmer liegen; ihm wäre daher der Leasinggegenstand zuzurechnen.[2]

Von einer Abwälzung des Wertminderungsrisikos auf den Leasingnehmer geht die Finanzverwaltung auch dann aus, wenn ihm bei einem Vertrag mit Kauf- oder Mietverlängerungsoption eine der nachfolgenden Verpflichtungen auferlegt wird:

- Der Leasingnehmer hat die Kosten des zufälligen Untergangs und einer Zerstörung des Leasinggegenstandes, die nicht von ihm zu vertreten ist, zu tragen.[3]

- Die vom Leasingnehmer zu erbringenden Vertragsleistungen mindern sich nicht, wenn die Nutzung des Leasinggegenstandes aufgrund eines nicht von ihm zu vertretenden Umstands langfristig ausgeschlossen ist.[4] Einer Objektzurechnung zum Leasinggeber steht es jedoch nicht entgegen, wenn zwischen den Parteien die Vereinbarung getroffen wird, daß sich die Vertragsleistungen des Leasingnehmers im Falle einer *Beeinträchtigung* der Nutzungsmöglichkeit nicht ändern.[5]

- Kommt es zu einer vorzeitigen Vertragsbeendigung, die der Leasingnehmer nicht zu vertreten hat, muß er dem Leasinggeber die bisher noch nicht amortisierten Kosten erstatten.[6]

- Der Leasingnehmer stellt den Leasinggeber von sämtlichen Ansprüchen frei, die Dritte hinsichtlich des Leasinggegenstandes gegenüber diesem geltend machen.[7] Enthält der Leasingvertrag bspw. die Klausel, daß der Leasing-

---

1 Vgl. ULLRICH, E.: a.a.O., S. 83.

2 Vgl. BORDEWIN, A.: a.a.O., S. 70 f.; MAUS, G.: a.a.O., S. 79 f.

3 Vgl. BMF-Schreiben vom 23.12.1991: a.a.O., Tz. 12 u. 13.

4 Vgl. ebenda, Tz. 14.

5 Vgl. MAUS, G.: a.a.O., S. 97; SOBOTKA, S.: a.a.O., S. 830.

6 Vgl. BMF-Schreiben vom 23.12.1991: a.a.O., Tz. 15.

7 Vgl. ebenda, Tz. 16.

nehmer die Kosten einer evtl. Beseitigung von Altlasten im Grund und Boden zu tragen hat, ist ihm der Leasinggegenstand zuzurechnen.[1] Ist der Anspruch des Dritten hingegen vom Leasingnehmer selbst verursacht worden, hat eine Freistellung des Leasinggebers keine Auswirkungen auf die Zurechnung.[2]

Soll eine Zuordnung des Leasinggegenstandes zum Leasingnehmer vermieden werden, muß der Leasinggeber die o.g. Risiken einer Wertminderung selber tragen. Hiervon nicht betroffen ist jedoch die Verpflichtung des Leasingnehmers, die Immobilie in einem ordnungsgemäßen Zustand zu erhalten.[3] Der Leasinggeber wird versuchen, die Wertminderungsrisiken so weit es geht durch Abschluß von Versicherungen einzugrenzen, und die verausgabten Prämien dem Leasingnehmer als Nebenkosten in Rechnung stellen.[4] Dabei handelt es sich bspw. um Feuer-, Wasser-, Sturm- und Gebäudehaftpflichtversicherungen.[5] Die nicht versicherbaren Risiken fließen als Risikoanteil in die Kalkulation der Leasingraten ein.[6]

3.1.2.4.4 Folgen der Zurechnung

Ist der Leasinggeber nicht nur als zivilrechtlicher, sondern auch als wirtschaftlicher Eigentümer des Objektes anzusehen, ist der Leasingvertrag steuerrechtlich wie ein Mietvertrag zu behandeln.[7] Sofern der Leasinggeber seine Einkünfte durch Betriebsvermögensvergleich ermittelt, hat er den Leasinggegenstand im Anlagevermögen seiner Handels- und Steuerbilanz auszuweisen.[8] Der Grund und Boden ist gem. § 6 Abs. 1 Nr. 2 EStG grundsätzlich mit den Anschaffungskosten anzusetzen. Hierzu gehören nicht nur der Kaufpreis, sondern

---

1 Vgl. MAUS, G.: a.a.O., S. 98; SOBOTKA, S.: a.a.O., S. 831.

2 Vgl. BMF-Schreiben vom 23.12.1991: a.a.O., Tz. 16.

3 Vgl. MAUS, G.: a.a.O., S. 100; SOBOTKA, S.: a.a.O., S. 832.

4 Vgl. FOHLMEISTER, K. J.: Immobilien-Leasing, a.a.O., S. 207.

5 Vgl. SOBOTKA, S.: a.a.O., S. 829.

6 Vgl. FOHLMEISTER, K. J.: Immobilien-Leasing, a.a.O., S. 207; TACKE, H. R.: Der Immobilienleasing-Teilamortisationserlaß vom 23.12.1991 und die „besonderen Verpflichtungen" des Leasingnehmers, in: DB, Beilage Nr. 7/93 zu Heft 19, 46. Jg. (1993), S. 12-15, hier S. 15.

7 Vgl. KALT, D.: a.a.O., S. 22; ULLRICH, E.: a.a.O., S. 85 f.

8 Vgl. BORDEWIN, A.: a.a.O., S. 75-80; SPITTLER, H.-J.: a.a.O., S. 113.

auch die Anschaffungsnebenkosten, wie bspw. Grunderwerbsteuer, Maklercourtage, Notar- und Grundbuchgebühren.[1] Der Ansatz der abnutzbaren Wirtschaftsgüter des Anlagevermögens, z.B. der Gebäude, erfolgt mit den Anschaffungs- oder Herstellungskosten, vermindert um die Absetzungen für Abnutzung nach § 7 EStG.[2] Zu den Anschaffungs- oder Herstellungskosten gehören u.a. auch die verausgabten Umsatzsteuerbeträge, die nicht als Vorsteuer absetzbar sind.[3]

Wird der Leasinggegenstand dem Leasingnehmer zugerechnet, ist der Leasingvertrag steuerrechtlich als Anschaffungsgeschäft zu beurteilen.[4] Das Leasinggut wird nicht in der Handels- und Steuerbilanz des Leasinggebers, sondern in der des Leasingnehmers ausgewiesen.[5] Die Anschaffungs- oder Herstellungskosten des Leasingnehmers entsprechen denjenigen des Leasinggebers, die Grundlage der Berechnung der Leasingraten gewesen sind, zuzüglich etwaiger weiterer Anschaffungs- oder Herstellungskosten, die nicht in den Leasingraten enthalten sind.[6] Der Leasingnehmer hat in Höhe dieses Betrages mit Ausnahme der nicht in den Leasingraten enthaltenen Anschaffungs- oder Herstellungskosten eine Verbindlichkeit gegenüber dem Leasinggeber zu passivieren.[7] Der Leasinggeber hat dementsprechend in gleicher Höhe eine Kaufpreisforderung gegenüber dem Leasingnehmer in seiner Bilanz anzusetzen.[8]

Der zwischen einem geschlossenen Immobilien-Leasing-Fonds und einem Leasingnehmer abgeschlossene Leasingvertrag ist stets so ausgestaltet, daß das Leasingobjekt dem Leasinggeber, also der Fondsgesellschaft, zugerechnet wird. Eine Zuordnung zum Leasingnehmer hätte zur Folge, daß dieser die Gebäudeabschreibungen in Anspruch nehmen müßte.[9] Die Anleger des geschlossenen Immobilien-Leasing-Fonds hätten in diesem Fall in erheblichem Ausmaß

---

[1] Vgl. MAUS, G.: a.a.O., S. 116; TACKE, H. R.: Bilanzierung von Leasingvertragsverhältnissen beim Leasinggeber und Leasingnehmer, in: BBK, 42. Aufl., Herne/Berlin, Loseblattsammlung 1953 ff., Stand: 01.04.1996, Fach 12, S. 1979-2000, hier S. 1984.

[2] Vgl. § 6 Abs. 1 Nr. 1 S. 1 EStG.

[3] Vgl. § 9b Abs. 1 S. 1 EStG.

[4] Vgl. BFH-Urteil vom 30.05.1984: a.a.O., S. 827.

[5] Vgl. BORDEWIN, A.: a.a.O., S. 101 u. 104; VEIGEL, G., LENTSCHIG, P.: a.a.O., S. 112.

[6] Vgl. BMWF-Schreiben vom 21.03.1972: a.a.O., S. 189.

[7] Vgl. ebenda.

[8] Vgl. ebenda.

[9] Vgl. BORDEWIN, A.: a.a.O., S. 102.

auf steuermindernde Betriebsausgaben/Werbungskosten zu verzichten.[1] Außerdem würden sie, sofern ein vermögensverwaltender Immobilien-Leasing-Fonds in der Rechtsform der KG vorliegt, nicht Einkünfte aus Vermietung und Verpachtung, sondern Einkünfte aus Kapitalvermögen erzielen.[2]

3.1.2.5 Betriebseinnahmen/Einnahmen

3.1.2.5.1 Leasingraten

Die vom Leasingnehmer zu entrichtenden Leasingraten stellen die Haupteinnahmequelle eines geschlossenen Immobilien-Leasing-Fonds dar. Wird der Leasinggegenstand dem Leasinggeber zugerechnet, gehören die Leasingraten bei ihm zu den Betriebseinnahmen und beim Leasingnehmer entsprechend zu den Betriebsausgaben.[3] Die Leasingraten sind nach Maßgabe ihrer wirtschaftlichen Zugehörigkeit in den jeweiligen Perioden zu berücksichtigen.[4] Da der Leasingvertrag bei Zuordnung des Leasingobjektes zum Leasinggeber steuerrechtlich als Mietvertrag zu beurteilen ist, ist hier der Grundsatz der Nichtbilanzierung eines schwebenden Geschäftes anzuwenden.[5] Solange sich die Rechte und Pflichten der Vertragsparteien gleichwertig gegenüberstehen, sind diese nicht zu bilanzieren.[6] Die Leasingraten zukünftiger Perioden sind daher weder beim Leasinggeber als Forderung noch beim Leasingnehmer als Verbindlichkeit einzubuchen.[7] Ermittelt der Leasinggeber seine Einkünfte nicht durch Betriebsvermögensvergleich, sondern durch Überschußrechnung, sind die Leasingraten grundsätzlich im Zeitpunkt der Zahlung als Einnahme zu erfassen.[8]

---

1 Vgl. KURTH, H., GRASS, H.-G.: a.a.O., S. 73; LOIPFINGER, S., NICKL JR., L., RICHTER, U.: a.a.O., S. 96 f.

2 Vgl. ebenda.

3 Vgl. BMWF-Schreiben vom 21.03.1972: a.a.O., S. 189.

4 Vgl. MAUS, G.: a.a.O., S. 128.

5 Vgl. BFH-Urteil vom 20.01.1983 - IV R 158/80, in: BStBl 1983 II, S. 413-417; BORDEWIN, A.: a.a.O., S. 86 f.

6 Vgl. BFH-Urteil vom 20.01.1983: a.a.O., S. 415.

7 Vgl. ULLRICH, E.: a.a.O., S. 86.

8 Vgl. Gliederungspunkt 3.1.2.2.

In dem wenig wahrscheinlichen Fall, daß der Leasingnehmer als wirtschaftlicher Eigentümer des Objektes anzusehen ist, sind die Leasingraten in einen Zins- und Kostenanteil sowie in einen Tilgungsanteil aufzuspalten.[1] Die Summe der Zins- und Kostenanteile ergibt sich aus der Differenz zwischen der Summe aller Leasingraten und den Anschaffungs- oder Herstellungskosten, die Grundlage der Berechnung der Leasingraten gewesen sind.[2] Bei der Aufteilung der Gesamtsumme der Zins- und Kostenanteile auf die einzelnen Perioden der Grundmietzeit ist zu berücksichtigen, daß sich infolge der laufenden Tilgung der Zinsanteil stetig verringert und der Tilgungsanteil erhöht.[3] Laut dem BMF-Schreiben vom 13.12.1973 können die Zins- und Kostenanteile entweder nach der Barwertvergleichsmethode oder nach der Zinsstaffelmethode ermittelt werden.[4] Eine gleichmäßige Verteilung auf die Grundmietzeit ist nicht erlaubt.[5] Die Zins- und Kostenanteile werden beim Leasinggeber als Betriebseinnahmen und beim Leasingnehmer als Betriebsausgaben verbucht.[6] Die in den Leasingraten enthaltenen Tilgungsanteile werden mit der entsprechenden Kaufpreisforderung respektive Kaufpreisverbindlichkeit erfolgsneutral verrechnet.[7]

Wird zwischen den Vertragsparteien kein linearer Leasingratenverlauf, sondern ein degressiver vereinbart, wie dies bei Teilamortisationsverträgen mit Mieterdarlehen regelmäßig der Fall ist,[8] ergeben sich folgende steuerrechtliche Konsequenzen. Die Summe der vom Leasingnehmer vertraglich geschuldeten Leasingraten ist in jährlich gleichbleibende Beträge auf die Grundmietzeit zu verteilen.[9] Der Leasinggeber hat in den ersten Jahren in Höhe der Differenz zwi-

---

1 Vgl. BMWF-Schreiben vom 21.03.1972: a.a.O., S. 189.

2 Vgl. BMF-Schreiben vom 13.12.1973 - IV B 2 - S 2170 - 94/73, in: DB, 26. Jg. (1973), S. 2485-2486.

3 Vgl. BMWF-Schreiben vom 21.03.1972: a.a.O., S. 189.

4 Vgl. zu weiteren Einzelheiten incl. eines Zahlenbeispiels das BMF-Schreiben vom 13.12.1973: a.a.O., S. 2485 f.

5 Vgl. ebenda.

6 Vgl. BMWF-Schreiben vom 21.03.1972: a.a.O., S. 189; HABERSTOCK, L.: Steuerbilanz und Vermögensaufstellung, 3. Aufl., Hamburg 1991, S. 110.

7 Vgl. ebenda.

8 Vgl. Gliederungspunkt 2.2.4.2.2.

9 Vgl. BFH-Urteil vom 12.08.1982 - IV R 184/79, in: BStBl 1982 II, S. 696-700, hier S. 698; BMF-Schreiben vom 10.10.1983 - IV B 2 - S 2170 - 83/83, in: BStBl 1983 I, S. 431. Gegenteiliger Meinung sind BORDEWIN, A.: a.a.O., S. 89-91; TACKE, H. R.: Bilanzierung von Leasingvertragsverhältnissen beim Leasinggeber und Leasingnehmer, a.a.O., S. 1988-1990.

schen den tatsächlich gezahlten Leasingraten und denjenigen, die sich bei einem linearen Verlauf ergeben würden, einen passiven Rechnungsabgrenzungsposten zu bilden. Dieser Posten ist in späteren Jahren, in denen die degressiven Raten niedriger sind als die linearen, ertragswirksam aufzulösen.[1] Beim Leasingnehmer wird spiegelbildlich zunächst ein aktiver Rechnungsabgrenzungsposten gebildet und später wieder aufwandswirksam aufgelöst.[2] Die jährlichen Betriebseinnahmen des Leasinggebers bzw. Betriebsausgaben des Leasingnehmers bleiben trotz abnehmender Höhe der Leasingraten im Endergebnis konstant und entsprechen denen des linearen Ratenverlaufs.[3] Ermittelt der Leasinggeber seine Einkünfte durch Überschußrechnung, sind die degressiven Leasingraten nicht erfolgswirksam abzugrenzen und stellen im Zeitpunkt ihres Zuflusses eine Einnahme dar.[4]

3.1.2.5.2 Einmalige Sonderzahlung, Vormieten

Hat der Leasingnehmer vor Beginn der Grundmietzeit eine einmalige Sonderzahlung oder Vormieten an den Leasinggeber zu entrichten,[5] sind diese Zahlungen steuerrechtlich wie Mietvorauszahlungen zu behandeln.[6] Sofern der Leasinggeber seinen Gewinn durch Betriebsvermögensvergleich ermittelt, hat er in Höhe der einmaligen Sonderzahlung respektive der Vormieten einen passiven Rechnungsabgrenzungsposten zu bilden, den er linear über die Grundmietzeit verteilt gewinnerhöhend auflöst.[7] Der Leasingnehmer bildet entspre-

---

Sie sprechen sich für eine steuerliche Anerkennung des degressiven Leasingratenverlaufs aus.

1 Vgl. MAUS, G.: a.a.O., S. 130 f.; TACKE, H. R.: Bilanzierung von Leasingvertragsverhältnissen beim Leasinggeber und Leasingnehmer, a.a.O., S. 1989.

2 Als Rechnungsabgrenzungsposten sind gem. § 5 Abs. 5 S. 1 EStG auf der Aktivseite (Passivseite) Ausgaben (Einnahmen) vor dem Abschlußstichtag auszuweisen, soweit sie Aufwand (Ertrag) für eine bestimmte Zeit nach diesem Tag darstellen.

3 Vgl. hierzu das Zahlenbeispiel incl. Buchungssätze von MAUS, G.: a.a.O., S. 130-132.

4 Vgl. ebenda, S. 132.

5 Vgl. hierzu Gliederungspunkt 2.2.5.2.

6 Vgl. BORDEWIN, A.: a.a.O., S. 91 u. 97; VEIGEL, G., LENTSCHIG, P.: a.a.O., S. 112.

7 Vgl. VEIGEL, G., LENTSCHIG, P.: a.a.O., S. 112.

chend einen aktiven Rechnungsabgrenzungsposten, der während der Grundmietzeit gewinnmindernd aufzulösen ist.[1]

Bei der Ermittlung von Überschußeinkünften hat der Leasinggeber die einmalige Sonderzahlung bzw. die Vormieten im Zeitpunkt des Zuflusses in voller Höhe als Einnahmen zu erfassen.[2] Bei einem vermögensverwaltenden Immobilien-Leasing-Fonds mit Einkünften aus Vermietung und Verpachtung würde sich die steuerliche Verlustzuweisung zu Investitionsbeginn dementsprechend mindern. Da dieses Ergebnis nicht erwünscht ist, wird eine einmalige Sonderzahlung respektive werden Vormieten hier regelmäßig nicht vereinbart.

3.1.2.5.3 Mieterdarlehen, Nebenkosten

Erhält der Leasinggeber vom Leasingnehmer neben den Leasingraten auch Mieterdarlehenszahlungen, die bei einer späteren Ausübung der Kaufoption auf den Kaufpreis angerechnet werden oder am Ende der Grundmietzeit unverzinslich zurückzuzahlen sind,[3] hat er diese als Darlehensverbindlichkeit in seiner Bilanz zu passivieren.[4] Der Leasingnehmer weist spiegelbildlich eine Darlehensforderung aus.[5] Ebenso wie beim Betriebsvermögensvergleich wirken sich die Mieterdarlehenszahlungen bei einer Überschußrechnung nicht auf das steuerliche Ergebnis des Leasinggebers aus.[6]

Die aus dem Eigentum und der Nutzung der Immobilie resultierenden Nebenkosten, die der Leasingnehmer dem Leasinggeber erstattet, sind bei letzterem

---

[1] Erfolgt die Zurechnung des Leasinggegenstandes nicht beim Leasinggeber, sondern beim Leasingnehmer, hat dieser den aktiven Rechnungsabgrenzungsposten während der Grundmietzeit nicht linear, sondern entsprechend der Verteilung der Zins- und Kostenanteile aufzulösen; vgl. hierzu das BMF-Schreiben vom 13.12.1973: a.a.O., S. 2485.

[2] Vgl. BFH-Urteil vom 11.10.1983 - VIII R 61/81, in: BStBl 1984 II, S. 267-269; MAUS, G.: a.a.O., S. 127 u. 133; VEIGEL, G., LENTSCHIG, P.: a.a.O., S. 112.

[3] Vgl. Gliederungspunkt 2.2.4.2.2.

[4] Vgl. BORDEWIN, A.: a.a.O., S. 89; MAUS, G.: a.a.O., S. 134.

[5] Vgl. BORDEWIN, A.: a.a.O., S. 96; MAUS, G.: a.a.O., S. 134.

[6] Vgl. MAUS, G.: a.a.O., S. 134.

als Betriebseinnahmen zu erfassen, die die zuvor getätigten Betriebsausgaben kompensieren.[1]

3.1.2.5.4 Forfaitierung

Verkauft der Leasinggeber die in Zukunft fällig werdenden Leasingraten an ein Kreditinstitut,[2] hat dies grundsätzlich keine Auswirkungen auf die Zurechnung des Leasinggegenstandes.[3] Der Leasinggeber hat in Höhe des Verkaufserlöses und nicht in Höhe der Summe der noch ausstehenden Leasingraten gem. § 5 Abs. 5 S. 1 Nr. 2 EStG einen passiven Rechnungsabgrenzungsposten zu bilden.[4] Dieser Posten ist linear über die Grundmietzeit verteilt ertragswirksam aufzulösen.[5]

Ist dem Leasinggeber ein Andienungsrecht an dem Objekt eingeräumt worden und veräußert er den Anspruch auf den zukünftigen Erlös aus der Verwertung ebenfalls an ein Kreditinstitut, hat er den Forfaitierungserlös als Anzahlung zu passivieren.[6] In den Folgejahren bis zum Ablauf der Grundmietzeit hat er diesen Passivposten linear und aufwandswirksam auf den Wert des Andienungspreises aufzustocken.[7] Nach Ausübung des Andienungsrechtes ist der Posten ertragswirksam aufzulösen.[8]

---

1 Vgl. BORDEWIN, A.: a.a.O., S. 92; GABELE, E., DANNENBERG, J., KROLL, M.: a.a.O., S. 111.

2 Vgl. hierzu Gliederungspunkt 2.2.3.2.

3 Vgl. BMF-Schreiben vom 09.01.1996 - IV B 2 - S 2170 - 135/95, in: BStBl 1996 I, S. 9.

4 Vgl. BFH-Urteil vom 24.07.1996 - I R 94/95, in: BStBl 1997 II, S. 122-125; VEIGEL, G., LENTSCHIG, P.: a.a.O., S. 112.

5 Vgl. BFH-Urteil vom 24.07.1996: a.a.O., S. 124 f.; BMF-Schreiben vom 09.01.1996: a.a.O., S. 9.

6 Vgl. BMF-Schreiben vom 09.01.1996: a.a.O., S. 9.

7 Vgl. hierzu das Zahlenbeispiel incl. Buchungssätze von MAUS, G.: a.a.O., S. 139 f.

8 Vgl. BMF-Schreiben vom 09.01.1996: a.a.O., S. 9.

3.1.2.6 Betriebsausgaben/Werbungskosten

3.1.2.6.1 Grundsätzliche Regelungen zur Einordnung der Betriebsausgaben/Werbungskosten

Die Aufwendungen, die im Zusammenhang mit der Konzeption und Realisierung eines geschlossenen Immobilien-Leasing-Fonds anfallen, können einkommensteuerrechtlich Anschaffungskosten des Grund und Bodens, Anschaffungs- oder Herstellungskosten des Gebäudes oder sofort abziehbare Betriebsausgaben/Werbungskosten sein.[1] Die Einordnung der Aufwendungen in die drei Kategorien ist auf der Ebene der Gesellschaft vorzunehmen.[2] Die Fondsinitiatoren werden im allgemeinen bestrebt sein, daß ein möglichst hoher Anteil der Aufwendungen dem Bereich der sofort abzugsfähigen Betriebsausgaben/Werbungskosten zugeordnet wird.[3] Dadurch können den Anlegerkommanditisten im Jahr des Beitritts höhere steuerliche Verluste zugewiesen werden, die zu einer Verringerung ihrer individuellen Steuerlasten führen. Es ist allerdings zu beachten, daß durch eine solche Maßnahme gleichzeitig auch die abschreibungsfähigen Anschaffungs- oder Herstellungskosten des Gebäudes verringert werden; den höheren Aufwendungen in der Investitionsphase stehen somit geringere Aufwendungen respektive höhere Gewinne in den Folgeperioden gegenüber.[4]

Die steuerliche Behandlung der einzelnen von der Fondsgesellschaft aufzubringenden Kosten- und Gebührenpositionen ist in dem BMF-Schreiben vom 31.08.1990 zusammengefaßt. Die Ausführungen dieses sog. Bauherrenerlasses sind nicht nur auf einen geschlossenen Immobilien-Leasing-Fonds mit Einkünften aus Vermietung und Verpachtung, sondern sinngemäß auch auf einen solchen mit Einkünften aus Gewerbebetrieb anzuwenden.[5] Bei der Beurteilung ist zunächst zu prüfen, ob der Fonds als Erwerber oder als Bauherr anzusehen ist.[6]

---

[1] Vgl. BMF-Schreiben vom 31.08.1990 - IV B 3 - S 2253 a - 49/90, in: BStBl 1990 I, S. 366-373, Tz. 5; KURTH, H., GRASS, H.-G.: a.a.O., S. 91.

[2] Vgl. BFH-Beschluß vom 25.06.1984: a.a.O., S. 762; BMF-Schreiben vom 31.08.1990: a.a.O., Tz. 5.

[3] Vgl. KURTH, H., GRASS, H.-G.: a.a.O., S. 91.

[4] Vgl. HUMMELTENBERG, R.: a.a.O., S. 55; PRINZ, U.: Werbungskosten bei den Einkünften aus Vermietung und Verpachtung, a.a.O., S. 86 f.

[5] Vgl. BMF-Schreiben vom 31.08.1990: a.a.O., Tz. 7.8; TEWES, D. (Hrsg.): a.a.O., Teil 6/2.2.1, S. 1.

[6] Vgl. BMF-Schreiben vom 31.08.1990: a.a.O., Tz. 6.

Ein geschlossener Immobilien-Leasing-Fonds ist als Bauherr einzustufen, „wenn das der Errichtung des Fondsobjekts zugrundeliegende konkrete Vertragswerk von einem Gesellschafter der Fondsgesellschaft in seiner Eigenschaft als Gesellschafter entwickelt worden ist.“[1] Es ist erforderlich, daß die Gesellschaft zunächst gegründet wird und erst dann einer der Gründungsgesellschafter, zumeist der Komplementär, die Konzeption des Fonds ausarbeitet.[2] Daneben muß der Fonds die Bebauung auf eigene Rechnung und Gefahr durchführen; er muß das Bauherrenrisiko tragen und die Planung und Ausführung des Bauvorhabens in der Hand haben.[3]

Wird das Vertragswerk hingegen von einem außenstehenden Dritten ausgearbeitet und lediglich vom Fonds übernommen, ist dieser als Erwerber anzusehen.[4] In diesem Fall kann der Fonds für gewöhnlich weniger sofort abzugsfähige Betriebsausgaben/Werbungskosten geltend machen, als wenn ihm die Bauherreneigenschaft zuerkannt werden würde.[5] In den nachfolgenden Gliederungspunkten werden die wichtigsten von einem geschlossenen Immobilien-Leasing-Fonds aufzubringenden Kosten- und Gebührenpositionen dargestellt und auf ihre steuerrechtliche Einordnung hin untersucht.

3.1.2.6.2 Kosten der Fremdfinanzierung

Die Zinsen, die ein geschlossener Immobilien-Leasing-Fonds für die Zwischen- und Endfinanzierung zahlt, gehören grundsätzlich zu den sofort abzugsfähigen Betriebsausgaben/Werbungskosten.[6] Das gleiche gilt für die Notariats- und Grundbuchkosten, die im Zusammenhang mit der Darlehenssicherung anfal-

---

1 BMF-Schreiben vom 31.08.1990: a.a.O., Tz. 6.

2 Vgl. KURTH, H., GRASS, H.-G.: a.a.O., S. 94 f.; TEWES, D. (Hrsg.): a.a.O., Teil 6/4, S. 35 u. Teil 6/5.2, S. 1.

3 Vgl. BMF-Schreiben vom 31.08.1990: a.a.O., Tz. 6 i.V.m. Tz. 1.2; TEWES, D. (Hrsg.): a.a.O., Teil 6/5.2, S. 7.

4 Vgl. BMF-Schreiben vom 31.08.1990: a.a.O., Tz. 6; KURTH, H., GRASS, H.-G.: a.a.O., S. 94.

5 Vgl. KURTH, H., GRASS, H.-G.: a.a.O., S. 95; TEWES, D. (Hrsg.): a.a.O., Teil 6/5, S. 1.

6 Vgl. BMF-Schreiben vom 31.08.1990: a.a.O., Tz. 6 i.V.m. Tz. 3.3.1; TEWES, D. (Hrsg.): a.a.O., Teil 7/2.14, S. 1.

len.[1] Sofern der Fonds als Bauherr anzusehen ist, sind auch etwaige Vermittlungsgebühren für die Zwischen- und Endfinanzierung i.H.v. 2 % des jeweiligen Darlehensbetrages als Betriebsausgaben/Werbungskosten abzugsfähig.[2] Der darüber hinausgehende Betrag ist anteilig den Anschaffungskosten des Grund und Bodens und den Herstellungskosten des Gebäudes zuzurechnen.[3] Besitzt der Fonds die Stellung eines Erwerbers, werden lediglich die Gebühren für die Vermittlung der Endfinanzierung mit der o.g. Beschränkung als sofort abzugsfähige Betriebsausgaben/Werbungskosten anerkannt.[4] Die Vermittlungsgebühren für die Zwischenfinanzierung sind hingegen zu den Anschaffungskosten zu zählen.[5]

Wird zwischen einem geschlossenen Immobilien-Leasing-Fonds mit Einkünften aus Vermietung und Verpachtung und einem Kreditinstitut bei Aufnahme eines Darlehens ein Disagio vereinbart, gehört dieses zu den sofort abzugsfähigen Werbungskosten, sofern unter Berücksichtigung der jährlichen Zinsbelastung der marktübliche Betrag nicht überschritten wird.[6] Bei einem Darlehen mit einem Zinsfestschreibungszeitraum von mindestens fünf Jahren kann ein Disagio i.H.v. bis zu 10 % als marktüblich angesehen werden.[7] Vereinbaren die Vertragsparteien ein höheres Disagio, ist der über den marktüblichen Betrag hinausgehende Teil auf den Zeitraum der Zinsfestschreibung respektive bei Fehlen eines solchen auf die Laufzeit des Darlehens zu verteilen[8] und kann daher im Zeitpunkt der Zahlung nicht steuermindernd geltend gemacht werden. Erzielt der Fonds nicht Einkünfte aus Vermietung und Verpachtung, sondern Einkünfte aus Gewerbebetrieb, hat er in Höhe des Disagios einen aktiven Rechnungsabgrenzungsposten zu bilden, den er über die Laufzeit des Darlehens aufwandswirksam auflöst.[9] Aus den vorgenannten Gründen werden Disagien

---

1 Vgl. BMF-Schreiben vom 31.08.1990: a.a.O., Tz. 6 i.V.m. Tz. 3.3.5.

2 Vgl. BMF-Schreiben vom 31.08.1990: a.a.O., Tz. 7 i.V.m. Tz. 4.1.1; KURTH, H., GRASS, H.-G.: a.a.O., S. 101.

3 Vgl. ebenda.

4 Vgl. BMF-Schreiben vom 31.08.1990: a.a.O., Tz. 6 i.V.m. Tz. 3.3.7; TEWES, D. (Hrsg.): a.a.O., Teil 7/2.8.1, S. 5.

5 Vgl. BMF-Schreiben vom 31.08.1990: a.a.O., Tz. 6 i.V.m. Tz. 3.2.1; TEWES, D. (Hrsg.): a.a.O., Teil 7/2.8.1, S. 5 f.

6 Vgl. BMF-Schreiben vom 31.08.1990: a.a.O., Tz. 6 i.V.m. Tz. 3.3.4.

7 Vgl. ebenda.

8 Vgl. ebenda.

9 Vgl. Gliederungspunkt 3.1.2.2.

vornehmlich bei Fonds mit Einkünften aus Vermietung und Verpachtung und nicht bei solchen mit Einkünften aus Gewerbebetrieb vereinbart.

Zahlt ein vermögensverwaltender Immobilien-Leasing-Fonds mit Einkünften aus Vermietung und Verpachtung Schuldzinsen für mehr als ein Jahr in voraus, wird das in § 11 Abs. 2 S. 1 EStG kodifizierte Abflußprinzip durch die Finanzverwaltung - ebenso wie bei einem nicht marktüblichen Disagio - eingeschränkt.[1] Soweit für die Vorauszahlungen kein „wirtschaftlich vernünftiger Grund" vorliegt, sind die Schuldzinsen nach Maßgabe ihrer wirtschaftlichen Zugehörigkeit in den einzelnen Perioden zu berücksichtigen.[2] Nur wenn die Vorauszahlungen für einen Zeitraum von nicht mehr als zwölf Monaten geleistet werden, können sie in voller Höhe als sofort abzugsfähige Werbungskosten anerkannt werden.[3] Diese Grundsätze gelten nicht nur für Schuldzinsen, sondern sind analog auch auf andere Kosten- und Gebührenpositionen anzuwenden.[4]

3.1.2.6.3 Eigenkapitalvermittlungsprovision, Agio

Die Kommanditisten eines geschlossenen Immobilien-Leasing-Fonds, die das für die Investition notwendige Eigenkapital aufbringen, werden meist über das Filialnetz von Großbanken oder durch eigenständige Vertriebsunternehmen angeworben.[5] Die Fondsgesellschaft zahlt dem jeweiligen Unternehmen für seine Dienste eine Eigenkapitalvermittlungsprovision; darüber hinaus erhält das Unternehmen in manchen Fondskonstruktionen auch von jedem beitretenden Gesellschafter ein Agio/Aufgeld.[6]

---

[1] Kritisch zur Vorgehensweise der Finanzverwaltung äußert sich bspw. PRINZ, U.: Werbungskosten bei den Einkünften aus Vermietung und Verpachtung, a.a.O., S. 439-444.

[2] Vgl. BMF-Schreiben vom 31.08.1990: a.a.O., Tz. 6 i.V.m. Tz. 3.3.2.

[3] Vgl. ebenda.

[4] Vgl. KURTH, H., GRASS, H.-G.: a.a.O., S. 99; TEWES, D. (Hrsg.): a.a.O., Teil 6/7.1, S. 4 f.

[5] Vgl. FEINEN, K.: Immobilien-Leasing-Fonds, a.a.O., S. 2; TEWES, D. (Hrsg.): a.a.O., Teil 7/2.2.2, S. 1.

[6] Vgl. TEWES, D. (Hrsg.): a.a.O., Teil 7/2.2.2, S. 1.

Die Eigenkapitalvermittlungsprovision gehört, soweit sie angemessen ist, zu den sofort abzugsfähigen Betriebsausgaben/Werbungskosten.[1] Die Finanzverwaltung läßt eine Provision von bis zu 6 % des vermittelten Eigenkapitals einschließlich eines Agios zum sofortigen Abzug zu; dies gilt unabhängig davon, ob der Fonds als Bauherr oder als Erwerber des bebauten Grundstücks zu beurteilen ist.[2] Mit dem Prozentsatz sind sämtliche Vertriebsleistungen Dritter abgegolten, wie z.B. die Aufwendungen für die Prospekterstellung und -prüfung, für den Außenvertrieb, für Marketing und Werbung.[3] Der über die Höchstgrenze von 6 % hinausgehende Betrag ist den Anschaffungs- und Herstellungskosten zuzuordnen.[4]

Muß ein Anleger auf seine Kommanditeinlage ein Agio/Aufgeld zahlen, sollen hiermit Teile der Vertriebskosten beglichen werden.[5] Das Agio ist jedoch nicht als ein Teil der Eigenkapitalbeschaffungskosten, sondern als Anschaffungsaufwand des Gesellschaftsanteils zu qualifizieren.[6] Es ist daher anteilig den Anschaffungskosten des Grund und Bodens und den Anschaffungs- oder Herstellungskosten des Gebäudes zuzurechnen[7] und kann nicht wie die Eigenka-

---

[1] Vgl. BFH-Urteil vom 13.10.1983 - IV R 160/78, in: BStBl 1984 II, S. 101-105; BFH-Beschluß vom 19.08.1986 - IX S 5/83, in: BStBl 1987 II, S. 212-217; BMF-Schreiben vom 31.08.1990: a.a.O., Tz. 6 i.V.m. Tz. 7.1. In dem Urteil vom 11. Januar 1994 vertritt der BFH jedoch die Ansicht, daß die modellbedingten Nebenaufwendungen eines geschlossenen Immobilienfonds, wie z.B. die Eigenkapitalvermittlungsprovision, wie bei einem Bauherrenmodell nicht sofort als Werbungskosten abziehbar sind, sondern zu den Anschaffungskosten gehören. Der BMF hat daraufhin einen Nichtanwendungserlaß verfügt, d.h. die Rechtsgrundsätze des betreffenden Urteils sind von der Finanzverwaltung nicht über den entschiedenen Einzelfall hinaus anzuwenden. Vgl. hierzu BFH-Urteil vom 11.01.1994 - IX R 82/91, in: BStBl 1995 II, S. 166-169; BMF-Schreiben vom 01.03.1995 - IV B 3 - S 2253 a - 6/95, in: BStBl 1995 I, S. 167.

Die Rechtsauffassung des IX. Senats vom 11.01.1994 wurde vom IV. Senat mit Urteil vom 28.06.2001 im wesentlichen bestätigt. Beteiligen sich die Kommanditisten auf Grund eines vom Projektanbieter vorformulierten Vertragswerks an einem in der Rechtsform der GmbH & Co. KG geführten Immobilienfonds, so sind die vom Fonds gezahlten Eigenkapitalvermittlungsprovisionen nach Meinung des IV. Senats in voller Höhe in der Steuerbilanz als Anschaffungs- oder Herstellungskosten der Fondsimmobilie auszuweisen; vgl. BFH-Urteil vom 28.06.2001 - IV R 40/97, in: DStR, 39. Jg. (2001), S. 1381-1384.

[2] Vgl. BMF-Schreiben vom 31.08.1990: a.a.O., Tz. 6 i.V.m. Tz. 7.1.

[3] Vgl. ebenda.

[4] Vgl. TEWES, D. (Hrsg.): a.a.O., Teil 7/2.2.2, S. 6 u. 10.

[5] Vgl. SCHMIDER, K.-H.: a.a.O., S. 75 f.; TEWES, D. (Hrsg.): a.a.O., Teil 7/2.4, S. 1.

[6] Vgl. ebenda.

[7] Vgl. BFH-Urteil vom 13.10.1983: a.a.O., S. 102; BMF-Schreiben vom 31.08.1990: a.a.O., Tz. 6 i.V.m. Tz. 3.2.1 u. Tz. 7 i.V.m. Tz. 4.1.2.

pitalvermittlungsprovision als sofort abzugsfähige Betriebsausgabe/Werbungskosten geltend gemacht werden. Bei einem geschlossenen Immobilien-Leasing-Fonds mit Einkünften aus Gewerbebetrieb wird das Agio in einer Ergänzungsbilanz des Gesellschafters als Mehrwert der anteilig erworbenen Wirtschaftsgüter ausgewiesen.[1] Zahlt der Anleger das Agio nicht direkt an das Vertriebsunternehmen, sondern an die Fondsgesellschaft, die den entsprechenden Betrag lediglich weiterleitet, ändert dies nichts an der steuerlichen Beurteilung.[2]

3.1.2.6.4 Konzeptions- und Plazierungsgarantiegebühren

Bereits vor Beitritt der Anlegerkommanditisten ist die gesellschaftsrechtliche, finanzwirtschaftliche und steuerrechtliche Grundkonzeption eines geschlossenen Immobilien-Leasing-Fonds auszuarbeiten.[3] Hierzu gehört u.a. die Erstellung eines Investitions- und Finanzierungsplans sowie einer Liquiditäts- und steuerlichen Ergebnisprognose. Die im Zusammenhang mit der Fondskonzeption anfallenden Gebühren sind auf den Erwerb des Grundstücks gerichtet und zählen daher nicht zu den sofort abzugsfähigen Betriebsausgaben/Werbungskosten, sondern sind anteilig den Anschaffungs- bzw. Herstellungskosten zuzurechnen.[4]

Der Fondsgesellschaft gegenüber wird regelmäßig von dritter Seite eine Garantie bezüglich der Vollplazierung des gesamten Kommanditkapitals bis zu einem bestimmten Zeitpunkt abgegeben.[5] Garantiegeber ist dabei häufig das mit der Anwerbung der Anleger beauftragte Unternehmen. Sind dem Fonds bis zu dem vereinbarten Zeitpunkt nicht genügend Kommanditisten beigetreten, übernimmt der Garantiegeber die noch nicht abgesetzten Gesellschaftsanteile.[6] Die Plazierungsgarantiegebühren gehören ebenso wie die Konzeptionsgebüh-

---

1 Vgl. TEWES, D. (Hrsg.): a.a.O., Teil 7/2.4, S. 2.

2 Vgl. SCHMIDER, K.-H.: a.a.O., S. 76; TEWES, D. (Hrsg.): a.a.O., Teil 7/2.4, S. 1 f.

3 Vgl. KURTH, H., GRASS, H.-G.: a.a.O., S. 112; SCHMIDER, K.-H.: a.a.O., S. 82.

4 Vgl. BFH-Beschluß vom 19.08.1986: a.a.O., S. 216; BMF-Schreiben vom 31.08.1990: a.a.O., Tz. 7.6 i.V.m. Tz. 4.1.3.

5 Vgl. KURTH, H., GRASS, H.-G.: a.a.O., S. 112.

6 Vgl. TEWES, D. (Hrsg.): a.a.O., Teil 7/2.16, S. 1.

ren einkommensteuerrechtlich zu den Anschaffungskosten des Grund und Bodens und zu den Anschaffungs- oder Herstellungskosten des Gebäudes.[1]

3.1.2.6.5 Kosten der Objekt- und Fondsverwaltung

Der Komplementär eines geschlossenen Immobilien-Leasing-Fonds erhält regelmäßig aufgrund gesellschaftsrechtlicher Vereinbarungen für die Übernahme der persönlichen Haftung und für die Geschäftsführungstätigkeit jeweils eine jährliche Vergütung.[2] Bei einem Fonds mit Einkünften aus Gewerbebetrieb handelt es sich dabei steuerrechtlich um Vorabvergütungen i.S.d. § 15 Abs. 1 S. 1 Nr. 2 EStG.[3] Die Zahlungen werden dem Komplementär im Rahmen der Gewinn- und Verlustverteilung vorab zugerechnet, so daß sich die Ergebnisanteile der übrigen Gesellschafter entsprechend mindern. Obwohl die Vergütungen nicht als Betriebsausgaben zu beurteilen sind, wirken sie sich im Endergebnis wie diese aus.[4]

Die bei den Einkünften aus Gewerbebetrieb geltende Vorschrift des § 15 Abs. 1 S. 1 Nr. 2 EStG findet bei den Einkünften aus Vermietung und Verpachtung grundsätzlich keine Anwendung.[5] Gleichwohl sind nach Ansicht der Finanzverwaltung die Geschäftsführungs- und Haftungsvergütungen, die ein Komplementär von einem vermögensverwaltenden Immobilien-Leasing-Fonds mit Einkünften aus Vermietung und Verpachtung erhält, ebenso wie bei einem solchen mit Einkünften aus Gewerbebetrieb als Vorabvergütungen zu qualifizieren.[6] Die Vergütungen sind beim Komplementär entsprechend als Einkünfte aus Vermietung und Verpachtung zu erfassen.[7] Die dargestellten Grundsätze gelten

---

[1] Vgl. BFH-Beschluß vom 19.08.1986: a.a.O., S. 215; BMF-Schreiben vom 31.08.1990: a.a.O., Tz. 7.6 i.V.m. Tz. 4.1.2.

[2] Vgl. KURTH, H., GRASS, H.-G.: a.a.O., S. 104.

[3] Vgl. TEWES, D. (Hrsg.): a.a.O., Teil 7/2.23, S. 1 u. Teil 7/2.24, S. 1.

[4] Vgl. GONDERT, H.-G., SCHIMMELSCHMIDT, U.: a.a.O., S. 1746.

[5] Vgl. SCHMIDER, K.-H.: a.a.O., S. 46 f.

[6] Vgl. BMF-Schreiben vom 31.08.1990: a.a.O., Tz. 7.2.

[7] Vgl. SCHMIDER, K.-H.: a.a.O., S. 48.

unabhängig davon, ob der Fonds als Bauherr oder als Erwerber einzustufen ist.[1]

Wird zwischen der Fondsgesellschaft und den Kapitalanlegern ein Treuhandkommanditist eingeschaltet, erhält dieser meist direkt vom Fonds eine jährliche Tätigkeitsvergütung. Diese Vergütung ist als Betriebsausgabe/Werbungskosten abzugsfähig.[2] Die Kosten für die laufende Steuerberatung können von der Gesellschaft ebenfalls abgezogen werden.[3] Hierbei handelt es sich bspw. um die Erstellung der Buchführung, der Handelsbilanz und der Steuerbilanz respektive Überschußrechnung.[4] Abweichend von diesem Grundsatz gehören jedoch Steuerberatungskosten, die im Zusammenhang mit der Anschaffung oder Errichtung des Gebäudes und nicht im Zusammenhang mit der späteren Fondsverwaltung anfallen, zu den Anschaffungs- oder Herstellungskosten.[5]

Letztlich sei an dieser Stelle erwähnt, daß auch die Gründungskosten der Gesellschaft sowie die Kosten für die Eintragung der Kommanditisten in das Handelsregister als Betriebsausgaben/Werbungskosten sofort abzugsfähig sind.[6]

3.1.2.6.6 Absetzungen für Abnutzung

Die auf den Leasinggegenstand vorzunehmenden Absetzungen für Abnutzung stellen neben den Kosten der Fremdfinanzierung die wichtigsten Betriebsausgaben/Werbungskosten eines geschlossenen Immobilien-Leasing-Fonds dar.[7] Voraussetzung für die Inanspruchnahme der Gebäudeabschreibungen ist allerdings, daß die Fondsgesellschaft als wirtschaftlicher Eigentümer der Immo-

---

[1] Vgl. RICHTER, H., BOVELETH, K.-H.: Steuerliche Behandlung von Bauherrenmodellen und Immobilienfonds, in: StBp, 31. Jg. (1991), S. 21-29, hier S. 29; TEWES, D. (Hrsg.): a.a.O., Teil 7/2.23, S. 5 f. u. Teil 7/2.24, S. 2.

[2] Vgl. BMF-Schreiben vom 31.08.1990: a.a.O., Tz. 7.4; TEWES, D. (Hrsg.): a.a.O., Teil 7/2.5, S. 6.

[3] Vgl. BMF-Schreiben vom 31.08.1990: a.a.O., Tz. 6 i.V.m. Tz. 3.3.8.

[4] Vgl. TEWES, D. (Hrsg.): a.a.O., Teil 7/2.22, S. 1-4.

[5] Vgl. BMF-Schreiben vom 31.08.1990: a.a.O., Tz. 6 i.V.m. Tz. 3.3.8; TEWES, D. (Hrsg.): a.a.O., Teil 7/2.22, S. 1.

[6] Vgl. ZIMMERMANN, R., REYHER, U., HOTTMANN, J.: a.a.O., S. 1124.

[7] Vgl. LOIPFINGER, S., NICKL JR., L., RICHTER, U.: a.a.O., S. 36.

bilie anzusehen ist. Diesem Erfordernis wird bei der Ausgestaltung des Leasingvertrages regelmäßig Rechnung getragen.

Bei Wirtschaftsgebäuden, d.h. Gebäuden, die zu einem Betriebsvermögen gehören und nicht Wohnzwecken dienen und für die der Bauantrag nach dem 31. März 1985 gestellt worden ist, betragen die Absetzungen für Abnutzung gem. § 7 Abs. 4 S. 1 Nr. 1 EStG jährlich 4 % der Anschaffungs- oder Herstellungskosten.[1] Alle anderen Gebäude sind mit jährlich 2 % (2,5 %) abzuschreiben, sofern sie nach dem 31. Dezember 1924 (vor dem 1. Januar 1925) fertiggestellt worden sind.[2] Beträgt die tatsächliche Nutzungsdauer eines Wirtschaftsgebäudes weniger als 25 Jahre respektive eines anderen Gebäudes weniger als 50 (40) Jahre, können die der tatsächlichen Nutzungsdauer entsprechenden Absetzungen für Abnutzung angesetzt werden.[3]

Da es sich bei der Mehrzahl der Objekte von geschlossenen Immobilien-Leasing-Fonds um gewerblich genutzte Bauten, wie z.B. Büro- und Verwaltungsgebäude, handelt,[4] hängt die Höhe der jährlichen Abschreibungen davon ab, ob das jeweilige Objekt zu einem Betriebs- oder Privatvermögen zählt. Während bei einem Fonds mit Einkünften aus Gewerbebetrieb die Immobilie zum Betriebsvermögen gehört und somit jährlich mit 4 % der Anschaffungs- oder Herstellungskosten abgeschrieben wird, kann bei einem Fonds mit Einkünften aus Vermietung und Verpachtung lediglich ein Abschreibungssatz von 2 % p.a. geltend gemacht werden.[5]

Die Nutzungsdauer eines Gebäudes beginnt mit dem Zeitpunkt der Fertigstellung respektive der Anschaffung;[6] erst ab diesem Zeitpunkt können grundsätzlich Absetzungen für Abnutzung vorgenommen werden. Ein Betriebsgebäude ist fertiggestellt, sobald die wesentlichen Bauarbeiten beendet sind und es sei-

---

[1] Wie bereits im Gliederungspunkt 3.1.2.4.2 erwähnt, vermindert sich der jährliche Abschreibungssatz bei Wirtschaftsgebäuden von 4 % auf 3 %, wenn diese nach dem 01.01.2001 angeschafft werden respektive wenn mit deren Herstellung nach dem 01.01.2001 begonnen wird.

[2] Vgl. § 7 Abs. 4 S. 1 Nr. 2 a) u. b) EStG.

[3] Vgl. § 7 Abs. 4 S. 2 EStG. Ab dem Veranlagungszeitraum 2001 verlängert sich die betriebsgewöhnliche Nutzungsdauer von Wirtschaftsgebäuden gem. § 7 Abs. 4 S. 2 EStG n.F. von 25 auf 33 Jahre.

[4] Vgl. Gliederungspunkt 1.1.

[5] Die in § 7 Abs. 5 EStG enthaltene degressive Abschreibung ist für Wirtschaftsgebäude am 1. Januar 1994 und für gewerblich genutzte Gebäude im Privatvermögen am 1. Januar 1995 ausgelaufen.

[6] Vgl. § 11c Abs. 1 S. 2 Nr. 2 u. 3 EStDV.

ner Bestimmung entsprechend genutzt werden kann.[1] Im Fall der Anschaffung muß der Erwerber die wirtschaftliche Verfügungsmacht (das wirtschaftliche Eigentum) über das Gebäude erlangen; dies ist im allgemeinen dann gegeben, wenn Besitz, Gefahr, Nutzen und Lasten auf ihn übergehen.[2] Wird ein Gebäude im Laufe eines Jahres angeschafft oder hergestellt, kann als Absetzung für Abnutzung in diesem Jahr regelmäßig nur der Teil berücksichtigt werden, der dem Zeitraum zwischen der Anschaffung bzw. Fertigstellung und dem Ende des Jahres entspricht.[3] Für das Jahr der Veräußerung kann ebenfalls nur ein zeitanteiliger Betrag angesetzt werden.[4]

Neben den o.g. linearen Absetzungen für Abnutzung können geschlossene Immobilien-Leasing-Fonds unter bestimmten Voraussetzungen auch Sonderabschreibungen nach dem Fördergebietsgesetz in Anspruch nehmen. Hierauf soll im folgenden näher eingegangen werden. Das Fördergebiet umfaßt die Bundesländer Berlin, Brandenburg, Mecklenburg-Vorpommern, Sachsen, Sachsen-Anhalt und Thüringen nach dem Gebietsstand vom 3. Oktober 1990.[5] Zu den begünstigten Investitionen zählen u.a. die Anschaffung und die Herstellung von abnutzbaren unbeweglichen Wirtschaftsgütern.[6] Die Anschaffung ist jedoch nur begünstigt, wenn das Wirtschaftsgut bis zum Ende des Jahres der Fertigstellung angeschafft worden ist und keiner der Rechtsvorgänger darauf Absetzungen für Abnutzung nach § 7 Abs. 5 EStG, erhöhte Absetzungen oder Sonderabschreibungen in Anspruch genommen hat.[7]

---

[1] Vgl. STUHRMANN, G.: Gesetz über Sonderabschreibungen und Abzugsbeträge im Fördergebiet (Fördergebietsgesetz), in: Blümich: Kommentar zum EStG, KStG, GewStG, 15. Aufl., München, Loseblattsammlung, Stand: 01.02.1997, Rz. 10 zu § 3 FördG; WAGNER, K.-R., LORITZ, K.-G.: Konzeptionshandbuch der steuerorientierten Kapitalanlage, Band 1: Immobilienanlagen - Baumodelle, 1. Aufl., München 1993, S. 214.

[2] Vgl. TEWES, D. (Hrsg.): a.a.O., Teil 7/3, S. 3; WAGNER, K.-R., LORITZ, K.-G.: a.a.O., S. 213.

[3] Vgl. R 44 Abs. 2 S. 1 EStR.

[4] Vgl. R 44 Abs. 9 S. 1 EStR.

[5] Vgl. § 1 Abs. 2 FördG. Zum Fördergebiet gehört grundsätzlich auch Berlin-West. Die Sonderabschreibungen für die hier betrachteten gewerblich genutzten Bauten liefen dort jedoch gem. § 8 Abs. 1a S. 1 Nr. 1 FördG am 31. Dezember 1994 aus. Deshalb beziehen sich die nachfolgenden Ausführungen nur auf Berlin-Ost und auf die übrigen fünf ostdeutschen Bundesländer.

[6] Vgl. § 3 S. 1 FördG.

[7] Vgl. § 3 S. 2 Nr. 1 FördG; STUHRMANN, G.: Fördergebietsgesetz, a.a.O., Rz. 12 u. 17 zu § 3 FördG.

Bemessungsgrundlage der Sonderabschreibungen sind die Anschaffungs- oder Herstellungskosten des betreffenden Wirtschaftsguts;[1] sie können im Jahr der Anschaffung bzw. Herstellung und in den folgenden vier Jahren vorgenommen werden.[2] Die Verteilung der Sonderabschreibungen innerhalb des fünfjährigen Begünstigungszeitraums liegt somit im Ermessen des Steuerpflichtigen.[3] Geschlossene Immobilien-Leasing-Fonds, die im allgemeinen bestrebt sind, den Kapitalanlegern möglichst frühzeitig hohe steuerliche Verluste zuzuweisen, nehmen die Sonderabschreibungen meist im Jahr der Anschaffung bzw. Fertigstellung in voller Höhe in Anspruch.[4]

Die Sonderabschreibungen betragen bei Investitionen, die nach dem 31. Dezember 1990 und vor dem 1. Januar 1997 im Fördergebiet *abgeschlossen* werden, bis zu 50 % der Anschaffungs- oder Herstellungskosten.[5] Sofern vor dem 1. Januar 1997 Anzahlungen auf Anschaffungskosten geleistet worden oder Teilherstellungskosten entstanden sind, können hierauf ebenfalls bis zu 50 % Sonderabschreibungen geltend gemacht werden.[6]

Bei den Anzahlungen auf Anschaffungskosten handelt es sich um tatsächlich geleistete (Voraus-) Zahlungen auf den Kaufpreis.[7] Hierzu zählen alle Zahlungen, die der Käufer vor Übergabe des Grundstücks an den Verkäufer entrichtet.[8] Die Teilherstellungskosten eines Gebäudes beinhalten dagegen sämtliche Aufwendungen, die bis zum Ende des jeweiligen Jahres durch den Verbrauch von Gütern und die Inanspruchnahme von Dienstleistungen (z.B. Löhne) für die Herstellung entstanden sind.[9] Die Aufwendungen für die bis zum Ende des

---

1 Vgl. § 4 Abs. 1 S. 1 FördG.

2 Vgl. § 4 Abs. 1 S. 2 u. 3 FördG.

3 Vgl. EISOLT, D.: Neuregelung der Sonder-AfA in den neuen Bundesländern durch das Jahressteuergesetz 1996, in: BB, 51. Jg. (1996), S. 618-621, hier S. 619; STUHRMANN, G.: Fördergebietsgesetz, a.a.O., Rz. 12 zu § 4 FördG.

4 Wie die Sonderabschreibungen auf die einzelnen Jahre des Begünstigungszeitraums verteilt werden, entscheidet sich auf der Ebene der Gesellschaft und nicht bei den einzelnen Gesellschaftern; vgl. TEWES, D. (Hrsg.): a.a.O., Teil 7/3.4, S. 25; WAGNER, K.-R., LORITZ, K.-G.: a.a.O., S. 211.

5 Vgl. § 4 Abs. 2 S. 1 Nr. 1 FördG.

6 Vgl. § 4 Abs. 1 S. 5 i.V.m. § 4 Abs. 2 S. 1 Nr. 2 a) u. Nr. 3 a) FördG.

7 Vgl. BMF-Schreiben vom 29.03.1993 - IV B 3 - S 1988 - 28/93, in: BStBl 1993 I, S. 279-283, Tz. 8; STUHRMANN, G.: Fördergebietsgesetz, a.a.O., Rz. 7 zu § 4 FördG.

8 Vgl. BEST, M., MERGENER, V.: Anzahlungen und Modernisierungsobjekte nach dem Fördergebietsgesetz, in: DStR, 34. Jg. (1996), S. 1833-1838, hier S. 1833.

9 Vgl. STUHRMANN, G.: Fördergebietsgesetz, a.a.O., Rz. 6 u. 11b zu § 4 FördG.

Jahres auf der Baustelle angelieferten, aber noch nicht verbauten Materialien können ebenfalls als Teilherstellungskosten angesetzt werden.[1] Nicht begünstigt sind nach dem Fördergebietsgesetz *Anzahlungen* auf (Teil-) Herstellungskosten.[2]

Ist ein geschlossener Immobilien-Leasing-Fonds als Bauherr einzustufen, kann er die 50 %ige Sonderabschreibung nur auf die bis zum 31. Dezember 1996 tatsächlich entstandenen Kosten vornehmen.[3] Besitzt er hingegen die Erwerbereigenschaft, kann er theoretisch den gesamten Kaufpreis in 1996 vorauszahlen und auf den Gebäudeanteil[4] die Sonderabschreibung i.H.v. 50 % in Anspruch nehmen; dies ist selbst dann möglich, wenn mit dem Bau des Objektes noch nicht begonnen wurde.[5] Im Gegensatz zur steuerlichen Behandlung einzelner Kosten- und Gebührenpositionen ist in diesem Fall ein Erwerberfonds deutlich besser gestellt als ein Bauherrenfonds.[6]

Anzahlungen auf Anschaffungskosten werden allerdings steuerlich nur anerkannt, wenn die folgenden Voraussetzungen erfüllt sind. Zunächst darf es sich bei den Anzahlungen nicht um willkürliche Vorauszahlungen und damit um einen Mißbrauch von rechtlichen Gestaltungsmöglichkeiten i.S.d. § 42 AO handeln.[7] Nach Auffassung der Finanzverwaltung sind Anzahlungen nicht willkürlich, wenn das Gebäude im nachfolgenden Jahr fertiggestellt wird.[8] Auf Anzahlungen können dementsprechend Sonderabschreibungen vorgenommen werden, sofern sie dem voraussichtlichen Baufortschritt im Folgejahr entspre-

---

1 Vgl. R 45 Abs. 6 S. 1 EStR.

2 Vgl. STUHRMANN, G.: Fördergebietsgesetz, a.a.O., Rz. 6 zu § 4 FördG.

3 Vgl. FLEISCHMANN, H. G., MEYER-SCHARENBERG, D. E.: Zur Verlängerung und zu den Einschränkungen des Fördergebietsgesetzes, in: DStR, 33. Jg. (1995), S. 1573-1576, hier S. 1575.

4 Gem. Tz. 9 des BMF-Schreibens vom 29.03.1993 sind Anzahlungen auf Anschaffungskosten eines bebauten Grundstücks nach dem voraussichtlichen Verhältnis der Verkehrswerte oder Teilwerte auf den Grund und Boden und auf das Gebäude aufzuteilen.

5 Vgl. BMF-Schreiben vom 29.03.1993: a.a.O., Tz. 8; FLEISCHMANN, H. G., HAAS, E. W.: Zweifelsfragen bei der Anwendung des Fördergebietsgesetzes, in: DStR, 31. Jg. (1993), S. 533-541, hier S. 537; FLEISCHMANN, H. G., MEYER-SCHARENBERG, D. E.: a.a.O., S. 1575.

6 Vgl. FLEISCHMANN, H. G., MEYER-SCHARENBERG, D. E.: a.a.O., S. 1575; TEWES, D. (Hrsg.): a.a.O., Teil 7/3.4, S. 29.

7 Vgl. BFH-Urteil vom 03.02.1987 - IX R 85/85, in: BStBl 1987 II, S. 492-494; BMF-Schreiben vom 29.03.1993: a.a.O., Tz. 8.

8 Vgl. BMF-Schreiben vom 29.03.1993: a.a.O., Tz. 8.

chen.[1] Einer etwaigen Willkürlichkeitsüberprüfung sind die konkreten Umstände im Zeitpunkt der Anzahlungen zugrundezulegen.[2] Wird ein Gebäude bspw. nur deshalb nicht im Folgejahr fertiggestellt, weil ein Subunternehmen in Konkurs geht oder es zu einem vorzeitigen Wintereinbruch kommt, sind geleistete Anzahlungen trotzdem steuerlich anzuerkennen.[3]

Des weiteren ist zu beachten, daß Anzahlungen in den freien Verfügungsbereich des Zahlungsempfängers fließen müssen.[4] Überweisungen auf ein Treuhand- oder Notaranderkonto gelten daher nicht als Anzahlungen.[5] Letztlich dürfen Anzahlungen erst nach Abschluß eines notariellen Kaufvertrages geleistet werden.[6]

Die vorstehenden Ausführungen sollen nun zur Veranschaulichung anhand eines Zahlenbeispiels dargestellt werden.[7] Ausgangspunkt ist ein geschlossener Immobilien-Leasing-Fonds mit Einkünften aus Gewerbebetrieb, der am 01.10.1996 einen notariellen Kaufvertrag für ein noch zu errichtendes Bürogebäude in Dresden mit Fertigstellungstermin 01.10.1997 abschließt. Die Anschaffungskosten (einschließlich der Anschaffungsnebenkosten) betragen 100 Mio. DM und entfallen zu 80 % auf das Gebäude und zu 20 % auf den Grund und Boden. Der gesamte Kaufpreis wird vereinbarungsgemäß gegen Einräumung einer Bankbürgschaft am 01.12.1996 vorausgezahlt.

Der Fonds kann bereits in 1996 auf die anteiligen Gebäudeanschaffungskosten Sonderabschreibungen i.H.v. 40 Mio. DM vornehmen. Er kann diesen Betrag aber auch bspw. gleichmäßig auf die Jahre 1996-2000 verteilen.[8] Ab dem Zeit-

---

[1] Vgl. FLEISCHMANN, H. G., HAAS, E. W.: a.a.O., S. 537; STUHRMANN, G.: Fördergebietsgesetz, a.a.O., Rz. 8 zu § 4 FördG.

[2] Vgl. STUHRMANN, G.: Fördergebietsgesetz, a.a.O., Rz. 8 zu § 4 FördG.

[3] Vgl. BEST, M., MERGENER, V.: a.a.O., S. 1835.

[4] Vgl. MAUTE, H.: Steueroptimale Gestaltung der Sonderabschreibungen des FördG im Rahmen der Änderungen des JStG 1996, in: DStR, 33. Jg. (1995), S. 1945-1949, hier S. 1945; TEWES, D. (Hrsg.): a.a.O., Teil 7/3.4, S. 38 f.

[5] Vgl. R 45 Abs. 5 S. 10 EStR.

[6] Vgl. BEST, M., MERGENER, V.: a.a.O., S. 1833 f.

[7] Vgl. hierzu MAUTE, H.: a.a.O., S. 1946 f.; BMF-Schreiben vom 24.12.1996 - IV B 3 - S 1988 - 170/96, in: BStBl 1996 I, S. 1516-1520, hier S. 1519.

[8] Vgl. BMF-Schreiben vom 29.03.1993: a.a.O., Tz. 11; MAUTE, H.: a.a.O., S. 1947; TEWES, D. (Hrsg.): a.a.O., Teil 7/3.4, S. 28 f. Stuhrmann vertritt sogar mit Bezug auf § 4 Abs. 1 S. 2 FördG die Ansicht, daß die Sonderabschreibungen auf den Zeitraum 1996-2001, also auf 6 Jahre, verteilt werden können; vgl. STUHRMANN, G.: Fördergebietsgesetz, a.a.O., Rz. 16a zu § 4 FördG.

punkt der Fertigstellung des Gebäudes können zusätzlich lineare Absetzungen für Abnutzung nach § 7 Abs. 4 S. 1 Nr. 1 EStG geltend gemacht werden; die zeitanteilige Abschreibung in 1997 beläuft sich auf 80 Mio. DM * 4 % * 3/12 = 0,8 Mio. DM, die der Jahre 1998-2001 auf jeweils 3,2 Mio. DM.[1] Nach Ablauf des Begünstigungszeitraums ist der Restbuchwert i.H.v. 80 Mio. DM ./. 40 Mio. DM ./. 0,8 Mio. DM ./. (4 * 3,2 Mio. DM) = 26,4 Mio. DM gleichmäßig auf die Restnutzungsdauer von 20 Jahren zu verteilen;[2] die jährliche Abschreibung in 2002-2021 beträgt daher jeweils 1,32 Mio. DM.

Wie man anhand dieses Beispiels erkennen kann, ergeben sich für einen geschlossenen Immobilien-Leasing-Fonds weitreichende Gestaltungsmöglichkeiten. Soll der Fonds bspw. erst in 1997 (1998) plaziert werden, wird er die 50 %ige Sonderabschreibung für die in 1996 geleisteten Anzahlungen auf Anschaffungskosten in 1997 (1998) geltend machen. Man spricht in diesem Zusammenhang von einem sog. Vorratsfonds.[3]

Abgesehen von den o.g. Anzahlungen auf Anschaffungskosten können für Investitionen, die nach dem 31. Dezember 1996 und vor dem 1. Januar 1999 im Fördergebiet abgeschlossen werden, nur noch ermäßigte Abschreibungssätze in Anspruch genommen werden. Die Höhe hängt dabei von der Art des Objektes ab. Bei Büro- und Verwaltungsgebäuden betragen die Sonderabschreibungen nur noch bis zu 20 % der Anschaffungs- oder Herstellungskosten.[4] Der Abschreibungssatz für die in den Jahren 1997 und 1998 geleisteten Anzahlungen auf Anschaffungskosten und für die entstandenen Teilherstellungskosten beläuft sich ebenfalls auf 20 %.[5]

---

[1] Vgl. § 7a Abs. 4 EStG; BMF-Schreiben vom 29.03.1993: a.a.O., Tz. 16. Bei einem Fonds mit Einkünften aus Vermietung und Verpachtung würde der jährliche Abschreibungssatz gem. § 7 Abs. 4 S. 1 Nr. 2 a) EStG nicht 4 %, sondern 2 % betragen.

[2] Vgl. § 7a Abs. 9 EStG; BFH-Urteil vom 20.06.1990 - I R 155/87, in: BStBl 1992 II, S. 622-624; BMF-Schreiben vom 20.07.1992 - IV B 3 - S 2181 - 3/92, in: BStBl 1992 I, S. 415. Bei einem Fonds mit Einkünften aus Vermietung und Verpachtung wäre der Restbuchwert i.H.v. 80 Mio. DM ./. 40 Mio. DM ./. 0,4 Mio. DM ./. (4 * 1,6 Mio. DM) = 33,2 Mio. DM auf die Restnutzungsdauer von 45 Jahren zu verteilen.

[3] Vgl. FLEISCHMANN, H. G., MEYER-SCHARENBERG, D. E.: a.a.O., S. 1575 f.

[4] Vgl. § 4 Abs. 2 S. 2 Nr. 2 FördG; STUHRMANN, G.: Fördergebietsgesetz, a.a.O., Rz. 34 zu § 4 FördG; TEWES, D. (Hrsg.): a.a.O., Teil 7/3.4, S. 22-24.

[5] Vgl. § 4 Abs. 2 S. 1 Nr. 3 b) i.V.m. S. 2 Nr. 2 FördG; SPANKE, E.: Jahressteuergesetz 1996: Verlängerung des Investitionszulagengesetzes und des Fördergebietsgesetzes und Einführung steuerbegünstigter Fördergebietsdarlehen, in: DB, 48. Jg. (1995), S. 1980-1985, hier S. 1983; STUHRMANN, G.: Fördergebietsgesetz, a.a.O., Rz. 35 zu § 4 FördG.

3.1.2.7 Verlustverteilung und -verrechnung

3.1.2.7.1 Verlustverteilung bei sukzessivem Gesellschafterbeitritt in der Plazierungsphase

Die Anwerbung der Kommanditisten von geschlossenen Immobilien-Leasing-Fonds erstreckt sich meist über mehrere Monate, teilweise treten die Gesellschafter den Fonds sogar in verschiedenen Wirtschaftsjahren bei. Die Fondsinitiatoren verfolgen regelmäßig das Ziel, daß die Kommanditisten unabhängig von den unterschiedlichen Beitrittszeitpunkten entsprechend ihrem Beteiligungsverhältnis gleichmäßig an den während der Plazierungsphase anfallenden Verlusten teilhaben. Dabei tritt jedoch das Problem auf, daß den Neugesellschaftern sofort abzugsfähige Betriebsausgaben/Werbungskosten nur zugerechnet werden können, sofern diese nach ihrem Beitritt verursacht respektive verausgabt werden.[1]

Würden die Betriebsausgaben/Werbungskosten jeweils im Zeitpunkt der Verursachung respektive des Abflusses anteilig auf den aktuellen Gesellschafterbestand verteilt werden, hätte dies zur Folge, daß den früher beitretenden Gesellschaftern höhere steuerliche Verluste zugewiesen werden als den später beitretenden. Das o.g. Ziel der gleichmäßigen Verlustverteilung läßt sich auch nicht durch eine Rückbeziehung der Eintrittszeitpunkte oder durch eine rückwirkende Änderung der Ergebnisverteilung erreichen.[2] Aus diesem Grund enthalten die Gesellschaftsverträge von geschlossenen Immobilien-Leasing-Fonds für den hier betrachteten Zeitraum besondere Ergebnisverteilungsabreden. Danach werden Verluste, die zu einem späteren Zeitpunkt in der Plazierungsphase anfallen, zuerst den später beitretenden Kommanditisten zugerechnet. Fallen nach dem Beitritt der betreffenden Gesellschafter noch genügend Betriebsausgaben/Werbungskosten an, werden diese hinsichtlich der Verlustverteilung den bereits früher beigetretenen Gesellschaftern gleichgestellt. Diese Art der Ergebnisverteilungsabrede ist nicht nur handelsrechtlich, sondern nach der Rechtsprechung des BFH auch steuerrechtlich zulässig.[3]

Um eine gleichmäßige Verlustverteilung zu gewährleisten, werden die Fondsinitiatoren versuchen, daß auch nach Beitritt des letzten Gesellschafters noch

---

[1] Vgl. BFH-Urteil vom 07.07.1983 - IV R 209/80, in: BStBl 1984 II, S. 53-56; BFH-Beschluß vom 19.08.1986: a.a.O., S. 217.

[2] Vgl. BFH-Urteil vom 07.07.1983: a.a.O., S. 55 f.

[3] Vgl. BFH-Urteile vom 07.07.1983: a.a.O., S. 55; vom 17.03.1987 - VIII R 293/82, in: BStBl 1987 II, S. 558-561.

genügend Betriebsausgaben/Werbungskosten anfallen, um diesem die prospektierten Verluste zuweisen zu können. Bei einem Fonds mit Einkünften aus Vermietung und Verpachtung, bei dem das Abflußprinzip gem. § 11 Abs. 2 EStG gilt, läßt sich dies durch eine Verschiebung des Zahlungszeitpunktes eines Teils der aufzubringenden Kosten- und Gebührenpositionen erreichen,[1] denn die anteiligen Verluste werden bei einem solchen Fonds den Personen zugerechnet, die im Zeitpunkt des Abflusses der Ausgaben Gesellschafter sind.[2] Bei einem Fonds mit Einkünften aus Gewerbebetrieb kommt es hingegen auf den Zeitpunkt der Entstehung der vertraglichen Verpflichtung und nicht auf die konkrete Zahlung an; die entsprechenden Verträge sind hier ggf. später abzuschließen.[3] Hilfreich erweist sich in diesem Zusammenhang auch eine Ausnahme von dem oben dargestellten Grundsatz, daß Neugesellschafter nur an den nach ihrem Beitritt enstandenen Verlusten partizipieren können. So erlaubt es die Finanzverwaltung, daß Sonderabschreibungen entweder zeitanteilig oder außerhalb der Verteilung des übrigen Betriebsergebnisses den Gesellschaftern zugerechnet werden.[4]

Da die jeweilig anfallenden Betriebsausgaben/Werbungskosten - mit Ausnahme der Sonderabschreibungen - nur auf den aktuellen Gesellschafterbestand verteilt werden können, ist es grundsätzlich erforderlich, daß zu jedem Beitrittszeitpunkt eines oder mehrerer Gesellschafter eine Zwischenergebnisrechnung, eine sog. Verlustabschichtung, erstellt wird.[5] Um den Verwaltungsaufwand bei den betreffenden Gesellschaften zu reduzieren, lassen es die Finanzbehörden aus Vereinfachungsgründen zu, daß die Beitritte innerhalb eines Zeitraums von zwei Monaten zusammengefaßt werden.[6] Sollten einem Neugesellschafter trotz der obigen Ausführungen Verluste zugerechnet werden, die *vor* seinem Beitritt entstanden sind, würden diese bei ihm zu den Anschaffungskosten zählen und wären in einer Ergänzungsbilanz/-rechnung auszuweisen.[7]

---

1 Vgl. RICHTER, H., BOVELETH, K.-H.: a.a.O., S. 29.

2 Vgl. BFH-Beschluß vom 19.08.1986: a.a.O., S. 217; BMF-Schreiben vom 31.08.1990: a.a.O., Tz. 7.7.

3 Vgl. TEWES, D. (Hrsg.): a.a.O., Teil 8/3.1, S. 3.

4 Vgl. BMF-Schreiben vom 29.03.1993: a.a.O., Tz. 1.

5 Vgl. HERRMANN, H. J.: a.a.O., S. 108; SCHMIDER, K.-H.: a.a.O., S. 111.

6 Vgl. TEWES, D. (Hrsg.): a.a.O., Teil 8/3.3, S. 1 mit einem weiteren Nachweis.

7 Vgl. BMF-Schreiben vom 31.08.1990: a.a.O., Tz. 7.7; KURTH, H., GRASS, H.-G.: a.a.O., S. 122.

3.1.2.7.2 Bedeutung des § 15a EStG für die steuerliche Verlustverrechnung

3.1.2.7.2.1 Begrenzung des Verlustausgleichs und -abzugs durch § 15a Abs. 1 S. 1 EStG

Der einem Kommanditisten zuzurechnende Anteil am Verlust eines geschlossenen Immobilien-Leasing-Fonds mit Einkünften aus Gewerbebetrieb darf gem. § 15a Abs. 1 S. 1 EStG weder mit anderen Einkünften derselben Einkunftsart (interner/horizontaler Verlustausgleich) noch mit Einkünften aus anderen Einkunftsarten (externer/vertikaler Verlustausgleich) ausgeglichen werden,[1] sofern hierdurch ein negatives Kapitalkonto des Kommanditisten entsteht oder sich erhöht; der Verlust darf ebenfalls nicht nach § 10d EStG abgezogen werden.[2] Mit der gesetzlichen Vorschrift des § 15a EStG soll die Möglichkeit des Verlustausgleichs und -abzugs grundsätzlich auf den Haftungsbetrag des Kommanditisten begrenzt werden.[3] Die Regelung findet dementsprechend beim Komplementär keine Anwendung, da dieser für die Verbindlichkeiten der Gesellschaft unmittelbar und unbeschränkt haftet; der Komplementär kann daher ihm zugewiesene Verluste mit anderen Einkünften verrechnen, auch wenn dadurch bei ihm ein negatives Kapitalkonto entsteht.[4] Es ist in diesem Zusammenhang darauf hinzuweisen, daß die Ergebnisverteilung durch § 15a EStG nicht tangiert wird, d.h. die Begrenzung der Verlustverrechnung erfolgt erst in einem nachgelagerten Schritt.[5]

Verluste, die ein Kommanditist nach § 15a Abs. 1 S. 1 EStG nicht ausgleichen oder abziehen darf, gehen steuerlich nicht verloren, sondern mindern die Gewinne, die ihm in späteren Wirtschaftsjahren aus seiner Beteiligung zugerechnet werden.[6] Dieser sog. verrechenbare Verlust wird jährlich gesondert festge-

---

[1] Vgl. zu den Begriffen des internen/horizontalen und des externen/vertikalen Verlustausgleichs bspw. JOHN, G., THEISEN, M. R.: Verlustverrechnung in Personengesellschaften, Heidelberg 1981, S. 56 u. 65; WÖHE, G.: Betriebswirtschaftliche Steuerlehre, Band I, 1. Halbband, a.a.O., S. 155 f.

[2] Bei der Zwischenschaltung eines Treuhandkommanditisten ist § 15a EStG grundsätzlich auf die Treugeber anzuwenden; vgl. hierzu TEWES, D. (Hrsg.): a.a.O., Teil 8/2.1.1, S. 2.

[3] Vgl. BFH-Urteil vom 30.03.1993 - VIII R 63/91, in: BStBl 1993 II, S. 706-709, hier S. 709; WÖHE, G.: Betriebswirtschaftliche Steuerlehre, Band II, 1. Halbband, a.a.O., S. 126.

[4] Vgl. TEWES, D. (Hrsg.): a.a.O., Teil 8/2.3.1, S. 1.

[5] Vgl. PRINZ, U., THIEL, U.: § 15a EStG und Sonderbetriebsvermögen, in: DStR, 32. Jg. (1994), S. 341-346, hier S. 342; TEWES, D (Hrsg.): a.a.O., Teil 8/2.2.1.1, S. 1.

[6] Vgl. § 15a Abs. 2 EStG.

stellt.[1] Tritt ein Kommanditist bspw. einem geschlossenen Immobilien-Leasing-Fonds mit einer Einlage von 100.000,- DM im Jahr 01 bei und erhält er in diesem Jahr eine Verlustzuweisung von 110.000,- DM, darf er hiervon gem. § 15a Abs.1 S. 1 EStG lediglich 100.000,- DM mit anderen Einkünften verrechnen.[2] Der nicht ausgeglichene Betrag i.H.v. 10.000,- DM wird zum verrechenbaren Verlust zukünftiger Perioden; das Kapitalkonto per 31.12.01 beträgt - 10.000,- DM. Wird dem Kommanditisten nun im Jahr 02 ein anteiliger Gewinn von 6.000,- DM zugerechnet, kann er diesen mit dem Verlust gem. § 15a Abs. 2 EStG verrechnen, wodurch sich dieser von 10.000,- DM auf 4.000,- DM vermindert.

Das Kapitalkonto i.S.d. § 15a Abs. 1 S. 1 EStG setzt sich aus dem Kapitalkonto des Kommanditisten in der Steuerbilanz der Personengesellschaft und aus dem Mehr- oder Minderkapitalkonto einer etwaigen Ergänzungsbilanz zusammen.[3] Das evtl. vorhandene positive und negative Sonderbetriebsvermögen des Kommanditisten ist hingegen bei der Ermittlung der Höhe des Kapitalkontos nicht zu berücksichtigen.[4] Nimmt dieser z.B. zur Finanzierung seines Eigenkapitalanteils ein Darlehen auf, so mindert dieses als negatives Sonderbetriebsvermögen II[5] nicht sein Verlustausgleichsvolumen.[6]

Bei der Berechnung des Kapitalkontos ist von der tatsächlich geleisteten Einlage und nicht von der Pflichteinlage auszugehen.[7] Maßgebend ist dabei der Zeitpunkt, in dem die Einlage einem Bankkonto der Gesellschaft gutgeschrieben wird.[8] Anteile am Gewinn und Einlagen erhöhen das Kapitalkonto, anteilige

---

1 Vgl. § 15a Abs. 4 EStG.

2 Die einem Kommanditisten in der Investitionsphase zugewiesenen Verluste hängen - wie bereits im Gliederungspunkt 2.2.3.3 ausgeführt - einerseits von der absoluten Höhe der in dieser Zeit geltend gemachten Betriebsausgaben/Werbungskosten, andererseits von der Fremdkapital-Eigenkapital-Relation des Fonds ab.

3 Vgl. BFH-Urteile vom 14.05.1991 - VIII R 31/88, in: BStBl 1992 II, S. 167-172; vom 30.03.1993: a.a.O., S. 706-709; BMF-Schreiben vom 20.02.1992 - IV B 2 - S 2241 a - 8/92, in: BStBl 1992 I, S. 123-124.

4 Vgl. ebenda.

5 Vgl. zu den Begriffen des Sonderbetriebsvermögens I und II Gliederungspunkt 3.1.2.1.

6 Vgl. SÖFFING, G.: Die neue Rechtsprechung des BFH zu § 15a EStG, in: DStR, 31. Jg. (1993), S. 1541-1547, hier S. 1541.

7 Vgl. BFH-Urteil vom 14.05.1991 - VIII R 31/88: a.a.O., S. 169; LORITZ, K.-G., WAGNER, K.-R.: a.a.O., S. 155; TEWES, D. (Hrsg.): a.a.O., Teil 8/2.2.1.1, S. 5.

8 Vgl. LORITZ, K.-G., WAGNER, K.-R.: a.a.O., S. 156 f.

Verluste und Entnahmen mindern es dementsprechend.[1] Werden während eines Wirtschaftsjahres Einlagen oder Entnahmen getätigt, erhöhen oder mindern diese vor Zuweisung des entsprechenden Ergebnisses das Kapitalkonto.[2] Zu den Gewinn- und Verlustanteilen, die sich auf die Höhe des Kapitalkontos auswirken, zählen die anteiligen Steuerbilanzergebnisse der Gesellschaft und die Ergebnisse einer etwaigen Ergänzungsbilanz des Gesellschafters.[3] Gewinne oder Verluste aus dem Sonderbetriebsvermögen sind dagegen nicht zu berücksichtigen.[4] Letztere werden von dem Verlustausgleichsverbot des § 15a EStG nicht erfaßt und sind daher unbeschränkt ausgleichs- und abzugsfähig, auch wenn das Kapitalkonto des Kommanditisten einen negativen Betrag aufweist.[5]

Aufgrund dieser Tatsache ergeben sich für die Fondsinitiatoren interessante Gestaltungsmöglichkeiten. Werden Verluste durch entsprechende Vereinbarungen aus dem Gesamthandsvermögen in den Bereich des Sonderbetriebsvermögens verlagert, können u.U. insgesamt höhere steuerliche Verluste geltend gemacht werden.[6] Nimmt ein geschlossener Immobilien-Leasing-Fonds bspw. zur Finanzierung des Leasingobjektes ein Darlehen auf, mindern die Zinsen den Steuerbilanzgewinn der Gesellschaft respektive erhöhen einen Steuerbilanzverlust. Beim Bestehen negativer Kapitalkonten können die Verluste nicht mit anderen Einkünften der jeweiligen Periode verrechnet werden. Wird der Leasinggegenstand ausschließlich mit den Einlagen der Kommanditisten finanziert und refinanzieren diese ihre eingesetzten Mittel teilweise durch persönliche Kredite, sind die aufgewendeten Fremdkapitalzinsen als Sonderbetriebsausgaben unbeschränkt ausgleichs- und abzugsfähig.[7] Eine solche Gestaltung hätte daneben den Vorteil, daß die Finanzierungsstruktur den persönlichen steuerlichen Verhältnissen des einzelnen Gesellschafters angepaßt werden könnte.[8]

---

[1] Vgl. TEWES, D. (Hrsg.): a.a.O., Teil 8/2.2.1.1, S. 5.

[2] Vgl. ebenda, S. 6 f.

[3] Vgl. BFH-Urteile vom 14.05.1991 - VIII R 31/88: a.a.O., S. 171; vom 30.03.1993: a.a.O., S. 708 f.; BMF-Schreiben vom 15.12.1993 - IV B 2 - S 2241 a - 57/93, in: BStBl 1993 I, S. 976.

[4] Vgl. SÖFFING, G.: a.a.O., S. 1541.

[5] Vgl. BFH-Urteile vom 14.05.1991 - VIII R 31/88: a.a.O., S. 171; vom 30.03.1993: a.a.O., S. 707.

[6] Vgl. WÖHE, G.: Betriebswirtschaftliche Steuerlehre, Band II, 1. Halbband, a.a.O., S. 131 f.

[7] Vgl. JOHN, G., THEISEN, M. R.: a.a.O., S. 162; KURTH, H., GRASS, H.-G.: a.a.O., S. 142.

[8] Vgl. KURTH, H., GRASS, H.-G.: a.a.O., S. 221.

Wie bereits im gesellschaftsrechtlichen Teil dieser Arbeit dargestellt, werden für den einzelnen Gesellschafter eines geschlossenen Immobilien-Leasing-Fonds mehrere Kapitalkonten geführt.[1] Da bei der Anwendung des § 15a EStG zwischen dem Gesamthandsvermögen und dem Sonderbetriebsvermögen zu differenzieren ist, stellt sich die Frage, welche Rechtsnatur die einzelnen Konten haben. Das feste Kapitalkonto I, auf dem die Einlagen der Gesellschafter ausgewiesen werden, stellt für die Gesellschaft Eigenkapital dar und ist daher in das Kapitalkonto des § 15a Abs. 1 S. 1 EStG miteinzubeziehen.[2] Wird daneben nur ein weiteres variables Kapitalkonto II geführt, auf dem Gewinn- und Verlustanteile sowie Entnahmen erfaßt werden, ist auch dieses dem Verlustausgleichsvolumen des § 15a Abs. 1 S. 1 EStG hinzuzurechnen, weil die Möglichkeit einer Verlustverrechnung mit stehengelassenen Gewinnen grundsätzlich für die Annahme eines Beteiligungskontos spricht.[3]

Werden für jeden Gesellschafter laut Gesellschaftsvertrag nicht zwei, sondern drei Kapitalkonten eingerichtet, sind bei der Ermittlung des Kapitalkontos i.S.d. § 15a Abs. 1 S. 1 EStG das feste Kapitalkonto I und das Verlustvortragskonto zu berücksichtigen.[4] Bei dem dritten Kapitalkonto, auf dem Gewinne und Entnahmen gebucht werden, handelt es sich jedoch nicht um ein Beteiligungskonto, sondern um ein Forderungskonto des Gesellschafters.[5] Es gehört daher zum Sonderbetriebsvermögen I und kann nicht dem Verlustausgleichsvolumen des § 15a Abs. 1 S. 1 EStG zugeordnet werden.[6]

---

[1] Vgl. Gliederungspunkt 2.1.4.3.

[2] Vgl. JESTÄDT, G.: Kapitalkonto im Sinne des § 15a EStG ohne Einbeziehung positiven und negativen Sonderbetriebsvermögens, in: DStR, 30. Jg. (1992), S. 413-417, hier S. 415; TEWES, D. (Hrsg.): a.a.O., Teil 8/2.2.1.1, S. 4.

[3] Vgl. BMF-Schreiben vom 30.05.1997 - IV B 2 - S 2241 a - 51/93 II, in: BStBl 1997 I, S. 627-628; KOLBECK, J.: Der Begriff des Kapitalkontos i. S. des § 15a EStG, in: DB, 45. Jg. (1992), S. 2056-2060, hier S. 2057.

[4] Vgl. BMF-Schreiben vom 30.05.1997: a.a.O., S. 628; JESTÄDT, G.: a.a.O., S. 416.

[5] Vgl. JESTÄDT, G.: a.a.O., S. 416; TEWES, D. (Hrsg.): a.a.O., Teil 8/2.2.1.1, S. 4 f.

[6] Vgl. JESTÄDT, G.: a.a.O., S. 415 f.; PRINZ, U., THIEL, U.: a.a.O., S. 344.

3.1.2.7.2.2 Erweiterte Verlustausgleichsmöglichkeit und Einlageminderung

Haftet ein Kommanditist am Bilanzstichtag den Gesellschaftsgläubigern auf Grund des § 171 Abs. 1 HGB, können abweichend von § 15a Abs. 1 S. 1 EStG Verluste in Höhe des Differenzbetrages zwischen der im Handelsregister eingetragenen Haftsumme und der tatsächlich geleisteten Einlage ausgeglichen oder abgezogen werden, auch wenn dadurch ein negatives Kapitalkonto entsteht oder sich erhöht.[1] Beträgt die Haftsumme eines Kommanditisten z.B. 100.000,- DM, hat er als Einlage hiervon 70.000,- DM erbracht und wird ihm ein anteiliger Verlust i.H.v. 110.000,- DM zugewiesen, so kann er gem. § 15a Abs. 1 S. 1 EStG 70.000,- DM und gem. § 15a Abs. 1 S. 2 EStG 30.000,- DM mit anderen positiven Einkünften ausgleichen; der verbleibende Betrag von 10.000,- DM wird zum verrechenbaren Verlust der Folgejahre.[2] Eine Anwendung des erweiterten Verlustausgleichs i.S.d. § 15a Abs. 1 S. 2 EStG setzt jedoch voraus, daß der Kommanditist im Handelsregister eingetragen ist, eine bestehende Haftung nachgewiesen wird und „eine Vermögensminderung auf Grund der Haftung nicht durch Vertrag ausgeschlossen oder nach Art und Weise des Geschäftsbetriebs unwahrscheinlich ist."[3]

Entsteht oder erhöht sich ein negatives Kapitalkonto eines Kommanditisten durch Entnahmen, ist ihm der Betrag dieser sog. Einlageminderung gem. § 15a Abs. 3 S. 1 EStG als fiktiver Gewinn hinzuzurechnen, sofern nicht auf Grund der Entnahmen eine nach § 15a Abs. 1 S. 2 EStG zu berücksichtigende erweiterte Haftung besteht oder entsteht.[4] Die Gewinnhinzurechnung darf allerdings nicht den Betrag der anteiligen Verluste übersteigen, der im Jahr der Einlageminderung und in den zehn vorangegangenen Wirtschaftsjahren ausgleichsfähig gewesen ist.[5]

---

1 Vgl. § 15a Abs. 1 S. 2 EStG.

2 Vgl. hierzu WÖHE, G.: Betriebswirtschaftliche Steuerlehre, Band II, 1. Halbband, a.a.O., S. 140 f.

3 § 15a Abs. 1 S. 3 EStG. Zur Auslegung der letztgenannten Voraussetzung vgl. bspw. das BFH-Urteil vom 14.05.1991 - VIII R 111/86, in: BStBl 1992 II, S. 164-167.

4 Wird die im Handelsregister eingetragene Haftsumme des Kommanditisten herabgesetzt (Haftungsminderung) und hat er bereits zuvor Verluste i.S.d. § 15a Abs. 1 S. 2 EStG ausgeglichen oder abgezogen, ist ihm der Betrag gem. § 15a Abs. 3 S. 3 EStG ebenfalls als fiktiver Gewinn zuzurechnen. Es ergeben sich in diesem Fall die gleichen Rechtsfolgen wie bei der Einlageminderung.

5 Vgl. § 15a Abs. 3 S. 2 EStG.

Mit der Vorschrift des § 15a Abs. 3 S. 1 EStG soll eine Umgehung der Verlustausgleichsbegrenzung i.S.d. § 15a Abs. 1 S. 1 EStG verhindert werden. Erhöht ein Kommanditist bspw. zum Jahresende 03 seine tatsächlich geleistete Einlage i.H.v. 100.000,- DM (= Haftsumme) um 40.000,- DM, beträgt sein Kapitalkonto zum 31.12.03 140.000,- DM. Wird ihm in 04 ein anteiliger Verlust von 140.000,- DM zugewiesen, kann er diesen vollständig mit anderen positiven Einkünften verrechnen; sein Kapitalkonto per 31.12.04 mindert sich dementsprechend auf 0,- DM. Entnimmt der Kommanditist nun im Jahr 05 bei ausgeglichenem steuerlichen Ergebnis seine zusätzlich erbrachte Einlage i.H.v. 40.000,- DM wieder aus dem Gesellschaftsvermögen, hat er in entsprechender Höhe einen fiktiven Gewinn zu versteuern.[1] Der im Vorjahr vorgenommene Verlustausgleich wird in Höhe dieses Betrages wieder rückgängig gemacht.[2] Es entsteht gem. § 15a Abs. 3 S. 4 EStG in gleicher Höhe, also i.H.v. 40.000,- DM, ein verrechenbarer Verlust.[3]

Eine Gewinnhinzurechnung infolge einer Einlageminderung kommt allerdings dann nicht in Betracht, wenn die Haftung des Kommanditisten gem. § 172 Abs. 4 HGB wieder auflebt.[4] Hat ein Anleger eines geschlossenen Immobilien-Leasing-Fonds z.B. im Jahr seines Beitritts eine Einlage von 100.000,- DM (= Haftsumme) erbracht und werden ihm in dem betreffenden Jahr in gleicher Höhe Verluste zugewiesen, kann er diese - wie bereits oben dargelegt - mit anderen positiven Einkünften gem. § 15a Abs. 1 S. 1 EStG sofort ausgleichen; sein Kapitalkonto weist zum Ende des Jahres einen Betrag von 0,- DM auf. Erwirtschaftet der Fonds in dem darauffolgenden Jahr ein ausgeglichenes steuerliches Ergebnis, schüttet aber gleichwohl einen bereits erzielten Liquiditätsüberschuß anteilig an den Anlegerkommanditisten aus, wird dessen Kapitalkonto negativ. Diese Ausschüttung respektive Entnahme führt bei dem Kommanditisten gem. § 172 Abs. 4 S. 1 HGB zu einem Wiederaufleben der Haftung[5] und somit *nicht* zu einer Gewinnhinzurechnung nach § 15a Abs. 3

---

[1] Vgl. zu dem Beispiel SCHMIDT, L.: a.a.O., Rz. 150 zu § 15a EStG.

[2] Vgl. WÖHE, G.: Betriebswirtschaftliche Steuerlehre, Band II, 1. Halbband, a.a.O., S. 145 f.

[3] Man spricht im Zusammenhang mit der Einlageminderung von einer Umwandlung respektive Umpolung von ausgleichsfähigen Verlusten der Vorjahre in verrechenbare Verluste zukünftiger Perioden. Vgl. hierzu BFH-Beschluß vom 28.03.1994 - IX B 81/93, in: BStBl 1994 II, S. 793-794; SCHMIDT, L.: a.a.O., Rz. 150 zu § 15a EStG.

[4] Vgl. FLEISCHMANN, H. G., WIPFLER, B.: Verlustbegrenzung nach § 15a EStG, in: Fleischmann, H. G., Röschinger, H. W., Meyerhoff, H.-D.: Steuern, die Vermögen werden?, 8. Aufl., Landsberg am Lech 1984, S. 257-267, hier S. 261 f.; TEWES, D. (Hrsg.): a.a.O., Teil 8/2.4.1, S. 3.

[5] Vgl. hierzu ausführlich Gliederungspunkt 2.1.5.2.2.

S. 1 EStG.[1] Es ist dabei jedoch zu beachten, daß dieses Ergebnis nur dann eintritt, wenn die in § 15a Abs. 1 S. 3 EStG genannten Voraussetzungen ebenfalls erfüllt sind, insbesondere muß der Kommanditist selber im Handelsregister eingetragen sein.[2] Wird zwischen dem Anleger und der Gesellschaft ein Treuhandkommanditist zwischengeschaltet, müßte der Anleger folglich in dem obigen Beispiel die empfangene Ausschüttung wegen fehlender Handelsregistereintragung als fiktiven Gewinn versteuern.

3.1.2.7.2.3 Sinngemäße Anwendung des § 15a EStG bei den Einkünften aus Vermietung und Verpachtung

Seiner Stellung im Einkommensteuergesetz entsprechend ist § 15a EStG zunächst nur bei den Einkünften aus Gewerbebetrieb anzuwenden. Gem. § 21 Abs. 1 S. 2 EStG findet diese Vorschrift jedoch auch bei den Einkünften aus Vermietung und Verpachtung eine sinngemäße Anwendung. Die Beteiligungen an geschlossenen Immobilien-Leasing-Fonds mit Einkünften aus Gewerbebetrieb und solchen mit Einkünften aus Vermietung und Verpachtung sind somit hinsichtlich der Verrechnungsmöglichkeit von entstehenden Verlusten weitestgehend gleichgestellt.

Schwierigkeiten bei der sinngemäßen Anwendung ergeben sich allerdings insoweit, als die Einkünfte aus Vermietung und Verpachtung durch Gegenüberstellung der Einnahmen und der Werbungskosten und nicht durch Erstellung einer Steuerbilanz ermittelt werden;[3] dementsprechend gibt es hier weder ein Betriebsvermögen noch ein steuerliches Kapitalkonto.[4] Die Finanzverwaltung hat daher als Maßstab für die Bestimmung des Verlustausgleichspotentials ein fiktives steuerliches Kapitalkonto entwickelt.[5] Ausgangspunkt der Berechnung

---

1 Vgl. SCHMIDT, L.: a.a.O., Rz. 156 zu § 15a EStG.

2 Vgl. SCHMIDT, L.: a.a.O., Rz. 157 zu § 15a EStG; TEWES, D. (Hrsg.): a.a.O., Teil 8/2.4.1, S. 3 ff.

3 Vgl. hierzu Gliederungspunkt 3.1.2.2.

4 Daß geschlossene Immobilien-Leasing-Fonds mit Einkünften aus Vermietung und Verpachtung eine Handelsbilanz mit Ausweis von Kapitalkonten aufstellen müssen, spielt in diesem Zusammenhang keine Rolle; vgl. FLEISCHMANN, H. G., WIPFLER, B.: a.a.O., S. 259.

5 Vgl. BMF-Schreiben vom 14.09.1981 - IV B 1 - S 2253 b - 5/81, in: BStBl 1981 I, S. 620-621.

ist dabei die tatsächlich geleistete Einlage des jeweiligen Kommanditisten.[1] Diese Größe ist im Zeitablauf um anteilige Einnahmenüberschüsse und sonstige Vermögenszuflüsse (z.B. steuerfreie Veräußerungsgewinne) zu erhöhen; sie ist zu vermindern um anteilige Verluste, Vermögensabflüsse und an den Kommanditisten vorgenommene Auszahlungen (z.B. Barausschüttungen, Eigenkapitalrückzahlungen).[2]

3.1.2.7.3 Durch das Steuerentlastungsgesetz 1999/2000/2002 neu eingeführte Verlustverrechnungsbeschränkungen

Bis zum Veranlagungszeitraum 1998 einschließlich konnten mit Ausnahme einiger weniger spezieller Rechtsvorschriften, wie z.B. § 15a EStG, die positiven und negativen Einkünfte der verschiedenen Einkunftsarten uneingeschränkt miteinander verrechnet werden. Bei der Ermittlung des Gesamtbetrags der Einkünfte nicht ausgeglichene Verluste konnten gem. § 10d Abs.1 EStG bis zu einem Betrag von 10 Mio. DM wie Sonderausgaben vom Gesamtbetrag der Einkünfte des vorletzten oder letzten Veranlagungszeitraums abgezogen werden. Diese Verlustausgleichs- und -abzugsmöglichkeiten sind durch das Steuerentlastungsgesetz 1999/2000/2002 mit Wirkung vom Veranlagungszeitraum 1999 an erheblich eingeschränkt worden. So wurden § 2 Abs. 3 und § 10d EStG grundlegend geändert und darüber hinaus ein neuer § 2b in das Einkommensteuergesetz eingefügt. Auf diese Neuregelungen soll im folgenden näher eingegangen werden.

Mit § 2 Abs. 3 EStG n.F. soll eine sog. Mindestbesteuerung sichergestellt werden.[3] Das Verlustausgleichsvolumen des Steuerpflichtigen ist dabei wie folgt zu berechnen:[4] Zunächst sind die Summen der Einkünfte aus den einzelnen Ein-

---

[1] Vgl. ebenda, S. 620.

[2] Vgl. BMF-Schreiben vom 14.09.1981: a.a.O., S. 620; TEWES, D. (Hrsg.): a.a.O., Teil 8/2.2.1.2, S. 2.

[3] Vgl. HERZIG, N., BRIESEMEISTER, S.: Systematische und grundsätzliche Anmerkungen zur Einschränkung der steuerlichen Verlustnutzung, in: DStR, 37. Jg. (1999), S. 1377-1383; RAUPACH, A., BÖCKSTIEGEL, M.: Die Verlustregelungen des Steuerentlastungsgesetzes 1999/2000/2002 (Teil I, II u. III), in: FR, 81. Jg. (1999), S. 487-503, 557-573 u. 617-628.

[4] Ausführliche Zahlenbeispiele zu der hier dargestellten Thematik finden sich bspw. bei ALTFELDER, S.: Mindestbesteuerung - Chaos mit System?, in: FR, 82. Jg. (2000), S. 18-43; RISTHAUS, A., PLENKER, J.: Steuerentlastungsgesetz 1999/2000/2002 - Geänderte Ver-

kunftsarten zu ermitteln.[1] Positive und negative Einkünfte derselben Einkunftsart werden miteinander saldiert, ein horizontaler Verlustausgleich ist somit wie nach alter Rechtslage uneingeschränkt möglich.[2] In einem nächsten Schritt wird die Summe der positiven Einkünfte und die Summe der negativen Einkünfte aus den verschiedenen Einkunftsarten gebildet und einander gegenübergestellt.[3] Im Vergleich zur alten Rechtslage wird nun der vertikale Verlustausgleich dadurch eingeschränkt, daß die Summe der positiven Einkünfte nur noch bis zu einem Betrag von 100.000,- DM (200.000,- DM bei zusammenveranlagten Ehegatten) vollständig, der darüber hinausgehende Betrag lediglich zur Hälfte mit der Summe der negativen Einkünfte verrechnet werden darf.[4] Die positiven Summen der Einkünfte aus den verschiedenen Einkunftsarten sind dabei entsprechend ihrem Verhältnis zur Summe der positiven Einkünfte zu kürzen.[5] Können nicht alle negativen Einkünfte ausgeglichen werden, sind die negativen Summen der Einkünfte aus den verschiedenen Einkunftsarten entsprechend ihrem Verhältnis zur Summe der negativen Einkünfte zu berücksichtigen.[6]

Es kann festgestellt werden, daß die Verlustausgleichsmöglichkeiten eines Steuerpflichtigen durch § 2 Abs. 3 EStG n.F. nur dann beschränkt werden, wenn die Summe seiner negativen Einkünfte aus den verschiedenen Einkunftsarten den Betrag von 100.000,- DM (200.000,- DM bei zusammenveranlagten Ehegatten) übersteigt. Darüber hinaus kommt der Einkunftsart eine besondere Bedeutung zu. Erzielt der Steuerpflichtige bspw. nur positive Einkünfte aus Gewerbebetrieb und werden ihm gleichzeitig negative Einkünfte aus der Beteiligung an einem gewerblich geprägten Immobilien-Leasing-Fonds zugewiesen, kann er diese Verluste in vollem Umfang mit den positiven Einkünften verrechnen; ist er hingegen an einem Fonds mit Einkünften aus Vermietung und Verpachtung beteiligt, können die 100.000,- DM (200.000,- DM bei zusammenveranlagten Ehegatten) übersteigenden Verluste in dem betreffenden

---

lustverrechnungsmöglichkeiten im Rahmen der Einkommensteuerfestsetzung, in: DB, 52. Jg. (1999), S. 605-610.

1 Vgl. § 2 Abs. 3 S. 2 1. Hs. EStG n.F.

2 Vgl. GÜNKEL, M., FENZL, B.: Ausgewählte Fragen zum Steuerentlastungsgesetz: Bilanzierung und Verlustverrechnung, in: DStR, 37. Jg. (1999), S. 649-660, hier S. 658; HERZIG, N., BRIESEMEISTER, S.: a.a.O., S. 1378.

3 Vgl. § 2 Abs. 3 S. 2 2. Hs. EStG n.F.; ALTFELDER, S.: a.a.O., S. 19.

4 Vgl. § 2 Abs. 3 S. 3 u. 6-7 EStG n.F.; RAUPACH, A., BÖCKSTIEGEL, M.: a.a.O., S. 491 f.

5 Vgl. § 2 Abs. 3 S. 4 EStG n.F.

6 Vgl. § 2 Abs. 3 S. 5 EStG n.F.

Veranlagungszeitraum nur noch innerhalb der o.g. Grenzen berücksichtigt werden.

Die nach § 2 Abs. 3 EStG n.F. nicht ausgeglichenen Verluste können gem. § 10d Abs. 1 S. 1 u. 7-8 EStG n.F. bis zu einem Betrag von 2 Mio. DM (ab Veranlagungszeitraum 2001: 1 Mio. DM) vom Gesamtbetrag der Einkünfte des vorherigen Veranlagungszeitraums abgezogen werden; der Abzug ist vorrangig vor Sonderausgaben, außergewöhnlichen Belastungen etc. durchzuführen. Verluste, die nach dem Verlustrücktrag noch verbleiben, sind wie bisher zeitlich und betragsmäßig unbegrenzt vortragsfähig.[1] Beim Verlustrücktrag und -vortrag sind jedoch die Einschränkungen des § 2 Abs. 3 EStG n.F. entsprechend anzuwenden, d.h. ein unbeschränkter Verlustabzug ist nur noch innerhalb derselben Einkunftsart gestattet.[2]

Neben den dargestellten Änderungen in § 2 Abs. 3 und § 10d EStG sieht auch der neu in das Einkommensteuergesetz eingefügte § 2b eine grundlegende Beschränkung der Verlustverrechnungsmöglichkeiten bei Beteiligungen an Verlustzuweisungsgesellschaften[3] und ähnlichen Modellen vor. Voraussetzung für das Vorliegen einer solchen Gesellschaft ist gem. § 2b S. 1 EStG, daß „bei dem Erwerb oder der Begründung der Einkunftsquelle die Erzielung eines steuerlichen Vorteils im Vordergrund steht." Diese allgemeine Umschreibung wird in § 2b S. 3 EStG durch zwei Regelbeispiele konkretisiert.

Nach dem ersten Regelbeispiel steht die Erzielung eines steuerlichen Vorteils bei den genannten Beteiligungen insb. dann im Vordergrund, wenn nach dem Betriebskonzept die Nachsteuerrendite auf das eingesetzte Kapital mehr als doppelt so hoch ist wie die Vorsteuerrendite und die Betriebsführung überwiegend auf diesem Umstand beruht. Zu der Frage, wie die Renditen zu berechnen sind, enthält der Gesetzestext jedoch keine Ausführungen. Es ist daher

---

1 Vgl. § 10d Abs. 2 S. 1 EStG n.F.

2 Vgl. § 10d Abs. 1 S. 2-4 u. Abs. 2 S. 2-4 EStG n.F.

3 Der vom Gesetzgeber in § 2b EStG verwendete Begriff der Verlustzuweisungsgesellschaft deckt sich nicht mit dem vom Bundesfinanzhof geprägten, wie er im Gliederungspunkt 3.1.1.5.2 der vorliegenden Arbeit aufgezeigt wird. Während der Gesetzgeber davon ausgeht, daß das Erfordernis der Gewinn-/Überschußerzielungsabsicht bei einer Verlustzuweisungsgesellschaft gegeben ist, ist eine Verlustzuweisungsgesellschaft i.S.d. BFH-Rechtsprechung gerade durch das Fehlen der Einkünfteerzielungsabsicht charakterisiert. Vgl. hierzu KOHLHAAS, K.-F.: Verlustzuweisungsgesellschaften iS der bisherigen BFH-Rechtsprechung, in: FR, 81. Jg. (1999), S. 504-512; SEER, R., SCHNEIDER, N.: Die Behandlung der sogenannten Verlustzuweisungsgesellschaften nach dem neuen § 2 b EStG, in: BB, 54. Jg. (1999), S. 872-878.

vom BMF ein Anwendungsschreiben herausgegeben worden, in dem diese und andere Zweifelsfragen zu § 2b EStG beantwortet werden.[1] Die Rendite ist demzufolge nach dem Verfahren des internen Zinsfußes zu ermitteln.[2] Da in § 2b S. 3 EStG explizit auf das Betriebskonzept Bezug genommen wird, sind die persönlichen Verhältnisse des Anlegers bei der Berechnung nicht zu beachten.[3] So ist die Nachsteuerrendite unter Berücksichtigung des jeweils aktuellen Einkommensteuerhöchstsatzes[4] zuzüglich des Solidaritätszuschlages - aber ohne die Kirchensteuer - zu berechnen, auch wenn der Steuerpflichtige tatsächlich einem geringeren Steuersatz unterliegt.[5] Ggf. beim Steuerpflichtigen auftretende Verlustausgleichsbeschränkungen infolge des § 2 Abs. 3 EStG n.F. sind ebenfalls nicht zu beachten.

Laut dem zweiten, in § 2b S. 3 EStG aufgeführten Regelbeispiel steht die Erzielung eines steuerlichen Vorteils auch im Vordergrund, wenn den Anlegern Steuerersparnisse durch Verlustzuweisungen in Aussicht gestellt werden. Dieser Sachverhalt liegt dann vor, wenn Anleger mit dem Hinweis auf Verlustzuweisungen angeworben werden und dies besonders hervorgehoben wird.[6] Das bloße Erwähnen von Verlustzuweisungen im Rahmen der Aufklärungspflichten hinsichtlich der Prospekthaftung ist hingegen nicht schädlich.[7]

---

1 Vgl. BMF-Schreiben vom 05.07.2000 - IV A 5 - S 2118 b - 111/00, in: BStBl 2000 I, S. 1148-1153. Dieses Schreiben ist zwischenzeitlich aufgrund von einigen Änderungen bzw. Ergänzungen ersetzt worden durch das BMF-Schreiben vom 22.08.2001 - IV A 5 - S 2118 b - 40/01, in: BStBl 2001 I, S. 588-593.

2 Vgl. BMF-Schreiben vom 22.08.2001: a.a.O., Rn. 32. Zur Funktionsweise dieses finanzmathematischen Verfahrens siehe Gliederungspunkt 4.1.3.

3 Vgl. BMF-Schreiben vom 22.08.2001: a.a.O., Rn. 31; SEER, R., SCHNEIDER, N.: a.a.O., S. 874.

4 Der Höchstsatz der Einkommensteuer beträgt bis zum Veranlagungszeitraum 1999 einschließlich 53 % und wird in den folgenden Jahren stufenweise gem. § 32a Abs. 1 i.V.m. § 52 Abs. 41 EStG n.F. bis auf 42 % (ab dem Veranlagungszeitraum 2005) gesenkt.

Der vollständigkeitshalber sei an dieser Stelle erwähnt, daß neben der Minderung des Einkommensteuerhöchstsatzes auch der Körperschaftsteuersatz für thesaurierte Gewinne von bisher 45 % (bis 1998) über 40 % (in 1999 und 2000) auf 25 % (ab 2001) reduziert wird. Darüber hinaus wird ab dem Veranlagungszeitraum 2001 das bisher angewendete Anrechnungsverfahren durch das sog. Halbeinkünfteverfahren ersetzt.

5 Vgl. BMF-Schreiben vom 22.08.2001: a.a.O., Rn. 31 u. 37.

6 Vgl. BMF-Schreiben vom 22.08.2001: a.a.O., Rn. 43; SEER, R., SCHNEIDER, N.: a.a.O., S. 876.

7 Vgl. ebenda.

Negative Einkünfte aus der Beteiligung an Verlustzuweisungsgesellschaften und ähnlichen Modellen dürfen weder mit anderen Einkünften ausgeglichen noch nach § 10d EStG abgezogen werden.[1] Sie können aber unter den entsprechend anzuwendenden Beschränkungen der §§ 2 Abs. 3 und 10d EStG mit positiven Einkünften aus gleichartigen Beteiligungsverhältnissen verrechnet werden.[2] Letztlich sei darauf hingewiesen, daß § 2b EStG dann keine Anwendung findet, wenn das Wirtschaftsgut von der Gesellschaft vor dem 05.03.1999 angeschafft wird respektive im Fall der Herstellung vor dem 05.03.1999 mit der Herstellung begonnen wird und der Steuerpflichtige der Gesellschaft bis zum 31.12.2000 beitritt.[3]

3.1.2.8 Beendigung der Kapitalanlage

Übt der Leasingnehmer eine ihm eingeräumte Kaufoption am Ende der Grundmietzeit aus, wird der Fonds zu diesem Zeitpunkt aufgelöst.[4] Einkommensteuerrechtlich handelt es sich dabei um eine Betriebsaufgabe i.S.d. § 16 Abs. 3 EStG, sofern eine gewerblich geprägte Fondsgesellschaft vorliegt.[5] Der Aufgabegewinn errechnet sich für gewöhnlich aus der Differenz zwischen dem Veräußerungspreis einerseits und dem Restbuchwert der Immobilie einschließlich etwaiger Veräußerungskosten andererseits.[6]

Der auf den einzelnen Gesellschafter anteilig entfallende Aufgabegewinn unterliegt bei diesem gem. § 34 Abs. 1 u. 2 EStG als außerordentliche Einkünfte nicht dem vollen, sondern einem ermäßigten Steuersatz. Dieser beträgt die Hälfte des durchschnittlichen Steuersatzes, der sich ergäbe, wenn die tarifliche Einkommensteuer nach dem gesamten zu versteuernden Einkommen zuzüglich der dem Progressionsvorbehalt unterliegenden Einkünfte zu bemessen wäre.[7] Die Steuersatzermäßigung findet auf außerordentliche Einkünfte bis 15 Mio.

---

1 Vgl. § 2b S. 1 u. 2 EStG.

2 Vgl. § 2b S. 4 EStG.

3 Vgl. § 52 Abs. 4 EStG n.F.

4 Vgl. Gliederungspunkt 2.1.6.

5 Vgl. ZIMMERMANN, R., REYHER, U., HOTTMANN, J.: a.a.O., S. 950 ff.

6 Vgl. § 16 Abs. 2 EStG; LORITZ, K.-G., WAGNER, K.-R.: a.a.O., S. 350.

7 Vgl. § 34 Abs. 1 S. 2 EStG.

DM Anwendung, wenn diese nach dem 31.07.1997 und vor dem 01.01.2001 erzielt werden.[1] Der Betrag von 15 Mio. DM vermindert sich ab dem Veranlagungszeitraum 2001 auf 10 Mio. DM.[2] Gesellschafter, die im Zeitpunkt der Betriebsaufgabe das 55. Lebensjahr vollendet haben, kommen darüber hinaus in den Genuß eines Freibetrages i.H.v. 60.000,- DM.[3] Dieser ermäßigt sich aber um den Betrag, um den der anteilige Aufgabegewinn 300.000,- DM übersteigt.[4] Letztlich unterliegt der Gewinn aus der Aufgabe des Gewerbebetriebs nicht der Gewerbesteuer.[5]

Im Gegensatz zu den Gewinneinkünften werden bei der Ermittlung der Überschußeinkünfte Veränderungen im Vermögensbereich grundsätzlich nicht berücksichtigt.[6] Ein Aufgabegewinn aus der Veräußerung des Leasingobjektes unterliegt daher bei den Gesellschaftern eines Fonds mit Einkünften aus Vermietung und Verpachtung nicht der Besteuerung. Voraussetzung hierfür ist al-

---

[1] Vgl. § 34 Abs. 1 S. 2 i.V.m. § 52 Abs. 24a EStG.

[2] Vgl. § 52 Abs. 24a EStG.

Der Inhalt des § 34 EStG ist durch das Steuerentlastungsgesetz 1999/2000/2002 mit Wirkung vom Veranlagungszeitraum 1999 an grundlegend verändert worden. Danach unterliegen außerordentliche Einkünfte nicht mehr dem halben durchschnittlichen Steuersatz, sondern es kommt lediglich auf Antrag die sog. Fünftelungsregelung zur Anwendung. Laut § 34 Abs. 1 S. 2 EStG n.F. beläuft sich die für die außerordentlichen Einkünfte anzusetzende Einkommensteuer nun auf „das Fünffache des Unterschiedsbetrags zwischen der Einkommensteuer für das um diese Einkünfte verminderte zu versteuernde Einkommen (verbleibendes zu versteuerndes Einkommen) und der Einkommensteuer für das verbleibende zu versteuernde Einkommen zuzüglich eines Fünftels dieser Einkünfte." Unterliegt das verbleibende zu versteuernde Einkommen bereits dem Spitzensteuersatz, so führt die Fünftelungsregelung zu keiner Steuerentlastung; vgl. HENNING, M., HUNDSDOERFER, J., SCHULT, E.: Die Progressionsglättung für außerordentliche Einkünfte nach § 34 Abs. 1 EStG-Entwurf: Steuersätze bis zu 265 %, in: DStR, 37. Jg. (1999), S. 131-136, hier S. 132.

Infolge einer erneuten Rechtsänderung kann der Steuerpflichtige ab dem Veranlagungszeitraum 2001 bei einer Betriebsaufgabe anstelle der Fünftelungsregelung auf Antrag wieder den halben durchschnittlichen Steuersatz in Anspruch nehmen, allerdings nur noch einmal im Leben und nur dann, wenn er das 55. Lebensjahr vollendet hat oder wenn er im sozialversicherungsrechtlichen Sinne dauernd berufsunfähig ist (§ 34 Abs. 3 EStG n.F.). Vor dem 01.01.2001 beanspruchte Steuerermäßigungen i.S.d. § 34 EStG sind dabei unbeachtlich (§ 52 Abs. 47 S. 7 EStG n.F.). Im Gegensatz zur früheren Rechtslage muß der ermäßigte Steuersatz aber mindestens dem jeweils geltenden Eingangssteuersatz entsprechen, für 2001 und 2002 bspw. 19,9 % (§ 34 Abs. 3 S. 2 i.V.m. § 52 Abs. 47 S. 6 EStG n.F.).

[3] Vgl. § 16 Abs. 4 S. 1 EStG. Der Freibetrag erhöht sich ab dem 01.01.2001 auf 100.000,- DM.

[4] Vgl. § 16 Abs. 4 S. 3 EStG.

[5] Vgl. Abschn. 38 Abs. 3 S. 1 u. Abschn. 39 Abs. 1 S. 2 Nr. 1 GewStR.

[6] Vgl. FÜHRER, C.: a.a.O., S. 123 f.; SCHELLENBERGER, H.: Die Immobilien-KG und ihre Gesellschafter, in: StbJb 1983/84, Köln 1984, S. 121-139, hier S. 137.

lerdings, daß kein Spekulationsgeschäft i.S.d. §§ 22 Nr. 2, 23 Abs. 1 S. 1 Nr. 1a EStG vorliegt, d.h. der Zeitraum zwischen Anschaffung[1] und Veräußerung der Immobilie muß mehr als zwei Jahre betragen.[2]

Die Kapitalanlage eines Kommanditisten kann nicht nur durch Auflösung der Gesellschaft, sondern auch durch eine vorzeitige Anteilsveräußerung beendet werden. Ist der ausscheidende Kommanditist an einem Fonds mit Einkünften aus Gewerbebetrieb beteiligt, entsteht ein Veräußerungsgewinn in Höhe der Differenz zwischen Verkaufserlös respektive Auseinandersetzungsguthaben und Buchwert seines Kapitalkontos incl. etwaiger Veräußerungskosten.[3] Diese Berechnungsformel ist auch anzuwenden, wenn das Kapitalkonto einen negativen Betrag aufweist; jedoch können in diesem Fall die existierenden verrechenbaren Verluste mit dem Veräußerungsgewinn saldiert werden.[4] Der bei der Veräußerung des Gesellschaftsanteils realisierte Gewinn wird wie der anteilige Betriebsaufgabegewinn gem. §§ 16 Abs. 1 Nr. 2 i.V.m. 34 Abs. 1 u. 2 EStG mit dem halben durchschnittlichen Steuersatz des Anlegers besteuert.[5]

Verkauft ein Gesellschafter seine Beteiligung an einem vermögensverwaltenden Immobilien-Leasing-Fonds mit Einkünften aus Vermietung und Verpachtung, wird ein evtl. entstehender Gewinn nicht der Besteuerung unterworfen, sofern die nachfolgenden Voraussetzungen erfüllt sind. Zunächst muß der Gesellschafter den Anteil in seinem Privatvermögen halten;[6] ein gewerblicher Grundstückshandel darf dementsprechend bei ihm nicht gegeben sein.[7] Dane-

---

1 In § 23 Abs. 1 S. 1 Nr. 1a EStG wird explizit der Begriff der Anschaffung verwendet; der Tatbestand der Herstellung mit anschließender Veräußerung wird somit von dieser Vorschrift nicht erfaßt. Vgl. hierzu FÜHRER, C.: a.a.O., S. 127 f.

2 Im Rahmen des Steuerentlastungsgesetzes 1999/2000/2002 wurde § 23 EStG von Spekulationsgeschäfte in Private Veräußerungsgeschäfte umbenannt; die Spekulationsfrist bei Immobilien wurde von zwei auf zehn Jahre verlängert (§ 23 Abs. 1 S. 1 Nr. 1 EStG n.F.). Die neue Vorschrift ist auf Geschäfte anzuwenden, bei denen die Veräußerung auf einem nach dem 31.12.1998 rechtswirksam abgeschlossenen obligatorischen Vertrag beruht (§ 52 Abs. 39 S. 1 EStG n.F.).

3 Vgl. SAUER, O. M.: a.a.O., S. 143.

4 Vgl. ebenda, S. 143 f.

5 Die in Fußnote 2 auf der vorangegangenen Seite dargestellten Rechtsänderungen gelten hier entsprechend.

6 Gehört der Fondsanteil zum Betriebsvermögen des Gesellschafters, wird ein Veräußerungsgewinn bei den Einkünften aus Gewerbebetrieb erfaßt; die Steuervergünstigungen gem. §§ 16, 34 EStG können hierauf jedoch nicht in Anspruch genommen werden. Vgl. MELLWIG, W.: Vermögensverwaltung: Bewährungsprobe für das neue Steuerrecht der Personengesellschaft (Teil I u. II), in: DB, 38. Jg. (1985), S. 2066-2072 u. 2120-2123, hier S. 2120.

7 Vgl. hierzu Gliederungspunkt 3.1.1.3.5.

ben muß er die Beteiligung in der Absicht erworben haben, um damit langfristig einen Einnahmenüberschuß zu erzielen.[1] Letztlich darf er den Anteil nicht während der Spekulationsfrist veräußern; diese beträgt gem. § 23 Abs. 1 S. 1 Nr. 1a u. S. 2 EStG 2 Jahre.[2] Wird die letztgenannte Voraussetzung nicht erfüllt, hat der Anleger einen ggf. entstehenden Spekulationsgewinn gem. §§ 22 Nr. 2, 23 EStG als sonstige Einkünfte zu versteuern.[3] Der Gewinn ergibt sich dabei aus der Differenz zwischen dem Veräußerungspreis einerseits und den Anschaffungskosten der Beteiligung (vermindert um bereits vorgenommene Absetzungen für Abnutzung und Sonderabschreibungen) einschließlich etwaiger Veräußerungskosten andererseits.[4]

---

[1] Vgl. zum Erfordernis der Überschußerzielungsabsicht Gliederungspunkt 3.1.1.5.

[2] Die Veräußerungsfrist beträgt gem. § 23 Abs. 1 S. 1 Nr. 1 u. S. 4 i.V.m. § 52 Abs. 39 S. 1 EStG n.F. seit dem 01.01.1999 10 Jahre.

Bei der Beantwortung der Frage, ob ein Spekulationsgeschäft (privates Veräußerungsgeschäft) i.S.d. § 23 EStG vorliegt, kommt es ausschließlich auf den Zeitraum zwischen Anschaffung und Veräußerung des betreffenden Wirtschaftsguts an; der Veräußerungsgrund des Steuerpflichtigen hat dagegen keinen Einfluß auf die Beurteilung. Vgl. FÜHRER, C.: a.a.O., S. 127; LOIPFINGER, S., NICKL JR., L., RICHTER, U.: a.a.O., S. 117 f.

[3] Gewinne aus Spekulationsgeschäften (privaten Veräußerungsgeschäften) bleiben gem. § 23 Abs. 3 S. 3 EStG (§ 23 Abs. 3 S. 6 EStG n.F.) allerdings steuerfrei, wenn sie weniger als 1.000,- DM pro Kalenderjahr betragen.

[4] Vgl. § 23 Abs. 3 S. 1 u. 2 EStG (§ 23 Abs. 3 S. 1 u. 4 EStG n.F.).

3.2 Einfluß weiterer Steuerarten auf den geschlossenen Immobilien-Leasing-Fonds und seiner Gesellschafter

3.2.1 Gewerbesteuer

Der Gewerbesteuer unterliegt gem. § 2 Abs. 1 GewStG jeder stehende Gewerbebetrieb, sofern er im Inland betrieben wird; unter einem Gewerbebetrieb ist dabei ein gewerbliches Unternehmen i.S.d. Einkommensteuergesetzes zu verstehen. Ein geschlossener Immobilien-Leasing-Fonds, der in der Rechtsform der GmbH & Co. KG geführt wird und dessen Gesellschafter Einkünfte aus Gewerbebetrieb erzielen, ist daher als gewerblich geprägte Personengesellschaft i.S.d. § 15 Abs. 3 Nr. 2 EStG gewerbesteuerpflichtig. Ein Fonds mit Einkünften aus Vermietung und Verpachtung unterliegt dagegen nicht der Gewerbesteuer.

Besteuerungsgrundlage ist laut § 6 S. 1 GewStG der Gewerbeertrag, wobei als Steuerschuldner die Fondsgesellschaft anzusehen ist.[1] Daneben diente bis zum Erhebungszeitraum 1997 einschließlich auch das Gewerbekapital als zweite Besteuerungsgrundlage. Bei der Berechnung des Gewerbeertrages ist gem. § 7 GewStG von dem nach den Vorschriften des Einkommensteuergesetzes zu ermittelnden Gewinn aus Gewerbebetrieb auszugehen, der um die in den §§ 8 und 9 GewStG aufgeführten Hinzurechnungen und Kürzungen zu korrigieren ist.[2]

Für einen geschlossenen Immobilien-Leasing-Fonds ist insb. die Bestimmung des § 8 Nr. 1 GewStG von besonderer Bedeutung;[3] danach sind die Entgelte für Schulden, die nicht nur der vorübergehenden Verstärkung des Betriebskapitals dienen und die bei der Ermittlung des Gewinns als Betriebsausgabe abgesetzt worden sind, zur Hälfte wieder dem Gewerbeertrag hinzuzurechnen. Solche Dauerschulden liegen bspw. bei Krediten mit einer Laufzeit von mehr als zwölf Monaten vor, die ein Fonds zur Finanzierung des Leasingobjektes aufnimmt.[4] Auf der anderen Seite kann die Fondsgesellschaft jedoch regelmä-

---

[1] Vgl. § 5 Abs. 1 S. 3 GewStG.

[2] Bei der Ermittlung des Gewerbeertrages sind nicht nur die Erträge und Aufwendungen aus dem Gesamthandsvermögen, sondern auch die aus dem Sonderbetriebsvermögen zu berücksichtigen; vgl. WÖHE, G.: Betriebswirtschaftliche Steuerlehre, Band I, 1. Halbband, a.a.O., S. 323.

[3] Die nachfolgenden Ausführungen gehen von einer Zurechnung des Leasinggegenstandes beim Leasinggeber aus.

[4] Vgl. Abschn. 45 Abs. 6 S. 3 Nr. 1 S. 11 GewStR.

ßig die Kürzungsvorschrift des § 9 Nr. 1 S. 2 GewStG in Anspruch nehmen. Ein Unternehmen, das ausschließlich eigenen Grundbesitz oder eigenes Kapitalvermögen verwaltet und nutzt, kann hiernach auf Antrag den Gewerbeertrag um den Teil kürzen, der auf die Verwaltung und Nutzung des Grundbesitzes entfällt. Diese Bestimmung hat zur Folge, daß ein geschlossener Immobilien-Leasing-Fonds, der vermögensverwaltend tätig ist und nur auf Grund seiner Rechtsform als Gewerbebetrieb einzustufen ist, keine Gewerbesteuer zu entrichten hat.[1] Dieses Ergebnis erfordert allerdings, daß der Leasingnehmer nicht an der Fondsgesellschaft beteiligt ist.[2]

Sind die Voraussetzungen der erweiterten Kürzung laut § 9 Nr. 1 S. 2 GewStG nicht vollständig erfüllt, kommt es im Regelfall trotzdem nicht oder nur in geringem Umfang zu einer Belastung mit Gewerbesteuer. Aufgrund der Inanspruchnahme von Abschreibungsvergünstigungen und der Geltendmachung von sofort abzugsfähigen Werbungskosten entstehen bei der Fondsgesellschaft zu Investitionsbeginn gewerbesteuerliche Verlustvorträge, die sie gem. § 10a GewStG mit den in späteren Jahren anfallenden positiven Gewerbeerträgen verrechnen kann. Infolge des Objektcharakters der Gewerbesteuer ist zu beachten, daß der Abzug des Gewerbeverlustes an die Erfordernisse der Unternehmensidentität und der Unternehmeridentität geknüpft ist.[3] Der Gewerbeverlust kann dementsprechend nur für die Gesellschafter berücksichtigt werden, die sowohl im Zeitpunkt der Verlustentstehung als auch im Zeitpunkt der Verlustverrechnung an der Gesellschaft beteiligt sind.[4] Bei einem Gesellschafterwechsel geht daher der anteilige Gewerbeverlustvortrag des ausscheidenden Gesellschafters verloren.[5]

---

[1] Vgl. REHM, H.: a.a.O., S. 19; UTECH, H. G., WEINAND-HÄRER, K.: a.a.O., S. 11.

[2] Vgl. FOHLMEISTER, K. J.: Immobilien-Leasing, a.a.O., S. 208; GABELE, E., DANNENBERG, J., KROLL, M.: a.a.O., S. 70.

[3] Vgl. ZIMMERMANN, R., REYHER, U., HOTTMANN, J.: a.a.O., S. 432.

[4] Vgl. Abschn. 68 Abs. 3 GewStR; ZIMMERMANN, R., REYHER, U., HOTTMANN, J.: a.a.O., S. 433 f.

[5] Eine weitere Möglichkeit, um die Belastung mit Gewerbesteuer zu reduzieren, ist die Forfaitierung. Diese Variante findet vor allem im Mobilien-Leasing und teilweise bei klassischen Immobilien-Leasinggesellschaften Anwendung. Durch den Verkauf der in Zukunft fällig werdenden Leasingraten und durch die daran anschließende Ablösung etwaig aufgenommener Refinanzierungsdarlehen fallen keine Dauerschuldzinsen mehr an. Vgl. LORITZ, K.-G., WAGNER, K.-R.: a.a.O., S. 352; REHM, H.: a.a.O., S. 20.

Im Rahmen des Gesetzes zur Senkung der Steuersätze und zur Reform der Unternehmensbesteuerung wurde ein neuer § 35 in das Einkommensteuergesetz eingefügt, der Personenunternehmen durch eine pauschalierte Anrechnung der Gewerbesteuer auf die Einkommensteuer der Gesellschafter entlastet. Die tarifliche Einkommensteuer reduziert sich danach bei

Neben dem Fonds ist auch die Komplementär-GmbH kraft Rechtsform, d.h. unabhängig von ihrer Tätigkeit,[1] gem. § 2 Abs. 2 S. 1 GewStG gewerbesteuerpflichtig. Die Vergütungen, die sie für die Übernahme der persönlichen Haftung und für die Geschäftsführungstätigkeit von der Fondsgesellschaft erhält, können bei der Ermittlung ihres Gewerbeertrages laut § 9 Nr. 2 GewStG in Abzug gebracht werden.[2] Folglich fällt auch bei der Komplementär-GmbH keine Gewerbesteuer an, sofern sie keine weiteren Einkünfte besitzt.[3]

Zusammenfassend kann festgestellt werden, daß ein geschlossener Immobilien-Leasing-Fonds, dessen Gesellschafter Einkünfte aus Gewerbebetrieb erzielen, im allgemeinen keine Gewerbesteuer zu zahlen hat. Entscheidet sich ein gewerbliches Unternehmen nicht für die Leasingalternative, sondern erwirbt oder stellt es die Immobilie selber her und finanziert diese über ein langfristiges Darlehen, führt dies bei ihm aufgrund der Hinzurechnung der hälftigen Dauerschuldzinsen zu einer Gewerbesteuerbelastung, während die Leasingraten den einkommen- bzw. körperschaftsteuerpflichtigen Gewinn und damit den Gewerbeertrag zur Gänze mindern.[4] Durch die Finanzierung über einen geschlossenen Immobilien-Leasing-Fonds oder über eine klassische Immobilien-Leasinggesellschaft lassen sich insoweit Ersparnisse bei der Gewerbesteuer realisie-

---

Einkünften aus gewerblichen Unternehmen und bei Einkünften aus Gewerbebetrieb als Mitunternehmer um einen Ermäßigungsbetrag; dieser beträgt das 1,8fache des festgesetzten Gewerbesteuermeßbetrages (§ 35 Abs. 1 EStG n.F.). Bei Mitunternehmerschaften wird der Gewerbesteuermeßbetrag auf Ebene der Gesellschaft nach Maßgabe des allgemeinen Gewinnverteilungsschlüssels auf die einzelnen Mitunternehmer aufgeteilt (§ 35 Abs. 3 EStG n.F.). Es ist allerdings anzumerken, daß die festzusetzende Einkommensteuer infolge des § 35 EStG n.F. nicht negativ werden kann, eine Steuererstattung somit nicht möglich ist. Des weiteren ist neben der genannten Vorschrift ein Abzug der Gewerbesteuer als Betriebsausgabe auch weiterhin möglich. § 35 EStG n.F. ist erstmals in dem Veranlagungszeitraum anzuwenden, in dem Einkünfte aus Gewerbebetrieb erzielt werden, die aus Wirtschaftsjahren stammen, die nach dem 31.12.2000 beginnen (§ 52 Abs. 50a EStG n.F.). Gleichzeitig mit der Einfügung des § 35 EStG n.F. wurde § 32c EStG aufgehoben, der bisher eine Tarifbegrenzung bei gewerblichen Einkünften vorsah. Vgl. zu dem dargestellten Themenkomplex z.B. NEU, N.: Unternehmenssteuerreform 2001: Die pauschalierte Gewerbesteueranrechnung nach § 35 EStG, in: DStR, 38. Jg. (2000), S. 1933-1939; WESSELBAUM-NEUGEBAUER, C.: Unternehmenssteuerreform 2001: Auswirkungen der pauschalierten Gewerbesteueranrechnung auf Einzel- und Mitunternehmer in Abhängigkeit von Einkunftsart und anzuwendendem Gewerbesteuer-Hebesatz, in: DStR, 39. Jg. (2001), S. 180-188.

1 Vgl. WÖHE, G.: Betriebswirtschaftliche Steuerlehre, Band II, 1. Halbband, a.a.O., S. 254.

2 Vgl. BINZ, M. K.: a.a.O., S. 430 f.

3 Vgl. BINZ, M. K.: a.a.O., S. 431; WÖHE, G.: Betriebswirtschaftliche Steuerlehre, Band II, 1. Halbband, a.a.O., S. 255.

4 Vgl. MELLWIG, W.: Investition und Besteuerung, a.a.O., S. 218; SWOBODA, P.: Betriebliche Finanzierung, 3. Aufl., Heidelberg 1994, S. 131.

ren, die zwischen dem Leasinggeber und Leasingnehmer aufgeteilt werden können.[1]

3.2.2 Umsatzsteuer

Der Umsatzsteuer unterliegen u.a. gem. § 1 Abs. 1 Nr. 1 UStG die Lieferungen und sonstigen Leistungen, die ein Unternehmer im Inland gegen Entgelt im Rahmen seines Unternehmens ausführt.[2] Nach § 2 Abs. 1 UStG ist Unternehmer, wer eine gewerbliche oder berufliche Tätigkeit selbständig ausübt; gewerblich oder beruflich ist dabei jede nachhaltige Betätigung zur Erzielung von Einnahmen, auch wenn eine Gewinnerzielungsabsicht fehlt. Ein geschlossener Immobilien-Leasing-Fonds erfüllt diese Voraussetzungen und ist daher umsatzsteuerrechtlich als Unternehmer einzustufen.[3] Die von ihm getätigten steuerbaren Vermietungsumsätze sind jedoch gem. § 4 Nr. 12a UStG von der Umsatzsteuer befreit. Diese Regelung impliziert auch, daß der Fonds nicht zum Vorsteuerabzug berechtigt ist, d.h. er kann die Umsatzsteuerbeträge, die ihm bspw. für erbrachte Bauleistungen in Rechnung gestellt werden, nicht als Vorsteuer abziehen.[4]

Durch § 9 Abs. 1 UStG wird dem Fonds allerdings das Wahlrecht eingeräumt, auf die o.g. Steuerbefreiung zu verzichten, sofern die Umsätze an einen anderen Unternehmer für dessen Unternehmen ausgeführt werden. Daneben muß der Leistungsempfänger das Grundstück gem. § 9 Abs. 2 UStG ausschließlich für Umsätze verwenden oder zu verwenden beabsichtigen, die den Vorsteuerabzug nicht ausschließen; dem Fonds als Leasinggeber obliegt dabei die

---

[1] Vgl. SWOBODA, P.: a.a.O., S. 132.

[2] Wird der Leasinggegenstand dem Leasinggeber zugerechnet - wovon im folgenden ausgegangen wird - liegt eine Nutzungsüberlassung vor, die umsatzsteuerrechtlich als sonstige Leistung zu werten ist. Vgl. BORDEWIN, A.: a.a.O., S. 118 u. 121; VEIGEL, G., LENTSCHIG, P.: a.a.O., S. 115.

[3] Vgl. JUNGEN, A., THEILE, C.: Vorteilhafte Umsatzsteueroptionen bei Vermietungsumsätzen, in: DStR, 32. Jg. (1994), S. 561-567, hier S. 561; KURTH, H., GRASS, H.-G.: a.a.O., S. 169; SCHMIDER, K.-H.: a.a.O., S. 132.

[4] Vgl. § 15 Abs. 2 S. 1 Nr. 1 UStG.

Nachweispflicht.[1] Tritt als Leasingnehmer bspw. eine Bank, eine Versicherung oder die öffentliche Hand im Rahmen des Kommunal-Leasings auf, kann der geschlossene Immobilien-Leasing-Fonds von der Option zur Umsatzsteuerpflicht keinen Gebrauch machen, da die Voraussetzung des § 9 Abs. 2 UStG nicht erfüllt ist.[2]

Handelt es sich dagegen bei dem Leasingnehmer um einen Unternehmer, der selbst vorsteuerabzugsberechtigt ist, so wird der Fonds regelmäßig das ihm eingeräumte Wahlrecht ausüben und die an sich steuerfreien Vermietungsumsätze als steuerpflichtig behandeln. Er stellt dem Leasingnehmer dementsprechend nicht nur die Leasingraten, sondern gesondert auch die darauf entfallenden Umsatzsteuerbeträge in Rechnung und führt diese an das Finanzamt ab.[3] Dem Leasingnehmer entstehen hierdurch keine Nachteile, da er die zusätzlich verausgabte Umsatzsteuer als Vorsteuer abziehen kann. Der Vorteil, zur Steuerpflicht zu optieren, liegt nun darin, daß sich der Fonds die Umsatzsteuer, die er während der Errichtungsphase des Leasingobjektes gezahlt hat, vom Finanzamt erstatten lassen kann. Die Umsatzsteuerbeträge werden so zu einem „durchlaufenden Posten", der die Gesamtinvestitionskosten des Objektes nicht beeinflußt.[4] Bei den o.g. nicht vorsteuerabzugsberechtigten Leasingnehmern könnte der Fonds hingegen die verausgabten Beträge nicht als Vorsteuer geltend machen, so daß sich die Gesamtinvestitionskosten in diesem Fall erhöhen würden.

Unter den Begriff des Grundstücks i.S.d. § 9 Abs. 2 UStG fallen nicht nur das Grundstück insgesamt, sondern auch selbständig nutzbare Grundstücksteile

---

[1] Die hier dargestellten Voraussetzungen des § 9 Abs. 2 UStG müssen nicht erfüllt sein, sofern das Leasingobjekt vor dem 1. Januar 1998 fertiggestellt worden ist und sofern mit der Errichtung vor dem 11. November 1993 begonnen wurde; vgl. dazu § 27 Abs. 2 UStG.

[2] Vgl. LOIPFINGER, S., NICKL JR., L., RICHTER, U.: a.a.O., S. 127 f.; OPITZ, G.: Geschlossene Immobilienfonds, a.a.O., S. 123 f.

[3] Sofern die Umsatzsteuer nach vereinbarten Entgelten zu berechnen ist, entsteht sie gem. § 13 Abs. 1 Nr. 1a UStG mit Ablauf des Voranmeldungszeitraums, in dem die Leistung oder Teilleistung ausgeführt worden ist. Des weiteren ist zu beachten, daß neben den Leasingraten auch etwaige einmalige Sonderzahlungen oder Vormieten der Umsatzsteuer unterliegen; vgl. MAUS, G.: a.a.O., S. 191. Im Fall der Forfaitierung entsteht die Umsatzsteuer allerdings nicht im Zeitpunkt der Vereinnahmung des Abtretungsentgelts, sondern erst mit Ablauf der Voranmeldungszeiträume, in dem die Zahlung der jeweiligen Leasingraten durch den Leasingnehmer an die Bank erfolgt; vgl. hierzu Abschn. 177 Abs. 4 S. 3-6 UStR.

[4] Vgl. OPITZ, G.: Geschlossene Immobilienfonds, a.a.O., S. 122.

(bspw. gewerbliche Flächen, Büro- oder Praxisräume).[1] Vermietet ein vorsteuerabzugsberechtigter Leasingnehmer (z.B. ein Kaufhaus) einen Teil des Leasingobjektes an einen Mieter weiter, der diesen Teil für steuerfreie Umsätze verwendet (z.B. eine Bank), ist die Frage des Verzichts auf die Steuerbefreiung bei den beiden Gebäudeteilen getrennt zu prüfen; der geschlossene Immobilien-Leasing-Fonds könnte infolgedessen für die untervermietete Fläche nicht zur Umsatzsteuerpflicht optieren.[2]

Nutzt der Leasingnehmer den Leasinggegenstand in dem obigen Beispiel zunächst ausschließlich für steuerpflichtige Umsätze und vermietet er den entsprechenden Gebäudeteil erst innerhalb der nächsten zehn Jahre an einen nicht vorsteuerabzugsberechtigten Untermieter weiter, muß der Fonds die zuvor erhaltene Vorsteuererstattung, sofern sie auf die Herstellungskosten, nicht aber sofern sie auf die Werbungskosten entfällt, anteilig an das Finanzamt zurückzahlen.[3] Bei der Berichtigung des Vorsteuerabzugs ist laut § 15a Abs. 2 UStG für jedes Kalenderjahr der Nutzungsänderung bis zum Ablauf des Zehnjahreszeitraums von einem Zehntel der auf den „schädlich" genutzten Gebäudeteil entfallenden Vorsteuerbeträge auszugehen.[4] Folglich unterbleibt eine Vorsteuerkorrektur, wenn der Gebäudeteil erst nach Ablauf von zehn Jahren seit der erstmaligen Nutzung untervermietet wird. Zur Vermeidung der aufgezeigten nachteiligen Folgen empfiehlt es sich aus Sicht des Leasinggebers, in den Leasingvertrag einen Passus aufzunehmen, der es dem Leasingnehmer verbietet, Teile des Leasingobjektes für Umsätze zu verwenden, die den Vorsteuerabzug ausschließen.

Neben den Leasingumsätzen tätigt der Fonds auch Umsätze im Rahmen der Ausgabe und Vermittlung der Kommanditanteile.[5] Diese Umsätze sind zwar steuerbar, aber gem. § 4 Nr. 8f UStG von der Besteuerung befreit. Die Umsatzsteuerbeträge der Kosten- und Gebührenpositionen, die mit der Gesellschafts-

---

[1] Vgl. BMF-Schreiben vom 30.12.1994 - IV C 4 - S 7198 - 55/94, in: BStBl 1994 I, S. 943-945; HUNDT-EßWEIN, H. U.: Einschränkung des Verzichts auf Umsatzsteuerbefreiungen (§ 9 Abs. 2 UStG), in: NWB, 51. Aufl., Herne/Berlin, Loseblattsammlung 1947 ff., Stand: 01.01.1996, Fach 7, S. 4379-4384.

[2] Vgl. ebenda.

[3] Vgl. § 15a Abs. 1 UStG; TEWES, D. (Hrsg.): a.a.O., Teil 9/3.1, S. 12.

[4] Eine Vorsteuerberichtigung ist gem. § 15a Abs. 4 UStG ebenfalls vorzunehmen, wenn das Leasingobjekt innerhalb der Zehnjahresfrist veräußert wird. Die Korrektur ist dabei nach § 44 Abs. 4 UStDV zur Gänze in dem Voranmeldungszeitraum durchzuführen, in dem die Veräußerung stattgefunden hat. Vgl. hierzu auch TEWES, D. (Hrsg.): a.a.O., Teil 9/3.1, S. 12.

[5] Vgl. KURTH, H., GRASS, H.-G.: a.a.O., S. 169.

gründung und der Anwerbung der Kommanditisten im Zusammenhang stehen (bspw. Gründungskosten, Konzeptionsgebühren), sind daher nicht als Vorsteuer absetzbar.[1] Eine Option zur Umsatzsteuerpflicht ist hier nicht möglich, da die Kommanditisten als Empfänger der Gesellschaftsanteile keine Unternehmer i.S.d. Umsatzsteuerrechts sind.[2]

Werden Leistungen, wie z.B. die des Treuhandkommanditisten, gegenüber den einzelnen Anlegern erbracht und übernimmt der Fonds die Zahlungen der Vergütungen, kann er die darauf entfallenden Umsatzsteuerbeträge ebenfalls nicht als Vorsteuer geltend machen, da die Leistungen nicht für sein Unternehmen ausgeführt worden sind.[3] Haben die Anleger die Vergütungen zu tragen, können auch sie die Umsatzsteuer auf Grund der fehlenden Unternehmereigenschaft nicht in Abzug bringen, es sei denn, sie halten die Anteile im Betriebsvermögen.[4] Letztlich sei hier erwähnt, daß die Komplementär-GmbH im Gegensatz zu den Kommanditisten als Unternehmer i.S.d. Umsatzsteuergesetzes anzusehen ist.[5] Die Übernahme der persönlichen Haftung und der Geschäftsführungstätigkeit stellen jedoch nicht steuerbare Leistungen dar, so daß die an die Komplementär-GmbH gezahlten Vergütungen nicht der Umsatzsteuer unterliegen.[6]

3.2.3 Grunderwerbsteuer

Der Grunderwerbsteuer unterliegt gem. § 1 Abs. 1 Nr. 1 GrEStG jeder Kaufvertrag oder jedes andere Rechtsgeschäft, das den Anspruch auf Übereignung eines inländischen Grundstücks begründet.[7] Die Steuer bemißt sich i.d.R. nach dem Wert der Gegenleistung, im Fall des Kaufs also nach dem Grundstücks-

---

1 Vgl. SCHMIDER, K.-H.: a.a.O., S. 134 f.; TEWES, D. (Hrsg.): a.a.O., Teil 9/3.4, S. 5.

2 Vgl. ebenda.

3 Vgl. § 15 Abs. 1 Nr. 1 UStG; SCHMIDER, K.-H.: a.a.O., S. 133.

4 Vgl. TEWES, D. (Hrsg.): a.a.O., Teil 9/3.3, S. 2.

5 Vgl. BINZ, M. K.: a.a.O., S. 435; WÖHE, G.: Betriebswirtschaftliche Steuerlehre, Band II, 1. Halbband, a.a.O., S. 261.

6 Vgl. TEWES, D. (Hrsg.): a.a.O., Teil 9/3.4, S. 11 f.

7 Umsätze, die unter das Grunderwerbsteuergesetz fallen, sind gem. § 4 Nr. 9a UStG von der Umsatzbesteuerung befreit.

kaufpreis.[1] Der Steuersatz wurde durch das Jahressteuergesetz 1997 von 2 % auf 3,5 % angehoben; entscheidend ist dabei, ob der notarielle Kaufvertrag vor dem 1. Januar 1997 oder nach dem 31. Dezember 1996 abgeschlossen wurde.[2]

Erwirbt ein geschlossener Immobilien-Leasing-Fonds, der als Bauherr anzusehen ist, für das neu zu errichtende Gebäude ein Grundstück, bemißt sich die Grunderwerbsteuer den obigen Ausführungen entsprechend nach dem Kaufpreis des Grund und Bodens.[3] Besitzt der Fonds hingegen nur die Stellung eines Erwerbers, unterliegen daneben auch die Kosten, die im Zusammenhang mit der Errichtung des Gebäudes angefallen sind, der Grunderwerbsbesteuerung.[4] In dem zuletzt genannten Fall ist die gezahlte Grunderwerbsteuer anteilig auf den Grund und Boden und auf das Gebäude aufzuteilen und jeweils als Anschaffungsnebenkosten zu aktivieren.[5] Neben der Geltendmachung von höheren sofort abzugsfähigen Betriebsausgaben/Werbungskosten im Rahmen der Einkommensbesteuerung[6] wird ein Fonds gleichfalls aus grunderwerbsteuerlichen Gründen bestrebt sein, daß ihm die Bauherreneigenschaft zuerkannt wird.

Letztlich profitiert hiervon auch der Leasingnehmer, da die Grunderwerbsteuer in die Gesamtinvestitionskosten eingeht und von ihm über die laufenden Leasingraten zu entrichten ist.[7] Übt er am Ende der Grundmietzeit eine ihm eingeräumte Kaufoption aus und geht damit die Fondsimmobilie in sein Eigentum über, fällt auf den Kaufoptionspreis ebenfalls Grunderwerbsteuer an.[8] Es ergibt sich somit für den Leasingnehmer im Vergleich zur Eigeninvestition eine Mehrbelastung in Höhe dieses Betrages.[9]

---

[1] Vgl. § 8 Abs. 1 i.V.m. § 9 Abs. 1 Nr. 1 GrEStG.

[2] Vgl. § 11 Abs. 1 i.V.m. § 23 Abs. 4 S. 1 GrEStG; CHRISTOFFEL, H. G.: Überblick über das Jahressteuergesetz 1997, in: DStR, 35. Jg. (1997), S. 265-274, hier S. 271.

[3] Wird dem Fonds ein Erbbaurecht eingeräumt, handelt es sich hierbei laut § 2 Abs. 2 Nr. 1 GrEStG ebenfalls um einen grunderwerbsteuerpflichtigen Vorgang. Als Wert der Gegenleistung ist der Kapitalwert der zukünftigen Erbbauzinszahlungen anzusetzen; bei der Berechnung des Kapitalwerts wird gem. § 13 Abs. 1 BewG ein Zinssatz von 5,5 % zugrundegelegt. Vgl. GABELE, E., DANNENBERG, J., KROLL, M.: a.a.O., S. 128.

[4] Vgl. TEWES, D. (Hrsg.): a.a.O., Teil 9/2.3, S. 1 ff.

[5] Vgl. Gliederungspunkt 3.1.2.4.4.

[6] Vgl. Gliederungspunkt 3.1.2.6.1.

[7] Vgl. Gliederungspunkt 2.2.5.3.1.

[8] Vgl. GABELE, E., DANNENBERG, J., KROLL, M.: a.a.O., S. 73 u. 127 f.

[9] Vgl. KRUMBHOLZ, S., STREITFERDT, L.: a.a.O., S. 43 f.

Der Erwerb oder die Veräußerung eines Anteils an einem geschlossenen Immobilien-Leasing-Fonds ist nicht grunderwerbsteuerpflichtig.[1] Dies gilt grundsätzlich auch für die Aufnahme der Anlegerkommanditisten in die Fondsgesellschaft während der Plazierungsphase. Es ist in diesem Zusammenhang jedoch auf den durch das Jahressteuergesetz 1997 in § 1 GrEStG eingefügten Absatz 2a hinzuweisen. Hiernach gilt die innerhalb eines Zeitraums von fünf Jahren vollzogene vollständige oder wesentliche Änderung im Gesellschafterbestand einer Personengesellschaft, zu dessen Vermögen ein inländisches Grundstück gehört, als grunderwerbsteuerpflichtiger Vorgang. Eine wesentliche Änderung des Gesellschafterbestandes ist nach § 1 Abs. 2a GrEStG stets gegeben, wenn 95 % der Anteile am Gesellschaftsvermögen auf neue Gesellschafter übergehen.

Erwirbt ein geschlossener Immobilien-Leasing-Fonds nach seiner Gründung ein Grundstück und treten die Anlegerkommanditisten der Gesellschaft erst nach diesem Zeitpunkt bei, sind die in § 1 Abs. 2a GrEStG genannten Voraussetzungen regelmäßig erfüllt, da die Beteiligungen der Neugesellschafter diejenigen der Altgesellschafter bei weitem überwiegen.[2] Als Wert der Gegenleistung gilt in diesem Fall gem. § 9 Abs. 1 Nr. 8 GrEStG der Teil der für die Erlangung der Gesellschafterstellung erbrachten Leistung, der auf Grundstücke im Vermögen der Personengesellschaft entfällt.[3]

Damit ein geschlossener Immobilien-Leasing-Fonds nicht zweimal Grunderwerbsteuer zu zahlen hat - zunächst beim eigentlichen Grundstückserwerb und anschließend bei der vollständigen oder wesentlichen Änderung im Gesellschafterbestand -, empfiehlt es sich, daß der Fonds das betreffende Grundstück erst nach Beitritt aller oder zumindestens eines Teils der Anlegerkommanditisten erwirbt.[4] Dabei ist jedoch zu beachten, daß zum Vermögen einer

---

1 Vgl. REITHMANN, C., MEICHSSNER, C., HEYMANN, E. VON: a.a.O., S. 278; TEWES, D. (Hrsg.): a.a.O., Teil 9/2.2.1, S. 1.

2 Vgl. gleichlautende Erlasse der obersten Finanzbehörden der Länder vom 13.06.1997, in: BStBl 1997 I, S. 632-636, Tz. 4.3.

3 Vgl. hierzu das Zahlenbeispiel, das in Tz. 10 der gleichlautenden Erlasse der obersten Finanzbehörden der Länder vom 13.06.1997 aufgeführt ist.

§ 9 Abs. 1 Nr. 8 GrEStG ist mit Wirkung vom 01.04.1999 aufgehoben. Die Steuer bemißt sich nun im Fall des § 1 Abs. 2a GrEStG nach den Werten i.S.d. § 138 Abs. 2 oder 3 BewG (sog. Bedarfsbewertung); vgl. § 8 Abs. 2 S. 1 Nr. 3 GrEStG n.F.

4 Vgl. TEWES, D. (Hrsg.): a.a.O., Teil 9/2.2.1, S. 6 f. Bis zum Inkrafttreten des § 1 Abs. 2a GrEStG konnte die Grunderwerbsteuerpflicht nur durch einen vollständigen und zeitnahen Gesellschafterwechsel ausgelöst werden. Eine Besteuerung konnte infolgedessen dadurch verhindert werden, daß einer der Gründungsgesellschafter auch nach Aufnahme der Anle-

Personengesellschaft nicht nur die in ihrem Eigentum befindlichen Grundstücke gehören, sondern auch solche, über die sie die Verwertungsmöglichkeit laut § 1 Abs. 2 GrEStG besitzt.[1] Würde dem Fonds hinsichtlich des neu zu erwerbenden Grundstücks ein unwiderrufliches Verkaufsangebot vor Beitritt der Anlegerkommanditisten eingeräumt werden, so würde dies ebenfalls zu einer zweifachen Belastung mit Grunderwerbsteuer führen.

3.2.4 Erbschaft- und Schenkungsteuer

Das Bundesverfassungsgericht hatte in seinen Beschlüssen vom 22.06.1995 zur Vermögensteuer sowie zur Erbschaft- und Schenkungsteuer festgestellt, daß die unterschiedliche Bewertung von Grundbesitz mit dem um 40 % erhöhten, auf den 1. Januar 1964 beruhenden Einheitswerten einerseits, und von Kapitalvermögen in gegenwartsnahen Verkehrswerten andererseits mit dem in Artikel 3 des Grundgesetzes kodifizierten Gleichheitsgrundsatz nicht vereinbar ist.[2] Der Gesetzgeber wurde deshalb aufgefordert, eine Neuregelung bis zum 31.12.1996 zu treffen.[3] Er kam dieser Aufforderung hinsichtlich der Vermögensteuer jedoch nicht nach, so daß diese Steuerart auf Grund ihrer Verfassungswidrigkeit seit dem 01.01.1997 nicht mehr erhoben werden darf.[4] Die Erbschaft- und Schenkungsteuer einschließlich der Grundbesitzbewertung wurde durch das Jahressteuergesetz 1997 neu geregelt; die Gesetzesänderungen sind rückwirkend ab dem 1. Januar 1996 anzuwenden.[5] Hierauf soll im folgenden näher eingegangen werden.

---

gerkommanditisten noch in der Gesellschaft verblieb. Vgl. hierzu gleichlautende Erlasse der obersten Finanzbehörden der Länder vom 13.06.1997: a.a.O., Tz. 1; REITHMANN, C., MEICHSSNER, C., HEYMANN, E. VON: a.a.O., S. 278; TEWES, D. (Hrsg.): a.a.O., Teil 9/2.2.1, S. 2 ff.

1 Vgl. gleichlautende Erlasse der obersten Finanzbehörden der Länder vom 13.06.1997: a.a.O., Tz. 3.

2 Vgl. BVerfG-Beschlüsse vom 22.06.1995 - 2 BvL 37/91, in: BStBl 1995 II, S. 655-665; vom 22.06.1995 - 2 BvR 552/91, in: BStBl 1995 II, S. 671-675.

3 Vgl. BVerfG-Beschlüsse vom 22.06.1995 - 2 BvL 37/91: a.a.O., S. 665; vom 22.06.1995 - 2 BvR 552/91: a.a.O., S. 675.

4 Vgl. BAREIS, P., ELSER, T.: Analyse des neuen Erbschaftsteuerrechts, in: DStR, 35. Jg. (1997), S. 557-562, hier S. 557; CHRISTOFFEL, H. G.: a.a.O., S. 265.

5 Vgl. CHRISTOFFEL, H. G.: a.a.O., S. 265.

Geht die Beteiligung an einem geschlossenen Immobilien-Leasing-Fonds aufgrund eines Erbfalls oder aufgrund einer Schenkung von einer Person auf eine andere über, unterliegt dieser Vorgang gem. § 1 Abs. 1 ErbStG der Erbschaftsteuer respektive der Schenkungsteuer. Als steuerpflichtiger Erwerb gilt dabei die Bereicherung des Erwerbers, sofern sie nicht steuerfrei ist.[1] Bei der Beurteilung der steuerlichen Folgen ist zwischen der Übertragung von Beteiligungen an Fonds mit Einkünften aus Vermietung und Verpachtung und solchen mit Einkünften aus Gewerbebetrieb zu differenzieren. Im zuletzt genannten Fall ist der Wert des Betriebsvermögens nach § 12 Abs. 5 ErbStG i.V.m. § 97 Abs. 1a BewG auf die Gesellschafter zu verteilen. Es ist in diesem Zusammenhang von den in der Steuerbilanz der Personengesellschaft ausgewiesenen Kapitalkonten auszugehen; ein etwaiger Differenzbetrag zwischen dem Wert des Betriebsvermögens und den Kapitalkonten laut Steuerbilanz wird den Gesellschaftern nach dem Gewinnverteilungsschlüssel zugerechnet.[2]

Der Wert des Betriebsvermögens wird im Rahmen einer Vermögensaufstellung in der Weise ermittelt, daß die Summe der zu dem Gewerbebetrieb gehörenden Wirtschaftsgüter und sonstigen aktiven Ansätze (Rohbetriebsvermögen) um die Summe der Schulden und sonstigen Abzüge gekürzt wird.[3] Es wird dabei grundsätzlich von den Steuerbilanzwerten ausgegangen;[4] von diesem Grundsatz ausgenommen ist jedoch die Bewertung der Betriebsgrundstücke.[5] Diese sind in der Vermögensaufstellung mit sog. Grundbesitzwerten anzusetzen.[6] Die Grundbesitzwerte werden gesondert festgestellt, wenn sie für die Erbschaft- und Schenkungsteuer benötigt werden; man spricht in diesem Zusammenhang von einer Bedarfsbewertung.[7]

Die geschlossenen Immobilien-Leasing-Fonds zugrundeliegenden bebauten Grundstücke sind laut § 146 Abs. 2 BewG mit dem 12,5fachen der für die letzten drei Jahre vor dem Besteuerungszeitpunkt erzielten durchschnittlichen Jahreskaltmiete zu bewerten. Von diesem Betrag ist eine Wertminderung wegen

---

1 Vgl. § 10 Abs. 1 S. 1 ErbStG.

2 Vgl. dazu auch gleichlautende Erlasse der obersten Finanzbehörden der Länder vom 14.04.1997, in: BStBl 1997 I, S. 399-405, hier S. 400 f.

3 Vgl. § 98a BewG; gleichlautende Erlasse der obersten Finanzbehörden der Länder vom 14.04.1997: a.a.O., S. 399.

4 Vgl. § 109 Abs. 1 BewG.

5 Vgl. § 12 Abs. 5 ErbStG.

6 Vgl. § 12 Abs. 3 ErbStG i.V.m. § 138 Abs. 3 BewG.

7 Vgl. § 138 Abs. 5 S. 1 BewG.

des Alters des Gebäudes abzuziehen, und zwar für jedes Jahr, das seit Bezugsfertigkeit bis zum Besteuerungszeitpunkt vollendet worden ist, 0,5 %; der maximale Abzugsbetrag beläuft sich auf 25 % des nach § 146 Abs. 2 BewG errechneten Ausgangswertes.[1] Weist der Steuerpflichtige durch Vorlage eines Gutachtens nach, daß der oben berechnete Grundstückswert höher ist als der gemeine Wert, so kann er letzteren seinen Berechnungen zugrunde legen.[2]

Im allgemeinen ist aber davon auszugehen, daß der nach den §§ 138 ff. BewG ermittelte Grundbesitzwert unterhalb des Verkehrswertes der Immobilie liegen wird.[3] Da die Verbindlichkeiten in der Vermögensaufstellung mit dem Steuerbilanzwert, also dem Nennwert, angesetzt werden,[4] ergibt sich häufig nur ein geringes Betriebsvermögen. Bei entsprechend hoher Fremdfinanzierung kann der Wert des Betriebsvermögens u.U. auch negativ werden. Bei der Berechnung des steuerpflichtigen Erwerbs des einzelnen Gesellschafters sind neben den Verbindlichkeiten auf Gesellschaftsebene auch die Verbindlichkeiten zu berücksichtigen, die dieser zur Finanzierung seines Eigenkapitalanteils aufgenommen hat.[5]

Des weiteren ist zu beachten, daß bei der Übertragung von Betriebsvermögen gem. § 13a Abs. 1 u. Abs. 4 Nr. 1 ErbStG ein Freibetrag von 500.000,- DM gewährt wird; der darüber hinausgehende Betrag ist lediglich mit 60 % anzusetzen.[6] Verstirbt bspw. ein Kommanditist, dessen Fondsbeteiligung einen Steuerwert von 1 Mio. DM aufweist, so beträgt der verbleibende Steuerwert des Betriebsvermögens lediglich 300.000,- DM.[7] Der Freibetrag und der verminderte Wertansatz fallen allerdings mit Wirkung für die Vergangenheit weg, sofern der Erbe den Gesellschaftsanteil innerhalb von fünf Jahren nach dem Erwerb veräußert; als Veräußerung gilt auch die Betriebsaufgabe der Fondsgesellschaft.[8]

Die Erbschaft- bzw. Schenkungsteuer, die der Erwerber letztendlich zu entrichten hat, hängt neben der Höhe des übertragenen Vermögens auch von sei-

---

[1] Vgl. § 146 Abs. 4 BewG.

[2] Vgl. § 146 Abs. 7 BewG; CHRISTOFFEL, H. G.: a.a.O., S. 268.

[3] Vgl. BAREIS, P., ELSER, T.: a.a.O., S. 558.

[4] Vgl. § 109 Abs. 1 BewG.

[5] Vgl. KURTH, H., GRASS, H.-G.: a.a.O., S. 174.

[6] Vgl. § 13a Abs. 2 ErbStG.

[7] Vgl. BAREIS, P., ELSER, T.: a.a.O., S. 561.

[8] Vgl. § 13a Abs. 5 Nr. 1 ErbStG.

nem Verwandtschaftsverhältnis zum Erblasser oder Schenker ab. Je nach Grad der Verwandtschaft sind die in § 15 Abs. 1 ErbStG aufgeführten drei Steuerklassen zu unterscheiden. Diese determinieren zum einen die zu gewährenden Freibeträge (§§ 16, 17 ErbStG) und zum anderen die auf die steuerpflichtigen Erwerbe anzuwendenden Steuersätze (§ 19 Abs. 1 ErbStG). Gehört der Erbe oder Beschenkte zur Steuerklasse II oder III und ist in dem steuerpflichtigen Erwerb Betriebsvermögen enthalten, wird dieser Teil gem. § 19a ErbStG nach dem Tarif der Steuerklasse I besteuert.[1]

Der Erwerb einer Beteiligung an einem vermögensverwaltenden Immobilien-Leasing-Fonds mit Einkünften aus Vermietung und Verpachtung gilt gem. § 10 Abs. 1 S. 3 ErbStG als Erwerb der anteiligen Wirtschaftsgüter. Im Erbfall ist demgemäß der nach den §§ 138 ff. BewG ermittelte anteilige Grundbesitzwert den anteiligen Verbindlichkeiten gegenüberzustellen. Wird die Beteiligung im Wege der Schenkung übertragen, finden in diesem Fall die Grundsätze der gemischten Schenkung Anwendung.[2] Der Steuerwert wird nach folgender Formel ermittelt:[3]

$$\text{Steuerwert der freigebigen Zuwendung} = \frac{\text{Steuerwert der Leistung des Schenkers} * \text{Verkehrswert der Bereicherung des Beschenkten}}{\text{Verkehrswert der Leistung des Schenkers}}$$

Beträgt der Verkehrswert der Fondsimmobilie bspw. 100 Mio. DM[4] und weisen die vom Fonds aufgenommenen Verbindlichkeiten zum Zeitpunkt der Schenkung noch einen Stand von 40 Mio. DM auf, ergibt sich ein Verkehrswert der Bereicherung des Beschenkten i.H.v. 60 Mio. DM; dies entspricht bezogen auf den Verkehrswert der Fondsimmobilie einem Prozentsatz von 60 %. Multipliziert man diesen Satz mit dem Steuerwert der Fondsimmobilie (= Grundbesitzwert) von bspw. 80 Mio. DM, so errechnet sich ein Steuerwert der freigebigen

---

1 Zur Veranschaulichung der Wirkungsweise des § 19a ErbStG vgl. das Zahlenbeispiel von BAREIS, P., ELSER, T.: a.a.O., S. 560 f.

2 Vgl. CHRISTOFFEL, H. G.: a.a.O., S. 271.

3 Vgl. TEWES, D. (Hrsg.): a.a.O., Teil 9/4, S. 2; ZINNBAUER, H.: Gemischte Schenkungen im Schenkungsteuerrecht, in: BB, 49. Jg. (1994), S. 2185-2186, hier S. 2185.

4 In dem Beispiel wird davon ausgegangen, daß der Fonds neben dem Leasingobjekt kein weiteres Vermögen besitzt; der Steuerwert der freigebigen Zuwendung wird aus Vereinfachungsgründen für den gesamten Immobilien-Leasing-Fonds berechnet. Der sich ergebende Betrag würde dem jeweiligen Gesellschafter im konkreten Einzelfall entsprechend seinem Beteiligungsverhältnis zugerechnet werden.

Zuwendung von 48 Mio. DM. Bei einem Erbfall wären in diesem Beispiel die Verbindlichkeiten von 40 Mio. DM von dem Steuerwert der Fondsimmobilie von 80 Mio. DM zu subtrahieren, so daß sich im Vergleich zur Schenkung ein um 8 Mio. DM niedrigerer Wert ergeben würde.

Während bei einem geschlossenen Immobilien-Leasing-Fonds mit Einkünften aus Gewerbebetrieb Erbfall und Schenkung steuerlich gleich behandelt werden, führt die Übertragung einer Beteiligung an einem Fonds mit Einkünften aus Vermietung und Verpachtung für den Beschenkten im Vergleich zum Erben zu einem höheren steuerlichen Wertansatz, sofern noch Verbindlichkeiten valutieren. Daneben kann festgehalten werden, daß die Vererbung/Verschenkung eines Anteils an einem Fonds mit Einkünften aus Gewerbebetrieb zu günstigeren steuerlichen Ergebnissen führt als diejenige an einem Fonds mit Einkünften aus Vermietung und Verpachtung, da der Übergang von Betriebsvermögen durch die Einräumung des Freibetrages von 500.000,- DM, des Bewertungsabschlags von 40 % und der Tarifbegrenzung des § 19a ErbStG mehrfach begünstigt ist.

4 Modellrechnungen zur Beurteilung der Vorteilhaftigkeit des geschlossenen Immobilien-Leasing-Fonds als Anlage- und Finanzierungsalternative

4.1 Wahl eines geeigneten finanzmathematischen Verfahrens

4.1.1 Allgemeine Vorbemerkungen

Im zweiten und dritten Kapitel der vorliegenden Untersuchung wurden die gesellschaftsrechtlichen, finanzwirtschaftlichen und steuerrechtlichen Grundlagen des geschlossenen Immobilien-Leasing-Fonds eingehend dargestellt und analysiert. Im vierten Kapitel soll dieser nun mit Hilfe von Modellrechnungen sowohl aus Sicht des Kapitalanlegers als auch aus Sicht des Leasingnehmers auf seine Vorteilhaftigkeit hin überprüft werden. Dem Anleger dient dabei als Vergleichsmaßstab eine Anlage am Kapitalmarkt; dem Leasingnehmer stehen als Alternativen der Kreditkauf[1] und die Finanzierung über eine klassische Immobilien-Leasinggesellschaft offen.

Zur Beurteilung der Vorteilhaftigkeit der verschiedenen Alternativen muß zunächst ein geeignetes Verfahren festgelegt werden. So beruhen die Renditeberechnungen in den Beteiligungsprospekten i.d.R. auf der Internen Zinssatzmethode. Die Vergleichsrechnungen zwischen Leasing und Kreditkauf in der betriebswirtschaftlichen Literatur basieren dagegen vornehmlich auf der Kapitalwertmethode.[2] Neben diesen beiden Verfahren soll im folgenden auch die Vermögensendwertmethode dargestellt werden und auf ihre Eignung als Entscheidungskriterium hin untersucht werden.

Die Kapitalwertmethode, die Interne Zinssatzmethode und die Vermögensendwertmethode zählen zu den dynamischen bzw. finanzmathematischen Verfahren der Investitionsrechnung.[3] Ausgangspunkt der Berechnungen sind die jeweils mit den Alternativen verbundenen Ein- und Auszahlungen.[4] Im Gegensatz

---

[1] Da es sich beim Leasing um eine besondere Art der Fremdfinanzierung handelt, wird hier als Vergleichsmaßstab der Kreditkauf (fremdfinanzierte Kauf) gewählt. Das betreffende Unternehmen erwirbt oder stellt die Immobilie in diesem Fall selber her. Die Finanzierung erfolgt über ein langfristiges Darlehen; Eigenmittel werden demzufolge nicht eingesetzt. Vgl. dazu DÄUMLER, K.-D.: a.a.O., S. 708; HABERSTOCK, L.: Kredit-Kauf oder Leasing?, a.a.O., S. 451 ff.; SÜCHTING, J.: a.a.O., S. 170; WÖHE, G., BILSTEIN, J.: a.a.O., S. 204.

[2] Vgl. bspw. HABERSTOCK, L.: Kredit-Kauf oder Leasing?, a.a.O., S. 453 ff.; KRUMBHOLZ, S., STREITFERDT, L.: a.a.O., S. 44 ff.; WÖHE, G., BILSTEIN, J.: a.a.O., S. 204 ff.

[3] Vgl. BLOHM, H., LÜDER, K.: Investition, 8. Aufl., München 1995, S. 55.

[4] Vgl. HAX, H.: Investitionstheorie, 5. Aufl., Würzburg/Wien 1985, S. 11.

zu den statischen Verfahren der Investitionsrechnung, die sich an durchschnittlichen Erfolgsgrößen orientieren,[1] werden bei den dynamischen Verfahren die zeitlichen Unterschiede im Anfall der Ein- und Auszahlungen exakt berücksichtigt.[2] Einer Zahlung, die heute erfolgt, wird ein höheres Gewicht beigemessen als einer Zahlung, die erst in einer späteren Periode vorgenommen wird.[3]

4.1.2 Kapitalwertmethode

Bei der Ermittlung des Kapitalwerts (Barwerts) werden alle zukünftigen mit einer Investition verbundenen Ein- und Auszahlungen auf den Gegenwartszeitpunkt abgezinst (diskontiert) und anschließend aufaddiert.[4] Der dabei verwandte Kalkulationszinssatz entspricht der vom Investor geforderten Mindestverzinsung.[5] Ergeben die Berechnungen einen positiven Kapitalwert, ist die Investition vorteilhaft, da die Mindestverzinsung übertroffen wird.[6] Stehen mehrere Investitionsalternativen zur Auswahl, ist diejenige mit dem höchsten Kapitalwert die vorteilhafteste.[7]

Im Rahmen von Vergleichsrechnungen zwischen Leasing und Kreditkauf wird in der Literatur meistens nur auf die Zahlungen eingegangen, die in unterschiedlicher Höhe und zu unterschiedlichen Zeitpunkten anfallen. So werden bspw. die Einzahlungen aus dem betrieblichen Umsatzprozeß nicht berücksichtigt.[8] Da es sich bei den Zahlungen vorwiegend um Auszahlungen handelt, werden diese mit einem positiven Vorzeichen und Einzahlungen dementspre-

---

[1] Ein Überblick über die verschiedenen statischen Verfahren findet sich bspw. bei KRUSCHWITZ, L.: Investitionsrechnung, 6. Aufl., Berlin/New York 1995, S. 31-43.

[2] Vgl. PERRIDON, L., STEINER, M.: Finanzwirtschaft der Unternehmung, 8. Aufl., München 1995, S. 56.

[3] Vgl. BLOHM, H., LÜDER, K.: a.a.O., S. 49 f.

[4] Vgl. HAX, H.: a.a.O., S. 13; PERRIDON, L., STEINER, M.: a.a.O., S. 58.

[5] Vgl. HABERSTOCK, L., DELLMANN, K.: Kapitalwert und interner Zinsfuß als Kriterien zur Beurteilung der Vorteilhaftigkeit von Investitionsprojekten, in: KRP, o.Jg. (1971), S. 195-206, hier S. 197.

[6] Vgl. BLOHM, H., LÜDER, K.: a.a.O., S. 60.

[7] Vgl. HABERSTOCK, L.: Kredit-Kauf oder Leasing?, a.a.O., S. 454.

[8] Vgl. KRUMBHOLZ, S., STREITFERDT, L.: a.a.O., S. 17 u. 44.

chend mit einem negativen Vorzeichen versehen.[1] Eine solche Vorgehensweise impliziert allerdings, daß die Alternative am vorteilhaftesten ist, die den niedrigsten (Auszahlungs-) Barwert aufweist.[2]

Die Kapitalwertmethode geht von der Annahme eines vollkommenen, unbeschränkten Kapitalmarktes aus. Liquiditätsüberschüsse können in unbeschränktem Umfang zum Kalkulationszinssatz angelegt werden, etwaige Defizite können durch die Aufnahme von Krediten in beliebiger Höhe zum gleichen Zinssatz abgedeckt werden.[3] Diese Identität von Soll- und Habenzinssatz muß insb. dann als realitätsfern angesehen werden, wenn in den einzelnen Perioden des Betrachtungszeitraums teils positive und teils negative Liquiditätssalden ausgewiesen werden.[4]

Als weitere Problematik erweist sich die Korrektur des Kalkulationszinssatzes um steuerliche Einflüsse, denn den Berechnungen wird nicht ein Kalkulationszinssatz vor Steuern, sondern ein solcher nach Steuern zugrunde gelegt. Die Anpassung des Zinssatzes bereitet vor allem Schwierigkeiten, wenn mehrere steuerliche Einflußfaktoren zu berücksichtigen sind.[5] So ist beim Vergleich zwischen Leasing und Kreditkauf neben dem Einfluß der Einkommen- bzw. Körperschaftsteuer auch der der Gewerbesteuer zu erfassen. Des weiteren sind dem Gewinn aus Gewerbebetrieb nur im Fall des Kreditkaufs gem. § 8 Nr. 1 GewStG die hälftigen Dauerschuldzinsen wieder hinzuzurechnen. Es stellt sich daher die Frage, ob hier der gleiche steuerverkürzte Kalkulationszinssatz verwendet werden kann wie bei der Leasingalternative. Letztlich sei darauf hingewiesen, daß bei der Korrektur des Kalkulationszinssatzes nur ein linearer und kein progressiver Ertragsteuertarif berücksichtigt werden kann.[6]

---

[1] Vgl. HABERSTOCK, L.: Kredit-Kauf oder Leasing?, a.a.O., S. 454.

[2] Vgl. HABERSTOCK, L.: Kredit-Kauf oder Leasing?, a.a.O., S. 454; KRUMBHOLZ, S., STREITFERDT, L.: a.a.O., S. 45; WÖHE, G., BILSTEIN, J.: a.a.O., S. 210.

[3] Vgl. BLOHM, H., LÜDER, K.: a.a.O., S. 74 f.

[4] Vgl. GABELE, E., DANNENBERG, J., KROLL, M.: a.a.O., S. 164.

[5] Vgl. HABERSTOCK, L.: Kredit-Kauf oder Leasing?, a.a.O., S. 481; KECK, J.: Private Kapitalanlagen unter steuerlichem Einfluß, Diss., Universität Hohenheim 1983, Thun/Frankfurt am Main 1983, S. 83.

[6] Vgl. KECK, J.: a.a.O., S. 83 ff.

4.1.3 Interne Zinssatzmethode

Als internen Zinssatz einer Investition bezeichnet man jenen Kalkulationszinssatz, bei dem sich ein Kapitalwert von Null ergibt; die Summen der auf den Gegenwartszeitpunkt abgezinsten Ein- und Auszahlungen weisen demzufolge die gleiche Höhe auf.[1] Der interne Zinssatz mißt die Effektivrendite und gibt die Verzinsung des jeweils gebundenen Kapitals wieder.[2] Ein Investitionsvorhaben ist vorteilhaft, wenn der interne Zinssatz über dem Kalkulationszinssatz, d.h. der vom Investor geforderten Mindestverzinsung, liegt.[3] Rechnerisch wird der interne Zinssatz r in der Weise ermittelt, daß man die Kapitalwertfunktion

$C_0 = \sum_{t=0}^{n} (E_t - A_t)(1 + r)^{-t}$ gleich Null setzt und nach r auflöst.[4]

Es handelt sich bei der Kapitalwertfunktion um eine Gleichung n-ten Grades; eine exakte mathematische Lösung bereitet daher in den Fällen Schwierigkeiten, in denen $t > 3$ ist, also mehr als drei Perioden vorliegen.[5] In diesen Fällen wird der interne Zinssatz in einem Näherungsverfahren durch lineare Interpolation ermittelt. Es ist zunächst durch Probieren ein Kalkulationszinssatz i_1 zu finden, der zu einem positiven Kapitalwert C_{01} führt; anschließend wird ein höherer Kalkulationszinssatz i_2 gewählt, der einen negativen Kapitalwert C_{02} zur Folge hat. Der Näherungswert für den internen Zinssatz r° läßt sich dann nach folgender Formel bestimmen:[6]

$$r° = \frac{C_{01} * i_2 - C_{02} * i_1}{C_{01} - C_{02}}$$

Die Differenz zwischen dem Näherungswert r° und dem exakten internen Zinssatz r - also der mit der Berechnung verbundene Fehler - wird umso geringer,

---

1 Vgl. BLOHM, H., LÜDER, K.: a.a.O., S. 90; KRUSCHWITZ, L.: a.a.O., S. 91.

2 Vgl. HABERSTOCK, L., DELLMANN, K.: a.a.O., S. 199.

3 Vgl. BLOHM, H., LÜDER, K.: a.a.O., S. 95; PERRIDON, L., STEINER, M.: a.a.O., S. 64.

4 Vgl. HABERSTOCK, L., DELLMANN, K.: a.a.O., S. 197. Die in der obigen Formel verwandten Symbole sind wie folgt definiert:
C_0 = Kapitalwert;
E_t = Einzahlungen am Ende der Periode t;
A_t = Auszahlungen am Ende der Periode t;
t = Periodenindex (t = 0, 1, ..., n);
n = Ende des Planungszeitraums.

5 Vgl. BLOHM, H., LÜDER, K.: a.a.O., S. 91; HAX, H.: a.a.O., S. 22.

6 Vgl. BLOHM, H., LÜDER, K.: a.a.O., S. 91 ff.; HAX, H.: a.a.O., S. 22 f.

je dichter die beiden Kalkulationszinssätze i_1 und i_2 und damit auch die beiden Kapitalwerte C_{01} und C_{02} beieinanderliegen.[1]

Die Berechnung des internen Zinssatzes führt nur zu einem eindeutigen Ergebnis, wenn eine sog. Normalinvestition vorliegt. Diese ist dadurch gekennzeichnet, daß in der zu betrachtenden Zahlungsreihe lediglich ein Vorzeichenwechsel vorkommt; dem Auszahlungsüberschuß der ersten Periode respektive den Auszahlungsüberschüssen der ersten Perioden folgen ausschließlich Einzahlungsüberschüsse. Nur in diesem Fall hat die Investition einen einzigen internen Zinssatz.[2] Ist die Summe der Einzahlungs- und Auszahlungsüberschüsse dabei größer null, weist der interne Zinssatz einen positiven Wert auf.[3] Kommt allerdings in einer Zahlungsreihe mehr als ein Vorzeichenwechsel vor, so kann es mehrere interne Zinssätze geben.[4] Es stellt sich dann die Frage, welcher dieser Zinssätze die Effektivrendite der Investition richtig widerspiegelt. Auch gibt es Zahlungsreihen, die keinen internen Zinssatz besitzen.[5]

Ebenso wie die Kapitalwertmethode geht die Interne Zinssatzmethode von der Annahme eines vollkommenen, unbeschränkten Kapitalmarktes aus.[6] Während bei der Kapitalwertmethode die Einzahlungsüberschüsse verschiedener Investitionen zum einheitlichen Kalkulationszinssatz angelegt werden, geht die Interne Zinssatzmethode von der Prämisse aus, daß die Wiederanlage der Liquiditätsüberschüsse jeweils zum internen Zinssatz erfolgt.[7] Dies ist jedoch eine unrealistische Annahme, denn sie bedeutet, daß der Anlagezins für freiwerdende Mittel von Investition zu Investition schwankt.[8]

---

[1] Vgl. HAX, H.: a.a.O., S. 23; PERRIDON, L., STEINER, M.: a.a.O., S. 63 f.

[2] Vgl. HAX, H.: a.a.O., S. 16 ff.; KRUSCHWITZ, L.: a.a.O., S. 94 ff.

[3] Vgl. PERRIDON, L., STEINER, M.: a.a.O., S. 64.

[4] Vgl. KRUSCHWITZ, L.: a.a.O., S. 94 f.; PERRIDON, L., STEINER, M.: a.a.O., S. 64.

[5] Vgl. ebenda.

[6] Vgl. BLOHM, H., LÜDER, K.: a.a.O., S. 95.

[7] Vgl. HABERSTOCK, L., DELLMANN, K.: a.a.O., S. 201.

[8] Vgl. ebenda.

4.1.4 Vermögensendwertmethode

Bei der Ermittlung des Vermögensendwerts werden alle mit einer Investition verbundenen Ein- und Auszahlungen auf das Ende des Planungszeitraums (n) aufgezinst und anschließend aufaddiert.[1] Unterstellt man, daß Soll- und Habenzinssatz identisch sind, unterscheidet sich die Vermögensendwertmethode lediglich im Bezugszeitpunkt von der Kapitalwertmethode; diskontiert man den Vermögensendwert auf den Gegenwartszeitpunkt, ergibt sich der Kapitalwert.[2] Geht man allerdings nicht von einem vollkommenen, sondern von einem unvollkommenen Kapitalmarkt aus, d.h. von unterschiedlich hohen Soll- und Habenzinssätzen, kann diese realistischere Annahme nur bei der Vermögensendwertmethode und nicht bei der Kapitalwertmethode berücksichtigt werden.[3]

Zur Ermittlung des Vermögensendwerts ist es erforderlich, einen vollständigen Finanzplan aufzustellen; es werden dabei alle steuerlichen und nichtsteuerlichen Zahlungen erfaßt, die mit dem Investitionsvorhaben in Verbindung stehen.[4] Zunächst wird der Liquiditätsbestand im Zeitpunkt t = 0 ermittelt. Übersteigen die Auszahlungen die Einzahlungen, ergibt sich somit ein Finanzmitteldefizit bzw. -fehlbetrag, wird dieser Betrag durch eine einperiodige Ergänzungs-Finanzierung ausgeglichen; dieser Kredit zuzüglich der Sollzinsen ist im Zeitpunkt t = 1 zurückzuführen und ist dann als Auszahlung zu berücksichtigen.[5] Erhält man hingegen einen Einzahlungs- respektive Finanzmittelüberschuß, so ist dieser analog als einperiodige Ergänzungs-Investition anzulegen und führt incl. der Habenzinsen im Zeitpunkt t = 1 zu einer Einzahlung.[6] Führt man diese Berechnungen für die nachfolgenden Perioden in gleicher Weise durch, erhält man am Ende des Planungszeitraums den Vermögensendwert, der dem Liquiditätsbestand der letzten Periode (t = n) entspricht.[7] Im Gegen-

---

[1] Vgl. BLOHM, H., LÜDER, K.: a.a.O., S. 82; PERRIDON, L., STEINER, M.: a.a.O., S. 87.

[2] Vgl. BLOHM, H., LÜDER, K.: a.a.O., S. 60 u. 82.

[3] Vgl. ebenda, S. 82.

[4] Vgl. JACOBS, O. H., RUPP, R., SCHEFFLER, W., SCHREIBER, U.: Wirtschaftlichkeitsberechnung von Immobilieninvestitionen (Bauherren-, Bauträger-, Erwerber- und Eigenerstellungsmodelle), in: DStR, 22. Jg. (1984), S. 607-614, hier S. 607; KECK, J.: a.a.O., S. 81 f.

[5] Vgl. KRUSCHWITZ, L.: a.a.O., S. 58 f.

[6] Vgl. ebenda.

[7] Vgl. ebenda.

satz zur Kapitalwertmethode läßt sich also mit Hilfe des vollständigen Finanzplans die Liquiditätsentwicklung in den einzelnen Perioden exakt verfolgen.[1]

Die Höhe der auf die Zahlungsüberschüsse anzuwendenden Zinssätze hängt vom konkreten Einzelfall ab und muß geschätzt werden.[2] Den Berechnungen können konstante, aber auch im Zeitablauf variierbare Zinssätze zugrunde gelegt werden.[3] Geht man von der realistischen Annahme aus, daß der Sollzinssatz für Ergänzungs-Finanzierungen über dem Habenzinssatz für Ergänzungs-Investitionen liegt, wird ein Einzahlungsüberschuß einer bestimmten Periode erst zur Tilgung des negativen Liquiditätsbestandes der vorangegangenen Periode zuzüglich der Sollzinsen verwandt, bevor der verbleibende Betrag zum Habenzinssatz angelegt wird.[4] Ergänzungs-Finanzierungen und -Investitionen werden folglich nicht gleichzeitig in einer Periode durchgeführt.[5]

Im Rahmen des vollständigen Finanzplans werden die Bemessungsgrundlagen der relevanten Steuerarten und die dazugehörigen Steuerzahlungen respektive -erstattungen in den einzelnen Perioden ermittelt.[6] In die Bemessungsgrundlagen fließen u.a. die Zinsen aus den Ergänzungsmaßnahmen ein.[7] Im Gegensatz zur Kapitalwertmethode entfällt die Korrektur des Kalkulationszinssatzes um steuerliche Einflüsse.[8] Es kann bei den Berechnungen auch ein progressiver Ertragsteuertarif berücksichtigt werden.[9]

Liegt der Sollzinssatz über dem Habenzinssatz und ergeben die Berechnungen einen positiven Vermögensendwert, ist die Investition vorteilhaft, da eine über dem Sollzinssatz liegende Rendite realisiert wird.[10] Stehen mehrere Investitionsalternativen zur Auswahl, ist diejenige mit dem höchsten Vermögensend-

---

[1] Vgl. JACOBS, O. H., RUPP, R., SCHEFFLER, W., SCHREIBER, U.: a.a.O., S. 607; KROLL, M.: Leasingverträge mit neuer Methode optimal beurteilen, in: DB, Beilage Nr. 6/94 zu Heft 19, 47. Jg. (1994), S. 14-16, hier S. 16.

[2] Vgl. JACOBS, O. H., RUPP, R., SCHEFFLER, W., SCHREIBER, U.: a.a.O., S. 608.

[3] Vgl. KRUSCHWITZ, L.: a.a.O., S. 52.

[4] Vgl. BLOHM, H., LÜDER, K.: a.a.O., S. 88; PERRIDON, L., STEINER, M.: a.a.O., S. 87 f.

[5] Vgl. KRUSCHWITZ, L.: a.a.O., S. 58.

[6] Vgl. ebenda, S. 115 ff.

[7] Vgl. JACOBS, O. H., RUPP, R., SCHEFFLER, W., SCHREIBER, U.: a.a.O., S. 608.

[8] Vgl. HABERSTOCK, L.: Kredit-Kauf oder Leasing?, a.a.O., S. 479 ff.

[9] Vgl. KECK, J.: a.a.O., S. 88.

[10] Vgl. BLOHM, H., LÜDER, K.: a.a.O., S. 86; PERRIDON, L., STEINER, M.: a.a.O., S. 87.

wert die vorteilhafteste.[1] Voraussetzung eines solchen Vergleichs ist allerdings, daß sich die Vermögensendwerte auf den gleichen Bezugszeitpunkt beziehen.[2]

In den nachfolgenden Modellrechnungen wird aufgrund der aufgezeigten Vorzüge der Vermögensendwert als Entscheidungskriterium angewendet.

4.2 Aufbau der Modellrechnungen

4.2.1 Der geschlossene Immobilien-Leasing-Fonds als Anlagealternative

4.2.1.1 Ausgangsdaten und Prämissen

Im folgenden soll der geschlossene Immobilien-Leasing-Fonds zunächst aus Sicht des Kapitalanlegers auf seine Vorteilhaftigkeit hin überprüft werden. Betrachtet wird ein lediger, konfessions- und kinderloser Investor, der ein zu versteuerndes Einkommen i.H.v. 250.000,- DM/Jahr erzielt, in dem keine gewerblichen Einkünfte enthalten sind.[3] Dem Anleger stehen 100.000,- DM zur freien Verfügung. Mit diesem Betrag möchte er sich an einem geschlossenen Immobilien-Leasing-Fonds mit Einkünften aus Gewerbebetrieb als Direktkommanditist beteiligen.[4] Als Alternative steht ihm eine Anlage am Kapitalmarkt offen, die einen Zinssatz von 5 % p.a. aufweist.

Es wird davon ausgegangen, daß der geschlossene Immobilien-Leasing-Fonds am 31.12.00 mit Baufertigstellung ein Bürogebäude in den alten Bundesländern erwirbt. Der Kaufpreis der Immobilie incl. der Nebenkosten (Grunderwerbsteuer, Notar- und Grundbuchkosten) beträgt 100 Mio. DM und entfällt zu 80 % auf das Gebäude und zu 20 % auf den Grund und Boden. Die mit der Aufle-

---

[1] Vgl. BLOHM, H., LÜDER, K.: a.a.O., S. 87; PERRIDON, L., STEINER, M.: a.a.O., S. 87.

[2] Vgl. PERRIDON, L., STEINER, M.: a.a.O., S. 88.

[3] Würde der Anleger ausschließlich Einkünfte aus Gewerbebetrieb erzielen und mit diesen der Gewerbesteuer unterliegen, wäre § 32c EStG zu beachten. Diese Vorschrift sieht eine Begrenzung des Grenzeinkommensteuersatzes für gewerbliche Einkünfte auf 47 % vor. Verlustzuweisungen würden demzufolge nicht zu einer Steuerentlastung von 53 %, sondern zu einer Steuerentlastung von höchstens 47 % führen. Zur letztmaligen Anwendung des § 32c EStG siehe Gliederungspunkt 3.2.1.

[4] Der Anleger muß auf seine Kommanditeinlage kein Agio zahlen.

gung des Fonds verbundenen Kosten belaufen sich auf 7 Mio. DM. Hiervon sind 4,5 Mio. DM steuerlich sofort abzugsfähig (z.B. Gründungskosten, Eigenkapitalvermittlungsprovisionen, Vermittlungsgebühren für die Endfinanzierung), die restlichen 2,5 Mio. DM (z.B. Konzeptions- und Plazierungsgarantiegebühren) sind anteilig den Anschaffungskosten des Gebäudes und den Anschaffungskosten des Grund und Bodens zuzurechnen.

Die Gesamtinvestitionskosten i.H.v. 107 Mio. DM werden zu 30 % durch Eigenmittel und zu 70 % durch die Aufnahme eines Annuitätendarlehens refinanziert. Die Anleger treten dem Fonds am 30.12.00 bei und leisten an diesem Tag ihre Kommanditeinlagen.[1] Die Immobilie wird ab dem 01.01.01 für 20 Jahre an eine Kapitalgesellschaft vermietet. Die Vertragsparteien schließen einen Teilamortisationsvertrag i.e.S. ab; dem Leasingnehmer wird das Recht eingeräumt, die Immobilie am Ende der Grundmietzeit zum steuerlichen Restbuchwert zu erwerben. Die Laufzeit des von der Fondsgesellschaft aufgenommenen Annuitätendarlehens entspricht der Grundmietzeit. Die Restschuld per 31.12.20 beträgt 4,8 Mio. DM,[2] und es wird ein Zinssatz von 7 % p.a. für die gesamte Laufzeit zugrunde gelegt. Die jährliche Leasingrate beläuft sich auf 8.426.444,09 DM.[3]

---

[1] Die in § 1 Abs. 2a GrEStG genannten Voraussetzungen einer vollständigen oder wesentlichen Änderung des Gesellschafterbestandes sind nicht erfüllt, so daß der Fonds nur einmal Grunderwerbsteuer zu zahlen hat.

[2] Laut den Ausführungen im Gliederungspunkt 2.2.5.3.2 entspricht der Amortisationsanteil der Leasingraten am Ende der Grundmietzeit in der Summe den vorgenommenen Abschreibungen (82 Mio. DM * 20/25 = 65,6 Mio. DM) zuzüglich der sofort abzugsfähigen Betriebsausgaben (4,5 Mio. DM). Subtrahiert man diese 70,1 Mio. DM (= 65,6 Mio. DM + 4,5 Mio. DM) von dem Annuitätendarlehen i.H.v. 74,9 Mio. DM (= 107 Mio. DM * 70 %), so erhält man eine Restschuld des Darlehens von 4,8 Mio. DM.

[3] Bei der Berechnung der Leasingraten ist zunächst der Kapitaldienst des aufgenommenen Annuitätendarlehens zu ermitteln. Bei einem Darlehen von 74,9 Mio. DM, einem Zinssatz von 7 % p.a. und einer Restschuld nach 20 Jahren von 4,8 Mio. DM beträgt die jährliche Annuität 6.952.944,09 DM. Unter Hinzurechnung der kalkulatorischen Eigenkapitalverzinsung von 1.123.500,- DM/Jahr (= 107 Mio. DM * 30 % * 3,5 %) und der Kosten-, Risiko- und Gewinnmarge von 350.000,- DM/Jahr ergibt sich eine jährliche Leasingrate von 8.426.444,09 DM.

Die im Vergleich zu einer klassischen Immobilien-Leasinggesellschaft aus der Existenz der Objektgesellschaft resultierenden höheren Verwaltungsaufwendungen werden dadurch berücksichtigt, daß die jährliche Kosten-, Risiko- und Gewinnmarge von 250.000,- DM (vgl. Gliederungspunkt 2.2.5.3.2) auf 350.000,- DM erhöht wird. Die Verwaltungsaufwendungen beinhalten u.a. die Geschäftsführungs- und Haftungsvergütungen, die Steuerberatungskosten und die Kosten, die im Zusammenhang mit der Betreuung der Kommanditisten und mit der Gesellschafterversammlung anfallen. Sie betragen insgesamt 250.000,- DM/Jahr und können von der Fondsgesellschaft als Betriebsausgaben angesetzt werden; die Risiko- und Gewinnmarge beläuft sich entsprechend auf 100.000,- DM.

Weiterhin sind folgende Daten zu berücksichtigen:

- Es liegt ein unvollkommener, unbeschränkter Kapitalmarkt vor; Ergänzungs-Investitionen und -Finanzierungen sind beliebig teilbar. Der Habenzinssatz beträgt für den gesamten Planungszeitraum 5 % p.a., der Sollzinssatz 7 % p.a.
- Sämtliche Ein- und Auszahlungen fallen zum Jahresende an. Dies gilt auch für die Steuerzahlungen respektive -erstattungen.
- Die Gesellschafter sind entsprechend dem Verhältnis ihrer Einlagen am Vermögen und am Gewinn und Verlust des Fonds beteiligt. Die auf Gesellschaftsebene vorhandenen Liquiditätsüberschüsse werden zum Ende eines jeden Jahres vollständig an die Kommanditisten ausgeschüttet.
- Es wird für jeden Anlegergesellschafter ein festes Kapitalkonto I und ein variables Kapitalkonto II geführt, auf dem Gewinn- und Verlustanteile sowie Entnahmen erfaßt werden.[1] Die Summe der beiden Konten zu den unterschiedlichen Zeitpunkten wird in den Modellrechnungen durch die Zeile „Stand des Kapitalkontos" wiedergegeben.
- Dem Leasingnehmer wird keine der im BMF-Schreiben vom 23.12.1991 in Tz. 12-17 aufgeführten besonderen Verpflichtungen auferlegt. Die Zurechnung des Leasinggegenstandes erfolgt demgemäß beim Leasinggeber, also dem geschlossenen Immobilien-Leasing-Fonds.
- Die aus dem Eigentum und der Nutzung der Immobilie resultierenden Nebenkosten sowie die Kosten für die Instandhaltung werden vom Leasingnehmer getragen und werden daher in den Berechnungen nicht berücksichtigt.
- Der Leasingnehmer übt am Ende der Grundmietzeit die ihm eingeräumte Kaufoption aus; der Fonds wird zu diesem Zeitpunkt aufgelöst.
- Der geschlossene Immobilien-Leasing-Fonds nimmt die Kürzungsvorschrift des § 9 Nr. 1 S. 2 GewStG in Anspruch und muß folglich keine Gewerbesteuer zahlen. Des weiteren optiert er zur Umsatzsteuerpflicht, da es sich bei dem Leasingnehmer um einen vorsteuerabzugsberechtigten Unternehmer handelt. Die Beträge werden daher in den Modellrechnungen netto, d.h. ohne Umsatzsteuer, ausgewiesen.[2]

---

[1] Vgl. dazu Gliederungspunkte 2.1.4.3 u. 3.1.2.7.2.1.

[2] Sofern auf einzelne Kosten- und Gebührenpositionen Umsatzsteuerzahlungen entfallen, die der Fonds nicht als Vorsteuer geltend machen kann, werden diese Positionen brutto (mit

- Obwohl das Solidaritätszuschlaggesetz eine unbefristete Erhebung dieser Ergänzungsabgabe vorsieht, findet diese in den Berechnungen lediglich in den ersten fünf Jahren Berücksichtigung, und zwar jeweils i.H.v. 5,5 % der festgesetzten Einkommen- respektive Körperschaftsteuer. Ansonsten wird für den gesamten Planungszeitraum von dem Rechtsstand ausgegangen, wie er sich im Oktober 1998 darstellt.
- Bei den Berechnungen der Steuerzahlungen werden Freibeträge (z.B. § 20 Abs. 4 EStG) und Rundungsvorschriften (z.B. § 11 Abs. 1 S. 3 GewStG) nicht berücksichtigt; es liegt insofern eine Grenzbetrachtung vor.

4.2.1.2 Modellbeschreibung

Zur Ermittlung der Vermögensendwerte wird für die beiden Handlungsalternativen jeweils ein vollständiger Finanzplan erstellt.[1] Im Fall der Fondsbeteiligung wird zunächst das liquiditätsmäßige und steuerliche Ergebnis des geschlossenen Immobilien-Leasing-Fonds dargestellt.[2] Den Einzahlungen der Kommanditeinlagen (32,1 Mio. DM) und des Annuitätendarlehens (74,9 Mio. DM) stehen im Jahr 0 die fondsspezifischen Kosten (7 Mio. DM) und der Kaufpreis der Immobilie (100 Mio. DM) als Auszahlungen in gleicher Höhe gegenüber. In den Folgejahren werden die Zahlungsüberschüsse auf Gesellschaftsebene und damit die an die Kommanditisten vorzunehmenden Ausschüttungen als Differenz zwischen den Leasingraten einerseits und den Darlehenszinsen und -tilgungen sowie den Verwaltungskosten andererseits errechnet. Am Ende des 20. Jahres ist daneben auch der Erlös aus dem Verkauf der Immobilie als Einzahlung zu berücksichtigen. Die Restschuld des Darlehens i.H.v. 10.984.060,- DM wird zu diesem Zeitpunkt getilgt (6.184.060,- DM reguläre Tilgung und 4.800.000,- DM Sondertilgung).

Im Rahmen der steuerlichen Ergebnisrechnung der Fondsgesellschaft ergibt sich im Anschaffungsjahr infolge der sofort abziehbaren Aufwendungen ein

---

Umsatzsteuer) ausgewiesen; die Umsatzsteuerbeträge erhöhen dementsprechend die Gesamtinvestitionskosten.

[1] Vgl. S. 177 f. u. S. 180.

[2] In den Modellrechnungen werden aus Gründen der Übersichtlichkeit nur volle DM-Beträge ausgewiesen. Innerhalb des Tabellenkalkulationsprogrammes wird jedoch mit Pfennig-Beträgen weitergerechnet, so daß es u.U. zu Rundungsdifferenzen i.H.v. 1,- DM kommen kann.

Tab. 4: Vermögensendwertberechnung für die Beteiligung an einem geschlossenen Immobilien-Leasing-Fonds mit Einkünften aus Gewerbebetrieb unter Berücksichtigung linearer Abschreibungen

Jahr	0	1	2	3	4	5	6	7	8	9	10
Liquiditätsrechnung der Fondsgesellschaft:											
Kommanditeinlagen	32.100.000										
Annuitätendarlehen	74.900.000										
Leasingraten		8.426.444	8.426.444	8.426.444	8.426.444	8.426.444	8.426.444	8.426.444	8.426.444	8.426.444	8.426.444
Veräußerungserlös											
Summe Einzahlungen	107.000.000	8.426.444	8.426.444	8.426.444	8.426.444	8.426.444	8.426.444	8.426.444	8.426.444	8.426.444	8.426.444
Fondsspezifische Kosten	7.000.000										
Kaufpreis der Immobilie	100.000.000										
Darlehenszinsen		5.243.000	5.123.304	4.995.229	4.858.189	4.711.556	4.554.659	4.386.779	4.207.148	4.014.942	3.809.282
Darlehenstilgungen		1.709.944	1.829.640	1.957.715	2.094.755	2.241.388	2.398.285	2.566.165	2.745.797	2.938.002	3.143.662
Verwaltungskosten		250.000	250.000	250.000	250.000	250.000	250.000	250.000	250.000	250.000	250.000
Summe Auszahlungen	107.000.000	7.202.944	7.202.944	7.202.944	7.202.944	7.202.944	7.202.944	7.202.944	7.202.944	7.202.944	7.202.944
Zahlungsüberschuß/Ausschüttung	0	1.223.500	1.223.500	1.223.500	1.223.500	1.223.500	1.223.500	1.223.500	1.223.500	1.223.500	1.223.500
Restschuld Darlehen	74.900.000	73.190.056	71.360.416	69.402.701	67.307.946	65.066.558	62.668.273	60.102.108	57.356.311	54.418.309	51.274.646
Steuerliche Ergebnisrechnung der Fondsgesellschaft:											
Leasingraten (= Summe Erträge)		8.426.444	8.426.444	8.426.444	8.426.444	8.426.444	8.426.444	8.426.444	8.426.444	8.426.444	8.426.444
Sofort abziehbare Aufwendungen	4.500.000										
Abschreibungen		3.280.000	3.280.000	3.280.000	3.280.000	3.280.000	3.280.000	3.280.000	3.280.000	3.280.000	3.280.000
Darlehenszinsen		5.243.000	5.123.304	4.995.229	4.858.189	4.711.556	4.554.659	4.386.779	4.207.148	4.014.942	3.809.282
Verwaltungskosten		250.000	250.000	250.000	250.000	250.000	250.000	250.000	250.000	250.000	250.000
Summe Aufwendungen	4.500.000	8.773.000	8.653.304	8.525.229	8.388.189	8.241.556	8.084.659	7.916.779	7.737.148	7.544.942	7.339.282
Laufender Gewinn/Verlust	-4.500.000	-346.556	-226.860	-98.785	38.255	184.888	341.785	509.665	689.297	881.502	1.087.162
Aufgabegewinn/-verlust											
Restbuchwert Gebäude	82.000.000	78.720.000	75.440.000	72.160.000	68.880.000	65.600.000	62.320.000	59.040.000	55.760.000	52.480.000	49.200.000
Vermögensendwertberechnung für die Fondsbeteiligung:											
Ausschüttung Fondsgesellschaft		3.812	3.812	3.812	3.812	3.812	3.812	3.812	3.812	3.812	3.812
Haben-/Sollzinsen		391	621	844	1.062	1.272	1.477	1.675	1.862	2.039	2.205
Steuerbelastung/-ersparnis	-7.820	-393	-30	302	664	974	1.346	1.746	2.118	2.548	2.977
Liquiditätsveränderung	7.820	4.596	4.462	4.353	4.209	4.110	3.943	3.740	3.555	3.303	3.039
Liquiditätsbestand	7.820	12.416	16.878	21.231	25.440	29.550	33.493	37.233	40.788	44.091	47.130
Sonstiges zu versteuerndes Eink.	250.000	250.000	250.000	250.000	250.000	250.000	250.000	250.000	250.000	250.000	250.000
Einkünfte aus Gewerbebetrieb	-14.019	-1.080	-707	-308	119	576	1.065	1.588	2.147	2.746	3.387
Einkünfte aus Kapitalvermögen		391	621	844	1.062	1.272	1.477	1.675	1.862	2.039	2.205
Zu versteuerndes Einkommen	235.981	249.311	249.914	250.536	251.181	251.848	252.542	253.262	254.009	254.786	255.591
Einkommensteuer	102.227	109.267	109.611	109.926	110.269	110.613	110.985	111.385	111.757	112.187	112.616
Solidaritätszuschlag	5.622	6.009	6.028	6.045	6.064						
Steuerzahlungen mit Fondsbet.	107.849	115.276	115.639	115.971	116.333	110.613	110.985	111.385	111.757	112.187	112.616
Steuerzahlungen ohne Fondsbet.	115.669	115.669	115.669	115.669	115.669	109.639	109.639	109.639	109.639	109.639	109.639
Stand des Kapitalkontos	85.981	81.090	76.572	72.453	68.760	65.525	62.778	60.554	58.890	57.825	57.400

Jahr	11	12	13	14	15	16	17	18	19	20	Summe
Liquiditätsrechnung der Fondsgesellschaft:											
Kommanditeinlagen											
Annuitätendarlehen											
Leasingraten	8.426.444	8.426.444	8.426.444	8.426.444	8.426.444	8.426.444	8.426.444	8.426.444	8.426.444	8.426.444	168.528.882
Veräußerungserlös										36.900.000	36.900.000
Summe Einzahlungen	8.426.444	8.426.444	8.426.444	8.426.444	8.426.444	8.426.444	8.426.444	8.426.444	8.426.444	45.326.444	
Fondsspezifische Kosten											
Kaufpreis der Immobilie											
Darlehenszinsen	3.589.225	3.353.765	3.101.822	2.832.244	2.543.795	2.235.154	1.904.909	1.551.547	1.173.449	768.884	68.958.882
Darlehenstilgungen	3.363.719	3.599.179	3.851.122	4.120.700	4.409.149	4.717.790	5.048.035	5.401.397	5.779.495	10.984.060	74.900.000
Verwaltungskosten	250.000	250.000	250.000	250.000	250.000	250.000	250.000	250.000	250.000	250.000	5.000.000
Summe Auszahlungen	7.202.944	7.202.944	7.202.944	7.202.944	7.202.944	7.202.944	7.202.944	7.202.944	7.202.944	12.002.944	
Zahlungsüberschuß/Ausschüttung	1.223.500	1.223.500	1.223.500	1.223.500	1.223.500	1.223.500	1.223.500	1.223.500	1.223.500	33.323.500	56.570.000
Restschuld Darlehen	47.910.928	44.311.748	40.460.627	36.339.927	31.930.777	27.212.988	22.164.953	16.763.555	10.984.060	0	
Steuerliche Ergebnisrechnung der Fondsgesellschaft:											
Leasingraten (= Summe Erträge)	8.426.444	8.426.444	8.426.444	8.426.444	8.426.444	8.426.444	8.426.444	8.426.444	8.426.444	8.426.444	168.528.882
Sofort abziehbare Aufwendungen											4.500.000
Abschreibungen	3.280.000	3.280.000	3.280.000	3.280.000	3.280.000	3.280.000	3.280.000	3.280.000	3.280.000	3.280.000	65.600.000
Darlehenszinsen	3.589.225	3.353.765	3.101.822	2.832.244	2.543.795	2.235.154	1.904.909	1.551.547	1.173.449	768.884	68.958.882
Verwaltungskosten	250.000	250.000	250.000	250.000	250.000	250.000	250.000	250.000	250.000	250.000	5.000.000
Summe Aufwendungen	7.119.225	6.883.765	6.631.822	6.362.244	6.073.795	5.765.154	5.434.909	5.081.547	4.703.449	4.298.884	144.058.882
Laufender Gewinn/Verlust	1.307.219	1.542.679	1.794.622	2.064.200	2.352.649	2.661.290	2.991.535	3.344.897	3.722.995	4.127.560	24.470.000
Aufgabegewinn/-verlust										0	
Restbuchwert Gebäude	45.920.000	42.640.000	39.360.000	36.080.000	32.800.000	29.520.000	26.240.000	22.960.000	19.680.000	16.400.000	
Vermögensendwertberechnung für die Fondsbeteiligung:											
Ausschüttung Fondsgesellschaft	3.812	3.812	3.812	3.812	3.812	3.812	3.812	3.812	3.812	103.812	176.231
Haben-/Sollzinsen	2.357	2.495	2.617	2.721	2.804	2.866	2.903	2.916	2.898	2.849	40.871
Steuerbelastung/-ersparnis	3.406	3.864	4.351	4.866	5.381	5.925	6.469	7.070	7.699	8.329	61.792
Liquiditätsveränderung	2.762	2.442	2.077	1.666	1.234	752	246	-343	-989	98.331	155.309
Liquiditätsbestand	49.892	52.334	54.412	56.078	57.312	58.064	58.310	57.967	56.978	155.309	
Sonstiges zu versteuerndes Eink.	250.000	250.000	250.000	250.000	250.000	250.000	250.000	250.000	250.000	250.000	
Einkünfte aus Gewerbebetrieb	4.072	4.806	5.591	6.431	7.329	8.291	9.319	10.420	11.598	12.858	76.231
Einkünfte aus Kapitalvermögen	2.357	2.495	2.617	2.721	2.804	2.866	2.903	2.916	2.898	2.849	40.871
Zu versteuerndes Einkommen	256.429	257.300	258.207	259.151	260.133	261.156	262.223	263.336	264.496	265.707	
Einkommensteuer	113.045	113.503	113.990	114.505	115.020	115.564	116.108	116.709	117.338	117.968	
Solidaritätszuschlag											
Steuerzahlungen mit Fondsbet.	113.045	113.503	113.990	114.505	115.020	115.564	116.108	116.709	117.338	117.968	2.394.361
Steuerzahlungen ohne Fondsbet.	109.639	109.639	109.639	109.639	109.639	109.639	109.639	109.639	109.639	109.639	2.332.569
Stand des Kapitalkontos	57.661	58.655	60.434	63.053	66.571	71.050	76.558	83.166	90.953	0	

Verlust von 4,5 Mio. DM. Die restlichen 2,5 Mio. DM der fondsspezifischen Kosten sind annahmegemäß anteilig den Anschaffungskosten des Gebäudes (2,5 Mio. DM * 80 % = 2 Mio. DM) und den Anschaffungskosten des Grund und Bodens (2,5 Mio. DM * 20 % = 0,5 Mio. DM) zuzurechnen. Die Absetzungen für Abnutzung des Gebäudes betragen gem. § 7 Abs. 4 S. 1 Nr. 1 EStG jährlich 4 % der Anschaffungskosten, also 3,28 Mio. DM (= 82 Mio. DM * 4 %).[1] Als weitere Aufwendungen werden die Zinsen für das Annuitätendarlehen und die Verwaltungskosten angesetzt. Da der Leasingnehmer die Immobilie am Ende der Grundmietzeit zum steuerlichen Restbuchwert (20,5 Mio. DM + 16,4 Mio. DM = 36,9 Mio. DM) erwirbt, beträgt der Aufgabegewinn 0,- DM.

Nach Darstellung der Liquiditäts- und steuerlichen Ergebnisrechnung der Fondsgesellschaft wird nun im dritten Schritt der Vermögensendwert für die Beteiligung des Investors berechnet. Der Liquiditätsbestand am 31.12.00 beträgt 7.820,- DM und entspricht der Steuerersparnis auf Grund der Fondsbeteiligung.[2] Letztere wird in einer Nebenrechnung als Differenz der Steuerzahlungen ermittelt, die sich mit und ohne Berücksichtigung der Fondsbeteiligung ergeben würden.[3] Der Liquiditätsbestand wird anschließend für ein Jahr angelegt und führt zu Habenzinsen i.H.v. 391,- DM (= 7.820,- DM * 5 %). Dieser Betrag ist als Einkünfte aus Kapitalvermögen wiederum in der Nebenrechnung anzusetzen. Unter Hinzurechnung einer anteiligen Ausschüttung von 3.812,- DM (= 1.223.500,- DM / 321[4]) und einer Steuerersparnis von 393,- DM ergibt sich eine Liquiditätsveränderung von 4.596,- DM, so daß sich der Liquiditätsbestand per 31.12.01 auf 12.416,- DM (= 7.820,- DM + 4.596,- DM) erhöht.

Um die Auswirkungen einer sich u.U. ergebenden Begrenzung der Verlustverrechnung durch § 15a EStG darstellen zu können, wird im Rahmen der Nebenrechnung auch der Stand des Kapitalkontos des Gesellschafters ausgewiesen. Die Kommanditeinlage von 100.000,- DM wird im Jahr 0 durch den anteiligen Verlust i.H.v. 14.019,- DM (= 4.500.000,- DM / 321) gemindert; das Kapitalkonto weist demzufolge am 31.12.00 einen Stand von 85.981,- DM auf. In den

---

1 Aus Vereinfachungsgründen wird im Jahr 0 auf die Inanspruchnahme der linearen Abschreibung für einen Tag verzichtet.

2 Steuerbelastungen weisen in den Modellrechnungen ein positives Vorzeichen auf, Steuerersparnisse dementsprechend ein negatives.

3 Von der Annahme einer jährlichen Erhöhung des sonstigen zu versteuernden Einkommens wird in den Modellrechnungen abgesehen, da sich der Investor auch nach den Verlustzuweisungen noch in der oberen Proportionalzone des Einkommensteuertarifs befindet.

4 Setzt man die Beteiligung des Anlegers (100.000,- DM) ins Verhältnis zum gesamten Eigenkapital (32,1 Mio. DM), erhält man einen Wert von 1/321.

Tab. 5: Vermögensendwertberechnung für die Anlage am Kapitalmarkt

Jahr	0	1	2	3	4	5	6	7	8	9	10
Anlage	100.000										
Haben-/Sollzinsen	0	5.000	5.110	5.222	5.336	5.454	5.582	5.713	5.847	5.985	6.126
Steuerbelastung/-ersparnis	0	2.808	2.868	2.929	2.990	2.891	2.948	3.034	3.091	3.177	3.263
Liquiditätsveränderung	100.000	2.192	2.242	2.293	2.346	2.563	2.634	2.679	2.756	2.808	2.863
Liquiditätsbestand	100.000	102.192	104.434	106.726	109.073	111.635	114.269	116.948	119.705	122.513	125.376
Sonstiges zu versteuerndes Eink.	250.000	250.000	250.000	250.000	250.000	250.000	250.000	250.000	250.000	250.000	250.000
Einkünfte aus Kapitalvermögen	0	5.000	5.110	5.222	5.336	5.454	5.582	5.713	5.847	5.985	6.126
Zu versteuerndes Einkommen	250.000	255.000	255.110	255.222	255.336	255.454	255.582	255.713	255.847	255.985	256.126
Einkommensteuer	109.639	112.301	112.358	112.416	112.473	112.530	112.587	112.673	112.730	112.816	112.902
Solidaritätszuschlag	6.030	6.176	6.179	6.182	6.186						
Steuerzahlungen mit Anlage	115.669	118.477	118.537	118.598	118.659	112.530	112.587	112.673	112.730	112.816	112.902
Steuerzahlungen ohne Anlage	115.669	115.669	115.669	115.669	115.669	109.639	109.639	109.639	109.639	109.639	109.639

Jahr	11	12	13	14	15	16	17	18	19	20	Summe
Anlage											100.000
Haben-/Sollzinsen	6.269	6.416	6.567	6.720	6.878	7.040	7.206	7.374	7.547	7.724	125.115
Steuerbelastung/-ersparnis	3.320	3.406	3.492	3.578	3.635	3.721	3.836	3.921	4.007	4.093	67.008
Liquiditätsveränderung	2.949	3.010	3.075	3.142	3.243	3.319	3.370	3.453	3.540	3.631	158.107
Liquiditätsbestand	128.325	131.335	134.410	137.552	140.795	144.113	147.483	150.936	154.476	158.107	
Sonstiges zu versteuerndes Eink.	250.000	250.000	250.000	250.000	250.000	250.000	250.000	250.000	250.000	250.000	
Einkünfte aus Kapitalvermögen	6.269	6.416	6.567	6.720	6.878	7.040	7.206	7.374	7.547	7.724	125.115
Zu versteuerndes Einkommen	256.269	256.416	256.567	256.720	256.878	257.040	257.206	257.374	257.547	257.724	
Einkommensteuer	112.959	113.045	113.131	113.217	113.274	113.360	113.475	113.560	113.646	113.732	
Solidaritätszuschlag											
Steuerzahlungen mit Anlage	112.959	113.045	113.131	113.217	113.274	113.360	113.475	113.560	113.646	113.732	2.399.577
Steuerzahlungen ohne Anlage	109.639	109.639	109.639	109.639	109.639	109.639	109.639	109.639	109.639	109.639	2.332.569

nachfolgenden Jahren werden bei der Fortführung des Kapitalkontos neben den steuerlichen Ergebnissen auch die an den Gesellschafter vorgenommenen Ausschüttungen berücksichtigt.

Die Berechnung des Vermögensendwertes für die Anlage am Kapitalmarkt erfolgt nach dem gleichen Schema wie die der Fondsbeteiligung. So erhöht sich bspw. der Liquiditätsbestand vom 31.12.00 (100.000,- DM)[1] auf den 31.12.01 um 2.192,- DM, da den Habenzinsen von 5.000,- DM (= 100.000,- DM * 5 %) eine Steuerbelastung von 2.808,- DM (= 118.477,- DM - 115.669,- DM) gegenübersteht. Diese Rechenschritte werden in den Folgejahren in gleicher Weise durchgeführt, so daß sich am 31.12.20 ein Liquiditätsbestand von 158.107,- DM ergibt.

4.2.1.3 Interpretation der Ergebnisse

Wie man den vorstehenden Modellrechnungen entnehmen kann, erzielt der geschlossene Immobilien-Leasing-Fonds ab dem 4. Jahr Gewinne, die aufgrund der geringer werdenden Darlehenszinsen bis zum Ende der Grundmietzeit kontinuierlich ansteigen. Werden die steuerlichen Ergebnisse der einzelnen Jahre aufaddiert, ergibt sich ein Betrag von 24.470.000,- DM; das Erfordernis der Gewinnerzielungsabsicht ist demzufolge erfüllt. Ein Totalgewinn wird erstmalig im 12. Jahr erzielt, da die bis zu diesem Zeitpunkt angefallenen Verluste (5.172.201,- DM) durch die kumulierten Gewinne (5.039.773,- DM + 1.542.679,- DM = 6.582.452,- DM) überkompensiert werden.

Trotz negativer steuerlicher Ergebnisse in den Jahren 1 bis 3 schüttet der Fonds in dieser Zeit schon Liquiditätsüberschüsse i.H.v. 1.223.500,- DM/Jahr an die Anleger aus. Dieser Sachverhalt resultiert daraus, daß auf der einen Seite die Darlehenstilgungen zwar auszahlungswirksam sind, jedoch bei der Ermittlung des steuerlichen Ergebnisses unberücksichtigt bleiben. Die jährlichen Abschreibungsbeträge sind dagegen auf der anderen Seite aufwands-

---

[1] Eine Anlage der 100.000,- DM vom 30. bis 31.12.00 am Kapitalmarkt unterbleibt, da den Habenzinsen i.H.v. 27,40 DM (= 100.000,- DM * 5 % * 2/365) eine zusätzliche Steuerbelastung von 30,- DM gegenüberstehen würde. Dieses auf den ersten Blick verwunderliche Ergebnis resultiert daraus, daß das zu versteuernde Einkommen von 250.027,40 DM in die nächst höhere Stufe der Grundtabelle fällt als das zu versteuernde Einkommen von 250.000,- DM.

wirksam, fließen aber nicht als Auszahlung in die Liquiditätsrechnung ein. So sind die im 1. Jahr geltend gemachten Abschreibungen bspw. um 1.570.056,- DM höher als die Darlehenstilgungen.[1] Dementsprechend weist auch das Liquiditätsergebnis einen um 1.570.056,- DM höheren Betrag auf als das steuerliche Ergebnis.[2]

Der Liquiditätsbestand erhöht sich von 7.820,- DM am 31.12.00 bis zum Ende des 17. Jahres auf 58.310,- DM. Die Zuwachsraten nehmen dabei jährlich ab, weil die Steuerbelastung des Investors aufgrund der zugewiesenen Gewinnanteile im Zeitablauf ansteigt. Im 18. und 19. Jahr sinkt der Liquiditätsbestand sogar um 343,- bzw. um 989,- DM; die Ausschüttungen und Habenzinsen reichen in diesen beiden Jahren nicht aus, um die Steuerzahlungen zu begleichen. Am Ende des 20. Jahres ergibt sich infolge einer Ausschüttung von 103.812,- DM ein Liquiditätsbestand und somit ein Vermögensendwert i.H.v. 155.309,- DM.

Würde sich der Investor nicht an dem geschlossenen Immobilien-Leasing-Fonds beteiligen, sondern die ihm zur Verfügung stehenden 100.000,- DM für den gleichen Zeitraum am Kapitalmarkt zu 5 % anlegen, würde sich ein Vermögensendwert von 158.107,- DM ergeben. Unter den eingangs getroffenen Annahmen ist daher die zuletzt genannte Handlungsalternative die vorteilhaftere.

4.2.2 Der geschlossene Immobilien-Leasing-Fonds als Finanzierungsalternative

4.2.2.1 Ausgangsdaten und Prämissen

In diesem Gliederungspunkt soll der geschlossene Immobilien-Leasing-Fonds nun aus Sicht des Leasingnehmers, der Kapitalgesellschaft, beurteilt werden.[3]

---

[1] 3.280.000,- DM - 1.709.944,- DM = 1.570.056,- DM.

[2] 1.223.500,- DM - (-346.556,- DM) = 1.570.056,- DM.

[3] Der Vorteilhaftigkeitsvergleich erstreckt sich ausschließlich auf rechnerisch erfaßbare (quantitative) Faktoren. Zu den rechnerisch nicht erfaßbaren (qualitativen) Faktoren im Rahmen einer Entscheidung zwischen Leasing und Kreditkauf vgl. bspw. BÜSCHGEN, H. E.: Finanzleasing als Finanzierungsalternative. Eine kritische Würdigung unter betriebswirtschaftlichen Aspekten, in: ZfB, 50. Jg. (1980), S. 1028-1041; GABELE, E., DANNENBERG, J.,

Als Alternativen werden der Kreditkauf und die Finanzierung über eine klassische Immobilien-Leasinggesellschaft betrachtet. Es werden die folgenden zusätzlichen Annahmen getroffen:

- Die Kapitalgesellschaft befindet sich in der Gewinnzone; zusätzliche Aufwendungen führen daher zu einer Minderung der Steuerzahlungen. Des weiteren thesauriert sie den entstehenden Gewinn; die Körperschaftsteuer beträgt somit laut § 23 Abs. 1 KStG 45 % des zu versteuernden Einkommens.
- Der Gewerbesteuer-Hebesatz beträgt 450 %, der Einheitswert der Immobilie 25 Mio. DM.
- Es werden nur jene Zahlungen berücksichtigt, die bei den verschiedenen Alternativen in unterschiedlicher Höhe und zu unterschiedlichen Zeitpunkten anfallen. So gehen bspw. die Einzahlungen aus dem betrieblichen Umsatzprozeß nicht in die Berechnungen ein. Die mit der Immobilie verbundenen Nebenkosten und die Instandhaltungskosten finden ebenfalls keine Berücksichtigung, da sie sowohl beim Leasing als auch beim Kreditkauf von der Kapitalgesellschaft zu tragen sind.
- Der Sollzinssatz für Ergänzungs-Finanzierungen beläuft sich auf 7 % p.a.
- Im Fall des Kreditkaufs erwirbt die Kapitalgesellschaft das Bürogebäude am 01.01.01 für 100 Mio. DM (einschließlich Anschaffungsnebenkosten). Das zur Finanzierung aufgenommene Annuitätendarlehen hat eine Laufzeit von 20 Jahren und einen Zinssatz von 7 % p.a.
- Erfolgt die Objektfinanzierung durch eine klassische Immobilien-Leasinggesellschaft, wird zwischen dieser und der Kapitalgesellschaft ein Teilamortisationsvertrag i.e.S. abgeschlossen. Die Leasinggesellschaft erwirbt das Objekt am 31.12.00 für 100 Mio. DM und vermietet es vom 01.01.01 bis 31.12.20 an die Kapitalgesellschaft. Es wird eine Kaufoption zum steuerlichen Restbuchwert vereinbart, die am Ende der Grundmietzeit auch ausgeübt wird. Die Leasingrate beträgt 8.811.147,25 DM/Jahr.[1]
- Die Kapitalgesellschaft hat bei den beiden Leasingvarianten neben dem Kaufoptionspreis jeweils auch 4 % dieses Betrages an Anschaffungsnebenkosten (z.B. Grunderwerbsteuer, Notar- und Grundbuchkosten) zu zahlen.

KROLL, M.: a.a.O., S. 147-161; HABERSTOCK, L.: Kredit-Kauf oder Leasing?, a.a.O., S. 500-503; KRUMBHOLZ, S., STREITFERDT, L.: a.a.O., S. 73-80; SPITTLER, H.-J.: a.a.O., S. 42-46.

[1] Vgl. zur Kalkulation der Leasingraten Gliederungspunkt 2.2.5.3.2.

4.2.2.2 Modellbeschreibung

Analog zu den Ausführungen im Gliederungspunkt 4.2.1 wird auch für die drei Finanzierungsalternativen jeweils ein vollständiger Finanzplan erstellt.[1] Da in die Berechnungen annahmegemäß nur jene Zahlungen eingehen, die bei den verschiedenen Alternativen in unterschiedlicher Höhe und zu unterschiedlichen Zeitpunkten auftreten und es sich hierbei vorwiegend um Auszahlungen handelt, weisen die Liquiditätsbestände vom Beginn des Betrachtungszeitraumes an negative Werte auf. Bei der Finanzierung über einen geschlossenen Immobilien-Leasing-Fonds bzw. über eine klassische Immobilien-Leasinggesellschaft sind die jeweiligen Leasingraten und der Kaufoptionspreis (zuzüglich der Anschaffungsnebenkosten) als Auszahlungen zu berücksichtigen, beim Kreditkauf hingegen die gezahlten Annuitäten. Lediglich die Steuerersparnisse wirken sich bei den drei Handlungsalternativen liquiditätserhöhend aus; sie weisen den obigen Ausführungen entsprechend ein negatives Vorzeichen auf.

Der Betrachtungszeitraum der Vergleichsrechnungen endet nicht mit Ablauf der Grundmietzeit (31.12.20), da in den nachfolgenden Jahren bei den Finanzierungsmaßnahmen noch unterschiedlich hohe Abschreibungsbeträge geltend gemacht werden können. Eine Vergleichbarkeit ist erst nach dem 45. Jahr gegeben; in diesem Jahr werden bei den Leasingvarianten letztmalig Abschreibungen auf das erworbene Gebäude vorgenommen. Im folgenden werden die durch die verschiedenen Finanzierungsalternativen hervorgerufenen Veränderungen der steuerlichen Bemessungsgrundlagen sowie die daraus resultierenden Veränderungen der Steuerzahlungen dargestellt.

Im Fall des Leasings berechnet sich die Veränderung (Δ) des Gewerbeertrages und der Gewerbesteuer in den Jahren (t) 1-20 und in den Jahren 21-45 wie folgt:

<u>t = 1-20:</u>	<u>t = 21-45:</u>
- Leasingrate$_t$	- Abschreibung$_t$
- 0,5 * Sollzinsen$_t$	- 0,5 * Sollzinsen$_t$
	- 1,4 * Einheitswert$_t$ * 1,2 %
= Δ Gewerbeertrag$_t$	= Δ Gewerbeertrag$_t$
* 18,3673 %	* 18,3673 %
= Δ Gewerbesteuer$_t$	= Δ Gewerbesteuer$_t$

[1] Vgl. S. 185 f., S. 188 f. u. S. 191 f.

Tab. 6: Vermögensendwertberechnung für die Finanzierungsalternative geschlossener Immobilien-Leasing-Fonds

Jahr	1	2	3	4	5	6	7	8	9	10	11
Leasingrate	-8.426.444	-8.426.444	-8.426.444	-8.426.444	-8.426.444	-8.426.444	-8.426.444	-8.426.444	-8.426.444	-8.426.444	-8.426.444
Kaufpreis der Immobilie											
Haben-/Sollzinsen	0	-252.914	-514.272	-784.358	-1.063.462	-1.365.477	-1.678.051	-2.001.553	-2.336.367	-2.682.888	-3.041.524
Steuerbelastung/-ersparnis	-4.813.391	-4.945.662	-5.082.349	-5.223.601	-5.175.416	-5.326.578	-5.483.024	-5.644.941	-5.812.518	-5.985.955	-6.165.457
Liquiditätsveränderung	-3.613.053	-3.733.696	-3.858.367	-3.987.202	-4.314.490	-4.465.343	-4.621.471	-4.783.057	-4.950.293	-5.123.377	-5.302.512
Liquiditätsbestand	-3.613.053	-7.346.749	-11.205.116	-15.192.318	-19.506.808	-23.972.151	-28.593.621	-33.376.678	-38.326.972	-43.450.348	-48.752.860
Gewerbeertrag	-8.426.444	-8.552.901	-8.683.580	-8.818.623	-8.958.175	-9.109.182	-9.265.469	-9.427.221	-9.594.628	-9.767.888	-9.947.206
Gewerbesteuer	-1.547.714	-1.570.941	-1.594.943	-1.619.747	-1.645.379	-1.673.115	-1.701.821	-1.731.530	-1.762.279	-1.794.102	-1.827.038
KSt-pflichtiges Einkommen	-6.878.730	-7.108.417	-7.345.773	-7.591.055	-7.844.527	-8.118.806	-8.402.674	-8.696.467	-9.000.533	-9.315.230	-9.640.931
Körperschaftsteuer	-3.095.428	-3.198.788	-3.305.598	-3.415.975	-3.530.037	-3.653.462	-3.781.203	-3.913.410	-4.050.240	-4.191.854	-4.338.419
Solidaritätszuschlag	-170.249	-175.933	-181.808	-187.879							
Grunderwerbsteuer u.ä.											
Abschreibungen											
Restbuchwert Gebäude											

12	13	14	15	16	17	18	19	20	21	22	23	24
-8.426.444	-8.426.444	-8.426.444	-8.426.444	-8.426.444	-8.426.444	-8.426.444	-8.426.444	-8.426.444				
								-36.900.000				
-3.412.700	-3.796.854	-4.194.439	-4.605.926	-5.031.800	-5.472.564	-5.928.740	-6.400.865	-6.889.498	-10.081.535	-10.383.692	-10.696.413	-11.020.069
-6.351.234	-6.543.507	-6.742.502	-6.948.456	-7.161.610	-7.382.217	-7.610.537	-7.846.841	-6.615.407	-5.765.011	-5.916.243	-6.072.763	-6.234.756
-5.487.910	-5.679.791	-5.878.381	-6.083.914	-6.296.634	-6.516.791	-6.744.646	-6.980.468	-45.600.535	-4.316.525	-4.467.449	-4.623.650	-4.785.313
-54.240.770	-59.920.562	-65.798.943	-71.882.857	-78.179.491	-84.696.283	-91.440.929	-98.421.397	-144.021.933	-148.338.457	-152.805.906	-157.429.556	-162.214.869
-10.132.794	-10.324.871	-10.523.664	-10.729.407	-10.942.344	-11.162.726	-11.390.814	-11.626.877	-11.871.193	-6.688.800	-6.839.878	-6.996.239	-7.158.066
-1.861.125	-1.896.405	-1.932.918	-1.970.707	-2.009.818	-2.050.297	-2.092.190	-2.135.549	-2.180.423	-1.228.555	-1.256.304	-1.285.023	-1.314.747
-9.978.019	-10.326.893	-10.687.966	-11.061.663	-11.448.426	-11.848.712	-12.262.994	-12.691.760	-13.135.519	-10.081.012	-10.355.420	-10.639.422	-10.933.354
-4.490.108	-4.647.102	-4.809.585	-4.977.748	-5.151.792	-5.331.920	-5.518.347	-5.711.292	-5.910.983	-4.536.456	-4.659.939	-4.787.740	-4.920.009
								1.476.000				
									1.228.032	1.228.032	1.228.032	1.228.032
								30.700.800	29.472.768	28.244.736	27.016.704	25.788.672

Jahr	25	26	27	28	29	30	31	32	33	34	35
Leasingrate											
Kaufpreis der Immobilie											
Haben-/Sollzinsen	-11.355.041	-11.701.725	-12.060.530	-12.431.881	-12.816.216	-13.213.989	-13.625.670	-14.051.745	-14.492.717	-14.949.107	-15.421.455
Steuerbelastung/-ersparnis	-6.402.413	-6.575.932	-6.755.518	-6.941.383	-7.133.746	-7.332.836	-7.538.886	-7.752.141	-7.972.852	-8.201.280	-8.437.695
Liquiditätsveränderung	-4.952.628	-5.125.793	-5.305.013	-5.490.499	-5.682.470	-5.881.153	-6.086.784	-6.299.604	-6.519.865	-6.747.827	-6.983.760
Liquiditätsbestand	-167.167.497	-172.293.290	-177.598.302	-183.088.801	-188.771.271	-194.652.424	-200.739.208	-207.038.812	-213.558.676	-220.306.504	-227.290.264
Gewerbeertrag	-7.325.552	-7.498.894	-7.678.297	-7.863.973	-8.056.140	-8.255.026	-8.460.867	-8.673.904	-8.894.390	-9.122.586	-9.358.760
Gewerbesteuer	-1.345.510	-1.377.348	-1.410.299	-1.444.403	-1.479.699	-1.516.229	-1.554.037	-1.593.166	-1.633.664	-1.675.577	-1.718.956
KSt-pflichtiges Einkommen	-11.237.563	-11.552.409	-11.878.263	-12.215.510	-12.564.549	-12.925.792	-13.299.665	-13.686.610	-14.087.085	-14.501.562	-14.930.531
Körperschaftsteuer	-5.056.903	-5.198.584	-5.345.218	-5.496.980	-5.654.047	-5.816.606	-5.984.849	-6.158.975	-6.339.188	-6.525.703	-6.718.739
Solidaritätszuschlag											
Grunderwerbsteuer u.ä.											
Abschreibungen	1.228.032	1.228.032	1.228.032	1.228.032	1.228.032	1.228.032	1.228.032	1.228.032	1.228.032	1.228.032	1.228.032
Restbuchwert Gebäude	24.560.640	23.332.608	22.104.576	20.876.544	19.648.512	18.420.480	17.192.448	15.964.416	14.736.384	13.508.352	12.280.320

Jahr	36	37	38	39	40	41	42	43	44	45	Summe
Leasingrate											-168.528.882
Kaufpreis der Immobilie											-36.900.000
Haben-/Sollzinsen	-15.910.318	-16.416.274	-16.939.921	-17.481.876	-18.042.780	-18.623.296	-19.224.110	-19.845.930	-20.489.492	-21.155.555	-433.885.593
Steuerbelastung/-ersparnis	-8.682.376	-8.935.612	-9.197.702	-9.468.957	-9.749.695	-10.040.249	-10.340.962	-10.652.190	-10.974.299	-11.307.671	-327.244.370
Liquiditätsveränderung	-7.227.942	-7.480.662	-7.742.218	-8.012.919	-8.293.085	-8.583.047	-8.883.147	-9.193.740	-9.515.193	-9.847.885	-312.070.105
Liquiditätsbestand	-234.518.207	-241.998.869	-249.741.087	-257.754.007	-266.047.092	-274.630.139	-283.513.287	-292.707.027	-302.222.220	-312.070.105	
Gewerbeertrag	-9.603.191	-9.856.169	-10.117.992	-10.388.970	-10.669.422	-10.959.680	-11.260.087	-11.570.997	-11.892.778	-12.225.810	
Gewerbesteuer	-1.763.851	-1.810.317	-1.858.407	-1.908.178	-1.959.690	-2.013.002	-2.068.179	-2.125.285	-2.184.388	-2.245.557	-78.368.414
KSt-pflichtiges Einkommen	-15.374.499	-15.833.990	-16.309.546	-16.801.730	-17.311.123	-17.838.326	-18.383.963	-18.948.677	-19.533.136	-20.138.031	
Körperschaftsteuer	-6.918.525	-7.125.295	-7.339.296	-7.560.778	-7.790.005	-8.027.247	-8.272.783	-8.526.905	-8.789.911	-9.062.114	-249.636.087
Solidaritätszuschlag											-715.868
Grunderwerbsteuer u.ä.											1.476.000
Abschreibungen	1.228.032	1.228.032	1.228.032	1.228.032	1.228.032	1.228.032	1.228.032	1.228.032	1.228.032	1.228.032	30.700.800
Restbuchwert Gebäude	11.052.288	9.824.256	8.596.224	7.368.192	6.140.160	4.912.128	3.684.096	2.456.064	1.228.032	0	

In den Jahren 1-20 mindern die Leasingraten und die hälftigen Sollzinsen den Gewerbeertrag. Die bei der Ermittlung des körperschaftsteuerpflichtigen Einkommens in voller Höhe abgesetzten Sollzinsen werden dem Gewerbeertrag gem. § 8 Nr. 1 GewStG wieder zur Hälfte hinzugerechnet, da es sich hierbei um Entgelte für Schulden handelt, die nicht nur der *vorübergehenden* Verstärkung des Betriebskapitals dienen.[1] Multipliziert man die Veränderung des Gewerbeertrages (vor Abzug der Gewerbesteuer) mit 18,3673 %, so erhält man die Gewerbesteueränderung. Der genannte Faktor ergibt sich bei einer Steuermeßzahl von 5 %[2], einem Hebesatz von 450 %[3] und berücksichtigt, daß die noch zu ermittelnde Gewerbesteuer wiederum das körperschaftsteuerpflichtige Einkommen und somit ihre eigene Bemessungsgrundlage, den Gewerbeertrag, als Betriebsausgabe reduziert.[4]

Am Ende des 20. Jahres übt die Kapitalgesellschaft annahmegemäß die Kaufoption aus und erwirbt die Immobilie zum steuerlichen Restbuchwert. Dieser beträgt beim geschlossenen Immobilien-Leasing-Fonds 36,9 Mio. DM (= 20,5 Mio. DM + 16,4 Mio. DM) und bei der klassischen Immobilien-Leasinggesellschaft auf Grund der geringeren Gesamtinvestitionskosten 36 Mio. DM (= 20 Mio. DM + 16 Mio. DM). Rechnet man jeweils die Anschaffungsnebenkosten (Grunderwerbsteuer u.ä.) dazu und teilt die Anschaffungskosten anschließend zu 20 % auf den Grund und Boden und zu 80 % auf das Gebäude auf, ergibt sich bei einer erneuten betriebsgewöhnlichen Nutzungsdauer von 25 Jahren eine jährliche Abschreibung von 1.228.032,- DM bzw. von 1.198.080,- DM.[5]

In den Jahren 21-45 ist bei der Ermittlung der Gewerbeertragsänderung neben der Abzugsfähigkeit der Abschreibungen und der hälftigen Sollzinsen auch die Vorschrift des § 9 Nr. 1 S. 1 GewStG i.V.m. § 121a BewG zu beachten. Hiernach wird die Summe des Gewinns und der Hinzurechnungen um 1,2 % des um 40 % erhöhten Einheitswertes der Betriebsgrundstücke gekürzt, im vorliegenden Fall also um 420.000,- DM/Jahr (= 1,4 * 25 Mio. DM * 1,2 %).

---

[1] Vgl. zur Abgrenzung der Dauerschulden von den Schulden des laufenden Geschäftsverkehrs bspw. WÖHE, G.: Betriebswirtschaftliche Steuerlehre, Band I, 1. Halbband, a.a.O., S. 325 ff.

[2] Vgl. § 11 Abs. 2 Nr. 2 GewStG.

[3] $\frac{5 * 450}{10.000 + 5 * 450} = 0{,}183673.$

[4] Vgl. HABERSTOCK, L., BREITHECKER, V.: a.a.O., S. 80 f.; WÖHE, G.: Betriebswirtschaftliche Steuerlehre, Band I, 1. Halbband, a.a.O., S. 338 f.

[5] [36.900.000,- DM (36.000.000,- DM) Kaufpreis der Immobilie + 1.476.000,- DM (1.440.000,- DM) Anschaffungsnebenkosten] * 80 % = 30.700.800,- DM (29.952.000,- DM) Anschaffungskosten Gebäude / 25 Jahre Nutzungsdauer = 1.228.032,- DM (1.198.080,- DM) Abschreibung/Jahr.

Tab. 7: Vermögensendwertberechnung für die Finanzierungsalternative klassische Immobilien-Leasinggesellschaft

Jahr	1	2	3	4	5	6	7	8	9	10	11
Leasingrate	-8.811.147	-8.811.147	-8.811.147	-8.811.147	-8.811.147	-8.811.147	-8.811.147	-8.811.147	-8.811.147	-8.811.147	-8.811.147
Kaufpreis der Immobilie											
Haben-/Sollzinsen	0	-264.460	-537.75[illegible]	-820.167	-1.112.014	-1.427.816	-1.754.661	-2.092.933	-2.443.033	-2.805.373	-3.180.383
Steuerbelastung/-ersparnis	-5.033.143	-5.171.452	-5.314.380	-5.462.080	-5.411.696	-5.569.759	-5.733.348	-5.902.656	-6.077.885	-6.259.240	-6.446.936
Liquiditätsveränderung	-3.778.004	-3.904.155	-4.034.513	-4.169.234	-4.511.465	-4.669.205	-4.832.460	-5.001.424	-5.176.295	-5.357.281	-5.544.594
Liquiditätsbestand	-3.778.004	-7.682.159	-11.716.673	-15.885.912	-20.397.377	-25.066.582	-29.899.042	-34.900.466	-40.076.761	-45.434.042	-50.978.636
Gewerbeertrag	-8.811.147	-8.943.377	-9.080.023	-9.221.231	-9.367.154	-9.525.055	-9.688.478	-9.857.614	-10.032.664	-10.213.834	-10.401.339
Gewerbesteuer	-1.618.374	-1.642.661	-1.667.759	-1.693.695	-1.720.498	-1.749.500	-1.779.516	-1.810.582	-1.842.734	-1.876.010	-1.910.450
KSt-pflichtiges Einkommen	-7.192.773	-7.432.946	-7.681.139	-7.937.619	-8.202.663	-8.489.464	-8.786.292	-9.093.498	-9.411.446	-9.740.510	-10.081.080
Körperschaftsteuer	-3.236.748	-3.344.826	-3.456.513	-3.571.929	-3.691.199	-3.820.259	-3.953.831	-4.092.074	-4.235.151	-4.383.230	-4.536.486
Solidaritätszuschlag	-178.021	-183.965	-190.108	-196.456							
Grunderwerbsteuer u.ä.											
Abschreibungen											
Restbuchwert Gebäude											

Jahr	12	13	14	15	16	17	18	19	20	21	22	23	24
Leasingrate	-8.811.147	-8.811.147	-8.811.147	-8.811.147	-8.811.147	-8.811.147	-8.811.147	-8.811.147	-8.811.147				
Kaufpreis der Immobilie									-36.000.000				
Haben-/Sollzinsen	-3.568.505	-3.970.197	-4.385.933	-4.816.206	-5.261.523	-5.722.410	-6.199.412	-6.693.092	-7.204.033	-10.353.638	-10.666.464	-10.990.228	-11.325.312
Steuerbelastung/-ersparnis	-6.641.195	-6.842.246	-7.050.326	-7.265.682	-7.488.568	-7.719.247	-7.957.991	-8.205.083	-7.020.814	-5.884.697	-6.041.269	-6.203.316	-6.371.029
Liquiditätsveränderung	-5.738.457	-5.939.098	-6.146.754	-6.361.671	-6.584.[illegible]02	-6.814.311	-7.052.568	-7.299.156	-44.994.366	-4.468.942	-4.625.195	-4.786.912	-4.954.283
Liquiditätsbestand	-56.717.093	-62.656.191	-68.802.945	-75.164.616	-81.748.[illegible]19	-88.563.030	-95.615.598	-102.914.755	-147.909.121	-152.378.062	-157.003.257	-161.790.169	-166.744.452
Gewerbeertrag	-10.595.400	-10.796.246	-11.004.114	-11.219.250	-11.441.909	-11.672.352	-11.910.853	-12.157.693	-12.413.164	-6.794.899	-6.951.312	-7.113.194	-7.280.736
Gewerbesteuer	-1.946.094	-1.982.984	-2.021.164	-2.060.679	-2.101.575	-2.143.901	-2.187.708	-2.233.046	-2.279.969	-1.248.043	-1.276.772	-1.306.505	-1.337.278
KSt-pflichtiges Einkommen	-10.433.558	-10.798.360	-11.175.917	-11.566.675	-11.971.095	-12.389.656	-12.822.852	-13.271.193	-13.735.211	-10.303.676	-10.587.773	-10.881.803	-11.186.114
Körperschaftsteuer	-4.695.101	-4.859.262	-5.029.163	-5.205.004	-5.386.393	-5.575.345	-5.770.283	-5.972.037	-6.180.845	-4.636.654	-4.764.498	-4.896.811	-5.033.751
Solidaritätszuschlag													
Grunderwerbsteuer u.ä.									1.440.000				
Abschreibungen										1.198.080	1.198.080	1.198.080	1.198.080
Restbuchwert Gebäude									29.952.000	28.753.920	27.555.840	26.357.760	25.159.680

Jahr	25	26	27	28	29	30	31	32	33	34	35
Leasingrate											
Kaufpreis der Immobilie											
Haben-/Sollzinsen	-11.672.112	-12.031.037	-12.402.512	-12.786.975	-13.184.881	-13.596.699	-14.022.917	-14.464.036	-14.920.579	-15.393.085	-15.882.112
Steuerbelastung/-ersparnis	-6.544.606	-6.724.252	-6.910.179	-7.102.607	-7.301.763	-7.507.882	-7.721.208	-7.941.993	-8.170.497	-8.406.991	-8.651.754
Liquiditätsveränderung	-5.127.506	-5.306.785	-5.492.333	-5.684.369	-5.883.118	-6.088.817	-6.301.709	-6.522.043	-6.750.082	-6.986.094	-7.230.358
Liquiditätsbestand	-171.871.957	-177.178.742	-182.671.075	-188.355.444	-194.238.562	-200.327.380	-206.629.088	-213.151.132	-219.901.214	-226.887.308	-234.117.665
Gewerbeertrag	-7.454.136	-7.633.598	-7.819.336	-8.011.568	-8.210.521	-8.416.430	-8.629.538	-8.850.098	-9.078.370	-9.314.622	-9.559.136
Gewerbesteuer	-1.369.127	-1.402.090	-1.436.205	-1.471.512	-1.508.055	-1.545.875	-1.585.017	-1.625.528	-1.667.456	-1.710.849	-1.755.760
KSt-pflichtiges Einkommen	-11.501.065	-11.827.027	-12.164.387	-12.513.543	-12.874.906	-13.248.905	-13.635.979	-14.036.588	-14.451.204	-14.880.316	-15.324.432
Körperschaftsteuer	-5.175.479	-5.322.162	-5.473.974	-5.631.094	-5.793.708	-5.962.007	-6.136.191	-6.316.465	-6.503.042	-6.696.142	-6.895.994
Solidaritätszuschlag											
Grunderwerbsteuer u.ä.											
Abschreibungen	1.198.080	1.198.080	1.198.080	1.198.080	1.198.080	1.198.080	1.198.080	1.198.080	1.198.080	1.198.080	1.198.080
Restbuchwert Gebäude	23.961.600	22.763.520	21.565.440	20.367.360	19.169.280	17.971.200	16.773.120	15.575.040	14.376.960	13.178.880	11.980.800

Jahr	36	37	38	39	40	41	42	43	44	45	Summe
Leasingrate											-176.222.945
Kaufpreis der Immobilie											-36.000.000
Haben-/Sollzinsen	-16.388.237	-16.912.058	-17.454.194	-18.015.286	-18.595.996	-19.197.010	-19.819.038	-20.462.815	-21.129.101	-21.818.683	-447.744.908
Steuerbelastung/-ersparnis	-8.905.075	-9.167.253	-9.438.597	-9.719.430	-10.010.081	-10.310.895	-10.622.226	-10.944.443	-11.277.926	-11.623.069	-338.076.763
Liquiditätsveränderung	-7.483.162	-7.744.805	-8.015.597	-8.295.856	-8.585.915	-8.886.116	-9.196.812	-9.518.372	-9.851.175	-10.195.615	-321.891.090
Liquiditätsbestand	-241.600.827	-249.345.632	-257.361.229	-265.657.085	-274.243.001	-283.129.116	-292.325.928	-301.844.301	-311.695.476	-321.891.090	
Gewerbeertrag	-9.812.198	-10.074.109	-10.345.177	-10.625.723	-10.916.078	-11.216.585	-11.527.599	-11.849.487	-12.182.631	-12.527.422	
Gewerbesteuer	-1.802.241	-1.850.347	-1.900.135	-1.951.663	-2.004.994	-2.060.189	-2.117.314	-2.176.436	-2.237.626	-2.300.955	-80.916.869
KSt-pflichtiges Einkommen	-15.784.076	-16.259.791	-16.752.140	-17.261.703	-17.789.082	-18.334.901	-18.899.804	-19.484.459	-20.089.555	-20.715.808	
Körperschaftsteuer	-7.102.834	-7.316.906	-7.538.463	-7.767.766	-8.005.087	-8.250.705	-8.504.912	-8.768.006	-9.040.300	-9.322.114	-257.851.343
Solidaritätszuschlag											-748.551
Grunderwerbsteuer u.ä.											1.440.000
Abschreibungen	1.198.080	1.198.080	1.198.080	1.198.080	1.198.080	1.198.080	1.198.080	1.198.080	1.198.080	1.198.080	29.952.000
Restbuchwert Gebäude	10.782.720	9.584.640	8.386.560	7.188.480	5.990.400	4.792.320	3.594.240	2.396.160	1.198.080	0	

Die Veränderung der Körperschaftsteuer wird beim Leasing nach folgendem Schema errechnet:

<u>t = 1-20:</u>	<u>t = 21-45:</u>
- Leasingrate$_t$	- Abschreibung$_t$
- Sollzinsen$_t$	- Sollzinsen$_t$
- Δ Gewerbesteuer$_t$	- Δ Gewerbesteuer$_t$
= Δ KSt-pflichtiges Einkommen$_t$	= Δ KSt-pflichtiges Einkommen$_t$
* 45 %	* 45 %
= Δ Körperschaftsteuer$_t$	= Δ Körperschaftsteuer$_t$

In den Jahren 1-20 (21-45) mindern die Leasingraten (Abschreibungen), die Sollzinsen und die Gewerbesteueränderungen das körperschaftsteuerpflichtige Einkommen. Auf den so ermittelten Betrag wird anschließend der Steuersatz i.H.v. 45 % angewendet.

Im Fall des Kreditkaufs ändern sich die Bemessungsgrundlagen und die Steuerzahlungen in den Jahren 1-45 folgendermaßen:

- Abschreibung$_t$	- Abschreibung$_t$
- 0,5 * Darlehenszinsen$_t$	- Darlehenszinsen$_t$
- 0,5 * Sollzinsen$_t$	- Sollzinsen$_t$
- 1,4 * Einheitswert$_t$ * 1,2 %	- Δ Gewerbesteuer$_t$
= Δ Gewerbeertrag$_t$	= Δ KSt-pflichtiges Einkommen$_t$
* 18,3673 %	* 45 %
= Δ Gewerbesteuer$_t$	= Δ Körperschaftsteuer$_t$

Die Berechnungen entsprechen denen des Leasings in den Jahren 21-45; lediglich die Zinsen für das Annuitätendarlehen sind sowohl bei der Ermittlung des Gewerbeertrages als auch des körperschaftsteuerpflichtigen Einkommens zusätzlich zu berücksichtigen.

Tab. 8: Vermögensendwertberechnung für die Finanzierungsalternative Kreditkauf

Jahr	1	2	3	4	5	6	7	8	9	10	11
Annuität	-9.439.293	-9.439.293	-9.439.293	-9.439.293	-9.439.293	-9.439.293	-9.439.293	-9.439.293	-9.439.293	-9.439.293	-9.439.293
Haben-/Sollzinsen	0	-273.696	-562.782	-868.210	-1.190.992	-1.548.298	-1.925.938	-2.325.173	-2.747.344	-3.193.883	-3.666.313
Steuerbelastung/-ersparnis	-5.529.348	-5.583.188	-5.638.825	-5.696.319	-5.525.921	-5.592.733	-5.661.880	-5.733.445	-5.807.512	-5.884.169	-5.963.506
Liquiditätsveränderung	-3.909.944	-4.129.801	-4.363.250	-4.611.183	-5.104.364	-5.394.858	-5.703.351	-6.031.020	-6.379.124	-6.749.006	-7.142.099
Liquiditätsbestand	-3.909.944	-8.039.745	-12.402.995	-17.014.178	-22.118.542	-27.513.400	-33.216.751	-39.247.771	-45.626.896	-52.375.902	-59.518.001
Gewerbeertrag	-7.120.000	-7.171.473	-7.224.664	-7.279.632	-7.336.435	-7.403.178	-7.472.255	-7.543.747	-7.617.739	-7.694.318	-7.773.574
Gewerbesteuer	-1.307.755	-1.317.209	-1.326.979	-1.337.075	-1.347.508	-1.359.767	-1.372.455	-1.385.586	-1.399.177	-1.413.242	-1.427.799
KSt-pflichtiges Einkommen	-8.892.245	-8.985.736	-9.082.350	-9.182.189	-9.285.362	-9.406.589	-9.532.055	-9.661.908	-9.796.301	-9.935.393	-10.079.349
Körperschaftsteuer	-4.001.510	-4.043.581	-4.087.057	-4.131.985	-4.178.413	-4.232.965	-4.289.425	-4.347.859	-4.408.336	-4.470.927	-4.535.707
Solidaritätszuschlag	-220.083	-222.397	-224.788	-227.259							
Darlehenszinsen	7.000.000	6.829.250	6.646.547	6.451.054	6.241.878	6.018.059	5.778.572	5.522.322	5.248.134	4.954.753	4.640.835
Darlehenstilgungen	2.439.293	2.610.043	2.792.746	2.988.238	3.197.415	3.421.234	3.660.720	3.916.971	4.191.159	4.484.540	4.798.458
Restschuld Darlehen	97.560.707	94.950.664	92.157.918	89.169.680	85.972.265	82.551.031	78.890.311	74.973.340	70.782.181	66.297.641	61.499.183
Abschreibungen	3.200.000	3.200.000	3.200.000	3.200.000	3.200.000	3.200.000	3.200.000	3.200.000	3.200.000	3.200.000	3.200.000
Restbuchwert Gebäude	76.800.000	73.600.000	70.400.000	67.200.000	64.000.000	60.800.000	57.600.000	54.400.000	51.200.000	48.000.000	44.800.000

12	13	14	15	16	17	18	19	20	21	22	23	24
-9.439.293	-9.439.293	-9.439.293	-9.439.293	-9.439.293	-9.439.293	-9.439.293	-9.439.293	-9.439.293				
-4.166.260	-4.695.456	-5.255.746	-5.849.100	-6.477.617	-7.143.535	-7.849.242	-8.597.284	-9.390.379	-10.231.423	-10.462.759	-10.702.183	-10.949.979
-6.045.617	-6.130.600	-6.218.553	-6.309.582	-6.403.793	-6.501.299	-6.602.213	-6.706.656	-6.814.751	-6.926.626	-7.042.412	-7.162.246	-7.286.270
-7.559.935	-8.004.149	-8.476.486	-8.978.811	-9.513.116	-10.081.529	-10.686.321	-11.329.921	-12.014.920	-3.304.798	-3.420.347	-3.539.938	-3.663.709
-67.077.937	-75.082.085	-83.558.571	-92.537.382	-102.050.498	-112.132.027	-122.818.348	-134.148.268	-146.163.188	-149.467.986	-152.888.334	-156.428.271	-160.091.980
-7.855.601	-7.940.497	-8.028.361	-8.119.297	-8.213.412	-8.310.818	-8.411.630	-8.515.967	-8.623.951	-8.735.712	-8.851.380	-8.971.092	-9.094.989
-1.442.866	-1.458.459	-1.474.597	-1.491.299	-1.508.586	-1.526.477	-1.544.993	-1.564.157	-1.583.991	-1.604.518	-1.625.764	-1.647.752	-1.670.508
-10.228.337	-10.382.535	-10.542.125	-10.707.294	-10.878.238	-11.055.160	-11.238.267	-11.427.776	-11.623.912	-11.826.905	-12.036.995	-12.254.432	-12.479.471
-4.602.752	-4.672.141	-4.743.956	-4.818.282	-4.895.207	-4.974.822	-5.057.220	-5.142.499	-5.230.760	-5.322.107	-5.416.648	-5.514.494	-5.615.762
4.304.943	3.945.538	3.560.976	3.149.493	2.709.207	2.238.101	1.734.018	1.194.649	617.524				
5.134.350	5.493.754	5.878.317	6.289.799	6.730.085	7.201.191	7.705.274	8.244.644	8.821.769				
56.364.834	50.871.080	44.992.763	38.702.963	31.972.878	24.771.687	17.066.413	8.821.769	0				
3.200.000	3.200.000	3.200.000	3.200.000	3.200.000	3.200.000	3.200.000	3.200.000	3.200.000	3.200.000	3.200.000	3.200.000	3.200.000
41.600.000	38.400.000	35.200.000	32.000.000	28.800.000	25.600.000	22.400.000	19.200.000	16.000.000	12.800.000	9.600.000	6.400.000	3.200.000

Jahr	25	26	27	28	29	30	31	32	33	34	35
Annuität											
Haben-/Sollzinsen	-11.206.439	-11.471.865	-11.870.001	-12.282.057	-12.708.520	-13.149.894	-13.606.701	-14.079.480	-14.568.789	-15.075.206	-15.599.330
Steuerbelastung/-ersparnis	-7.414.631	-5.784.214	-5.983.485	-6.189.723	-6.403.173	-6.624.085	-6.852.721	-7.089.352	-7.334.256	-7.587.723	-7.850.052
Liquiditätsveränderung	-3.791.808	-5.687.651	-5.886.516	-6.092.333	-6.305.348	-6.525.810	-6.753.980	-6.990.128	-7.234.533	-7.487.483	-7.749.277
Liquiditätsbestand	-163.883.788	-169.571.439	-175.457.955	-181.550.288	-187.855.636	-194.381.445	-201.135.425	-208.125.553	-215.360.086	-222.847.569	-230.596.846
Gewerbeertrag	-9.223.219	-6.155.933	-6.355.000	-6.561.028	-6.774.260	-6.994.947	-7.223.351	-7.459.740	-7.704.394	-7.957.603	-8.219.665
Gewerbesteuer	-1.694.061	-1.130.681	-1.167.245	-1.205.087	-1.244.252	-1.284.786	-1.326.738	-1.370.156	-1.415.093	-1.461.601	-1.509.734
KSt-pflichtiges Einkommen	-12.712.378	-10.341.184	-10.702.756	-11.076.970	-11.464.268	-11.865.108	-12.279.963	-12.709.323	-13.153.696	-13.613.605	-14.089.595
Körperschaftsteuer	-5.720.570	-4.653.533	-4.816.240	-4.984.636	-5.158.921	-5.339.299	-5.525.983	-5.719.196	-5.919.163	-6.126.122	-6.340.318
Solidaritätszuschlag											
Darlehenszinsen											
Darlehenstilgungen											
Restschuld Darlehen											
Abschreibungen	3.200.000										
Restbuchwert Gebäude	0										

Jahr	36	37	38	39	40	41	42	43	44	45	Summe
Annuität											-188.785.851
Haben-/Sollzinsen	-16.141.779	-16.703.195	-17.284.240	-17.885.601	-18.507.989	-19.152.137	-19.818.808	-20.508.789	-21.222.894	-21.961.967	-454.879.272
Steuerbelastung/-ersparnis	-8.121.554	-8.402.548	-8.693.367	-8.994.355	-9.305.866	-9.628.269	-9.961.944	-10.307.287	-10.664.703	-11.034.617	-318.995.388
Liquiditätsveränderung	-8.020.225	-8.300.647	-8.590.873	-8.891.247	-9.202.123	-9.523.869	-9.856.864	-10.201.502	-10.558.190	-10.927.350	-324.669.736
Liquiditätsbestand	-238.617.071	-246.917.718	-255.508.591	-264.399.838	-273.601.961	-283.125.830	-292.982.694	-303.184.196	-313.742.386	-324.669.736	
Gewerbeertrag	-8.490.890	-8.771.598	-9.062.120	-9.362.801	-9.673.994	-9.996.069	-10.329.404	-10.674.394	-11.031.447	-11.400.984	
Gewerbesteuer	-1.559.551	-1.611.110	-1.664.471	-1.719.698	-1.776.856	-1.836.013	-1.897.237	-1.960.603	-2.026.184	-2.094.058	-68.093.736
KSt-pflichtiges Einkommen	-14.582.228	-15.092.085	-15.619.769	-16.165.903	-16.731.133	-17.316.125	-17.921.571	-18.548.186	-19.196.710	-19.867.909	
Körperschaftsteuer	-6.562.003	-6.791.438	-7.028.896	-7.274.656	-7.529.010	-7.792.256	-8.064.707	-8.346.683	-8.638.519	-8.940.559	-250.007.124
Solidaritätszuschlag											-894.527
Darlehenszinsen											88.785.852
Darlehenstilgungen											100.000.000
Restschuld Darlehen											
Abschreibungen											80.000.000
Restbuchwert Gebäude											

4.2.2.3 Interpretation der Ergebnisse

Die Modellrechnungen ergeben für die Finanzierungsalternative geschlossener Immobilien-Leasing-Fonds einen Vermögensendwert i.H.v. -312.070.105,- DM, für die klassische Immobilien-Leasinggesellschaft einen von -321.891.090,- DM und für den Kreditkauf einen von -324.669.736,- DM. Für die Kapitalgesellschaft ist es daher am günstigsten, wenn die Immobilie über den geschlossenen Immobilien-Leasing-Fonds finanziert wird.

Vergleicht man die Alternativen des geschlossenen Immobilien-Leasing-Fonds und des Kreditkaufs im Hinblick auf die Steuerzahlungen, so fällt insbesondere auf, daß die Gewerbesteuerersparnisse bei der zuerst genannten Alternative in der Summe mit 78.368.414,- DM um 10.274.678,- DM höher ausfallen. Dieses Ergebnis resultiert vor allem daraus, daß die Leasingraten in voller Höhe, die Darlehenszinsen jedoch nur zur Hälfte vom Gewerbeertrag abgezogen werden dürfen. Die kumulierten Körperschaftsteuerersparnisse weisen bei den beiden Finanzierungsmaßnahmen mit 249.636.087,- DM und 250.007.124,- DM einen ähnlich hohen Wert auf. Eine Mehrbelastung ergibt sich im Fall des Leasings jedoch in Höhe der Anschaffungsnebenkosten.

Ein Blick auf die Vermögensendwertberechnungen für die beiden Leasingvarianten zeigt, daß sich diese nur in der Höhe der Leasingraten und in der Höhe des Kaufoptionspreises unterscheiden. Obwohl die Gesamtinvestitionskosten beim geschlossenen Immobilien-Leasing-Fonds um 7 Mio. DM und die Verwaltungsaufwendungen um 100.000,- DM/Jahr höher ausfallen als bei der klassischen Immobilien-Leasinggesellschaft, weisen die jährlichen Leasingraten infolge der Einbindung des Eigenkapitals einen um 384.703,16 DM[1] geringeren Betrag auf. Lediglich der um 900.000,- DM höhere Kaufoptionspreis wirkt sich negativ auf den Vermögensendwert aus; diese Mehrauszahlung wird aber in den Folgejahren teilweise durch Steuerersparnisse kompensiert, die aus den höheren Abschreibungsbeträgen resultieren.

Während beim geschlossenen Immobilien-Leasing-Fonds in den Jahren 21-45 30.700.800,- DM abgeschrieben werden können, beläuft sich das Abschreibungsvolumen bei der klassischen Immobilien-Leasinggesellschaft in dieser Zeit auf 29.952.000,- DM. Beim Kreditkauf werden hingegen in den Jahren 21-25 nur noch 16 Mio. DM an Abschreibungen vorgenommen. Es wird an dieser Stelle noch einmal deutlich, daß der Vorteilhaftigkeitsvergleich nicht am

---

[1] 8.811.147,25 DM - 8.426.444,09 DM = 384.703,16 DM.

31.12.20 enden kann.[1] So verändert sich der Liquiditätsbestand bei der Finanzierungsalternative Kreditkauf von -146.163.188,- DM am 31.12.20 auf -324.669.736,- DM am 31.12.45; bei der klassischen Immobilien-Leasinggesellschaft ist eine Minderung von -147.909.121,- DM auf -321.891.090,- DM zu verzeichnen. Es kommt hier folglich auf Grund der aufgezeigten Unterschiede zu einem Wechsel der Vorteilhaftigkeit.

Als Zwischenergebnis der bisher durchgeführten Modellrechnungen läßt sich feststellen, daß der geschlossene Immobilien-Leasing-Fonds zwar die vorteilhafteste Finanzierungsalternative ist, jedoch aus Sicht des Kapitalanlegers der Anlage am Kapitalmarkt unterlegen ist. Da dieses Ergebnis von den zuvor getroffenen Annahmen abhängt, sollen im nachfolgenden Gliederungspunkt Sensitivitätsanalysen durchgeführt werden, d.h. es wird untersucht, wie sich die Vermögensendwerte bei Variation der Ausgangsparameter ändern.[2] Im einzelnen werden die Auswirkungen von Änderungen der Finanzierungsparameter, des Abschreibungssatzes, des Leasingratenverlaufs, des Kaufoptionspreises sowie des Einkommensniveaus und der Einkommensentwicklung des Anlegers aufgezeigt und analysiert.

---

[1] Eine Verkürzung des Planungszeitraumes auf 20 Jahre käme nur dann in Betracht, wenn unterstellt werden würde, daß die Kapitalgesellschaft die Immobilie nach Ausübung der Kaufoption gleich wieder zu einem über dem steuerlichen Restbuchwert liegenden Preis weiterveräußern würde. Die stillen Reserven müßten folglich in diesem Zeitpunkt versteuert werden, so daß auch in diesem Fall eine Vergleichbarkeit der drei Handlungsalternativen gegeben sein würde. Von einer solchen Annahme wird in den Modellrechnungen jedoch abgesehen, da sie wenig realistisch erscheint.

[2] Vgl. zum Begriff der Sensitivitätsanalyse bspw. BLOHM, H., LÜDER, K.: a.a.O., S. 250 f.; HAX, H.: a.a.O., S. 122 f.

4.3 Parameteränderungen

4.3.1 Variation der Finanzierungsparameter

4.3.1.1 Variation des Eigenkapitalzinssatzes

Im folgenden wird der Einfluß von Änderungen einzelner Finanzierungsparameter auf die Vorteilhaftigkeit des geschlossenen Immobilien-Leasing-Fonds als Anlage- und Finanzierungsalternative überprüft. Zunächst wird die Höhe des kalkulierten Eigenkapitalzinssatzes variiert, wobei unterstellt wird, daß alle anderen Einflußfaktoren konstant bleiben. Die sich ergebenden Leasingraten sowie die Vermögensendwerte (VEW) aus Sicht des Anlegers und der Kapitalgesellschaft können der nachstehenden Tabelle entnommen werden.

Tab. 9: Vermögensendwerte der Fondsbeteiligung und der Finanzierungsalternative geschlossener Immobilien-Leasing-Fonds bei Variation des Eigenkapitalzinssatzes

Eigenkapitalzinssatz	Leasingrate	VEW Fondsbeteiligung	VEW geschlossener Immobilien-Leasing-Fonds
3,0 %	8.265.944,-	149.506,-	-307.318.749,-
3,5 %	8.426.444,-	155.309,-	-312.070.105,-
4,0 %	8.586.944,-	161.100,-	-316.821.461,-
4,5 %	8.747.444,-	166.981,-	-321.572.817,-
5,0 %	8.907.944,-	172.735,-	-326.324.172,-

Wird der dem Grundmodell zugrundegelegte Eigenkapitalzinssatz i.H.v. 3,5 % bspw. auf 4,0 % gesteigert, erhöht sich die Leasingrate um 160.500,- DM (= 32,1 Mio. DM * 0,5 %) auf 8.586.944,- DM/Jahr. Die jährlichen Zahlungsüberschüsse und steuerlichen Ergebnisse der Fondsgesellschaft wachsen um den gleichen Betrag an, da die Auszahlungen und Aufwendungen unverändert bleiben. Infolgedessen ergibt sich im Vergleich zum Grundmodell ein um 5.791,- DM höherer Vermögensendwert i.H.v. 161.100,- DM. Die Beteiligung an dem geschlossenen Immobilien-Leasing-Fonds führt nun aus Sicht des Kapitalanlegers zu einem günstigeren Ergebnis als die Anlage am Kapitalmarkt mit einem Vermögensendwert von 158.107,- DM. Gleichzeitig muß allerdings beachtet werden, daß sich der Vermögensendwert für die Finanzierungsalternative geschlossener Immobilien-Leasing-Fonds infolge der höheren Leasingraten von -312.070.105,- DM auf -316.821.461,- DM verschlechtert, aber nach wie vor noch höher ist als die Vermögensendwerte der beiden anderen Finanzierungsmaßnahmen.

Wie nicht anders zu erwarten war, wirkt sich eine Erhöhung des kalkulierten Eigenkapitalzinssatzes und damit der Leasingraten positiv auf den Vermögensendwert der Anlagealternative und negativ auf den Vermögensendwert der Finanzierungsalternative aus. Will man feststellen, in welchem Bereich die Leasingraten sowohl für den Anleger als auch für die Kapitalgesellschaft zu einem vorteilhaften Ergebnis führen, muß man die jeweiligen kritischen Leasingraten berechnen. Aus Sicht des Anlegers kann die kritische Leasingrate als diejenige Leasingrate definiert werden, bei der die Vermögensendwerte für die Fondsbeteiligung und für die Anlage am Kapitalmarkt - bei Konstanz aller anderen Einflußgrößen - den gleichen Wert aufweisen. Aus Sicht der Kapitalgesellschaft ist die kritische Leasingrate jene, bei der die Vermögensendwerte der Alternativen geschlossener Immobilien-Leasing-Fonds und klassische Immobilien-Leasinggesellschaft (als die nächst günstigere Finanzierungsmaßnahme) gleich sind.[1]

Die kritischen Leasingraten können zum einen mit Hilfe mathematischer Gleichungen, zum anderen aber auch mittels der Funktion Zielwertsuche im Rahmen des Tabellenkalkulationsprogrammes Excel ermittelt werden.[2] Aus Vereinfachungsgründen wird hier der zuletzt genannte Weg eingeschlagen. Dementsprechend ergibt sich bei einer Leasingrate von 8.504.455,- DM für die Fondsbeteiligung ein Vermögensendwert i.H.v. 158.107,- DM, der dem der Anlage am Kapitalmarkt entspricht. Für die Finanzierungsalternative geschlossener Immobilien-Leasing-Fonds erhält man einen Vermögensendwert i.H.v. -321.891.090,- DM, wenn die Leasingraten mit 8.758.195,- DM festgesetzt werden. Ist die jährliche Leasingrate also größer als 8.504.455,- DM und kleiner als 8.758.195,- DM, ist der geschlossene Immobilien-Leasing-Fonds sowohl aus Sicht des Anlegers als auch aus Sicht der Kapitalgesellschaft die vorteilhafteste Alternative. Die genannten Werte entsprechen einem Eigenkapitalzinssatz von 3,74 % bis 4,53 %.[3]

---

1 Vgl. HABERSTOCK, L.: Kredit-Kauf oder Leasing?, a.a.O., S. 498.

2 Die Berechnung einer kritischen Leasingrate für den Fall einer Entscheidung zwischen Kreditkauf und Leasing mit Hilfe mathematischer Gleichungen findet sich bspw. bei HABERSTOCK, L.: Kredit-Kauf oder Leasing?, a.a.O., S. 498 ff.

3 8.504.455,- DM (8.758.195,- DM) Kritische Leasingrate - 6.952.944,- DM Annuität - 350.000,- DM Kosten-, Risiko- und Gewinnmarge = 1.201.511,- DM (1.455.251,- DM) Kalkulatorische Eigenkapitalverzinsung / 32.100.000,- DM Eigenkapital = 3,74 % (4,53 %).

4.3.1.2 Variation des Fremdkapitalzinssatzes

Die Veränderung des Fremdkapitalzinssatzes hat im Gegensatz zur Variation des Eigenkapitalzinssatzes nicht nur Auswirkungen auf den Vermögensendwert der Fondsbeteiligung und den des geschlossenen Immobilien-Leasing-Fonds, sondern auch Auswirkungen auf die Vermögensendwerte der beiden anderen Finanzierungsalternativen.

Tab. 10: Vermögensendwerte der Fondsbeteiligung und der Finanzierungsalternativen geschlossener Immobilien-Leasing-Fonds, klassische Immobilien-Leasinggesellschaft und Kreditkauf bei Variation des Fremdkapitalzinssatzes

Fremdkapitalzinssatz	Leasingrate	VEW Fondsbeteiligung	VEW geschlossener Immobilien-Leasing-Fonds
5,0 %	7.338.505,-	153.076,-	-279.863.350,-
6,0 %	7.873.137,-	154.284,-	-295.690.312,-
7,0 %	8.426.444,-	155.309,-	-312.070.105,-
8,0 %	8.997.340,-	156.389,-	-328.970.596,-
9,0 %	9.584.708,-	157.290,-	-346.358.725,-

Leasingrate	VEW klassische Immobilien-Leasinggesellschaft	Annuität	VEW Kreditkauf
7.185.526,-	-273.767.058,-	8.024.259,-	-281.523.405,-
7.989.812,-	-297.576.712,-	8.718.456,-	-302.625.762,-
8.811.147,-	-321.891.090,-	9.439.293,-	-324.669.736,-
9.648.541,-	-346.680.857,-	10.185.221,-	-347.606.395,-
10.500.974,-	-371.915.827,-	10.954.648,-	-371.384.574,-

Man kann erkennen, daß der Vermögensendwert für die Fondsbeteiligung positiv mit dem Fremdkapitalzinssatz korreliert ist, d.h. ein Ansteigen des Ausgangsparameters führt zu einer Erhöhung des Vermögensendwertes. Interessanterweise hat die Variation keinen Einfluß auf die Höhe der von der Fondsgesellschaft erwirtschafteten Zahlungsüberschüsse, da die Leasingraten und die Annuitäten für das aufgenommene Darlehen jährlich um den gleichen Betrag ansteigen. Die steuerlichen Ergebnisse bleiben in der Summe mit 24,47 Mio. DM ebenfalls unverändert. Allerdings entfällt mit steigendem Fremdkapitalzinssatz in den ersten Perioden ein relativ höherer Teil der Annuität auf die Darlehenszinsen, so daß sich die Gewinne und somit die Steuerzahlungen des Anlegers tendenziell in spätere Perioden verlagern. Dieser Steuerstundungseffekt führt zu Investitionsbeginn zu höheren Liquiditätssalden, die wiederum zinsbringend angelegt werden können.

Im Gegensatz zu der Anlagealternative wirkt sich die Erhöhung des Fremdkapitalzinssatzes negativ auf die Vermögensendwerte der Finanzierungsmaßnahmen aus. Ein Vergleich der drei Alternativen zeigt jedoch, daß der geschlossene Immobilien-Leasing-Fonds gegenüber den anderen beiden Varianten um so vorteilhafter ist, je höher der Fremdkapitalzinssatz ausfällt. Dies hängt damit zusammen, daß bei der Kalkulation der Leasingraten von einem konstanten Eigenkapitalzinssatz i.H.v. 3,5 % ausgegangen wurde und daß sich infolgedessen die Refinanzierungskosten des Fonds im Verhältnis zur klassischen Immobilien-Leasinggesellschaft und zum Kreditkauf mit steigendem Fremdkapitalzinssatz relativ vermindern.

4.3.1.3 Variation der Fremdkapital-Eigenkapital-Relation

In den vorangegangenen Modellrechnungen wurden die Leasingraten jeweils in Anlehnung an die Ausführungen im Gliederungspunkt 2.2.5.3.2 ermittelt. So führten die Variationen des Eigenkapital- und des Fremdkapitalzinssatzes zu einer Änderung dieser Größe. Wenn nun das Verhältnis zwischen Fremdkapital und Eigenkapital, also der Verschuldungsgrad, variiert werden soll, würde dies eine Neuberechnung der Leasingraten erfordern. Da für die Beurteilung der Vorteilhaftigkeit des geschlossenen Immobilien-Leasing-Fonds als Anlage- und Finanzierungsalternative aber nicht die Höhe der Leasingraten, sondern die der Vermögensendwerte ausschlaggebend ist, wird im folgenden aus Gründen der besseren Vergleichbarkeit von der o.g. Berechnungsweise abgewichen und die Leasingraten bei allen Fremdkapital-Eigenkapital-Relationen wie im Grundmodell mit 8.426.444,- DM/Jahr festgesetzt.[1] Dadurch wird sichergestellt, daß die Variation nur Auswirkungen auf die Anlagealternative hat,

---

[1] Als konstante Leasingrate könnte man alternativ auch die kritische Leasingrate i.H.v. 8.758.195,- DM ansetzen. In diesem Fall wäre die Kapitalgesellschaft - wie bereits oben dargelegt - indifferent zwischen den Finanzierungsmaßnahmen geschlossener Immobilien-Leasing-Fonds und klassische Immobilien-Leasinggesellschaft.

während der Vermögensendwert für die Finanzierungsalternative unverändert bleibt.

Des weiteren wurde bei der Kalkulation der Leasingraten von der Annahme ausgegangen, daß sich die Summe der Amortisationsanteile und die der Gebäudeabschreibungen (65,6 Mio. DM) zuzüglich der sofort abzugsfähigen Betriebsausgaben (4,5 Mio. DM) am Ende der Grundmietzeit entsprechen. Demzufolge ergab sich für das Annuitätendarlehen i.H.v. 74,9 Mio. DM am Ende des 20. Jahres eine Restschuld von 4,8 Mio. DM.[1] Mit der Variation des Eigenkapitalanteils ändert sich zwangsläufig auch die Darlehenshöhe, und es stellt sich die Frage, mit welchem Wert die Restschuld jeweils angesetzt werden soll. Ausgehend von den Daten des Grundmodells (Fremdkapitalanteil: 70 %; Fremdkapitalzinssatz: 7 %; Leasingrate: 8.426.444,- DM) wird daher zunächst der Vermögensendwert der Fondsbeteiligung in Abhängigkeit von der Restschuld des Darlehens dargestellt.

Tab. 11: Vermögensendwert der Fondsbeteiligung bei Variation der Darlehensrestschuld

Restschuld des Darlehens nach 20 Jahren	Annuität	VEW Fondsbeteiligung
0,-	7.070.030,-	156.487,-
4.800.000,-	6.952.944,-	155.309,-
36.900.000,-	6.169.931,-	147.492,-

Es zeigt sich, daß eine Darlehensrestschuld i.H.v. 0,- DM den höchsten Vermögensendwert zur Folge hat.[2] Aus diesem Grund wird im Rahmen der anschließenden Variation des Eigenkapitalanteils an den Gesamtinvestitionskosten davon ausgegangen, daß die Restschuld des Annuitätendarlehens stets 0,- DM beträgt. Die Ergebnisse dieser Sensitivitätsanalyse sind in der Tabelle auf der nächsten Seite zusammengefaßt.

1 Vgl. Gliederungspunkt 4.2.1.1.

2 Wird die Restschuld des Annuitätendarlehens gesenkt, erhöhen sich dementsprechend die laufenden Tilgungsraten. Aufgrund der schnelleren Entschuldung werden weniger Darlehenszinsen verausgabt, so daß die an die Anleger vorgenommenen Ausschüttungen in der Summe ansteigen.

Tab. 12: Vermögensendwert der Fondsbeteiligung bei Variation des Eigenkapitalanteils unter Zugrundelegung eines Fremdkapitalzinssatzes von 7 %

Eigen-kapital-anteil	Gesellschaftsebene		Gesellschafterebene		VEW
	Ausschüt-tungen	Steuerliche Ergebnisse	Ausschüt-tungen	Steuerliche Ergebnisse	Fondsbe-teiligung
20 %	38.828.193,-	17.428.193,-	181.440,-	81.440,-	147.737,-
40 %	79.228.365,-	36.428.365,-	185.113,-	85.113,-	160.731,-
60 %	119.628.537,-	55.428.537,-	186.337,-	86.337,-	165.024,-
80 %	160.028.710,-	74.428.710,-	186.949,-	86.949,-	167.120,-
100 %	200.428.882,-	93.428.882,-	187.317,-	87.317,-	168.414,-

Der vermehrte Einsatz von Eigenkapital in Form von Kommanditeinlagen bei der Finanzierung des geschlossenen Immobilien-Leasing-Fonds führt auf der Gesellschaftsebene zu einem Anstieg der kumulierten Ausschüttungen und der steuerlichen Ergebnisse (der Totalgewinne). Aus Sicht des Anlegers, der annahmegemäß eine Einlage i.H.v. 100.000,- DM erbracht hat, ergibt sich ein ähnliches Bild. Die Unterschiede bei den einzelnen Fremdkapital-Eigenkapital-Relationen sind hier jedoch nicht so groß wie auf der Ebene der Fondsgesellschaft, da der prozentuale Anteil des Anlegers am Liquiditätsergebnis und am steuerlichen Ergebnis um so höher ausfällt, je weniger Eigenmittel bei der Finanzierung verwendet werden.

Insgesamt gesehen wirkt sich die Erhöhung des Eigenkapitalanteils respektive die Verminderung des Verschuldungsgrades positiv auf den Vermögensendwert der Fondsbeteiligung aus. Dabei spielt jedoch nicht nur die absolute Höhe der Ausschüttungen, sondern auch deren zeitliche Verteilung eine wichtige Rolle. Werden bei der Finanzierung ausschließlich Eigenmittel eingesetzt, beläuft sich das Liquiditätsergebnis in den Jahren 1-19 jeweils auf 8.176.444,- DM[1] (dies entspricht bei einer Beteiligung von 100.000,- DM einer Ausschüttung i.H.v. 7.642,- DM/Jahr[2]) und im 20. Jahr auf 45.076.444,- DM[3] (42.128,- DM pro 100.000,- DM-Beteiligung[4]). Beträgt der Anteil des Eigenkapitals an

---

1 8.426.444,- DM Leasingrate - 250.000,- DM Verwaltungskosten = 8.176.444,- DM.

2 8.176.444,- DM / 1.070 = 7.642,- DM.

3 8.426.444,- DM Leasingrate + 36.900.000,- DM Veräußerungserlös - 250.000,- DM Verwaltungskosten = 45.076.444,- DM.

4 45.076.444,- DM / 1.070 = 42.128,- DM.

den Gesamtinvestitionskosten dagegen 20 %, können in den ersten 19 Jahren nur 96.410,- DM/Jahr[1] (451,- DM pro 100.000,- DM-Beteiligung[2]) an Zahlungsüberschüssen erwirtschaftet werden und im 20. Jahr 36.996.410,- DM[3] (172.880,- DM pro 100.000,- DM-Beteiligung[4]). Die an den einzelnen Anleger vorgenommenen Ausschüttungen sind bei der zuerst genannten Variante folglich nicht nur in der Summe mit 187.317,- DM um 5.877,- DM höher als bei der zuletzt genannten, sondern fallen auch wesentlich früher an und können somit zwischenzeitlich zinsbringend angelegt werden.[5]

Entsprechend den obigen Ausführungen ist es unter den eingangs getroffenen Annahmen am vorteilhaftesten, wenn zur Finanzierung des Fonds ausschließlich Eigenmittel eingesetzt werden. Dies kann jedoch nicht als allgemeingültige Aussage interpretiert werden. Wird bspw. der Fremdkapitalzinssatz - bei Konstanz der übrigen Ausgangsdaten - von 7 % auf 6 % gesenkt, so kehrt sich das bisherige Ergebnis vollständig um. Je geringer der Eigenkapitalanteil ist, desto *höher* ist in diesem Fall der Vermögensendwert der Fondsbeteiligung.

Tab. 13: Vermögensendwert der Fondsbeteiligung bei Variation des Eigenkapitalanteils unter Zugrundelegung eines Fremdkapitalzinssatzes von 6 %

Eigen-kapital-anteil	Gesellschaftsebene		Gesellschafterebene		VEW
	Ausschüttungen	Steuerliche Ergebnisse	Ausschüttungen	Steuerliche Ergebnisse	Fondsbeteiligung
20 %	51.168.920,-	29.768.920,-	239.107,-	139.107,-	179.556,-
40 %	88.483.911,-	45.683.911,-	206.738,-	106.738,-	172.723,-
60 %	125.798.901,-	61.598.901,-	195.948,-	95.948,-	170.332,-
80 %	163.113.891,-	77.513.891,-	190.554,-	90.554,-	169.158,-
100 %	200.428.882,-	93.428.882,-	187.317,-	87.317,-	168.414,-

---

1 8.426.444,- DM Leasingrate - 8.080.034,- DM Annuität - 250.000,- DM Verwaltungskosten = 96.410,- DM.

2 96.410,- DM / 214 = 451,- DM.

3 8.426.444,- DM Leasingrate + 36.900.000,- DM Veräußerungserlös - 8.080.034,- DM Annuität - 250.000,- DM Verwaltungskosten = 36.996.410,- DM.

4 36.996.410,- DM / 214 = 172.880,- DM.

5 Die kumulierten Habenzinsen belaufen sich bei einem Eigenkapitalanteil von 100 % auf 59.539,- DM und bei einem Eigenkapitalanteil von 20 % auf 18.266,- DM.

4.3.2 Variation des Abschreibungssatzes

In diesem Gliederungspunkt sollen die Auswirkungen einer Variation des Abschreibungssatzes auf die Vorteilhaftigkeit des geschlossenen Immobilien-Leasing-Fonds als Anlage- und Finanzierungsalternative untersucht werden. Es wird dabei von der Annahme ausgegangen, daß sich das Fondsobjekt nicht in den alten, sondern in den neuen Bundesländern befindet. Der geschlossene Immobilien-Leasing-Fonds nimmt demzufolge im Jahr der Anschaffung, also im Jahr 0, gem. § 4 FördG Sonderabschreibungen i.H.v. 20 % auf die Gebäudeanschaffungskosten vor. Ansonsten werden den Berechnungen die Daten des Grundmodells zugrundegelegt (Eigenkapitalanteil: 30 %; Fremdkapitalzinssatz: 7 %; Darlehensrestschuld: 4.800.000,- DM; Leasingrate: 8.426.444,- DM). Der Kaufoptionspreis wird weiterhin mit 36,9 Mio. DM angesetzt, da der unter Anwendung der linearen Abschreibung ermittelte Restbuchwert des Leasinggegenstandes die Untergrenze für die Zurechnung zum Leasinggeber bildet. Der sich ergebende vollständige Finanzplan ist auf den S. 203 f. abgebildet.

Auf Ebene der Fondsgesellschaft ergibt sich im Jahr 0 infolge der Sonderabschreibungen (82 Mio. DM * 20 % = 16,4 Mio. DM) und der sofort abziehbaren Aufwendungen (4,5 Mio. DM) ein Verlust von 20,9 Mio. DM; auf den Investor entfallen hiervon 65.109,- DM (= 20,9 Mio. DM / 321), die bei ihm als negative Einkünfte aus Gewerbebetrieb zu einer Steuerersparnis i.H.v. 36.414,- DM führen. Sein Eigenkapitaleinsatz verringert sich damit von 100.000,- DM auf 63.586,- DM. Da der Begünstigungszeitraum für die Inanspruchnahme der Sonderabschreibungen gem. § 4 Abs. 1 S. 2 u. 3 FördG fünf Jahre beträgt, werden in den Jahren 1-4 lineare Abschreibungen i.H.v. 3.280.000,- DM geltend gemacht. Ab dem 5. Jahr reduzieren sich die Abschreibungsbeträge auf 2.624.000,- DM (= 52.480.000,- DM Restbuchwert per 31.12.04 / 20 Jahre Restnutzungsdauer); die steuerlichen Ergebnisse erhöhen sich dementsprechend im Vergleich zum Grundmodell um 656.000,- DM/Jahr, insgesamt also um 10.496.000,- DM (= 656.000,- DM/Jahr * 16 Jahre).[1]

Der Restbuchwert des Gebäudes beträgt am Ende des 20. Jahres ebenfalls 10.496.000,- DM (= 82.000.000,- DM Anschaffungskosten - 71.504.000,- DM kumulierte Abschreibungen). Unter Berücksichtigung des Kaufoptionspreises (36,9 Mio. DM) und des Buchwertes für den Grund und Boden (20,5 Mio. DM) ergibt sich ein Aufgabegewinn i.H.v. 5.904.000,- DM. Der Anteil des Anlegers

---

[1] Die Liquiditätsergebnisse der Fondsgesellschaft und damit auch die an die Anleger vorgenommenen Ausschüttungen werden durch die Änderung der Abschreibungsmethode nicht tangiert.

Tab. 14: Vermögensendwertberechnung für die Beteiligung an einem geschlossenen Immobilien-Leasing-Fonds mit Einkünften aus Gewerbebetrieb unter Berücksichtigung einer 20 %igen Sonderabschreibung

Jahr	0	1	2	3	4	5	6	7	8	9	10
Liquiditätsrechnung der Fondsgesellschaft:											
Kommanditeinlagen	32.100.000										
Annuitätendarlehen	74.900.000										
Leasingraten		8.426.444	8.426.444	8.426.444	8.426.444	8.426.444	8.426.444	8.426.444	8.426.444	8.426.444	8.426.444
Veräußerungserlös											
Summe Einzahlungen	107.000.000	8.426.444	8.426.444	8.426.444	8.426.444	8.426.444	8.426.444	8.426.444	8.426.444	8.426.444	8.426.444
Fondsspezifische Kosten	7.000.000										
Kaufpreis der Immobilie	100.000.000										
Darlehenszinsen		5.243.000	5.123.304	4.995.229	4.858.189	4.711.556	4.554.659	4.386.779	4.207.148	4.014.942	3.809.282
Darlehenstilgungen		1.709.944	1.829.640	1.957.715	2.094.755	2.241.388	2.398.285	2.566.165	2.745.797	2.938.002	3.143.662
Verwaltungskosten		250.000	250.000	250.000	250.000	250.000	250.000	250.000	250.000	250.000	250.000
Summe Auszahlungen	107.000.000	7.202.944	7.202.944	7.202.944	7.202.944	7.202.944	7.202.944	7.202.944	7.202.944	7.202.944	7.202.944
Zahlungsüberschuß/Ausschüttung	0	1.223.500	1.223.500	1.223.500	1.223.500	1.223.500	1.223.500	1.223.500	1.223.500	1.223.500	1.223.500
Restschuld Darlehen	74.900.000	73.190.056	71.360.416	69.402.701	67.307.946	65.066.558	62.668.273	60.102.108	57.356.311	54.418.309	51.274.646
Steuerliche Ergebnisrechnung der Fondsgesellschaft:											
Leasingraten (= Summe Erträge)		8.426.444	8.426.444	8.426.444	8.426.444	8.426.444	8.426.444	8.426.444	8.426.444	8.426.444	8.426.444
Sofort abziehbare Aufwendungen	4.500.000										
Abschreibungen	16.400.000	3.280.000	3.280.000	3.280.000	3.280.000	2.624.000	2.624.000	2.624.000	2.624.000	2.624.000	2.624.000
Darlehenszinsen		5.243.000	5.123.304	4.995.229	4.858.189	4.711.556	4.554.659	4.386.779	4.207.148	4.014.942	3.809.282
Verwaltungskosten		250.000	250.000	250.000	250.000	250.000	250.000	250.000	250.000	250.000	250.000
Summe Aufwendungen	20.900.000	8.773.000	8.653.304	8.525.229	8.388.189	7.585.556	7.428.659	7.260.779	7.081.148	6.888.942	6.683.282
Laufender Gewinn/Verlust	-20.900.000	-346.556	-226.860	-98.785	38.255	840.888	997.785	1.165.665	1.345.297	1.537.502	1.743.162
Aufgabegewinn/-verlust											
Restbuchwert Gebäude	65.600.000	62.320.000	59.040.000	55.760.000	52.480.000	49.856.000	47.232.000	44.608.000	41.984.000	39.360.000	36.736.000
Vermögensendwertberechnung für die Fondsbeteiligung:											
Ausschüttung Fondsgesellschaft		3.812	3.812	3.812	3.812	3.812	3.812	3.812	3.812	3.812	3.812
Haben-/Sollzinsen		1.821	2.081	2.336	2.587	2.831	3.019	3.197	3.366	3.524	3.670
Steuerbelastung/-ersparnis	-36.414	423	786	1.147	1.509	2.891	3.263	3.635	4.007	4.408	4.837
Liquiditätsveränderung	36.414	5.209	5.107	5.001	4.889	3.752	3.567	3.373	3.170	2.928	2.645
Liquiditätsbestand	36.414	41.623	46.730	51.731	56.620	60.372	63.939	67.312	70.482	73.410	76.055
Sonstiges zu versteuerndes Eink.	250.000	250.000	250.000	250.000	250.000	250.000	250.000	250.000	250.000	250.000	250.000
Einkünfte aus Gewerbebetrieb	-65.109	-1.080	-707	-308	119	2.620	3.108	3.631	4.191	4.790	5.430
Einkünfte aus Kapitalvermögen		1.821	2.081	2.336	2.587	2.831	3.019	3.197	3.366	3.524	3.670
Zu versteuerndes Einkommen	184.891	250.741	251.374	252.029	252.706	255.451	256.127	256.828	257.557	258.314	259.101
Einkommensteuer	75.124	110.040	110.384	110.727	111.070	112.530	112.902	113.274	113.646	114.047	114.476
Solidaritätszuschlag	4.131	6.052	6.071	6.089	6.108						
Steuerzahlungen mit Fondsbet.	79.255	116.092	116.455	116.816	117.178	112.530	112.902	113.274	113.646	114.047	114.476
Steuerzahlungen ohne Fondsbet.	115.669	115.669	115.669	115.669	115.669	109.639	109.639	109.639	109.639	109.639	109.639
Stand des Kapitalkontos	34.891	30.000	25.482	21.362	17.670	16.478	15.775	15.595	15.974	16.952	18.571

Jahr	11	12	13	14	15	16	17	18	19	20	Summe
Liquiditätsrechnung der Fondsgesellschaft:											
Kommanditeinlagen											
Annuitätendarlehen											
Leasingraten	8.426.444	8.426.444	8.426.444	8.426.444	8.426.444	8.426.444	8.426.444	8.426.444	8.426.444	8.426.444	168.528.882
Veräußerungserlös										36.900.000	36.900.000
Summe Einzahlungen	8.426.444	8.426.444	8.426.444	8.426.444	8.426.444	8.426.444	8.426.444	8.426.444	8.426.444	45.326.444	
Fondsspezifische Kosten											
Kaufpreis der Immobilie											
Darlehenszinsen	3.589.225	3.353.765	3.101.822	2.832.244	2.543.795	2.235.154	1.904.909	1.551.547	1.173.449	768.884	68.958.882
Darlehenstilgungen	3.363.719	3.599.179	3.851.122	4.120.700	4.409.149	4.717.790	5.048.035	5.401.397	5.779.495	10.984.060	74.900.000
Verwaltungskosten	250.000	250.000	250.000	250.000	250.000	250.000	250.000	250.000	250.000	250.000	5.000.000
Summe Auszahlungen	7.202.944	7.202.944	7.202.944	7.202.944	7.202.944	7.202.944	7.202.944	7.202.944	7.202.944	12.002.944	
Zahlungsüberschuß/Ausschüttung	1.223.500	1.223.500	1.223.500	1.223.500	1.223.500	1.223.500	1.223.500	1.223.500	1.223.500	33.323.500	56.570.000
Restschuld Darlehen	47.910.928	44.311.748	40.460.627	36.339.926	31.930.777	27.212.988	22.164.953	16.763.555	10.984.060	0	
Steuerliche Ergebnisrechnung der Fondsgesellschaft:											
Leasingraten (= Summe Erträge)	8.426.444	8.426.444	8.426.444	8.426.444	8.426.444	8.426.444	8.426.444	8.426.444	8.426.444	8.426.444	168.528.882
Sofort abziehbare Aufwendungen											4.500.000
Abschreibungen	2.624.000	2.624.000	2.624.000	2.624.000	2.624.000	2.624.000	2.624.000	2.624.000	2.624.000	2.624.000	71.504.000
Darlehenszinsen	3.589.225	3.353.765	3.101.822	2.832.244	2.543.795	2.235.154	1.904.909	1.551.547	1.173.449	768.884	68.958.882
Verwaltungskosten	250.000	250.000	250.000	250.000	250.000	250.000	250.000	250.000	250.000	250.000	5.000.000
Summe Aufwendungen	6.463.225	6.227.765	5.975.822	5.706.244	5.417.795	5.109.154	4.778.909	4.425.547	4.047.449	3.642.884	149.962.882
Laufender Gewinn/Verlust	1.963.219	2.198.679	2.450.622	2.720.200	3.008.649	3.317.290	3.647.535	4.000.897	4.378.995	4.783.560	18.566.000
Aufgabegewinn/-verlust										5.904.000	
Restbuchwert Gebäude	34.112.000	31.488.000	28.864.000	26.240.000	23.616.000	20.992.000	18.368.000	15.744.000	13.120.000	10.496.000	
Vermögensendwertberechnung für die Fondsbeteiligung:											
Ausschüttung Fondsgesellschaft	3.812	3.812	3.812	3.812	3.812	3.812	3.812	3.812	3.812	103.812	176.231
Haben-/Sollzinsen	3.803	3.920	4.020	4.103	4.165	4.205	4.221	4.209	4.168	4.094	69.340
Steuerbelastung/-ersparnis	5.267	5.724	6.182	6.669	7.184	7.699	8.272	8.844	9.445	14.218	69.996
Liquiditätsveränderung	2.347	2.008	1.650	1.246	793	317	-240	-824	-1.466	93.688	175.574
Liquiditätsbestand	78.402	80.410	82.060	83.305	84.098	84.416	84.176	83.352	81.886	175.574	
Sonstiges zu versteuerndes Eink.	250.000	250.000	250.000	250.000	250.000	250.000	250.000	250.000	250.000	250.000	
Einkünfte aus Gewerbebetrieb	6.116	6.849	7.634	8.474	9.373	10.334	11.363	12.464	13.642	33.295	76.231
Einkünfte aus Kapitalvermögen	3.803	3.920	4.020	4.103	4.165	4.205	4.221	4.209	4.168	4.094	69.340
Zu versteuerndes Einkommen	259.919	260.770	261.655	262.577	263.538	264.539	265.584	266.673	267.809	287.389	
Einkommensteuer	114.906	115.363	115.821	116.308	116.823	117.338	117.911	118.483	119.084	123.857	
Solidaritätszuschlag											
Steuerzahlungen mit Fondsbet.	114.906	115.363	115.821	116.308	116.823	117.338	117.911	118.483	119.084	123.857	2.402.565
Steuerzahlungen ohne Fondsbet.	109.639	109.639	109.639	109.639	109.639	109.639	109.639	109.639	109.639	109.639	2.332.569
Stand des Kapitalkontos	20.876	23.914	27.736	32.399	37.960	44.483	52.034	60.687	70.517	0	

beläuft sich auf 18.393,- DM; dieser Betrag unterliegt bei ihm gem. § 34 Abs. 1 u. 2 EStG als außerordentliche Einkünfte einem ermäßigten Steuersatz. Die Ermittlung der Einkommensteuerzahlung im Jahr der Betriebsaufgabe wird im folgenden exemplarisch dargestellt:[1]

Sonstiges zu versteuerndes Einkommen		250.000,- DM
Einkünfte aus Gewerbebetrieb		
Laufender Gewinn	14.902,- DM[2]	
Aufgabegewinn	+ 18.393,- DM[3]	+ 33.295,- DM
Einkünfte aus Kapitalvermögen		+ 4.094,- DM
Zu versteuerndes Einkommen		= 287.389,- DM

Auf den Stufeneingangsbetrag abgerundetes z.v.E.	287.388,- DM
darauf entfallende tarifliche Einkommensteuer	129.473,- DM
Durchschnittlicher Steuersatz (auf vier Dezimalstellen abgerundet)	45,0516 %[4]
Ermäßigter (halber durchschnittlicher) Steuersatz	22,5258 %

Berechnung der gesamten Einkommensteuer:

a) Zu versteuerndes Einkommen	287.389,- DM	
abzüglich des Aufgabegewinns	- 18.393,- DM	
verbleiben	= 268.996,- DM	
darauf entfallender Steuerbetrag		119.714,- DM
b) Ermäßigt zu verst. Aufgabegewinn	18.393,- DM	
darauf entfallender Steuerbetrag		+ 4.143,- DM
Einkommensteuer insgesamt		= 123.857,- DM

Der Vermögensendwert für die Fondsbeteiligung steigt durch die Vornahme der Sonderabschreibungen um 20.265,- DM auf 175.574,- DM.[5] Dieses Ergebnis läßt sich auf zwei Einflußfaktoren zurückführen. Wie die Berechnungen gezeigt haben, stehen den höheren Aufwendungen im Jahr der Anschaffung geringere

1 Vgl. hierzu H 198 EStR.

2 4.783.560,- DM / 321 = 14.902,- DM.

3 Es wird davon ausgegangen, daß der Investor im Zeitpunkt der Betriebsaufgabe das 55. Lebensjahr noch nicht vollendet hat. Der in § 16 Abs. 4 EStG aufgeführte Freibetrag von 60.000,- DM kann daher nicht in Abzug gebracht werden.

4 $\frac{129.473,\text{- DM}}{287.388,\text{- DM}} = 0,450516.$

5 Würde man bei den Berechnungen von einer 50 %igen Sonderabschreibung, einem Eigenkapitalanteil von 50 % und einer Darlehensrestschuld von 0,- DM ausgehen, würde sich eine anteilige Verlustzuweisung im Jahr 0 von 85.047,- DM (= 45,5 Mio. DM / 535) und ein Vermögensendwert für die Fondsbeteiligung von 190.844,- DM ergeben.

Aufwendungen respektive höhere Gewinne in den Jahren 5-20 gegenüber. Es handelt sich hierbei insofern um einen Steuerstundungseffekt, d.h. um eine zeitliche Verschiebung von Steuerzahlungen. Daneben kommt es jedoch auch zu einer endgültigen Steuerersparnis, da die dem vollen Steuersatz unterliegenden laufenden Gewinne in der Summe um 5.904.000,- DM auf 18.566.000,- DM sinken; der Aufgabegewinn steigt zwar um den gleichen Betrag an, unterliegt aber beim Anleger - wie beschrieben - nur dem halben durchschnittlichen Steuersatz. Der letztgenannte Effekt bliebe allerdings dann aus, wenn die Tarifermäßigung laut § 34 EStG durch eine Gesetzesänderung wegfallen und der Aufgabegewinn wie der laufende Gewinn besteuert werden würde. In diesem Fall würde sich die Einkommensteuerzahllast des Anlegers im Jahr der Betriebsaufgabe um 5.616,- DM auf 129.473,- DM[1] erhöhen und der Vermögensendwert auf 169.958,- DM verringern.

Die bisherigen Ausführungen zur Variation der Abschreibungsmethode betrafen den geschlossenen Immobilien-Leasing-Fonds als Anlagealternative. Wird der Vorteilhaftigkeitsvergleich aus Sicht der Kapitalgesellschaft durchgeführt, ist zu berücksichtigen, daß diese im Fall des Kreditkaufs selbst abschreibungsberechtigt ist und daher die 20 %ige Sonderabschreibung im Jahr der Anschaffung vornehmen wird. Verglichen mit den Modellrechnungen im Gliederungspunkt 4.2.2, bei denen sich unter Berücksichtigung linearer Abschreibungen ein Vermögensendwert von -324.669.736,- DM ergab, steigt dieser nun aufgrund der Aufwandsvorverlagerung auf -308.448.735,- DM. Soll auch weiterhin gewährleistet sein, daß der geschlossene Immobilien-Leasing-Fonds die vorteilhafteste Finanzierungsalternative ist, müssen die Leasingraten entsprechend von 8.426.444,- DM (VEW = -312.070.105,- DM) mindestens auf 8.304.115,- DM (VEW = -308.448.735,- DM) gesenkt werden. Für den Investor ergibt sich bei dieser Leasingrate ein Vermögensendwert von 171.179,- DM.

Zusammenfassend kann festgestellt werden, daß sich die Sonderabschreibungen auf den Vermögensendwert der Fondsbeteiligung bei isolierter Betrachtungsweise positiv auswirken. Da die Kapitalgesellschaft aber im Fall des Kreditkaufs auch berechtigt ist, Sonderabschreibungen vorzunehmen, muß der zuvor genannte Vorteil von der Fondsgesellschaft je nach Fallkonstellation

---

[1] (287.388,- DM * 0,53) - 22.842,- DM = 129.473,- DM.

entweder ganz oder zumindest teilweise durch Reduzierung der Leasingraten an die Kapitalgesellschaft weitergegeben werden.[1]

4.3.3 Variation des Leasingratenverlaufs und des Kaufoptionspreises

Im Rahmen der nachfolgenden Modellrechnungen wird der Einfluß einer Änderung des Leasingratenverlaufs und des Kaufoptionspreises auf den Vermögensendwert der Fondsbeteiligung dargestellt und analysiert. Die zu untersuchenden Parameter werden jeweils so festgesetzt, daß der Vermögensendwert für die Finanzierungsalternative geschlossener Immobilien-Leasing-Fonds mit -312.070.105,- DM im Vergleich zum Grundmodell unverändert bleibt. Des weiteren wird davon ausgegangen, daß der Eigenkapitalanteil 60 %, der Fremdkapitalzinssatz 7 % und die Darlehensrestschuld 0,- DM beträgt.

Tab. 15: Vermögensendwert der Fondsbeteiligung bei Variation des Leasingratenverlaufs unter Zugrundelegung eines Kaufoptionspreises von 36,9 Mio. DM

Jährliche Steigerungsrate	Leasingrate(n) im 1. Jahr	im 20. Jahr	kumuliert	VEW Fonds-beteiligung
0 %	8.426.444,-	8.426.444,-	168.528.882,-	165.024,-
1 %	7.734.345,-	9.343.932,-	170.302.579,-	165.628,-
2 %	7.082.532,-	10.317.912,-	172.086.900,-	166.273,-
3 %	6.470.878,-	11.346.724,-	173.874.915,-	166.948,-

[1] Die kritische Leasingrate, d.h. die Leasingrate, bei der die Finanzierungsalternativen geschlossener Immobilien-Leasing-Fonds und Kreditkauf den gleichen Vermögensendwert aufweisen, beläuft sich auf 8.852.058,- DM, sofern die Daten des Grundmodells zugrundegelegt werden. Diese Leasingrate würde beim Anleger zu einem Vermögensendwert i.H.v. 170.667,- DM führen. Im Vergleich zu den oben genannten 171.179,- DM ist dies eine Minderung von lediglich 512,- DM. Der Standort der Immobilie und die damit u.U. verbundene Möglichkeit zur Vornahme von Sonderabschreibungen hat folglich in dem vorliegenden Fall keine großen Auswirkungen auf die Vorteilhaftigkeit des geschlossenen Immobilien-Leasing-Fonds als Anlage- und Finanzierungsalternative.

Für den Anleger ist es vorteilhaft, wenn zwischen dem geschlossenen Immobilien-Leasing-Fonds und der Kapitalgesellschaft nicht ein linearer, sondern ein ansteigender Leasingratenverlauf vereinbart wird. Der Vorteil ist dabei umso größer, je weiter die Leasingraten in zukünftige Jahre verlagert werden.[1] Dieses Ergebnis setzt allerdings voraus, daß die Leasingraten im Jahr ihrer Zahlung in voller Höhe bei der Fondsgesellschaft als Betriebseinnahmen und bei der Kapitalgesellschaft als Betriebsausgaben berücksichtigt werden. Es empfiehlt sich daher nicht, eine Steigerungsrate festzusetzen, die weit über der Inflationsrate liegt, da die Leasingraten in diesem Fall erfolgswirksam abzugrenzen wären.

In den bisher durchgeführten Berechnungen wurde stets davon ausgegangen, daß die Kapitalgesellschaft das Leasingobjekt am Ende der Grundmietzeit für 36,9 Mio. DM erwirbt. Dieser Wert entsprach dem unter Anwendung der linearen Abschreibung ermittelten Restbuchwert des Leasinggegenstandes und bildete zugleich die Untergrenze für die Zurechnung zum Leasinggeber. Legen die Vertragsparteien einen höheren Kaufoptionspreis fest, können die Leasingraten entsprechend gesenkt werden. Die sich ergebenden Beträge einschließlich der Vermögensendwerte für die Fondsbeteiligung (mit und ohne Berücksichtigung des § 34 EStG) sind in der Tabelle auf der nächsten Seite aufgelistet.

---

[1] Dieser Sachverhalt ist auf die unterschiedlich hohen Zins- und Steuersätze des Anlegers und der Kapitalgesellschaft zurückzuführen. So hat Mellwig bspw. im Rahmen der Kapitalwertmethode festgestellt, daß ein Aufschub von Leasingzahlungen für die Vertragsparteien immer dann vorteilhaft ist, wenn der steuerkorrigierte Kalkulationszinsfuß des Leasingnehmers den des Leasinggebers übersteigt.

Die Liquiditätsbestände des Anlegers unterliegen in der hier betrachteten Variation durchgängig einem Habenzinssatz von 5 %, die des Leasingnehmers einem Sollzinssatz von 7 %. Würde man zur Beurteilung der Vorteilhaftigkeit wie Mellwig die Kapitalwertmethode heranziehen und berücksichtigt man ferner, daß der Grenzsteuersatz (s) des Anlegers (unter Vernachlässigung des Solidaritätszuschlages) 53 % beträgt, würde sich dessen Kalkulationszinsfuß vor Steuern (i) von 5 % auf 2,35 % nach Steuern (i_s) reduzieren [Es gilt: $i_s = i\ (1 - s) = 0{,}05\ (1 - 0{,}53) = 0{,}0235$].

Der Kalkulationszinsfuß der Kapitalgesellschaft würde entsprechend von 7 % auf 3,14 % sinken, wäre aber nach wie vor noch höher als der des Anlegers [Da die Kapitalgesellschaft nicht nur der Körperschaftsteuer, sondern auch der Gewerbesteuer unterliegt, ist zunächst der kombinierte Ertragsteuersatz (s*) zu berechnen. Es gilt: $s^* = s^{KSt} + s^{GewSt} - s^{KSt} * s^{GewSt} = 0{,}45 + 0{,}183673 - 0{,}45 * 0{,}183673 = 0{,}5510$. Dieser Wert ist sodann in die obige Formel einzusetzen: $i_s = 0{,}07\ (1 - 0{,}5510) = 0{,}0314$]. Vgl. zu diesen Ausführungen MELLWIG, W.: Investition und Besteuerung, a.a.O., S. 222-225.

Tab. 16: Vermögensendwert der Beteiligung an einem Fonds mit Einkünften aus Gewerbebetrieb (ohne und mit Berücksichtigung des § 34 EStG) bei Variation des Kaufoptionspreises

Kaufoptions-preis	Leasingrate(n)		VEW Fondsbeteiligung	
	pro Jahr	kumuliert	ohne § 34 EStG	mit § 34 EStG
36.900.000,-	8.426.444,-	168.528.882,-	165.024,-	165.024,-
60.000.000,-	7.067.345,-	141.346.894,-	157.369,-	168.288,-
80.000.000,-	5.890.635,-	117.812.705,-	150.676,-	170.832,-
100.000.000,-	4.713.926,-	94.278.516,-	143.961,-	173.195,-

Wird der Kaufoptionspreis von 36,9 Mio. DM auf 100 Mio. DM erhöht, vermindern sich die jährlich zu zahlenden Leasingraten - bei Konstanz des Vermögensendwertes der Finanzierungsalternative - um rd. 44 % auf 4.713.926,- DM.[1] Der Vermögensendwert für die Fondsbeteiligung steigt gleichzeitig von 165.024,- DM auf 173.195,- DM. Diese Steigerung ist darauf zurückzuführen, daß der anteilige Aufgabegewinn beim Anleger ermäßigt besteuert wird und daß der Sollzinssatz der Kapitalgesellschaft mit 7 % um 2 Prozentpunkte höher ausfällt als der Habenzinssatz des Anlegers. Nachteilig wirkt sich auf den Vermögensendwert aus, daß die Kapitalgesellschaft zusätzlich zu dem höheren Kaufoptionspreis auch 4 % dieses Betrages an Anschaffungsnebenkosten zu tragen hat, die sie jedoch nicht an die Fondsgesellschaft, sondern an Dritte (z.B. Fiskus, Notar) entrichtet. Darüber hinaus entfallen von den höheren Anschaffungskosten annahmegemäß nur 80 % auf das Gebäude und können somit von der Kapitalgesellschaft in den Jahren 21-45 als Abschreibungen verrechnet werden.

---

[1] Würde man bei dieser Variation von den Finanzierungsparametern des Grundmodells ausgehen (Fremdkapitalanteil: 70 %; Fremdkapitalzinssatz: 7 %; Darlehensrestschuld: 4.800.000,- DM), würden den Einzahlungen von 4.713.926,- DM in den Jahren 1-19 jeweils Auszahlungen von 7.202.944,- DM (= 6.952.944,- DM Annuität + 250.000,- DM Verwaltungskosten) gegenüberstehen. Es ergäbe sich folglich eine jährliche Liquiditätsunterdeckung von 2.489.018,- DM. Da dieses Ergebnis nicht erwünscht ist, wurde der Fremdkapitalanteil von 70 % auf 40 % herabgesetzt; die Annuität beläuft sich nun unter Berücksichtigung einer Darlehensrestschuld von 0,- DM auf 4.040.017,- DM.

Alternativ zu dieser Vorgehensweise hätte man auch ein endfälliges Darlehen unterstellen können. Dies hätte jedoch - wie die Berechnungen im Gliederungspunkt 4.3.1.3 gezeigt haben - eine Minderung des Vermögensendwertes der Fondsbeteiligung zur Folge gehabt.

Kommt der Tarifermäßigungseffekt nicht zum Tragen und unterliegt der Aufgabegewinn dem vollen Einkommensteuersatz des Anlegers, sinkt der Vermögensendwert der Fondsbeteiligung auf 143.961,- DM. In diesem Fall überwiegen die beiden letztgenannten Nachteile bei weitem den Vorteil der divergierenden Zinssätze. Sofern die Vertragsparteien also einen Kaufoptionspreis vereinbaren, der weit über dem steuerlichen Restbuchwert liegt, hängt die Vorteilhaftigkeit des geschlossenen Immobilien-Leasing-Fonds aus Sicht des Anlegers in entscheidendem Maße davon ab, ob im Zeitpunkt der Betriebsaufgabe die Regelung des § 34 EStG noch Gültigkeit besitzt oder nicht.[1]

Es soll im folgenden aufgrund dieses Sachverhaltes untersucht werden, wie sich eine Variation des Kaufoptionspreises auf die Vorteilhaftigkeit eines geschlossenen Immobilien-Leasing-Fonds mit *Einkünften aus Vermietung und Verpachtung* auswirkt. Den Berechnungen werden die o.g. Daten zugrundegelegt. Die Vermögensendwerte werden einerseits für ein Fondsobjekt in den alten Bundesländern ermittelt, und andererseits für ein solches in den neuen Bundesländern. Während die Gebäudeanschaffungskosten im ersten Fall gem. § 7 Abs. 4 S. 1 Nr. 2 a) EStG jährlich mit 2 % abgeschrieben werden, werden im zweiten Fall zusätzlich im Anschaffungsjahr Sonderabschreibungen i.H.v. 20 % vorgenommen.

Tab. 17: Vermögensendwert der Beteiligung an einem Fonds mit Einkünften aus Vermietung und Verpachtung (ohne und mit Berücksichtigung einer 20 %igen Sonderabschreibung) bei Variation des Kaufoptionspreises[2]

Kaufoptions-preis	Leasingrate(n) pro Jahr	Leasingrate(n) kumuliert	VEW Fondsbeteiligung ohne Sonderab-schreibung	VEW Fondsbeteiligung mit Sonderab-schreibung
69.700.000,-	6.496.641,-	129.932.812,-	146.704,-	164.110,-
80.000.000,-	5.890.635,-	117.812.705,-	151.746,-	169.078,-
100.000.000,-	4.713.926,-	94.278.516,-	161.494,-	178.947,-

[1] In manchen Fondskonstruktionen verpflichtet sich der Leasingnehmer daher, bei Wegfall des § 34 EStG einen Zuschlagsbetrag auf den Kaufoptionspreis zu zahlen, so daß der Anleger unter Annahme des Höchststeuersatzes noch eine bestimmte Mindestrendite erzielen kann.

[2] Der Kaufpreis des Leasingobjektes muß bei einem Fonds mit Einkünften aus Vermietung und Verpachtung mindestens 69,7 Mio. DM (= Restbuchwert per 31.12.20) betragen, damit die Zurechnung zum Leasinggeber gewährleistet ist; vgl. Gliederungspunkt 3.1.2.4.

Der Kaufoptionspreis und der Vermögensendwert für die Fondsbeteiligung sind unabhängig vom Standort der Immobilie positiv miteinander korreliert. Befindet sich das Fondsobjekt in den alten / neuen Bundesländern und unterstellt man einen Kaufoptionspreis von 100 Mio. DM, ergibt sich ein Vermögensendwert i.H.v. 161.494,- DM / 178.947,- DM. Die entsprechenden Werte einer Beteiligung an einem Fonds mit Einkünften aus Gewerbebetrieb belaufen sich auf 173.195,- DM / 183.140,- DM respektive im Fall der Abschaffung des § 34 EStG auf 143.961,- DM / 151.282,- DM. Der Vermögensendwert der Fondsbeteiligung steigt hier infolge der Inanspruchnahme der Sonderabschreibungen lediglich um 9.945,- DM respektive um 7.321,- DM und nicht wie bei einem Fonds mit Einkünften aus Vermietung und Verpachtung um 17.453,- DM.

Aus den vorangegangenen Zahlen lassen sich die folgenden Empfehlungen ableiten: Liegt die Immobilie in den alten Bundesländern, sollte der Fonds so konzipiert sein, daß die Anleger Einkünfte aus Gewerbebetrieb erzielen. Daneben empfiehlt es sich, daß als Kaufoptionspreis der steuerliche Restbuchwert vereinbart wird, da der Vermögensendwert der Fondsbeteiligung in diesem Fall durch einen Wegfall des § 34 EStG nicht beeinflußt wird. Sofern sich das Leasingobjekt in den neuen Bundesländern befindet, sollte der Fonds so ausgestaltet sein, daß den Anlegern Einkünfte aus Vermietung und Verpachtung zugerechnet werden, wobei der Kaufoptionspreis so hoch wie möglich angesetzt werden sollte. Eine Erhöhung des Kaufoptionspreises bei gleichzeitiger Reduzierung der Leasingraten findet jedoch da ihre Grenze, wo das Erfordernis der Überschußerzielungsabsicht nicht mehr erfüllt ist.[1] Außerdem ist zu beachten, daß sich durch eine solche Maßnahme das von der Fondsgesellschaft zu tragende Restwertrisiko vergrößert, denn die Kapitalgesellschaft besitzt nur das Recht, aber nicht die Pflicht, die Immobilie am Ende der Grundmietzeit zu erwerben.[2]

Besonders deutlich zeigt sich die Vorteilhaftigkeit eines geschlossenen Immobilien-Leasing-Fonds mit Einkünften aus Vermietung und Verpachtung, wenn man von der Inanspruchnahme einer 50 %igen Sonderabschreibung im An-

---

[1] Die Summe der Werbungskosten beläuft sich in den Modellrechnungen unter der Annahme linearer Abschreibungen jeweils auf 80.300.344,- DM (= 4.500.000,- DM sofort abziehbare Werbungskosten + 32.800.000,- DM Abschreibungen + 38.000.344,- DM Darlehenszinsen + 5.000.000,- DM Verwaltungskosten). Die Leasingraten dürfen dementsprechend maximal auf 4.015.018,- DM/Jahr (80.300.344,- DM / 20 Jahre = 4.015.017,20 DM/Jahr) gesenkt werden, damit noch ein Totalüberschuß entsteht. Dieser Wert gilt unabhängig vom Standort der Immobilie, da Sonderabschreibungen bei der Beurteilung der Überschußerzielungsabsicht nach der h.M. nicht zu berücksichtigen sind; vgl. Gliederungspunkt 3.1.1.5.3.

[2] Vgl. dazu Gliederungspunkt 2.2.5.4.

schaffungsjahr und einem Kaufoptionspreis von 100 Mio. DM ausgeht. Der Vermögensendwert für die Fondsbeteiligung steigt in diesem Fall auf 204.115,- DM.[1] Im Vergleich zu einer in den alten Bundesländern belegenen Immobilie (VEW = 161.494,- DM) können in der Summe 27.005.333,- DM[2] mehr an Abschreibungen geltend gemacht werden, ohne daß am Ende der Grundmietzeit ein entsprechend höherer Aufgabegewinn der Besteuerung unterliegt. Der vollständige Finanzplan dieser Variation ist auf den S. 213 f. aufgeführt.

---

[1] Bei einem Fonds mit Einkünften aus Gewerbebetrieb ergibt sich lediglich ein Vermögensendwert von 195.592,- DM; ohne die Berücksichtigung des § 34 EStG würde sich sogar nur ein Wert von 161.561,- DM einstellen.

[2] 59.805.333,- DM - 32.800.000,- DM = 27.005.333,- DM.

Tab. 18: Vermögensendwertberechnung für die Beteiligung an einem geschlossenen Immobilien-Leasing-Fonds mit Einkünften aus Vermietung und Verpachtung unter Berücksichtigung einer 50 %igen Sonderabschreibung und einem Kaufoptionspreis von 100 Mio. DM

Jahr	0	1	2	3	4	5	6	7	8	9	10
Liquiditätsrechnung der Fondsgesellschaft:											
Kommanditeinlagen	64.200.000										
Annuitätendarlehen	42.800.000										
Leasingraten		4.713.926	4.713.926	4.713.926	4.713.926	4.713.926	4.713.926	4.713.926	4.713.926	4.713.926	4.713.926
Veräußerungserlös											
Summe Einzahlungen	107.000.000	4.713.926	4.713.926	4.713.926	4.713.926	4.713.926	4.713.926	4.713.926	4.713.926	4.713.926	4.713.926
Fondsspezifische Kosten	7.000.000										
Kaufpreis der Immobilie	100.000.000										
Darlehenszinsen		2.996.000	2.922.919	2.844.722	2.761.051	2.671.524	2.575.729	2.473.229	2.363.554	2.246.201	2.120.634
Darlehenstilgungen		1.044.017	1.117.098	1.195.295	1.278.966	1.368.494	1.464.288	1.566.788	1.676.464	1.793.816	1.919.383
Verwaltungskosten		250.000	250.000	250.000	250.000	250.000	250.000	250.000	250.000	250.000	250.000
Summe Auszahlungen	107.000.000	4.290.017	4.290.017	4.290.017	4.290.017	4.290.017	4.290.017	4.290.017	4.290.017	4.290.017	4.290.017
Zahlungsüberschuß/Ausschüttung	0	423.909	423.909	423.909	423.909	423.909	423.909	423.909	423.909	423.909	423.909
Restschuld Darlehen	42.800.000	41.755.983	40.638.884	39.443.589	38.164.623	36.796.129	35.331.841	33.765.053	32.088.589	30.294.773	28.375.390
Steuerliche Ergebnisrechnung der Fondsgesellschaft:											
Leasingraten (= Sum. Einnahmen)		4.713.926	4.713.926	4.713.926	4.713.926	4.713.926	4.713.926	4.713.926	4.713.926	4.713.926	4.713.926
Sofort abziehbare Werbungskosten	4.500.000										
Abschreibungen	41.000.000	1.640.000	1.640.000	1.640.000	1.640.000	765.333	765.333	765.333	765.333	765.333	765.333
Darlehenszinsen		2.996.000	2.922.919	2.844.722	2.761.051	2.671.524	2.575.729	2.473.229	2.363.554	2.246.201	2.120.634
Verwaltungskosten		250.000	250.000	250.000	250.000	250.000	250.000	250.000	250.000	250.000	250.000
Summe Werbungskosten	45.500.000	4.886.000	4.812.919	4.734.722	4.651.051	3.686.857	3.591.062	3.488.562	3.378.887	3.261.535	3.135.967
Einnahmenüberschuß/Verlust	-45.500.000	-172.074	-98.993	-20.796	62.875	1.027.069	1.122.863	1.225.364	1.335.039	1.452.391	1.577.958
Aufgabegewinn (steuerfrei)											
Restbuchwert Gebäude	41.000.000	39.360.000	37.720.000	36.080.000	34.440.000	33.674.667	32.909.333	32.144.000	31.378.667	30.613.333	29.848.000
Vermögensendwertberechnung für die Fondsbeteiligung:											
Ausschüttung Fondsgesellschaft		660	660	660	660	660	660	660	660	660	660
Haben-/Sollzinsen		1.981	2.065	2.146	2.228	2.307	2.353	2.395	2.433	2.467	2.498
Steuerbelastung/-ersparnis	-39.615	966	1.087	1.178	1.298	2.061	2.176	2.290	2.405	2.519	2.634
Liquiditätsveränderung	39.615	1.675	1.638	1.629	1.590	907	837	765	688	608	524
Liquiditätsbestand	39.615	41.290	42.928	44.557	46.147	47.053	47.890	48.655	49.343	49.952	50.475
Sonstiges zu versteuerndes Eink.	250.000	250.000	250.000	250.000	250.000	250.000	250.000	250.000	250.000	250.000	250.000
Einkünfte aus V. u. V.	-70.872	-268	-154	-32	98	1.600	1.749	1.909	2.079	2.262	2.458
Einkünfte aus Kapitalvermögen		1.981	2.065	2.146	2.228	2.307	2.353	2.395	2.433	2.467	2.498
Zu versteuerndes Einkommen	179.128	251.713	251.910	252.114	252.326	253.907	254.102	254.303	254.512	254.729	254.955
Einkommensteuer	72.090	110.555	110.670	110.756	110.870	111.700	111.815	111.929	112.044	112.158	112.273
Solidaritätszuschlag	3.964	6.080	6.086	6.091	6.097						
Steuerzahlungen mit Fondsbet.	76.054	116.635	116.756	116.847	116.967	111.700	111.815	111.929	112.044	112.158	112.273
Steuerzahlungen ohne Fondsbet.	115.669	115.669	115.669	115.669	115.669	109.639	109.639	109.639	109.639	109.639	109.639
Stand des Kapitalkontos	29.128	28.199	27.385	26.692	26.130	27.069	28.158	29.406	30.826	32.428	34.225

Jahr	11	12	13	14	15	16	17	18	19	20	Summe
Liquiditätsrechnung der Fondsgesellschaft:											
Kommanditeinlagen											
Annuitätendarlehen											
Leasingraten	4.713.926	4.713.926	4.713.926	4.713.926	4.713.926	4.713.926	4.713.926	4.713.926	4.713.926	4.713.926	94.278.516
Veräußerungserlös										100.000.000	100.000.000
Summe Einzahlungen	4.713.926	4.713.926	4.713.926	4.713.926	4.713.926	4.713.926	4.713.926	4.713.926	4.713.926	104.713.926	
Fondsspezifische Kosten											
Kaufpreis der Immobilie											
Darlehenszinsen	1.986.277	1.842.516	1.688.690	1.524.098	1.347.983	1.159.541	957.907	742.160	511.310	264.300	38.000.344
Darlehenstilgungen	2.053.740	2.197.502	2.351.327	2.515.920	2.692.034	2.880.476	3.082.110	3.297.857	3.528.708	3.775.717	42.800.000
Verwaltungskosten	250.000	250.000	250.000	250.000	250.000	250.000	250.000	250.000	250.000	250.000	5.000.000
Summe Auszahlungen	4.290.017	4.290.017	4.290.017	4.290.017	4.290.017	4.290.017	4.290.017	4.290.017	4.290.017	4.290.017	
Zahlungsüberschuß/Ausschüttung	423.909	423.909	423.909	423.909	423.909	423.909	423.909	423.909	423.909	100.423.909	108.478.171
Restschuld Darlehen	26.321.650	24.124.149	21.772.822	19.256.902	16.564.868	13.684.392	10.602.282	7.304.425	3.775.717	0	
Steuerliche Ergebnisrechnung der Fondsgesellschaft:											
Leasingraten (= Sum. Einnahmen)	4.713.926	4.713.926	4.713.926	4.713.926	4.713.926	4.713.926	4.713.926	4.713.926	4.713.926	4.713.926	94.278.516
Sofort abziehbare Werbungskosten											4.500.000
Abschreibungen	765.333	765.333	765.333	765.333	765.333	765.333	765.333	765.333	765.333	765.333	59.805.333
Darlehenszinsen	1.986.277	1.842.516	1.688.690	1.524.098	1.347.983	1.159.541	957.907	742.160	511.310	264.300	38.000.344
Verwaltungskosten	250.000	250.000	250.000	250.000	250.000	250.000	250.000	250.000	250.000	250.000	5.000.000
Summe Werbungskosten	3.001.611	2.857.849	2.704.024	2.539.431	2.363.316	2.174.874	1.973.241	1.757.493	1.526.643	1.279.634	107.305.678
Einnahmenüberschuß/Verlust	1.712.315	1.856.077	2.009.902	2.174.495	2.350.609	2.539.052	2.740.685	2.956.433	3.187.283	3.434.292	-13.027.162
Aufgabegewinn (steuerfrei)										57.305.333	
Restbuchwert Gebäude	29.082.667	28.317.333	27.552.000	26.786.667	26.021.333	25.256.000	24.490.667	23.725.333	22.960.000	22.194.667	
Vermögensendwertberechnung für die Fondsbeteiligung:											
Ausschüttung Fondsgesellschaft	660	660	660	660	660	660	660	660	660	156.424	168.969
Haben-/Sollzinsen	2.524	2.546	2.561	2.571	2.575	2.571	2.559	2.538	2.509	2.469	48.293
Steuerbelastung/-ersparnis	2.748	2.891	3.034	3.149	3.320	3.464	3.635	3.778	3.979	4.150	13.147
Liquiditätsveränderung	436	315	188	82	-85	-233	-416	-580	-810	154.742	204.115
Liquiditätsbestand	50.911	51.226	51.414	51.496	51.411	51.178	50.762	50.182	49.373	204.115	
Sonstiges zu versteuerndes Eink.	250.000	250.000	250.000	250.000	250.000	250.000	250.000	250.000	250.000	250.000	
Einkünfte aus V. u. V.	2.667	2.891	3.131	3.387	3.661	3.955	4.269	4.605	4.965	5.349	-20.292
Einkünfte aus Kapitalvermögen	2.524	2.546	2.561	2.571	2.575	2.571	2.559	2.538	2.509	2.469	48.293
Zu versteuerndes Einkommen	255.191	255.437	255.692	255.958	256.236	256.525	256.828	257.143	257.474	257.818	
Einkommensteuer	112.387	112.530	112.673	112.788	112.959	113.103	113.274	113.417	113.618	113.789	
Solidaritätszuschlag											
Steuerzahlungen mit Fondsbet.	112.387	112.530	112.673	112.788	112.959	113.103	113.274	113.417	113.618	113.789	2.345.716
Steuerzahlungen ohne Fondsbet.	109.639	109.639	109.639	109.639	109.639	109.639	109.639	109.639	109.639	109.639	2.332.569
Stand des Kapitalkontos	36.232	38.463	40.933	43.660	46.661	49.956	53.564	57.509	61.814	0	

4.3.4 Variation des Einkommensniveaus und der Einkommensentwicklung des Anlegers

Zum Abschluß der Modellrechnungen soll nun die Höhe des sonstigen zu versteuernden Einkommens des Investors variiert werden. Ausgangspunkt der Sensitivitätsanalyse ist dabei der auf den beiden vorangegangenen Seiten abgebildete vollständige Finanzplan. Es ergeben sich in Abhängigkeit von dem zu untersuchenden Parameter die folgenden Werte:[1]

Tab. 19: Vermögensendwerte der Fondsbeteiligung und der Anlage am Kapitalmarkt bei Variation des Einkommensniveaus des Anlegers

Sonstiges zu versteuerndes Einkommen des Anlegers pro Jahr	VEW Fondsbeteiligung	VEW Anlage am Kapitalmarkt
0,-	177.596,-	265.261,-
50.000,-	188.858,-	191.722,-
100.000,-	190.457,-	166.165,-
150.000,-	199.785,-	157.922,-
200.000,-	204.054,-	158.009,-
250.000,-	204.115,-	158.107,-

Im zweiten Kapitel dieser Arbeit wurde bereits darauf hingewiesen, daß die Reduzierung der Steuerbelastung des Anlegers durch die Beteiligung an einem geschlossenen Immobilien-Leasing-Fonds nicht nur von der Höhe der steuerlichen Verlustzuweisungen, sondern auch von seiner Grenzsteuerbelastung abhängt.[2] Je höher sein zu versteuerndes Einkommen und damit sein Grenzsteuersatz ausfällt, desto höher sind auch die Steuerersparnisse aufgrund der Verluste, die ihm in den ersten Jahren zugewiesen werden. Mit zunehmendem Einkommen steigen allerdings auch die Steuerzahlungen, die auf die in späteren Jahren entstehenden Einnahmenüberschüsse zu entrichten sind. Ob sich ein bestimmtes Einkommensniveau positiv oder negativ auf den Vermögensendwert der Fondsbeteiligung auswirkt, ist daher letztlich abhängig von der

---

[1] Dem Anleger werden im Rahmen der Fondsbeteiligung im Jahr 0 negative Einkünfte aus Vermietung und Verpachtung i.H.v. 70.872,- DM zugewiesen. Beträgt sein sonstiges zu versteuerndes Einkommen 50.000,- DM, wird ein Verlustrücktrag gem. § 10d Abs. 1 S. 1 EStG von 20.872,- DM vorgenommen, der am 31.12.00 zu einer Einkommensteuererstattung von 6.434,- DM (= 11.040,- DM - 4.606,- DM) führt.

[2] Vgl. Gliederungspunkt 2.2.3.3.

Höhe und der zeitlichen Verteilung der steuerlichen Ergebniszuweisungen. Da in der vorliegenden Variation die Verluste in der Summe höher sind als die Einnahmenüberschüsse und darüber hinaus auch frühzeitiger anfallen, wächst hier der Vermögensendwert mit zunehmendem zu versteuernden Einkommen an.[1]

Ein umgekehrtes Bild ergibt sich für die Anlage am Kapitalmarkt. Eine Steigerung des Einkommensniveaus des Anlegers geht mit einer Verminderung des Vermögensendwertes einher, da die Zinsen infolge des progressiven Einkommensteuertarifs einer höheren Grenzsteuerbelastung unterliegen. Erzielt der Anleger ein zu versteuerndes Einkommen von über 120.042,- DM, verändert sich der Vermögensendwert nur noch geringfügig, da die Zinsen jeweils mit 53 % besteuert werden.

In den vorangegangenen Berechnungen wurde unterstellt, daß sich das sonstige zu versteuernde Einkommen des Investors während der Beteiligungsdauer nicht ändert. Rückt man von dieser Prämisse ab und geht davon aus, daß das Einkommen im Jahr des Beitritts 250.000,- DM beträgt, danach aber auf 50.000,- DM/Jahr sinkt, weil der Investor z.B. in den Ruhestand eintritt, erhöht sich der Vermögensendwert für die Fondsbeteiligung auf 229.475,- DM. Während die Verlustzuweisung im Jahr 0 zu einer größtmöglichen Steuerersparnis führt, werden die Einnahmenüberschüsse späterer Jahre nur noch einem geringeren Steuersatz unterworfen.[2] Die Beteiligung an einem geschlossenen Immobilien-Leasing-Fonds eignet sich daher in besonderem Maße für solche Personen, deren Grenzsteuersätze im Zeitablauf sinken.

---

[1] Daß es sich dabei nicht um ein allgemeingültiges Ergebnis handelt, zeigt ein Blick auf das Grundmodell. Der Vermögensendwert der Fondsbeteiligung steigt dort bspw. von 155.309,- DM auf 179.290,- DM, sofern sich das sonstige zu versteuernde Einkommen des Anlegers nicht auf 250.000,- DM, sondern auf 50.000,- DM beläuft.

[2] Im entgegengesetzten Fall, in dem der Anleger im Jahr 0 ein sonstiges zu versteuerndes Einkommen von 50.000,- DM und in den darauffolgenden Jahren eines von 250.000,- DM erzielt, reduziert sich der Vermögensendwert auf 170.681,- DM.

5 Schlußbetrachtung

Der geschlossene Immobilien-Leasing-Fonds ist eine höchst komplexe Anlage- und Finanzierungsform, bei dessen Gestaltung eine Vielzahl unterschiedlichster Faktoren und deren wechselseitige Wirkungen zu berücksichtigen sind. Wird er durchdacht konzipiert, kann er sowohl für die Kapitalanleger als auch für den Leasingnehmer eine lohnenswerte Alternative sein. Das Ziel der vorliegenden Untersuchung war es dementsprechend, einen solchen Fonds zum einen systematisch darzustellen und zum anderen auf seine Vorteilhaftigkeit hin zu überprüfen. Zur Verwirklichung dieser Zielsetzung wurden zunächst die gesellschaftsrechtlichen und finanzwirtschaftlichen Grundlagen des Untersuchungsgegenstandes eingehend behandelt.

Es konnte geklärt werden, daß für einen geschlossenen Immobilien-Leasing-Fonds die Kommanditgesellschaft die geeignetste Rechtsform ist. Neben den gesetzlichen Vorschriften dieser Gesellschaftsform wurde auf deren konkrete Ausgestaltungen in den Gesellschaftsverträgen eingegangen. Die Haftung der Kommanditisten bildete den wesentlichen Aspekt bei der Behandlung des Außenverhältnisses, wobei auf etwaige Risiken hingewiesen wurde. Die Ausführungen zum Gesellschaftsrecht endeten mit der Darstellung der GmbH & Co. KG und der Erörterung der Gründe für deren Wahl. Bestandteile des finanzwirtschaftlichen Teils der Arbeit waren u.a. die verschiedenen Refinanzierungsformen und Vertragstypen im Immobilien-Leasing. Die Finanzierungsstrukturen des geschlossenen Immobilien-Leasing-Fonds und der klassischen Immobilien-Leasinggesellschaft konnten voneinander abgegrenzt werden. Ferner wurde die Gestaltung des Leasingvertrages mit in die Untersuchung einbezogen; im Vordergrund standen die Vertragsleistungen des Leasinggebers und des Leasingnehmers sowie die Kalkulation der Leasingraten.

Einen Schwerpunkt der Arbeit bildete die Analyse der einkommensteuerrechtlichen Grundlagen auf Gesellschafts- und Gesellschafterebene unter Beachtung der Interdependenzen mit dem Zivilrecht. Dabei erwies sich die Tätigkeit der Gesellschaft als bestimmend für die Qualifizierung der Einkünfte der Gesellschafter. Die notwendigen Voraussetzungen und zugleich fondsspezifischen Probleme der Mitunternehmer-/Vermieterstellung und der Gewinn-/Überschußerzielungsabsicht wurden deutlich herausgearbeitet. Des weiteren wurden die Unterschiede bei der Einkunftsermittlung in Abhängigkeit von der Einkunftsart aufgezeigt. Die Aufteilung in sofort abzugsfähige Betriebsausgaben/Werbungskosten und in Anschaffungs- oder Herstellungskosten erfolgte im wesentlichen anhand des Bauherrenerlasses. Es konnte gezeigt werden, daß die darin vorgenommene Differenzierung zwischen Erwerber und Bauherr auch Auswirkungen auf die Grunderwerbsteuerbelastung und die Inanspruchnahme von Sonderabschreibungen hat. Die Verlustverteilung bei sukzessivem Gesellschafterbeitritt und der Regelungsmechanismus des § 15a EStG wurden ebenfalls mit in die Betrachtung einbezogen. Die Verbindungen zum Gesellschaftsrecht wurden im zuletzt genannten Fall vor allem bei der Bestimmung des Haftungsumfangs und der Einlageminderung evident. Das Verlagern von Aufwendungen aus dem Gesamthandsvermögen in das Sonderbetriebsvermögen stellte sich zur Vermeidung von verrechenbaren Verlusten als äußerst vorteilhaft heraus.

Im Anschluß an die Ausführungen zur Einkommensteuer wurde die Relevanz weiterer Steuerarten auf die Ausgestaltung des geschlossenen Immobilien-Leasing-Fonds untersucht. So konnte bspw. festgestellt werden, daß eine Belastung mit Gewerbesteuer im allgemeinen nicht eintritt. Die Vorteile, die dem Fonds durch eine Option zur Umsatzsteuerpflicht erwachsen, und die für die Wahlrechtsausübung notwendigen Voraussetzungen wurden gleichfalls erarbeitet. Darüber hinaus wurde auf die Gefahr einer möglichen Doppelbelastung mit Grunderwerbsteuer infolge einer vollständigen oder wesentlichen Änderung im Gesellschafterbestand hingewiesen und eine Vermeidungsstrategie aufgezeigt. Letztlich erwies sich unter erbschaft- und schenkungsteuerlichen Gesichtspunkten der Fonds mit gewerblichen Einkünften als die günstigere Alternative.

Auf der Basis der vorangegangenen Untersuchungsergebnisse wurde der geschlossene Immobilien-Leasing-Fonds im vierten Kapitel auf seine Vorteilhaftigkeit hin überprüft. Als Entscheidungskriterium wurde der Vermögensendwert gewählt; es konnte in diesem Zusammenhang belegt werden, daß die Interne Zinssatzmethode, die in den Beteiligungsprospekten regelmäßig Verwendung findet, insb. wegen der unrealistischen Wiederanlageprämisse als Beurteilungsmaßstab ungeeignet ist. Dem Kapitalanleger diente als Alternative eine Anlage am Kapitalmarkt; aus Sicht des Leasingnehmers wurde der Fonds mit einer klassischen Immobilien-Leasinggesellschaft und einem Kreditkauf verglichen. Die Vermögensendwerte der verschiedenen Handlungsalternativen wurden zunächst für einen Grundfall berechnet. Dazu wurde jeweils ein vollständiger Finanzplan erstellt, in dem alle mit dem Investitions- respektive Finanzierungsvorhaben in Verbindung stehenden steuerlichen und nichtsteuerlichen Zahlungen erfaßt wurden. Gegenstand der im zweiten Schritt durchgeführten Parameterstudien war es, sowohl für den Kapitalanleger als auch für den Leasingnehmer vorteilhafte Gestaltungen zu finden. Dabei wurde deutlich, daß eine allgemeingültige Aussage über die Vorteilhaftigkeit nicht getroffen werden kann, sondern auf den jeweiligen Einzelfall unter Berücksichtigung aller fondsspezifischen und personenbezogenen Daten abzustellen ist.

Die vorliegende Arbeit im allgemeinen und die Modellrechnungen im besonderen bieten dem Anleger und dem Leasingnehmer eine Hilfestellung für die Beurteilung konkreter Alternativen. Zukünftige Änderungen in der Gesetzgebung und Rechtsprechung können problemlos in das Modell integriert werden, um dieses an veränderte Rahmenbedingungen anzupassen. Mögliche Risiken und hier insb. steuerliche Risiken können so in die Entscheidungsfindung miteinbezogen werden.

Literaturverzeichnis

ADEL, M.: Kommanditistenwechsel und Haftung, in: DStR, 32. Jg. (1994), S. 1580-1584

ALTFELDER, S.: Mindestbesteuerung - Chaos mit System?, in: FR, 82. Jg. (2000), S. 18-43

BAREIS, P., ELSER, T.: Analyse des neuen Erbschaftsteuerrechts, in: DStR, 35. Jg. (1997), S. 557-562

BAUER, C.: Zur Kalkulation von Leasingraten, in: DB, Beilage Nr. 7/90 zu Heft 19, 43. Jg. (1990), S. 14-19

BENDER, H. J.: Das Risikopotential bei den Herstellerleasinggesellschaften und institutionellen Leasinggesellschaften, in: BB, Beilage 8 zu Heft 18/1996, 51. Jg. (1996), S. 15-32

BEST, M., MERGENER, V.: Anzahlungen und Modernisierungsobjekte nach dem Fördergebietsgesetz, in: DStR, 34. Jg. (1996), S. 1833-1838

BIERGANS, E.: Einkommensteuer, 6. Aufl., München/Wien 1992

BINZ, M. K.: Die GmbH & Co., 8. Aufl., München 1992

BINZ, M. K., FREUDENBERG, G., SORG, M. H.: Informationsrechte in der GmbH & Co., in: BB, 46. Jg. (1991), S. 785-791

BITZ, H.: Gewinnerzielungsabsicht/Liebhaberei, in: Littmann, E., Bitz, H., Hellwig, P. (Hrsg.): Das Einkommensteuerrecht, 15. Aufl., Stuttgart, Loseblattsammlung, Stand: 01.04.1997, Rn. 123-126 zu § 15 EStG

BLOHM, H., LÜDER, K.: Investition, 8. Aufl., München 1995

BÖGER, M., RAUPACH, A.: Gesellschaftsformen und gesellschaftsrechtliche Probleme bei Abschreibungsgesellschaften, in: Rädler, A. J., Raupach, A.: Handbuch der steuerbegünstigten Kapitalanlagen, Köln 1973, S. 43-100

BÖLTER, H. H.: Der geschlossene Immobilienfonds: Kapitalanlage, Finanzierungsinstrument und Banktyp, Diss., Universität Erlangen-Nürnberg 1985, Frankfurt am Main/Bern/New York 1986

BOPP, G., STROHM, H. G.: Organisationsformen der privaten Vermögensverwaltung, in: Fleischmann, H. G., Röschinger, H. W., Meyerhoff, H.-D.: Steuern, die Vermögen werden?, 8. Aufl., Landsberg am Lech 1984, S. 268-286

BORDEWIN, A.: Leasing im Steuerrecht, 3. Aufl., Stuttgart/Wiesbaden 1989

BRANDHUBER, J., SCHENK, J.: Geschlossene Immobilienfonds - ein Muß für die steuerorientierte Anlageberatung, in: Sparkasse, 110 Jg. (1993), S. 424-431

BRÖNNER, H., RUX, H.-J., WAGNER, H.: Die GmbH & Co. KG in Recht und Praxis, 5. Aufl., Freiburg im Breisgau 1990

BUDDE, W. D., KARIG, K. P.: Maßgeblichkeit des wirtschaftlichen Eigentums, in: Budde, W. D., Clemm, H., Pankow, M., Sarx, M.: Beck'scher Bilanz-Kommentar, 2. Aufl., München 1990, Anm. 4-6 zu § 246 HGB

BÜSCHGEN, H. E.: Finanzleasing als Finanzierungsalternative. Eine kritische Würdigung unter betriebswirtschaftlichen Aspekten, in: ZfB, 50. Jg. (1980), S. 1028-1041

BÜSCHGEN, H. E.: Flugzeug-Leasingfonds - eine kritische Erörterung, in: ZBB, 7. Jg. (1995), S. 32-45

CHRISTEN, J.: Kommunal-Leasing: Effizienzsteigerung durch Wettbewerb, in: DB, Beilage Nr. 8/96 zu Heft 19, 49. Jg. (1996), S. 8-11

CHRISTOFFEL, H. G.: Überblick über das Jahressteuergesetz 1997, in: DStR, 35. Jg. (1997), S. 265-274

CHRISTOFFEL, H. G., DANKMEYER, U.: Das Steuerbereinigungsgesetz 1986: Die gesetzliche Verankerung der sog. Geprägegrundsätze, in: DB, 39. Jg. (1986), S. 347-355

COEN, M., VOGEL, H.: Die Abhängigkeit der Einnahmen-Werbungskosten-Überschußrechnung von der Steuerbilanz bei geschlossenen Immobilienfonds, in: BB, 37. Jg. (1982), S. 1764-1770

CREZELIUS, G.: Kommanditgesellschaft (KG), in: Peter, K., Crezelius, G.: Gesellschaftsverträge und Unternehmensformen, 6. Aufl., Herne/Berlin 1995, S. 117-148

DÄUMLER, K.-D.: Leasing-Finanzierung, in: BBK, 42. Aufl., Herne/Berlin, Loseblattsammlung 1953 ff., Stand: 01.04.1996, Fach 29, S. 701-724

DEUTSCHES STEUERBERATERINSTITUT E. V.: Aktuelle Darstellung zum gewerblichen Grundstückshandel, Verlautbarungen zum Handels- und Steuerrecht Nr. 13, Bonn 1996

DIETRICH, J.: Die Publikums-Kommanditgesellschaft und die gesellschaftsrechtlich geschützten Interessen, Diss., Freie Universität Berlin 1988, Köln 1988

ECKSTEIN, W.: Langfristige Entwicklung im Leasing, in: BB, Beilage 10 zu Heft 14/1987, 42. Jg. (1987), S. 1-11

EDEN, S.: Treuhandschaft an Unternehmen und Unternehmensanteilen, 2. Aufl., Bielefeld 1989

EISENHARDT, U.: Gesellschaftsrecht, 6. Aufl., München 1994

EISGRUBER, T.: Gewerblich prägbare Tätigkeiten einer Personengesellschaft, in: DStR, 33. Jg. (1995), S. 1569-1572

EISOLT, D.: Neuregelung der Sonder-AfA in den neuen Bundesländern durch das Jahressteuergesetz 1996, in: BB, 51. Jg. (1996), S. 618-621

ELSER, T.: Ökonomische Analyse von Steuersparmodellen, dargestellt am Beispiel kommunaler Leasingfonds, in: DB, 49. Jg. (1996), S. 2572-2578

ESCHENBRUCH, K., NIEBUHR, F.: Immobilienleasing und öffentliche Vergabe, in: BB, 51. Jg. (1996), S. 2417-2426

FÄRBER, G.: Die Publikumsgesellschaft, Göttingen 1990

FEINEN, K.: Vorteilhafte Betriebsgebäudenutzung über Immobilien-Leasinggesellschaften, in: DB, Beilage Nr. 7/89 zu Heft 18, 42. Jg. (1989), S. 6-7

FEINEN, K.: Das Leasinggeschäft, 3. Aufl., Frankfurt am Main 1990

FEINEN, K.: Die Leasingfinanzierung für öffentliche Investitionen, in: BB, Beilage 11 zu Heft 14/1991, 46. Jg. (1991), S. 1-6

FEINEN, K.: Fonds-Leasing als Instrument für gewerbliche und öffentliche Investitionen, in: Der langfristige Kredit, 43. Jg. (1992), S. 442-445

FEINEN, K.: Kommunen sollten das privatwirtschaftliche Investitions- und Finanzierungsmodell Immobilien-Leasing nutzen, in: DB, Beilage Nr. 7/93 zu Heft 19, 46. Jg. (1993), S. 8-10

FEINEN, K.: Immobilien-Leasing-Fonds, in: BB, Beilage 6 zu Heft 12/1994, 49. Jg. (1994), S. 1-6

FEINEN, K.: Kommunal-Leasing, in: DB, Beilage Nr. 6/95 zu Heft 19, 48. Jg. (1995), S. 14-16

FEINEN, K.: Kommunales Leasing, Frankfurt am Main 1995

FEINEN, K.: Bautechnische Dienstleistungen als Ergänzung des Immobilien-Leasingvertrags, in: DB, Beilage Nr. 8/96 zu Heft 19, 49. Jg. (1996), S. 12-14

FLEISCHMANN, H. G.: Steuerbegünstigte Kapitalanlagen: Ihre Einteilung und Auswirkung auf die persönliche Besteuerung des Kapitalanlegers, in: Fleischmann, H. G., Röschinger, H. W., Meyerhoff, H.-D.: Steuern, die Vermögen werden?, 8. Aufl., Landsberg am Lech 1984, S. 29-45

FLEISCHMANN, H. G.: Bauherren-, Bauträger-, Erwerber- und Sanierungsmodelle, in: Fleischmann, H. G., Röschinger, H. W., Meyerhoff, H.-D.: Steuern, die Vermögen werden?, 8. Aufl., Landsberg am Lech 1984, S. 287-340

FLEISCHMANN, H. G.: Finanzverwaltung regelt Treuhandverhältnisse neu, in: DStR, 32. Jg. (1994), S. 1303-1305

FLEISCHMANN, H. G., HAAS, E. W.: Zweifelsfragen bei der Anwendung des Fördergebietsgesetzes, in: DStR, 31. Jg. (1993), S. 533-541

FLEISCHMANN, H. G., MEYER-SCHARENBERG, D. E.: Zur Verlängerung und zu den Einschränkungen des Fördergebietsgesetzes, in: DStR, 33. Jg. (1995), S. 1573-1576

FLEISCHMANN, H. G., WIPFLER, B.: Verlustbegrenzung nach § 15a EStG, in: Fleischmann, H. G., Röschinger, H. W., Meyerhoff, H.-D.: Steuern, die Vermögen werden?, 8. Aufl., Landsberg am Lech 1984, S. 257-267

FLUME, W.: Die Rechtsfigur des Finanzierungsleasing, in: DB, 44. Jg. (1991), S. 265-271

FOHLMEISTER, K. J.: Immobilien-Leasing, in: Hagenmüller, K. F., Eckstein, W. (Hrsg.): Leasing-Handbuch für die betriebliche Praxis, 6. Aufl., Frankfurt am Main 1992, S. 177-211

FOHLMEISTER, K. J.: Leasingfonds - eine Alternative mit Zukunft, in: DB, Beilage Nr. 6/94 zu Heft 19, 47. Jg. (1994), S. 8-9

FÜHRER, C.: Die Abgrenzung der privaten Vermögensverwaltung vom Gewerbebetrieb bei natürlichen Personen und Personengesellschaften, Diss., Universität München 1996, Herne/Berlin 1996

GABELE, E., DANNENBERG, J., KROLL, M.: Immobilien-Leasing, 2. Aufl., Wiesbaden 1995

GABELE, E., KROLL, M.: Grundlagen des Immobilien-Leasing, in: DB, 44. Jg. (1991), S. 241-248

GECK, R.: Die Kommanditgesellschaft, in: NWB, 51. Aufl., Herne/Berlin, Loseblattsammlung 1947 ff., Stand: 01.01.1996, Fach 18, S. 3115-3126

GIERING, H.-P., HILPERT, P.: Geschlossene Immobilienfonds, in: Rädler, A. J., Raupach, A.: Handbuch der steuerbegünstigten Kapitalanlagen, Köln 1973, S. 389-404

GIESEKE, H.: Besondere Probleme bei der „mittelbaren Beteiligung" an einer Publikums-KG durch einen Treuhand-Kommanditisten, in: DB, 37. Jg. (1984), S. 970-973

GONDERT, H.-G., SCHIMMELSCHMIDT, U.: Grundlagen der steuerrechtlichen Konzeption von Mobilien-Leasingfonds, in: BB, 51. Jg. (1996), S. 1743-1749

GÖRLICH, W.: Vermögensbildung durch Berlin- und Ostbeteiligungen, 2. Aufl., Freiburg i. Br. 1994

GÖRLICH, W.: Der geschlossene Immobilienfonds, in: Die Freie Wohnungswirtschaft, 1995, S. 17-22

GÖRLICH, W.: Grundlagen des offenen und des geschlossenen Immobilienfonds, in: NWB, 51. Aufl., Herne/Berlin, Loseblattsammlung 1947 ff., Stand: 01.01.1996, Fach 18, S. 3275-3290

GROH, M.: Die nichtgewerblich tätige Personengesellschaft, in: JbFfSt 1979/80, Herne/Berlin 1979, S. 209-241

GROH, M.: Gewinnerzielungsabsicht und Mitunternehmerschaft, in: DB, 37. Jg. (1984), S. 2424-2428

GRUNEWALD, B.: Gesellschaftsrecht, Tübingen 1994

GÜNKEL, M., FENZL, B.: Ausgewählte Fragen zum Steuerentlastungsgesetz: Bilanzierung und Verlustverrechnung, in: DStR, 37. Jg. (1999), S. 649-660

HABERSTOCK, L.: Kredit-Kauf oder Leasing? Ein Vorteilhaftigkeitsvergleich unter Berücksichtigung der steuerlichen Auswirkungen, in: StbJb 1982/83, Köln 1983, S. 443-509

HABERSTOCK, L.: Der Einfluß der Besteuerung auf Rechtsform und Standort, 2. Aufl., Hamburg 1984

HABERSTOCK, L.: Kostenrechnung I, 8. Aufl., Hamburg 1987

HABERSTOCK, L.: Steuerbilanz und Vermögensaufstellung, 3. Aufl., Hamburg 1991

HABERSTOCK, L.: Einführung in die Verfahren der Investitionsrechnung, 6. Aufl., Hamburg 1992

HABERSTOCK, L., BREITHECKER, V.: Einführung in die Betriebswirtschaftliche Steuerlehre, 8. Aufl., Hamburg 1996

HABERSTOCK, L., DELLMANN, K.: Kapitalwert und interner Zinsfuß als Kriterien zur Beurteilung der Vorteilhaftigkeit von Investitionsprojekten, in: KRP, o.Jg. (1971), S. 195-206

HAX, H.: Investitionstheorie, 5. Aufl., Würzburg/Wien 1985

HENKEL, U., JAKOBS, N.: Einkünfteerzielungsabsicht als Tatbestandsmerkmal des § 15 Abs. 3 EStG, in: FR, 77. Jg. (1995), S. 145-150

HENKEL, U., JAKOBS, N.: Gewinnerzielungsabsicht bei gewerblicher Prägung, in: DStR, 33. Jg. (1995), S. 1573

HENNING, M., HUNDSDOERFER, J., SCHULT, E.: Die Progressionsglättung für außerordentliche Einkünfte nach § 34 Abs. 1 EStG-Entwurf: Steuersätze bis zu 265 %, in: DStR, 37. Jg. (1999), S. 131-136

HERRMANN, H. J.: Einkommensteuerrechtliche Fragen der Gestaltung geschlossener Immobilienfonds, in: StuW, 66. (19.) Jg. (1989), S. 97-109

HERZIG, N., BRIESEMEISTER, S.: Systematische und grundsätzliche Anmerkungen zur Einschränkung der steuerlichen Verlustnutzung, in: DStR, 37. Jg. (1999), S. 1377-1383

HERZIG, N., KESSLER, W.: Tatbestandsmerkmale und Anwendungsbereich des Gepräge-Gesetzes, in: DStR, 24. Jg. (1986), S. 451-457

HESSELMANN, M., TILLMANN, B.: Handbuch der GmbH & Co., 17. Aufl., Köln 1991

HÖHMANN, A.: Abgrenzungsfragen zur Qualifizierung der Einkünfte gemäß §§ 15, 21 und 22 Nr. 3 EStG am Beispiel einer flugzeugvermietenden GbR, in: DStR, 35. Jg. (1997), S. 601-603

HOLZHEIMER, D.: Offene Immobilienfonds, in: Fleischmann, H. G., Röschinger, H. W., Meyerhoff, H.-D.: Steuern, die Vermögen werden?, 8. Aufl., Landsberg am Lech 1984, S. 442-444

HUECK, G.: Gesellschaftsrecht, 19. Aufl., München 1991

HUMMELTENBERG, R.: Die optimale Wahl steuerbegünstigter Kapitalanlagen unter Berücksichtigung der Einkommensteuerprogression, Diss., Universität Köln 1983, Berlin 1984

HUNDT-EßWEIN, H. U.: Einschränkung des Verzichts auf Umsatzsteuerbefreiungen (§ 9 Abs. 2 UStG), in: NWB, 51. Aufl., Herne/Berlin, Loseblattsammlung 1947 ff., Stand: 01.01.1996, Fach 7, S. 4379-4384

JACOBS, O. H., RUPP, R., SCHEFFLER, W., SCHREIBER, U.: Wirtschaftlichkeitsberechnung von Immobilieninvestitionen (Bauherren-, Bauträger-, Erwerber- und Eigenerstellungsmodelle), in: DStR, 22. Jg. (1984), S. 607-614

JAGDFELD, A. A., SCHÜNEMANN, H. J.: Immobilien-Investment-Banking in Deutschland, in: Sparkasse, 108. Jg. (1991), S. 274-280

JEHL, H. W.: Immobilien-Leasingfonds, in: Tewes, D. (Hrsg.): Praxishandbuch Immobilienkapitalanlagen, Kissing, Loseblattsammlung 1994 ff., Stand: 01.10.1996, Teil 4/9

JESTÄDT, G.: Kapitalkonto im Sinne des § 15a EStG ohne Einbeziehung positiven und negativen Sonderbetriebsvermögens, in: DStR, 30. Jg. (1992), S. 413-417

JOHN, G., THEISEN, M. R.: Verlustverrechnung in Personengesellschaften, Heidelberg 1981

JUNGEN, A., THEILE, C.: Vorteilhafte Umsatzsteueroptionen bei Vermietungsumsätzen, in: DStR, 32. Jg. (1994), S. 561-567

JUNKER, C.: Die Anwendung von Kapitalgesellschaftsrecht auf die KG bei der GmbH & Co. KG, in: DStR, 31. Jg. (1993), S. 1786-1790

KALT, D.: Finanzierungsleasing, Miete, kreditfinanzierter Kauf, in: BB, Beilage 11 zu Heft 14/1991, 46. Jg. (1991), S. 18-24

KECK, J.: Private Kapitalanlagen unter steuerlichem Einfluß, Diss., Universität Hohenheim 1983, Thun/Frankfurt am Main 1983

KELLERMANN, A.: Neue Entwicklungen und Rechtsfortbildung im Kommanditgesellschaftsrecht, die „moderne" Gestaltung der Kommanditgesellschaft, in: JbFfSt 1980/81, Herne/Berlin 1980, S. 320-334

KEMPERMANN, M.: Check-Liste zum gewerblichen Grundstückshandel, in: DStR, 34. Jg. (1996), S. 1156-1160

KIRCHHOFF, U.: Innovative öffentliche Organisations- und Finanzierungsmodelle, in: Kroll, M. (Hrsg.): Handbuch des Kommunal-Leasing, Lichtenfels 1995, S. 4-43

KLAUSS, H., MITTELBACH, R.: Die Kommanditgesellschaft, 4. Aufl., Ludwigshafen 1984

KLUNZINGER, E.: Grundzüge des Gesellschaftsrechts, 9. Aufl., München 1996

KNOBBE-KEUK, B.: Bilanz- und Unternehmenssteuerrecht, 9. Aufl., Köln 1993

KOHLHAAS, K.-F.: Fehlende Gewinnerzielungsabsicht bei Verlustzuweisungsgesellschaften, in: DStR, 34. Jg. (1996), S. 945-949

KOHLHAAS, K.-F.: Verlustzuweisungsgesellschaften iS der bisherigen BFH-Rechtsprechung, in: FR, 81. Jg. (1999), S. 504-512

KOLBECK, J.: Der Begriff des Kapitalkontos i. S. des § 15a EStG, in: DB, 45. Jg. (1992), S. 2056-2060

KÖRNER, W., WEIKEN, H.: Wirtschaftliches Eigentum nach § 5 Abs. 1 Satz 1 EStG, in: BB, 47. Jg. (1992), S. 1033-1042

KRÄHMER, R.: Privates Kapital im Dienste kommunaler Aufgabenerfüllung - Möglichkeiten und Grenzen (Teil I u. II), in: Finanzwirtschaft, 47. Jg. (1993), S. 164-167 u. 211-213

KREIDL, C., KÄCHELE, O.: Einkünfteerzielungsabsicht gemäß § 15 Abs. 3 Nr. 2 EStG bei (Leasing-) Objektgesellschaften, in: DStR, 33. Jg. (1995), S. 625-629

KROLL, M.: DV-gestützte Minimierung leasingspezifischer Risiken, in: DB, Beilage Nr. 7/92 zu Heft 20, 45. Jg. (1992), S. 12-16

KROLL, M.: Leasingverträge mit neuer Methode optimal beurteilen, in: DB, Beilage Nr. 6/94 zu Heft 19, 47. Jg. (1994), S. 14-16

KROLL, M.: Vertragsgestaltung im Kommunal-Leasing, in: Kroll, M. (Hrsg.): Handbuch des Kommunal-Leasing, Lichtenfels 1995, S. 44-112

KROLL, M.: Vor- und Nachteile des Kommunal-Leasing, in: Kroll, M. (Hrsg.): Handbuch des Kommunal-Leasing, Lichtenfels 1995, S. 114-136

KRUMBHOLZ, S., STREITFERDT, L.: Leasing oder Kreditfinanzierung?, Köln 1975

KRUSCHWITZ, L.: Investitionsrechnung, 6. Aufl., Berlin/New York 1995

KÜBLER, F.: Gesellschaftsrecht, 4. Aufl., Heidelberg 1994

KURTH, H., GRASS, H.-G.: Der geschlossene Immobilienfonds, 2. Aufl., Freiburg i. Br. 1990

KURTH, H., KRÜKEL, B.: Bauherren-, Bauträger- und Erwerbermodell, 2. Aufl., Oberursel/Ts. 1984

LITTWIN, F.: Liebhaberei und Gewinnerzielungsabsicht im Ertragsteuerrecht, in: BB, 51. Jg. (1996), S. 243-247

LODZWIK, G.: Offene Immobilienfonds - Sicherheit, Ertrag und Verfügbarkeit, in: DB, 39. Jg. (1986), S. 788-789

LOIPFINGER, S., NICKL JR., L., RICHTER, U.: Geschlossene Immobilienfonds: Grundlagen, Analyse, Bewertung, 2. Aufl., Stuttgart 1995

LORITZ, K.-G.: Die angeblich erst später einsetzende Gewinnerzielungsabsicht der Personengesellschaft und die steuerorientierten Kapitalanlagen, in: DB, 45. Jg. (1992), S. 1156-1162

LORITZ, K.-G.: Verlustzuweisungsgesellschaften und Gewinnerzielungsabsicht, in: BB, 52. Jg. (1997), S. 1281-1285

LORITZ, K.-G., WAGNER, K.-R.: Konzeptionshandbuch der steuerorientierten Kapitalanlage, Band 2: Gesellschafterliche Beteiligungen, 1. Aufl., München 1995

LÜDEMANN, P.: Zur Kontroverse um die Einkünfteerzielungsabsicht bei gewerblich geprägten Personengesellschaften gem. § 15 Abs. 3 Nr. 2 EStG, in: BB, 51. Jg. (1996), S. 2650-2656

LÜDICKE, J.: Steuerliche Liebhaberei bei der Beteiligung an einer Leasing-Fonds GmbH & Co. KG, in: FR, 76. Jg. (1994), S. 110-113

MAIBERG, H.: Gesellschaftsrecht, 7. Aufl., München/Wien 1990

MARTINEK, M.: Moderne Vertragstypen, Band I: Leasing und Factoring, München 1991

MAUS, G.: Leasing im Handels- und Steuerrecht, Herne/Berlin 1996

MAUTE, H.: Steueroptimale Gestaltung der Sonderabschreibungen des FördG im Rahmen der Änderungen des JStG 1996, in: DStR, 33. Jg. (1995), S. 1945-1949

MAYER-ROLSHOVEN, P.: Welche Vorteile bietet Immobilien-Leasing?, in: BB, Beilage 10 zu Heft 14/1989, 44. Jg. (1989), S. 12-13

MELLWIG, W.: Vermögensverwaltung: Bewährungsprobe für das neue Steuerrecht der Personengesellschaft (Teil I u. II), in: DB, 38. Jg. (1985), S. 2066-2072 u. 2120-2123

MELLWIG, W.: Investition und Besteuerung, Wiesbaden 1985

MILATZ, J. E.: Forfaitierung von Andienungsrechten bei Teilamortisations-Mobilien-Leasingverträgen, in: DB, 49. Jg. (1996), S. 841-845

NEU, N.: Einkünfteinfektion nach § 15 Abs. 3 Nr. 1 EStG: Und der Obstkarren genügt doch nicht!(?), in: DStR, 37. Jg. (1999), S. 2109-2111

NEU, N.: Unternehmenssteuerreform 2001: Die pauschalierte Gewerbesteueranrechnung nach § 35 EStG, in: DStR, 38. Jg. (2000), S. 1933-1939

OPITZ, G.: Geschlossene Immobilienfonds, Freiburg i. Br. 1995

PABST, G., SCHMIDER, K.-H.: Praxis der Steuerbegünstigten Kapitalanlagen, Band XIX: Aktuelle Steuer- und Zivilrechtsfragen bei geschlossenen Immobilienfonds, Heidelberg 1989

PEITEK, W.: Pflichten und Haftung des Treuhänders bei Immobilienkapitalanlagen unter besonderer Berücksichtigung von Bauherren- und Erwerbermodell, Diss., Universität München 1993, München 1993

PERRIDON, L., STEINER, M.: Finanzwirtschaft der Unternehmung, 8. Aufl., München 1995

PFERDMENGES, G.: Der steuerrechtliche Totalerfolg als Merkmal der Einkünfteerzielungsabsicht, in: FR, 72. Jg. (1990), S. 700-706

PINKOS, E.: Rechtssicherheit gefragt - Anmerkungen zum neuen Leasingerlaß der Finanzverwaltung, in: DB, Beilage Nr. 7/92 zu Heft 20, 45. Jg. (1992), S. 20-22

PRINZ, U.: Werbungskosten bei den Einkünften aus Vermietung und Verpachtung - Systematische steuerliche Analyse unter besonderer Berücksichtigung von Bauherren- und Erwerbermodellen, Diss., Universität Köln, Gelsenkirchen 1984

PRINZ, U.: Gewerblicher Grundstückshandel - Entwicklungstendenzen, Problemzonen und verbleibende Gestaltungsmöglichkeiten, in: DStR, 34. Jg. (1996), S. 1145-1152

PRINZ, U., THIEL, U.: § 15a EStG und Sonderbetriebsvermögen, in: DStR, 32. Jg. (1994), S. 341-346

QUAST, D.: Steuerbegünstigte Kapitalanlagen in betriebswirtschaftlicher, steuerlicher und zivilrechtlicher Sicht, Köln 1973

RÄDLER, A. J.: Steuerbegünstigte Kapitalanlagen (Abschreibungsobjekte) im In- und Ausland, in: Rädler, A. J., Raupach, A.: Handbuch der steuerbegünstigten Kapitalanlagen, Köln 1973, S. 1-40

RAUPACH, A., BÖCKSTIEGEL, M.: Die Verlustregelungen des Steuerentlastungsgesetzes 1999/2000/2002 (Teil I, II u. III), in: FR, 81. Jg. (1999), S. 487-503, 557-573 u. 617-628

REHM, H.: Neue Wege zur Finanzierung öffentlicher Investitionen, in: ZögU, Beiheft 18, Baden-Baden 1994

REITHMANN, C., MEICHSSNER, C., HEYMANN, E. VON: Kauf vom Bauträger, 7. Aufl., Köln 1995

RICHTER, H., BOVELETH, K.-H.: Steuerliche Behandlung von Bauherrenmodellen und Immobilienfonds, in: StBp, 31. Jg. (1991), S. 21-29

RIEGGER, B.: Kommanditgesellschaft, in: Heidenhain, M., Meister, B. W. (Hrsg.): Münchener Vertragshandbuch, Band 1: Gesellschaftsrecht, 3. Aufl., München 1992, S. 189-318

RISTHAUS, A., PLENKER, J.: Steuerentlastungsgesetz 1999/2000/2002 - Geänderte Verlustverrechnungsmöglichkeiten im Rahmen der Einkommensteuerfestsetzung, in: DB, 52. Jg. (1999), S. 605-610

ROSE, G.: Betrieb und Steuer, Erstes Buch: Die Ertragsteuern, 13. Aufl., Wiesbaden 1994

RUX, H.-J.: Leasing, in: Gnam, A., Federmann, R. (Hrsg.): Handbuch der Bilanzierung, Freiburg i. Br., Loseblattsammlung 1960 ff., Stand: 1996, Stichwort 85

SAUER, O. M.: Die Publikums-Kommanditgesellschaft, 2. Aufl., Bielefeld 1989

SAUREN, M. M.: Rückkaufs- bzw. Verkaufsgarantien beim Erwerb von Immobilien, in: DStR, 34. Jg. (1996), S. 1438-1439

SCHELLENBERGER, H.: Die Immobilien-KG und ihre Gesellschafter, in: StbJb 1983/84, Köln 1984, S. 121-139

SCHELNBERGER, F.-J.: Pro und Contra - offene und geschlossene Immobilienfonds, in: BB, Beilage 19 zu Heft 30/1987, 42. Jg. (1987), S. 19-25

SCHIEFER, C.: Rechtsformen der Publikumsgesellschaften und Sonderrecht der Publikums-KG (Teil I u. II), in: DStR, 35. Jg. (1997), S. 119-124 u. 164-169

SCHILD, E.: Die Abfärberegelung des § 15 Abs. 3 Nr. 1 EStG unter dem Blickwinkel des BFH-Urteils vom 11.8.1999, XI R 12/98, in: DStR, 38. Jg. (2000), S. 576-578

SCHIRDUAN, H. J.: Finanzierungs-Leasing in der Bilanz des Leasinggebers, Diss., Universität Frankfurt am Main 1993, Wiesbaden 1994

SCHLEICHER, A.: Leasing in Deutschland, in: DB, Beilage Nr. 12/87 zu Heft 22, 40. Jg. (1987), S. 8-11

SCHMIDER, K.-H.: Praxis der Steuerbegünstigten Kapitalanlagen, Band XVIII: Geschlossene Immobilienfonds, Köln 1987

SCHMIDT, K.: Gesellschaftsrecht, 2. Aufl., Köln/Berlin/Bonn/München 1991

SCHMIDT, L.: Einkünfte aus Gewerbebetrieb, in: Schmidt, L. (Hrsg.): Einkommensteuergesetz, 16. Aufl., München 1997

SCHMIDT-LIEBIG, A.: Die Qualifikation, Ermittlung und Erklärung von Einkünften grundstücksveräußernder Personengesellschaften und ihrer Gesellschafter, in: StBp, 36. Jg. (1996), S. 81-89

SCHMIDT-LIEBIG, A.: „Grundstückshandel" - Drei-Objekt-Grenze und Einheit der Personengesellschaft, in: BB, 51. Jg. (1996), S. 1799-1806

SCHNEIDER, D.: Sind Steuervergünstigungen günstig?, in: StbJb 1974/75, Köln 1975, S. 395-415

SCHNEIDER, D.: Investition, Finanzierung und Besteuerung, 7. Aufl., Wiesbaden 1992

SCHRADE, U.: Kapitalgesellschaft und Co. KG, insbesondere GmbH & Co. KG, in: Peter, K., Crezelius, G.: Gesellschaftsverträge und Unternehmensformen, 6. Aufl., Herne/Berlin 1995, S. 338-407

SCHUHMANN, H.: Liebhaberei im Einkommensteuerrecht - Neuere Rechtsprechung des BFH, in: StBp, 34. Jg. (1994), S. 245-251

SCHULZE ZUR WIESCHE, D.: Mitunternehmerschaft und Mitunternehmerstellung, in: DB, 50. Jg. (1997), S. 244-247

SEER, R., SCHNEIDER, N.: Die Behandlung der sogenannten Verlustzuweisungsgesellschaften nach dem neuen § 2 b EStG, in: BB, 54. Jg. (1999), S. 872-878

SOBOTKA, S.: Der neue Teilamortisationserlaß im Immobilien-Leasing, in: BB, 47. Jg. (1992), S. 827-832

SÖFFING, G.: Die neue Rechtsprechung des BFH zu § 15a EStG, in: DStR, 31. Jg. (1993), S. 1541-1547

SPANKE, E.: Jahressteuergesetz 1996: Verlängerung des Investitionszulagengesetzes und des Fördergebietsgesetzes und Einführung steuerbegünstigter Fördergebietsdarlehen, in: DB, 48. Jg. (1995), S. 1980-1985

SPEICH, G.: Liebhaberei im Steuerrecht, in: NWB, 51. Aufl., Herne/Berlin, Loseblattsammlung 1947 ff., Stand: 01.01.1996, Fach 3, S. 8481-8492

SPINDLER, W.: Zur steuerrechtlichen Bedeutung von Rück- und Verkaufsgarantien bei den Einkünften aus Vermietung und Verpachtung, in: DB, 48. Jg. (1995), S. 894-896

SPITTLER, H.-J.: Leasing für die Praxis, 4. Aufl., Köln 1992

STÄDTLER, A.: Bonitätsrisiken dämpfen Leasingwachstum, in: DB, Beilage Nr. 6/94 zu Heft 19, 47. Jg. (1994), S. 4-6

STÄDTLER, A.: Leasing in Deutschland: Immobilien weiter expansiv - Massengeschäft rückläufig, in: Ifo-Schnelldienst, 48. Jg. (1995), Nr. 1/2, S. 8-15

STÄDTLER, A.: Leasing in Deutschland: Beachtliche Marktanteilsgewinne, in: Ifo-Schnelldienst, 50. Jg. (1997), Nr. 36, S. 5-15

STEPHAN, A. H.: Immobilien-Leasing in rezessiven Zeiten, in: DStR, 32. Jg. (1994), S. 1205-1208

STROHM, H. G.: Zivil- und Haftungsrecht, in: Tewes, D. (Hrsg.): Praxishandbuch Immobilienkapitalanlagen, Kissing, Loseblattsammlung 1994 ff., Stand: 01.10.1996, Teil 5

STUHRMANN, G.: Einbeziehung von Sonderabschreibungen in die steuerrechtliche Totalüberschußermittlung, in: BB, 51. Jg. (1996), S. 1645-1646

STUHRMANN, G.: Gesetz über Sonderabschreibungen und Abzugsbeträge im Fördergebiet (Fördergebietsgesetz), in: Blümich: Kommentar zum EStG, KStG, GewStG, 15. Aufl., München, Loseblattsammlung, Stand: 01.02.1997

SÜCHTING, J.: Finanzmanagement, 6. Aufl., Wiesbaden 1995

SWOBODA, P.: Betriebliche Finanzierung, 3. Aufl., Heidelberg 1994

TACKE, H. R.: Die Bedeutung des Vertragsmodells bei der Leasingentscheidung, in: DB, Beilage Nr. 12/87 zu Heft 22, 40. Jg. (1987), S. 12-14

TACKE, H. R.: Der Immobilienleasing-Teilamortisationserlaß vom 23.12.1991 und die „besonderen Verpflichtungen“ des Leasingnehmers, in: DB, Beilage Nr. 7/93 zu Heft 19, 46. Jg. (1993), S. 12-15

TACKE, H. R.: Leasing, 2. Aufl., Stuttgart 1993

TACKE, H. R.: Konzeptionelle Gestaltung und Struktur eines Leasing-Fonds, in: DB, Beilage Nr. 6/95 zu Heft 19, 48. Jg. (1995), S. 4-7

TACKE, H. R.: Bilanzierung von Leasingvertragsverhältnissen beim Leasinggeber und Leasingnehmer, in: BBK, 42. Aufl., Herne/Berlin, Loseblattsammlung 1953 ff., Stand: 01.04.1996, Fach 12, S. 1979-2000

TACKE, H. R.: Wesen und Einsatzmöglichkeiten eines Leasing-Fonds, in: BBK, 42. Aufl., Herne/Berlin, Loseblattsammlung 1953 ff., Stand: 01.04.1996, Fach 29, S. 827-828

TEWES, D. (Hrsg.): Praxishandbuch Immobilienkapitalanlagen, Kissing, Loseblattsammlung 1994 ff., Stand: 01.10.1996

TIPKE, K., LANG, J.: Steuerrecht, 13. Aufl., Köln 1991

ULLRICH, E.: Leasing in der Handelsbilanz und im Steuerrecht, in: Hagenmüller, K. F., Eckstein, W. (Hrsg.): Leasing-Handbuch für die betriebliche Praxis, 6. Aufl., Frankfurt am Main 1992, S. 77-98

UTECH, H. G., WEINAND-HÄRER, K.: Rechtsform und steuerliche Behandlung eines Leasingfonds, in: DB, Beilage Nr. 6/95 zu Heft 19, 48. Jg. (1995), S. 8-11

VEIGEL, G., LENTSCHIG, P.: Leasing im Steuerrecht, in: StBp, 34. Jg. (1994), S. 106-117

VOOS, C.: Aktuelle Tendenzen bei der Ermittlung des Totalüberschusses bei den Einkünften aus Vermietung und Verpachtung, in: DStR, 37. Jg. (1999), S. 877-883

VOR DEM ESCHE, H.-B.: Immobilien-Leasing, in: BB, Beilage 9 zu Heft 13/1992, 47. Jg. (1992), S. 13-18

WAGNER, K.-R.: Schwierigkeiten bei der Konzeption von Leasing-Fonds, in: DStR, 33. Jg. (1995), S. 1153-1158

WAGNER, K.-R., LORITZ, K.-G.: Konzeptionshandbuch der steuerorientierten Kapitalanlage, Band 1: Immobilienanlagen - Baumodelle, 1. Aufl., München 1993

WAGNER, K.-R., SOMMER, B.: Kredit- und Sicherheitenverlustrisiko für Kreditinstitute bei Finanzierungen mit geschlossenen Immobilien- und Leasing-Fonds als Schein-KGs?, in: WM, 49. Jg. (1995), S. 561-566

WAPPENHANS, G.: Rentabilität von geschlossenen Immobilienfonds, Diss., Universität Göttingen 1986, Köln 1987

WEBER-GRELLET, H.: Wo beginnt die Grenze zur „Liebhaberei"? (Teil I u. II), in: DStR, 30. Jg. (1992), S. 561-566 u. 602-607

WEGMANN, B.: Rechtliche Risiken bei der Beteiligung an geschlossenen Immobilienfonds, in: DStR, 32. Jg. (1994), S. 941-946

WESSELBAUM-NEUGEBAUER, C.: Unternehmenssteuerreform 2001: Auswirkungen der pauschalierten Gewerbesteueranrechnung auf Einzel- und Mitunternehmer in Abhängigkeit von Einkunftsart und anzuwendendem Gewerbesteuer-Hebesatz, in: DStR, 39. Jg. (2001), S. 180-188

WESTERMANN, H. P., KLINGBERG, D.: Die Kommanditgesellschaft, in: Westermann, H. P.: Handbuch der Personengesellschaften, 4. Aufl., Köln, Loseblattsammlung 1967 ff., Stand: 01.01.1997, Rz. 787-938

WESTPHALEN, F. GRAF VON: Der Leasingvertrag, 4. Aufl., Köln 1992

WIPFLER, B.: Abgrenzung Gewerbebetrieb/Vermögensverwaltung/Liebhaberei, in: Fleischmann, H. G., Röschinger, H. W., Meyerhoff, H.-D.: Steuern, die Vermögen werden?, 8. Aufl., Landsberg am Lech 1984, S. 227-241

WÖHE, G.: Betriebswirtschaftliche Steuerlehre, Band I, 1. Halbband: Die Steuern des Unternehmens - Das Besteuerungsverfahren, 6. Aufl., München 1988

WÖHE, G.: Betriebswirtschaftliche Steuerlehre, Band II, 1. Halbband: Der Einfluß der Besteuerung auf die Wahl und den Wechsel der Rechtsform des Betriebes, 5. Aufl., München 1990

WÖHE, G.: Einführung in die Allgemeine Betriebswirtschaftslehre, 19. Aufl., München 1996

WÖHE, G., BILSTEIN, J.: Grundzüge der Unternehmensfinanzierung, 7. Aufl., München 1994

ZACHER, T.: Alte und „neue" Haftungsrisiken für Publikumskommanditisten und Treugeber, in: DStR, 34. Jg. (1996), S. 1813-1818

ZAHN, H.: Risiko des Leasinggebers und Vertragsgestaltung nach dem Immobilien-Erlaß vom 23.12.1991 (Teil I u. II), in: DB, 45. Jg. (1992), S. 2482-2488 u. 2537-2540

ZIMMERMANN, R., REYHER, U., HOTTMANN, J.: Die Personengesellschaft im Steuerrecht, 5. Aufl., Achim 1995

ZINNBAUER, H.: Gemischte Schenkungen im Schenkungsteuerrecht, in: BB, 49. Jg. (1994), S. 2185-2186

Rechtsprechungsverzeichnis

Datum	Aktenzeichen	Quelle
I. Entscheidungen des Bundesfinanzhofes		
BFH-Urteil vom 26.01.1970	IV R 144/66	BStBl 1970 II, S. 264-273
BFH-Urteil vom 18.11.1970	I 133/64	BStBl 1971 II, S. 133-136
BFH-Urteil vom 12.08.1982	IV R 184/79	BStBl 1982 II, S. 696-700
BFH-Urteil vom 20.01.1983	IV R 158/80	BStBl 1983 II, S. 413-417
BFH-Urteil vom 07.07.1983	IV R 209/80	BStBl 1984 II, S. 53-56
BFH-Urteil vom 11.10.1983	VIII R 61/81	BStBl 1984 II, S. 267-269
BFH-Urteil vom 13.10.1983	IV R 160/78	BStBl 1984 II, S. 101-105
BFH-Urteil vom 30.05.1984	I R 146/81	BStBl 1984 II, S. 825-827
BFH-Beschluß vom 25.06.1984	GrS 4/82	BStBl 1984 II, S. 751-770
BFH-Beschluß vom 19.08.1986	IX S 5/83	BStBl 1987 II, S. 212-217
BFH-Urteil vom 09.12.1986	VIII R 317/82	BStBl 1988 II, S. 244-245
BFH-Urteil vom 03.02.1987	IX R 85/85	BStBl 1987 II, S. 492-494
BFH-Urteil vom 17.03.1987	VIII R 293/82	BStBl 1987 II, S. 558-561
BFH-Urteil vom 03.06.1987	III R 209/83	BStBl 1988 II, S. 277-280
BFH-Urteil vom 20.06.1990	I R 155/87	BStBl 1992 II, S. 622-624
BFH-Urteil vom 21.08.1990	VIII R 25/86	BStBl 1991 II, S. 564-566
BFH-Urteil vom 16.04.1991	VIII R 74/87	BStBl 1991 II, S. 844-846
BFH-Urteil vom 14.05.1991	VIII R 111/86	BStBl 1992 II, S. 164-167
BFH-Urteil vom 14.05.1991	VIII R 31/88	BStBl 1992 II, S. 167-172
BFH-Urteil vom 10.09.1991	VIII R 39/86	BStBl 1992 II, S. 328-330
BFH-Urteil vom 18.09.1991	XI R 23/90	BStBl 1992 II, S. 135-137
BFH-Beschluß vom 02.09.1992	XI R 21/91	BStBl 1993 II, S. 668-673
BFH-Urteil vom 10.12.1992	XI R 45/88	BStBl 1993 II, S. 538-543
BFH-Urteil vom 27.01.1993	IX R 269/87	BStBl 1994 II, S. 615-619
BFH-Urteil vom 30.03.1993	VIII R 63/91	BStBl 1993 II, S. 706-709

Datum	Aktenzeichen	Quelle
BFH-Urteil vom 28.10.1993	IV R 66-67/91	BStBl 1994 II, S. 463-466
BFH-Urteil vom 11.01.1994	IX R 82/91	BStBl 1995 II, S. 166-169
BFH-Beschluß vom 28.03.1994	IX B 81/93	BStBl 1994 II, S. 793-794
BFH-Urteil vom 14.09.1994	IX R 71/93	BStBl 1995 II, S. 116-118
BFH-Urteil vom 06.12.1994	IX R 11/91	BStBl 1995 II, S. 192-194
BFH-Urteil vom 24.01.1995	IX R 70/93	BStBl 1995 II, S. 460-461
BFH-Urteil vom 14.02.1995	IX R 95/93	BStBl 1995 II, S. 462-463
BFH-Beschluß vom 03.07.1995	GrS 1/93	BStBl 1995 II, S. 617-622
BFH-Urteil vom 12.09.1995	IX R 140/92	BStBl 1995 II, S. 839-840
BFH-Urteil vom 12.12.1995	VIII R 59/92	BStBl 1996 II, S. 219-226
BFH-Urteil vom 13.12.1995	XI R 43-45/89	BStBl 1996 II, S. 232-239
BFH-Urteil vom 24.01.1996	X R 255/93	BStBl 1996 II, S. 303-306
BFH-Urteil vom 07.03.1996	IV R 2/92	BStBl 1996 II, S. 369-374
BFH-Urteil vom 11.07.1996	IV R 103/94	BStBl 1997 II, S. 39-42
BFH-Urteil vom 24.07.1996	I R 94/95	BStBl 1997 II, S. 122-125
BFH-Urteil vom 30.09.1997	IX R 80/94	BStBl 1998 II, S. 771-774
BFH-Urteil vom 18.05.1999	I R 118/97	BStBl 2000 II, S. 28-31
BFH-Urteil vom 11.08.1999	XI R 12/98	BStBl 2000 II, S. 229-230
BFH-Urteil vom 15.03.2000	X R 130/97	BStBl 2001 II, S. 530-536
BFH-Urteil vom 28.06.2001	IV R 40/97	DStR 2001, S. 1381-1384

II. Entscheidungen des Bundesverfassungsgerichts

BVerfG-Beschluß vom 22.06.1995	2 BvL 37/91	BStBl 1995 II, S. 655-665
BVerfG-Beschluß vom 22.06.1995	2 BvR 552/91	BStBl 1995 II, S. 671-675

Verzeichnis der Verwaltungsanweisungen

Datum	Aktenzeichen	Quelle
I. BMF-Schreiben		
BMF vom 19.04.1971	IV B/2 - S 2170 - 31/71	BStBl 1971 I, S. 264-266
BMWF v. 21.03.1972	F/IV B 2 - S 2170 - 11/72	BStBl 1972 I, S. 188-189
BMF vom 13.12.1973	IV B 2 - S 2170 - 94/73	DB 1973, S. 2485-2486
BMF vom 22.12.1975	IV B 2 - S 2170 - 161/75	BB 1976, S. 72-73
BMF vom 14.09.1981	IV B 1 - S 2253 b - 5/81	BStBl 1981 I, S. 620-621
BMF vom 10.10.1983	IV B 2 - S 2170 - 83/83	BStBl 1983 I, S. 431
BMF vom 09.06.1987	IV B 2 - S 2170 - 14/87	BStBl 1987 I, S. 440
BMF vom 31.08.1990	IV B 3 - S 2253 a - 49/90	BStBl 1990 I, S. 366-373
BMF vom 20.12.1990	IV B 2 - S 2240 - 61/90	BStBl 1990 I, S. 884-888
BMF vom 23.12.1991	IV B 2 - S 2170 - 115/91	BStBl 1992 I, S. 13-15
BMF vom 20.02.1992	IV B 2 - S 2241 a - 8/92	BStBl 1992 I, S. 123-124
BMF vom 20.07.1992	IV B 3 - S 2181 - 3/92	BStBl 1992 I, S. 415
BMF vom 23.07.1992	IV B 3 - S 2253 - 29/92	BStBl 1992 I, S. 434
BMF vom 29.03.1993	IV B 3 - S 1988 - 28/93	BStBl 1993 I, S. 279-283
BMF vom 15.12.1993	IV B 2 - S 2241 a - 57/93	BStBl 1993 I, S. 976
BMF vom 29.04.1994	IV B 2 - S 2241 - 9/94 IV A 4 - S 0361 - 11/94	BStBl 1994 I, S. 282-283
BMF vom 01.09.1994	IV B 3 - S 2253 a - 15/94	BStBl 1994 I, S. 604-605
BMF vom 30.12.1994	IV C 4 - S 7198 - 55/94	BStBl 1994 I, S. 943-945
BMF vom 01.03.1995	IV B 3 - S 2253 a - 6/95	BStBl 1995 I, S. 167
BMF vom 09.01.1996	IV B 2 - S 2170 - 135/95	BStBl 1996 I, S. 9
BMF vom 24.12.1996	IV B 3 - S 1988 - 170/96	BStBl 1996 I, S. 1516-1520
BMF vom 30.05.1997	IV B 2 - S 2241 a - 51/93 II	BStBl 1997 I, S. 627-628
BMF vom 04.11.1998	IV C 3 - S 2253 - 8/98	BStBl 1998 I, S. 1444

Datum	Aktenzeichen	Quelle
BMF vom 05.07.2000	IV A 5 - S 2118 b - 111/00	BStBl 2000 I, S. 1148-1153
BMF vom 09.07.2001	IV A 6 - S 2240 - 35/01	BStBl 2001 I, S. 512-513
BMF vom 22.08.2001	IV A 5 - S 2118 b - 40/01	BStBl 2001 I, S. 588-593

II. Ländererlasse

Gleichlautende Erlasse der obersten Finanzbehörden der Länder vom 14.04.1997, in: BStBl 1997 I, S. 399-405

Gleichlautende Erlasse der obersten Finanzbehörden der Länder vom 13.06.1997, in: BStBl 1997 I, S. 632-636

FSC
www.fsc.org
MIX
Papier | Fördert gute Waldnutzung
FSC® C083411

Kolibri 360 GmbH
Ferdinand-Jühlke-Straße 7
99095 Erfurt, Deutschland
produktsicherheit@kolibri360.de

Druck:
CPI Druckdienstleistungen GmbH
im Auftrag der
Kolibri 360 GmbH
Ferdinand-Jühlke-Str. 7
99095 Erfurt